AF617642

Comunicación en lengua castellana y competencia matemática-N2. FCOV27

Patricia León Pérez

Miguel Ángel Sánchez Maza

ic editorial

Comunicación en lengua castellana y competencia matemática-N2. FCOV27

© Patricia León Pérez
© Miguel Ángel Sánchez Maza

1ª Edición

© IC Editorial, 2025

Editado por: IC Editorial
c/ Cueva de Viera, 2, Local 3
Centro Negocios CADI
29200 Antequera (Málaga)
Teléfono: 952 70 60 04
Fax: 952 84 55 03
Correo electrónico: iceditorial@iceditorial.com
Internet: www.iceditorial.com

IC Editorial ha puesto el máximo empeño en ofrecer una información completa y precisa. Sin embargo, no asume ninguna responsabilidad derivada de su uso, ni tampoco la violación de patentes ni otros derechos de terceras partes que pudieran ocurrir. Mediante esta publicación se pretende proporcionar unos conocimientos precisos y acreditados sobre el tema tratado. Su venta no supone para **IC Editorial** ninguna forma de asistencia legal, administrativa ni de ningún otro tipo.

Reservados todos los derechos de publicación en cualquier idioma.

Cualquier forma de reproducción, distribución, comunicación pública o transformación de esta obra solo puede ser realizada con la autorización de sus titulares, salvo excepción prevista por la ley. Diríjase a CEDRO (Centro Español de Derechos Reprográficos) si necesita fotocopiar o escanear algún fragmento de esta obra (www.cedro.org).

Según el Código Penal, el contenido está protegido por la ley vigente que establece penas de prisión y/o multas a quienes intencionadamente reprodujeren o plagiaren, en todo o en parte, una obra literaria, artística o científica.

ISBN: 979-13-7027-069-8
Depósito Legal: MA 1796-2025

Impresión: PODiPrint
Impreso en Andalucía – España

Nota de la editorial: IC Editorial pertenece a Innovación y Cualificación S. L.

Especialidad formativa

Se entiende por especialidad formativa la agrupación de contenidos, competencias profesionales y especificaciones técnicas que responde a un conjunto de actividades de trabajo enmarcadas en una fase del proceso de producción y con funciones afines.

Las especialidades formativas de Uso General, Formación Complementaria, Formación Modular y las especialidades formativas dirigidas a la obtención de certificados de profesionalidad se incluyen en el Fichero de Especialidades del Servicio Público de Empleo Estatal para su gestión en todo el territorio nacional por cualquier Administración competente.

Las especialidades complementarias, pertenecen todas a la Familia profesional de Formación Complementaria (FCO) y tienen la consideración de formación transversal en áreas que se consideran prioritarias tanto en el marco de la Estrategia Europea para el Empleo y del Sistema Nacional de Empleo como en las directrices establecidas por la Unión Europea. Se consideran áreas prioritarias las relativas a tecnologías de la información y la comunicación, la prevención de riesgos laborales, la sensibilización en medio ambiente, la promoción de la igualdad, la orientación profesional y aquellas otras que se establezcan por la Administración competente.

Las especialidades de Certificado de profesionalidad tienen una duración especificada en su normativa reguladora.

En el resultado de la búsqueda, se muestran las unidades de competencia, todos los módulos formativos con su duración y las unidades formativas del certificado correspondiente, con su duración. Las horas del certificado, exclusivo de las especialidades de certificado de profesionalidad, con alta igual o superior a 2008, son las horas totales más las horas del módulo de Prácticas Profesionales no Laborales.

- **Si la especialidad tiene unidades formativas,** las horas totales, presencial, distancia, teleformación serán igual a la suma de esas horas de las unidades formativas de los distintos módulos, sin que se repita ninguna Unidad formativa.

- **Si la especialidad no tiene unidades formativas,** las horas totales, presencial, distancia, teleformación serán igual a las sumas de esas horas de los módulos formativos, eliminando las horas de los módulos repetidos.

https://sede.sepe.gob.es/especialidadesformativas/RXBuscadorEFRED/BusquedaEspecialidades.do

(Fuente: Servicio Público de Empleo Estatal)

Índice

OBJETIVOS GENERALES

Los objetivos generales del **FCOV27. Comunicación en lengua castellana y competencia matemática - N2,** son:

- Comprender producciones orales y escritas, poder expresarse e interactuar adecuadamente en diferentes contextos sociales y culturales, así como utilizar el lenguaje en la construcción del conocimiento, la comprensión de la realidad y la autorregulación del pensamiento, las emociones y la conducta.
- Distinguir las características básicas del uso de la lengua según la intención comunicativa y los diversos contextos de la actividad social y cultural en los que se utiliza.
- Comprender el sentido fundamental de producciones orales y escritas sencillas, diferenciando las ideas principales de las secundarias, los hechos de las opiniones y extrayendo consecuencias evidentes de la información presentada.
- Distinguir la estructura formal básica de comunicaciones orales y escritas en torno a la cual se organiza la información, así como las interrelaciones sencillas existentes entre diferentes aspectos o cualidades de la misma.
- Realizar esquemas, resúmenes y comentarios sobre informaciones sencillas presentadas de forma oral o escrita, reflejando los principales argumentos y puntos de vista.
- Referir verbalmente ideas, hechos, opiniones y sentimientos de forma ordenada, clara y coherente, ajustándose a cada situación de comunicación y aplicando las normas de uso lingüístico.
- Redactar diversos tipos de escritos mediante los que se produce la comunicación con las instituciones públicas, privadas y de la vida laboral, ajustándose a las características formales y expresivas propias de cada tipo.
- Componer textos propios en los que se expresen o comenten hechos, experiencias u opiniones, articulándolos con cohesión, orden, claridad y corrección ortográfica.
- Utilizar la lengua eficazmente para buscar, seleccionar, procesar información y producir textos orales o escritos, empleando diccionarios, bibliotecas y procesadores de textos, incluyendo las tecnologías de la información y comunicación.
- Valorar el aprendizaje de la lengua castellana como medio de comunicación y comprensión entre las personas, evitando cualquier tipo de discriminación y estereotipos lingüísticos y/o culturales.
- Identificar los elementos matemáticos presentes en la realidad y aplicar el razonamiento matemático en la solución de problemas relacionados

con la vida cotidiana, utilizando los números y sus operaciones básicas, las medidas, la geometría, el álgebra y el análisis de datos.

- Conocer y manejar los elementos matemáticos básicos, números enteros, fraccionarios, decimales y porcentajes sencillos, las unidades de medida, los símbolos, los elementos geométricos, etcétera.
- Resolver problemas utilizando adecuadamente los distintos números, las cuatro operaciones elementales, los procedimientos básicos de la proporcionalidad numérica (regla de tres y cálculo de porcentajes) y el lenguaje algebraico para resolver ecuaciones de primer grado.
- Resolver problemas cotidianos sobre unidades monetarias y unidades de medida usuales y calcular longitudes, áreas, volúmenes y ángulos.
- Elaborar e interpretar informaciones estadísticas más usuales e información gráfica sobre la vida cotidiana y los fenómenos sencillos de probabilidad.

Capítulo 1

Comunicación y lenguaje

Contenido

1. Introducción

La comunicación se realiza mediante el contacto de una persona con otra para transmitir una información, la manera más frecuente de hacerlo es a través del lenguaje oral y escrito.

En la comunicación verbal intervienen los siguientes elementos: emisor (hablante), mensaje, canal, código y receptor (oyente), todo esto se da en un contexto o situación. De la comunicación se puede decir también que es bidireccional y que cada interlocutor interpreta el mensaje que recibe y, a su vez, es capaz de generar un mensaje.

Por tanto, es imprescindible el entendimiento del habla y esto implica no solo reconocer las distintas palabras del mensaje oral e interpretar los contenidos sintácticos y semánticos, sino también conocer su contexto.

Cuando se pretende transmitir un mensaje, se procede de forma verbal o no verbal: todo dependerá de lo que se desea comunicar. Dependiendo de si la comunicación es verbal o no, el significado de los signos puede ser el de informar o comunicar.

El lenguaje humano es la facultad o capacidad que tiene el hombre para comunicarse por medio de un sistema de signos vocales. Este sistema de signos orales recibe el nombre de lengua. La lengua es, pues, el fruto de esa facultad, el lenguaje. La utilización que los hablantes hacen de la lengua se denomina habla, que es el acto concreto de la comunicación. En España hay diversidad de lenguas y hablas, que vienen determinadas por su situación geográfica y por su historia.

La lengua oral, por su carácter de inmediatez, necesita la presencia del oyente en el momento en el que se produce el acto comunicativo. La lengua escrita no precisa que el receptor esté presente en el acto comunicativo, y su recepción no tiene momento señalado.

2. Naturaleza y elementos de la comunicación

La **comunicación** es el acto mediante el cual un individuo (o individuos) transmite (o transmiten) un mensaje o información a otro (u otros), usando para ello una serie de conocimientos comunes.

Este acto puede tener lugar entre individuos de naturaleza humana o animal, pues existe no solo la comunicación humana, sino también la comunicación no humana o animal.

No solo el hombre transmite o intercambia señales. Los animales también se comunican; aunque no tengan un lenguaje abstracto y verbal como el de los seres humanos, poseen códigos de señales acústicas, olfativas, ópticas, táctiles, químicas, etc., con las que relacionarse e influir en el comportamiento de los demás miembros de su especie.

Es un hecho que los seres vivos, sea cual sea su naturaleza, no podrían vivir sin una comunicación entre ellos. En este sentido, se puede definir la comunicación como un proceso de vital importancia para el ser vivo.

Actividades

1. Busque información sobre la comunicación no humana o animal, y explique las formas en que se comunican y relacionan algunas especies.

Son varias las finalidades que se persiguen al comunicar:

- La primera de todas es informar a quien o quienes reciben el mensaje.
- A veces, el fin de la comunicación es actuar de una determinada manera.
- Otra finalidad propia de ciertos contextos comunicativos es la de influir en los otros.

En todo proceso comunicativo son necesarios ciertos elementos y un tiempo suficiente para la efectividad de dicho proceso.

Recuerde

La comunicación es un acto mediante el cual uno o varios individuos transmiten a otro/s una señal informativa, utilizando para ello una serie de conocimientos que tienen en común.

2.1. Emisor, receptor, mensaje, código, canal, contexto o situación

Los factores o elementos que intervienen en el proceso de la comunicación verbal o humana son los siguientes:

- **Emisor:** también recibe el nombre de "hablante", es la persona que transmite o **codifica** el mensaje.
- **Receptor:** también recibe el nombre de "oyente", es la persona que recibe o **decodifica** el mensaje.
- **Mensaje:** conjunto de informaciones que el emisor envía al receptor.
- **Código:** hace referencia al conjunto de signos y reglas que se utilizan para la construcción de un mensaje determinado.
- **Canal:** medio a través del cual circula el mensaje.
- **Situación:** el lugar y el momento en que tiene lugar el acto de la comunicación.

Estos factores son fáciles de distinguir en la comunicación oral; sin embargo, en la comunicación escrita se produce una cierta complejidad, porque no todos estos elementos están simultáneamente presentes, y porque el escrito puede a la vez instaurar dentro del texto otro hecho de comunicación.

Otros elementos también presentes en la comunicación son, por un lado, el **referente,** que se refiere a la realidad extralingüística del mensaje; por otro, el

contexto o circunstancias, conocidas por emisor y receptor, y bajo las cuales se lleva a cabo la comunicación.

Para una buena comunicación es imprescindible una buena transmisión por parte del emisor, y una buena recepción por parte de la persona que escucha o a la que se dirige el emisor (el receptor).

Actividades

2. Describa la función que desempeña cada elemento o factor de la comunicación en el propio proceso comunicativo.

En el siguiente esquema se reproduce la situación de cada uno de los elementos del acto comunicativo, así como las relaciones que se establecen entre ellos.

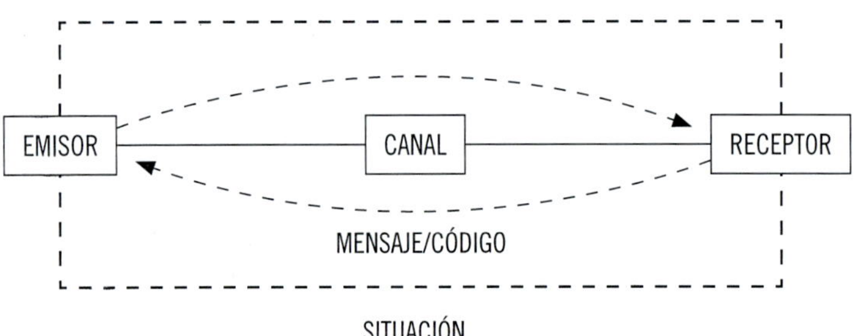

Además de estos factores o elementos, hay que distinguir en el acto comunicativo un doble proceso: la **codificación** y la **decodificación** del mensaje. Este doble proceso de reciprocidad debe darse para que sea efectivo el acto comunicativo.

Definición

Codificación
Proceso mediante el cual el emisor o hablante elabora el mensaje.

Decodificación
Proceso mediante el cual el receptor u oyente descifra e interpreta el mensaje.

Los procesos de codificación y decodificación dependen el uno del otro para que se haga efectiva la comunicación.

A continuación, se expone esquemáticamente en qué consiste este doble proceso necesario en todo acto comunicativo.

Aplicación práctica

Identifique los elementos de la comunicación presentes en el siguiente texto.

LA MALDECIDA

No quiero, no, que te rías,
ni que te pintes de azul los ojos,
ni que te empolves de arroz la cara,
ni que te pongas la blusa verde,
ni que te pongas la falda grana.
Que quiero verte siempre muy seria,
que quiero verte siempre muy pálida,
que quiero verte siempre llorando,
que quiero verte siempre enlutada.

Rafael Alberti: *El alba del alhelí*, 1927.

Continúa en página siguiente >>

<< Viene de página anterior

SOLUCIÓN

- Emisor: el autor, Rafael Alberti.
- Receptor: el lector.
- Mensaje: el libro y/o poema.
- Código: el español poético.
- Canal: la escritura.
- Situación: la escritura es un lenguaje en diferido, un lenguaje sin situación, ya que el acto de comunicación se produce en dos momentos, uno es el de escritura, y otro, distinto, es el de lectura.

Paralelamente, en el acto comunicativo existen otros elementos que pueden obstaculizar una óptima y eficiente comunicación. Estos son los llamados **ruido** y **redundancia,** que se definen a continuación:

- **Ruido:** es la perturbación inesperada e imprevisible que altera o destruye el mensaje. Suele estar presente en la mayoría de los procesos comunicativos.
- **Redundancia:** es todo aquel elemento innecesario y repetitivo presente en el mensaje. A veces, son los elementos redundantes del mensaje los que ayudan a solucionar problemas de comunicación causados por ruidos. En estos casos se suele concluir con la siguiente expresión: "valga la redundancia". Se diferencian dos tipos de redundancias, que son las siguientes:

  - Redundancias del propio código.
  - Redundancias del emisor, con las que se pretende conseguir la atención del receptor.

Es importante también destacar que se distinguen dos tipos de actos comunicativos íntimamente relacionados con ese doble proceso mencionado anteriormente entre emisor y receptor. Son la comunicación unilateral y la comunicación bilateral:

- **Comunicación unilateral:** el emisor codifica un mensaje que el receptor decodifica.
- **Comunicación bilateral:** se produce un proceso comunicativo "de ida y vuelta", donde el primer emisor pasa a ser el receptor de un segundo mensaje codificado por el primer receptor, que ahora se convierte en emisor.

Actividades

3. Ponga ejemplos de ruidos y redundancias que pueden darse en cualquier acto comunicativo, impidiendo una comunicación eficaz y satisfactoria. ¿Considera que estos elementos perjudican el proceso comunicativo de la misma manera? ¿Por qué?
4. Según su criterio, ¿qué tipo de comunicación se produce en un diálogo, unilateral o bilateral? ¿Y en un monólogo? Justifique sus respuestas.

2.2. Medios de comunicación: audiovisuales (televisión, cine), radiofónicos, impresos (periódicos, revistas, folletos) y digitales (internet)

Los medios de comunicación son los instrumentos mediante los cuales se informa y se comunica de forma masiva. Son la manera por la cual las personas, los miembros de una sociedad o de una comunidad se enteran de lo que sucede a su alrededor a nivel económico, político, social, etc. Los medios de comunicación son el canal mediante el cual la información se obtiene, se procesa y, finalmente, se expresa, se comunica.

Medios de comunicación

Por su estructura física, los medios de comunicación se pueden clasificar en los siguientes tipos.

Medios audiovisuales

A rasgos generales, los medios audiovisuales son los que pueden ser escuchados y/o vistos, es decir, son los dispositivos que se basan en imágenes y/o sonidos para transmitir la información, como es el caso de la televisión y el cine.

La televisión es el medio más masivo por su rapidez, por la cantidad de recursos que utiliza (imágenes, sonido, personas) y, sobre todo, por la posibilidad que ofrece al público de ver los hechos y a sus protagonistas sin necesidad de estar presente. La televisión tiene las ventajas de la radio en cuanto a rapidez y oportunidad, y les añade imágenes que permiten al espectador situarse en el lugar del acontecimiento, comprobar la veracidad de la narración y, hasta cierto punto, "vivir" el hecho. Sin embargo, como en el caso de la radio, la televisión impide al público "detenerse" o repetir la "lectura" para seleccionar lo más importante.

A nivel formal, la televisión plantea el uso de una gran variedad de formatos a la hora de transmitir la información: telediarios, documentales, reportajes, entrevistas, programas culturales, pedagógicos y científicos, entre otros.

Gracias al acelerado desarrollo tecnológico de las últimas décadas del siglo XX y las primeras del siglo XXI, cada formato conjuga imágenes, textos y sonidos, y, además, plantea un constante contacto e interacción con la teleaudiencia.

El cine no ha sido considerado como un medio de comunicación informativo. Es cierto que sus características audiovisuales le permiten funcionar como una poderosa plataforma de transmisión de mensajes, pero las dimensiones de su producción y los intereses de sus productores han hecho que, hasta el día de hoy, se considere más como un medio de entretenimiento cultural, dedicado a la creación de historias y documentales, de alto impacto y con trascendencia emocional o histórica.

Televisión y cine

Nota

Desde su aparición en los años 30 hasta comienzos del siglo XXI, la televisión ha sido el medio con mayores índices de público o audiencia a nivel mundial. Aún hoy en día, con la llegada de nuevos medios de comunicación, la televisión mantiene su nivel de influencia sobre la mayor parte de los sectores de la sociedad, pues sus dispositivos son baratos y de fácil acceso.

Sabía que...

Desde su aparición, a finales del siglo XIX, el cine funcionó como transmisor de mensajes informativos. Por ejemplo, en los años 30 y 40, en la Alemania nazi y la Italia fascista, el cine fue utilizado como medio de propaganda: los gobernantes de ambos países lo entendían como una plataforma fundamental para transmitir a sus pueblos los alcances de sus gobiernos de ultraderecha.

Medios radiofónicos

En cuanto a la radio, su importancia radica en que quizás es el medio que con más prontitud consigue la información, pues, además de los pocos requerimientos que implica su producción, no necesita de imágenes para comunicar, tan solo estar en el lugar de los hechos, o en una cabina de sonido, y emitir.

La radio ejerce su función periodística cuando transmite noticias, entrevistas, opiniones y acontecimientos que el público puede conocer en el momento en que se están produciendo.

Entre sus características singulares se encuentra la rapidez y la oportunidad, pero al penetrar solo por los oídos obliga al oyente a realizar un esfuerzo de retención prácticamente imposible. Su mensaje informativo no puede conservarse con fijeza; el radioyente está imposibilitado para buscar una ampliación del mensaje, abarcar los datos de manera global, repetir la "lectura", escoger lo que le parece más importante. La radio tampoco puede presentar apoyos gráficos a la información, de tal modo que proporcione una comprensión más amplia de la información que difunde.

Desde su aparición en los años 20, los productores radiales se enfocaron en la transmisión de información basada en la creación sonora de imágenes y escenarios. Hoy en día, por medio de entrevistas con los protagonistas de las noticias y paisajes sonoros (ambientes, voces de personajes, canciones, entre otros), con los que se recrean universos o se evocan lugares, un programa de radio acompaña la cotidianidad de los oyentes: al tiempo que transmite la información, la radio genera emociones trascendentales en los oyentes.

Las características técnicas de la radio hacen que los formatos sean más limitados que los de la televisión o el cine, por lo que la transmisión de información se hace mediante programas de entrevista siempre intercalados con mensajes comerciales o música, paneles de discusión, transmisión de conciertos o de noticias con pequeñas cápsulas informativas.

Radio

Nota

A pesar del creciente desarrollo tecnológico, a comienzos del siglo XXI la radio aún conserva su capacidad para emocionar e informar al mismo tiempo.

Actividades

5. Realice un análisis comparativo de la televisión y la radio como medios de comunicación, indicando las diferencias y semejanzas entre ambas, y señalando las ventajas e inconvenientes que puede plantear su uso.

Medios impresos

Aquí se ubican los periódicos, las revistas, los folletos, los trípticos, los volantes y, en general, todas las publicaciones impresas en papel que tengan como principal objetivo informar. Requieren de un sistema complejo de distribución, que hace que no todo el mundo pueda acceder a ellos. Sin embargo, su efecto es más duradero, pues se puede volver a la publicación una y otra vez para analizarla, para citarla, para compararla. Hay medios impresos para todo tipo de público, no solo para el que se quiere informar acerca de la realidad, sino que también los hay para los jóvenes, para los aficionados a la moda, a la música, a los deportes, etc. Es decir, hay tantos medios impresos como grupos en la sociedad.

La prensa es el medio periodístico tradicional y puede permanecer en poder del público indefinidamente. Las publicaciones impresas pueden conservarse en una casa, en una biblioteca, en un archivo, en una hemeroteca, etc. para su consulta posterior, sin que se requiera la tecnología audiovisual que exigen los medios electrónicos.

Los periódicos y revistas están definidos por su fisonomía editorial y física. La fisonomía editorial está signada por la naturaleza de los asuntos que se abordan y la política editorial de cada empresa periodística: su posición ideológica y política frente a los hechos de interés colectivo. La fisonomía física está dada por la presentación, tamaño, tipografía, distribución de materiales gráficos y escritos, distribución de secciones, clase de papel, etc.

Periódicos, revistas y folletos

Sabía que...

En el mundo tecnológico de finales del siglo XX y comienzos del siglo XXI, caracterizado por la inmediatez en el flujo de la información, la lectura de textos extensos comenzó a perder interés en el público. Sin embargo, los medios impresos han buscado nuevas maneras de transmitir la información cotidiana, apelando al uso de recursos audiovisuales.

Actividades

6. Un periódico es una publicación editada normalmente con una periodicidad diaria (diario) o semanal (semanario). Ponga ejemplos de estos dos tipos, indicando los rasgos característicos de cada uno de ellos.
7. Indique los diferentes tipos de revistas que se pueden encontrar en el mercado. Señale sus características y ponga algunos ejemplos.

Medios digitales

Desde finales de la década de 1980, las llamadas "nuevas tecnologías" comenzaron un proceso de masificación que definió el camino a seguir de los medios de comunicación. A partir de los medios digitales se construyeron nuevas plataformas informativas, alojadas en internet y constituidas por herramientas audiovisuales, formatos de interacción y contenidos de carácter virtual. Con el desarrollo de nuevos modelos de ordenadores, desde la década de 1990, el público tuvo acceso a una forma novedosa de entender la transmisión de la información: no solo los jóvenes o los amantes de la tecnología podían tener un ordenador y explorar en el infinito mundo de internet, ahora todos los individuos de la sociedad podrían leer, complementar y hasta crear sus propios medios de comunicación. En ese sentido, actualmente, los medios digitales se encuentran en un proceso de expansión hacia todos los sectores de la sociedad.

Una de sus ventajas, a nivel de producción, es que no requieren ni de mucho dinero ni de muchas personas para ser producidos, pues basta tan solo una persona con los suficientes conocimientos acerca de cómo aprovechar los recursos de que dispone la red para que puedan ponerse en marcha.

Entre los medios digitales sobresalen los blogs, las revistas virtuales, las versiones digitales y audiovisuales de los medios impresos, páginas web de divulgación y difusión artística, y emisoras de radio virtuales, entre otros.

Medios digitales

Nota

La rapidez, la creatividad y la variedad de recursos que utilizan los medios digitales para comunicar hacen de ellos una herramienta muy atractiva. Su variedad es casi infinita, casi ilimitada, lo que hace que, día a día, tengan más acogida, y un gran número de personas se inclinen por ellos para crear, expresar, diseñar, informar y comunicar.

Otro tipo de medios son los **medios exteriores.** A este tipo de medios pertenecen las vallas y carteles. En ellos, para la difusión del mensaje se aprovecha la circunstancia de que serán vistos repetidamente por los receptores, cosa que no ocurre, por ejemplo, con los medios impresos, en los que cada exposición exige un precio diferente. Esta facilidad también tiene sus inconvenientes, ya que, como consecuencia de esa repetición, el mensaje se desgasta e, incluso, pasa a formar parte del paisaje, disminuyendo su eficacia.

Vallas

Actividades

8. Observe las vallas y carteles publicitarios que se encuentren en su localidad, y describa qué tipo de mensajes ofrecen.

3. Lenguaje, lengua y habla

El **lenguaje humano** es la facultad o capacidad que tiene el hombre para comunicarse por medio de un sistema de signos vocales. Este sistema de signos orales recibe el nombre de **lengua.** Las lenguas son, en consecuencia, el producto de esta facultad.

El lenguaje humano es también el conjunto de lenguas que habla y ha hablado la humanidad.

La lengua es, pues, el fruto de esa facultad conocida como lenguaje.

También se entiende el término lengua como sinónimo de idioma. Así, existe la lengua española, inglesa, francesa, etc. Por tanto, lengua es el idioma que un determinado grupo de personas de un país concreto usa para comunicarse de manera efectiva.

La lengua está constituida por un conjunto de signos distintos pero dependientes entre sí (el código), los cuales tienen la capacidad de relacionarse, de combinarse entre ellos (el sistema). Los hablantes de una determinada lengua deben conocer uno y otro para conseguir la efectividad de la comunicación. La lengua incluye, por tanto, los conceptos de **código** y **sistema,** como se aprecia en el siguiente cuadro.

LENGUA = CÓDIGO + SISTEMA

Definición

Código
Es el almacenamiento dentro del cual se escogen las unidades para construir los mensajes o enunciados.

Sistema
Comprende el conjunto de reglas según las cuales está permitido combinar los signos o unidades entre sí.

En cada sistema de comunicación humana hay que distinguir lo que es lengua de lo que es **habla.**

Se ha definido ya el concepto de lengua. Lo que se pretende subrayar ahora es lo siguiente: que los signos del código y las leyes del sistema se encuentran almacenados en la mente de los hablantes. Por consiguiente, la lengua no existe más que en la mente de los hablantes.

En efecto, la lengua no existe. Es algo abstracto, no concreto. Lo que se dice que es la lengua no es otra cosa que aquello que los gramáticos dicen que es la lengua. Lo que sí existe es el habla, esto es, lo que los hablantes dicen.

Definición

Habla
Es el acto concreto de la comunicación, es decir, la utilización que los hablantes hacen de la lengua. Por tanto, en la caracterización del habla influyen las características personales (edad, sexo, cultura, etc.) de cada hablante.

Lengua y habla son términos totalmente relacionados, aunque pertenezcan a planos distintos, ya que no puede haber habla sin el sistema de la lengua, y la lengua necesita el acto concreto del habla para manifestarse.

Como se ha visto, lengua y habla tienen un nexo común, que es la comunicación humana. Pero, al mismo tiempo, presentan claras diferencias entre ellas. A continuación, se exponen las diferencias existentes entre la lengua y el habla en el siguiente cuadro.

Lengua	**Habla**
Es un concepto abstracto.	Es un acto concreto, real.
Pertenece a todos los hablantes de una misma comunidad lingüística. Es social.	Es un acto individual.
Es obligatoria.	Es un acto de selección lingüística, por tanto, pertenece al reino de la libertad individual.
Constituye el objeto de la ciencia.	Constituye el objeto de la investigación, del análisis.

Nota

Saussure, el padre de la lingüística moderna, definió la lengua como "un producto social de la facultad del lenguaje", y realizó la siguiente distinción: llamó lengua al código y habla al mensaje.

Actividades

9. Explique brevemente a qué hacen referencia los conceptos de lenguaje, lengua, habla, código y sistema.

Se ha definido el lenguaje como la facultad que tienen los seres humanos, frente a los animales, para hablar. El resultado de esta facultad son las lenguas. Por tanto, es fácil constatar que nuestra realidad es plurilingüe. En el mundo se hablan numerosas lenguas: español, inglés, francés, árabe, alemán, chino, etc.

Frente a la universalidad del lenguaje (una sola facultad para todos los hombres), se da una enorme **diversidad de lenguas** que el hombre ha hablado y habla en nuestro mundo (múltiples manifestaciones o productos de esa misma facultad).

Esta diversidad, que no es fija, sino cambiante, se debe a diferentes causas, que están relacionadas con la actividad humana: su organización en diferentes comunidades o grupos sociales, las costumbres adquiridas, las diferentes circunstancias vividas, etc.

La existencia de pueblos que hoy tienen lenguas diferentes y que en un momento de su historia tuvieron una lengua en común. Tal es el caso del latín, diversificado hoy en varias lenguas.

Por otra parte, tampoco se debe pensar que existe una correspondencia entre la diversidad política y la lingüística: una lengua puede hablarse en distintas naciones. Por ejemplo, el idioma español es hablado por argentinos, chilenos, peruanos, mejicanos, etc. Y, a la inversa, en una única nación (España) pueden coexistir varias lenguas en uso (español, euskera o vasco, gallego, catalán).

También se puede hablar de diversidad en el uso de una misma lengua. Baste observar que no se habla el español igual en Castilla que en Andalucía;

la zona geográfica impone usos fonéticos, léxicos e incluso gramaticales distintivos, formas diferentes de hablar la misma lengua.

El grado de instrucción, así como el nivel socioeconómico del hablante, influyen también en su manera de expresarse. Y hasta la situación influye en el uso que hace de su lengua un mismo hablante.

Lo que se observa, pues, al analizar una lengua, es su gran diversidad, la cantidad de usos diferentes que de ella se hace (por motivos geográficos, por motivos sociales, por motivos de situación, etc.).

¿No se corre el peligro, entonces, de que los hablantes de una misma lengua no se entiendan? ¿Qué es lo que asegura su unidad?

Gracias a un modelo ideal de lengua que todos sus hablantes reconocen como "buen español" (o "buen inglés" o "buen francés") y que consiste en un "español culto" (o en un "inglés o francés culto"), gracias a un sistema de reglas gramaticales y una base léxica comunes, y gracias, también, a la labor desarrollada por las Academias de las Lenguas, queda asegurada la unidad de una lengua, el que un mismo sistema de comunicación sea apto para todos los hablantes.

3.1. Funciones del lenguaje e intención comunicativa: expresiva, poética, apelativa, fática, representativa, metalingüística

Hablar de las funciones del lenguaje es hablar de para qué sirve el lenguaje. El lenguaje sirve, fundamentalmente, para **comunicarse.** Son múltiples las cosas que un hombre puede comunicar, por lo tanto, son también múltiples las funcionalidades que pueden encontrarse en el lenguaje.

Lo que han hecho los lingüistas es sistematizar todas esas múltiples funcionalidades, asignando a cada elemento de la comunicación una funcionalidad principal. Así pues, a cada uno de estos factores de la comunicación le corresponde una función del lenguaje:

- Al emisor le corresponde la **función emotiva o expresiva.**
- Al receptor le corresponde la **función conativa o apelativa.**

- Al mensaje le corresponde la **función poética o estética.**
- Al código le corresponde la **función metalingüística.**
- Al canal le corresponde la **función fática o de contacto.**
- A la situación le corresponde la **función referencial.**

Se desarrolla la **función emotiva** cuando el hablante usa la lengua para hablar de sí mismo. El mensaje se orienta sobre el emisor. Ejemplo: "Estoy apenado", "¡Qué mal me encuentro!" o "Me gustaría salir de viaje".

La **función conativa** es desarrollada cuando se usa la lengua para mover de actitud física o mental al receptor. El mensaje se orienta ahora sobre el receptor.

Ejemplo

Las situaciones en las que queremos convencer con argumentos a alguien para que piense como nosotros, para alcanzar un acuerdo o para que actúe de una manera determinada, a esto nos referimos con la expresión "mover de actitud mental". "Siéntate", "Acércame el libro" o "Cierra la puerta" son ilustraciones de la expresión "mover de actitud física".

La **función poética** hace referencia a la virtualidad que tiene el lenguaje humano de crear un mensaje que es atractivo en sí mismo, un mensaje que no pase desapercibido a la inteligencia del receptor. Se dice entonces que el mensaje se orienta sobre sí mismo. Las figuras retóricas, la métrica y otros recursos ayudan a que el mensaje pueda ser recordado con más facilidad, a que posea una mayor retentiva.

Ejemplo

Recordemos cómo la tabla de multiplicar era cantada para su mejor memorización, o cómo los anuncios se valen de recursos retóricos para ser recordados: "No compre un televisor sin ton ni son, compre un...".

La **función metalingüística** consiste en usar la lengua para hablar de ella misma. El mensaje se orienta ahora sobre el código. Se trata de una capacidad exclusiva del lenguaje humano.

Ejemplo

Cuando preguntamos en una conversación "¿qué significa la palabra tálamo?" o "¿qué entiendes por lógico?", estamos desarrollando esta función. Lo mismo ocurre en una clase o un libro de gramática.

Existen dos ejemplos claros en los que se desarrolla la **función fática o de contacto:** uno, aquellas expresiones como "hola", "buenas tardes", "¿qué tal?", etc., cuya verdadera intención es la de iniciar una conversación. Otro, esas expresiones dirigidas a asegurar la comunicación entre los interlocutores, como "sí... sí... sí...", "¿me oyes?", "¿verdad?", "¿no?", etc. El mensaje se orienta así sobre el canal.

Y cuando orientamos el mensaje hacia la situación, es decir, cuando usamos el lenguaje para referirnos a objetos, personas, sucesos... de nuestro entorno, decimos que estamos desarrollando la **función referencial.**

En el siguiente esquema se exponen las funciones del lenguaje en relación con los diferentes elementos de la comunicación.

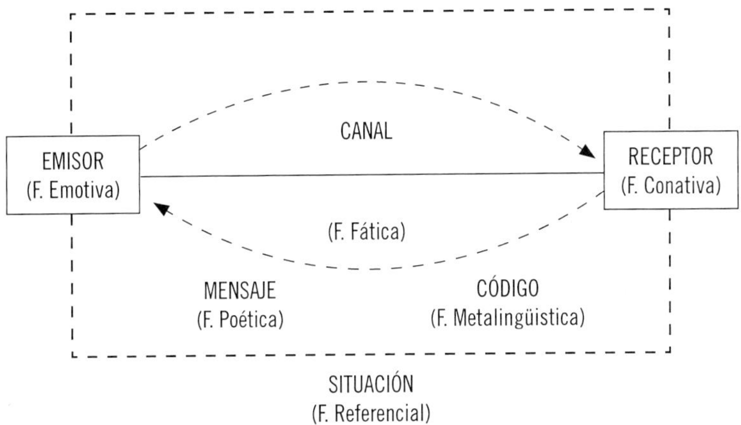

El lingüista George Yule, en *El lenguaje,* habla de dos funciones principales del uso del lenguaje: la función de interacción y la función de transacción.

La **función de interacción** está relacionada con la forma en que los humanos usamos el lenguaje para interactuar unos con otros, social o emocionalmente; con la manera en que indicamos amistad, cooperación u hostilidad, o aburrimiento, dolor o placer.

Según Yule, otra función importante del lenguaje es la **función de transacción,** por la que los humanos usamos nuestras capacidades lingüísticas para comunicar conocimientos, habilidades e información. Esta función debe de haberse desarrollado para transmitir el conocimiento de una generación a otra. Pero dicha función queda muy limitada en tiempo y espacio, ya que solo puede realizarse hablando.

Aplicación práctica

Indique las funciones del lenguaje predominantes en las siguientes oraciones (emotiva o expresiva, conativa o apelativa, poética o estética, metalingüística, fática o de contacto, referencial).

a. ¿Quieres venir al cine?
b. Me llamo Luis, soy un joven estudiante de este centro.
c. ¿Oiga...? ¿Me oye...?
d. La tierra es redonda y gira alrededor del sol.
e. El infinitivo de la primera conjugación termina en -ar.
f. Verde que te quiero verde, verde viento, verde rama...

SOLUCIÓN

a. Función conativa o apelativa.
b. Función emotiva o expresiva.
c. Función fática o de contacto.
d. Función referencial.
e. Función metalingüística.
f. Función poética o estética.

3.2. Utilización de la lengua para adquirir conocimientos, expresar ideas, sentimientos propios, y regular la propia conducta

La lengua castellana, así como todo el conjunto de lenguas, extranjeras y propias, contribuye al desarrollo de la habilidad para expresar e interpretar conceptos, pensamientos, hechos y opiniones de forma oral y escrita, y para interactuar de una manera adecuada y creativa en múltiples contextos sociales y culturales.

El lenguaje ayuda, de esta manera, a construir una imagen del mundo, de la personalidad, mediante el desarrollo de la capacidad de expresar vivencias, emociones, sentimientos e ideas, y a regular la propia conducta, proporcionando un equilibrio.

Se aprende a hablar y a escuchar, y a leer y escribir, para la interacción comunicativa, pero también para adquirir nuevos conocimientos. Por tanto, el lenguaje, además de instrumento de comunicación, es un medio de representación del mundo y está en la base del pensamiento y del conocimiento.

Aprender a usar la lengua es también aprender a analizar y resolver problemas, trazar planes y emprender procesos de decisión, ya que una de las funciones del lenguaje es regular y orientar nuestra propia actividad. Por ello, la adquisición de habilidades lingüísticas propicia el progreso en la iniciativa personal y en la regulación de la propia actividad con progresiva autonomía.

El hecho de aprender una lengua no es únicamente apropiarse de un sistema de signos, sino también de los significados culturales que estos transmiten y, con estos significados, de los modos en que las personas entienden o interpretan la realidad.

Recuerde

El lenguaje es un poderoso instrumento para ayudar a la convivencia, para expresar ideas, sentimientos y emociones y, en definitiva, para regular la propia conducta.

Por otra parte, el aprendizaje de la lengua contribuye decisivamente al desarrollo de un conjunto de habilidades y destrezas para las relaciones, la convivencia, el respeto y el entendimiento entre las personas. En efecto, aprender lengua es aprender a comunicarse con los otros, a comprender lo que estos transmiten y a aproximarse a otras realidades. Por tanto, es fundamental un buen uso de los códigos y usos lingüísticos como base para una buena comunicación, desde el punto de vista del respeto, el diálogo y el consenso.

Nota

La lengua debe ser tratada con un enfoque interdisciplinar, como medio de comunicación y de adquisición y transmisión del conocimiento.

Como ya se ha explicado, la lengua castellana, y todas las lenguas en general, son instrumentos de comunicación y de creación pensamiento. De esta manera, la utilización de la lengua castellana favorece la adquisición del sentido de la iniciativa y el espíritu emprendedor en la construcción de estrategias, en la toma de decisiones, en la comunicación de proyectos personales y en la base de la autonomía personal.

La comunicación, verbal y no verbal, de las diferentes lenguas que se utilicen, contribuirá al aumento de la autoestima y desarrollo personal, y garantizará una adecuada interacción social. Esta interacción social es propiciada por la utilización de la lengua, que ayuda a comunicarse con otras personas, a comprender lo que estas transmiten, a tomar contacto con distintas realidades y a asumir la propia expresión como modalidad fundamental de apertura a las demás personas, facilitando así la integración social y cultural de las personas.

De esta manera, el lenguaje contribuye al equilibrio afectivo y personal, y a construir una representación del mundo socialmente compartida y comunicable que, como se ha indicado, favorece la integración social y cultural de las personas, y, por tanto, el desarrollo y progreso de la sociedad.

Por último, es necesario destacar también que el desarrollo de la capacidad para interactuar de forma competente mediante el lenguaje en las diferentes esferas de la actividad social contribuye de un modo decisivo al desarrollo de todos los aspectos que conforman la comunicación lingüística. Además, las habilidades y estrategias para el uso de una lengua determinada y la capacidad para tomar la lengua como objeto de observación, aunque se adquieren desde una lengua, se transfieren y aplican al aprendizaje de otras.

Recuerde

El buen desarrollo de la actividad comunicativa favorece y ayuda a la mejora de la adquisición de conocimientos.

Actividades

10. ¿De qué manera contribuye la lengua a la integración social y cultural de las personas, así como a la regulación de la propia actividad?

Aplicación práctica

Usted va a ser contratado para trabajar impartiendo clases de Lengua castellana en un centro educativo, donde se le pide que presente la programación didáctica en la cual se basará el curso (objetivos, contenidos de la materia, etc.).

En dicha programación debe quedar reflejada la importancia de esta asignatura para que el alumnado pueda adquirir nuevos conocimientos, expresar sus ideas y sentimientos, así como llegar a regular su propia conducta. ¿De qué manera abordaría esta cuestión?

SOLUCIÓN

Esta cuestión debe abordarse incidiendo en el hecho de que el lenguaje, además de un instrumento de comunicación, es también un poderoso instrumento para adquirir nuevos conocimientos, para expresar ideas y sentimientos, para regular la propia conducta, proporcionando un equilibrio, y para ayudar a la convivencia entre los alumnos.

Mediante el lenguaje, el alumno puede construir una imagen del mundo, de la personalidad, mediante el desarrollo de la capacidad de expresar vivencias, opiniones y emociones.

Continúa en página siguiente >>

<< Viene de página anterior

Por otra parte, aprender a usar la lengua es también aprender a analizar y resolver problemas, trazar planes y emprender procesos de decisión. Por ello, la adquisición de habilidades lingüísticas ayuda al alumno a progresar en su iniciativa personal y en la regulación de su propia actividad con progresiva autonomía.

La utilización de la lengua es imprescindible también para comunicarse con otras personas, para comprender lo que estas transmiten y para aproximarse a otras realidades, asumiendo la propia expresión como modalidad fundamental de apertura a las demás personas.

Por último, el lenguaje proporciona al alumno un equilibrio afectivo y personal, que le permite construir una representación del mundo socialmente compartida y comunicable, que favorece la integración social y cultural y, por tanto, el desarrollo y progreso de la sociedad.

3.3. Variedades sociales en el uso de la lengua. Usos formales e informales

La lengua no es un instrumento homogéneo para todos los hablantes, ni un mismo hablante la utiliza de la misma manera en diferentes contextos. Se trata, pues, de un medio de comunicación fuertemente diversificado.

Las **variedades sociales o diastráticas** son las variedades motivadas principalmente por la clase social o estrato sociocultural al que pertenecen los hablantes de una lengua.

Las sociedades humanas se organizan internamente en clases que se distribuyen en forma de estratos. Cada estrato social posee un conjunto de rasgos propios, entre ellos, los lingüísticos, que lo hacen diferente a los demás.

Las diferencias lingüísticas entre las distintas capas sociales son claramente perceptibles. A grandes rasgos, se distinguen dos niveles de uso bien contrastados:

- El nivel que corresponde a la clase social alta y media-alta: **nivel culto.**
- El nivel que corresponde a la clase social baja y media-baja: **nivel vulgar.**

En realidad, se trata de niveles socioculturales, puesto que es el grado de cultura de la persona hablante el que determina uno u otro nivel.

Definición

Nivel culto
Se encuentra próximo a la lengua literaria y funciona como ideal de lengua o modelo de corrección.

Nivel vulgar
Constituye un sistema pobre, con una gramática sencilla y un léxico muy reducido, propio de las capas más modestas de la población.

Además de las diferencias lingüísticas motivadas por causas socioculturales, en este mismo plano diastrático se pueden establecer otras que se producen por razones de sexo, edad o tipo de profesión.

En lo que respecta a las diferencias entre los niveles vulgar y culto de la lengua, cabe destacar que el nivel vulgar recibe también los nombres de **código restringido** y **lenguaje vulgar.** Se trata, como se ha visto anteriormente, de un uso restringido o informal de la lengua, propio de personas poco instruidas. Frente al uso vulgar, se destaca el uso culto o **código elaborado** y **lenguaje formal,** propio de las personas instruidas.

Los rasgos característicos de estos dos niveles son los que se presentan a continuación:

- Nivel culto:

    1. Uso artificial y reflexivo de la lengua.
    2. Importancia tanto del contenido como de la forma.
    3. Variedad léxica, con un uso apropiado y exacto.
    4. Uso de oraciones largas y complejas.
    5. Orden en la exposición de los contenidos.

6. Uso de construcciones personales.
7. Se evitan las repeticiones. Riqueza de conjunciones y locuciones conjuntivas ("antes que", "después que"...).
8. Uso de expresiones corteses, poco directas y rigurosas. Frente a "¡cállate!", se prefiere "sería mejor que hicieses menos ruido", o "por favor, ¿podrías guardar un poco de silencio? Gracias".
9. Se evitan las formas perifrásticas: se trata de decir lo mismo con las menos palabras posibles.
10. Ausencia de apelaciones de consenso.
11. Uso de la voz pasiva.
12. Búsqueda de la expresión personal (se huye de las frases hechas).

- Nivel vulgar:

1. Uso espontáneo de la lengua.
2. Se da más importancia al contenido que a la forma.
3. Vocabulario escaso e inespecífico (limitación acusada en el caso de adjetivos y adverbios).
4. Oraciones cortas, simples, inacabadas, de sintaxis pobre.
5. Desorganización del contenido de la información.
6. Abundancia de construcciones impersonales: "y es que uno es...", "se va tirando...", "y dice uno...", etc.
7. Empleo repetitivo de expresiones como "o sea", "entonces", "pues", etc.
8. Afirmaciones, negaciones y mandatos categóricos: "que fue así", "que te lo digo yo", "¡ni hablar!", "¡porque te lo mando yo!", etc.
9. Reticencia a usar afirmaciones con verbo en futuro: "el domingo queremos ir a...", en lugar de "iremos".
10. Frecuente apelación al consenso del interlocutor: "¿no?", "¿verdad?", "¿comprendes?", "¿te das cuenta?", etc.
11. Uso de la pasiva-refleja o pasiva de "se": "se vende un apartamento".
12. Resistencia a usar expresiones personalizadas e individualizadas. Uso de frases comunes y estereotipadas.

Actividades

11. Defina los niveles culto y vulgar de la lengua, y resuma los rasgos que caracterizan a cada uno de ellos.

Un uso vulgar y restringido de la lengua acerca, por lo tanto, a un código pobre, rutinario, impersonal, categórico, simplificador de los conceptos (en política, en el trabajo, en la vida familiar, etc.), de los sentimientos y las relaciones entre los individuos.

Aplicación práctica

Identifique las características propias del lenguaje vulgar que encuentre en el siguiente texto.

¿Pues no lo estamos viendo toos, que anda usté desbaratando su hacienda pa darles a los unos lo que les quita usté a los otros? Y eso no está bien. La María Juana será too lo hija que usté quiera, y naide vamos a tacharle a usté que haiga usté mirao siempre por ella y no haiga usté hecho lo que otros muchos en su caso...

SOLUCIÓN

Se observan en el texto los siguientes rasgos propios del nivel vulgar de la lengua:

- Uso espontáneo de la lengua.
- Se da más importancia al contenido que a la forma.
- El vocabulario es escaso e inespecífico.
- El contenido está desorganizado.
- Construcciones impersonales ("naide vamos a tacharla").
- Empleo de perífrasis o rodeos ("estamos viendo", "haiga usté mismo").
- Uso de vulgarismos ("naide", "haiga").

Todos los hablantes de una determinada lengua saben reconocer cuándo alguien hace un buen uso del idioma y cuándo no, esto se debe a que en todos ellos existe un ideal de lengua que favorece la unidad de la misma.

Se llama **norma lingüística** al conjunto de reglas que una comunidad concreta sigue, para hacer un uso correcto de su lengua o idioma.

Importante

Conocer y seguir la norma de una determinada lengua posibilita la corrección de la misma.

Es frecuente y normal que un niño que está aprendiendo a hablar diga "cabo" en lugar de "quepo", o "sabí" en vez de "supe". Esto es porque el niño ha seguido la norma o lógica del sistema que está aprendiendo. No conoce aún que, en ocasiones, sobre la lógica o norma del sistema se impone otra norma: la **norma culta** o norma de corrección. Es esta última la que impone que los usos verbales correctos son "quepo" y "supe", y que es incorrecto decir "cabo" y "sabí".

Es un hecho que la mayoría de hispanohablantes conocen la norma culta o de corrección del español, puesto que es muy frecuente sonreír al escuchar decir "cabo" o "sabí". Y es que es muy importante hablar y escribir conforme a la norma de la lengua que utilizamos.

La norma culta o de corrección viene fijada por la tradición, constituyendo la variante más prestigiosa, la que emplean las gentes instruidas, como escritores y personas doctas.

Consejo

La norma culta o norma de corrección es la que debemos aprender y seguir, puesto que favorece y mejora el proceso comunicativo.

4. Diferencias entre comunicación oral y escrita

La **lengua escrita** es la representación gráfica de la lengua oral mediante la utilización de signos gráficos y letras. Los soportes empleados para plasmar esta representación gráfica (históricamente muy diversificados y, en la actualidad, básicamente el papel y los nuevos medios procedentes del campo de la informática) han permitido a la lengua escrita poseer un carácter de **permanencia.**

El hecho de que la lengua escrita haya podido permanecer en soportes perdurables en el tiempo ha permitido su acumulación y, consiguientemente, la aparición del saber humano (ciencia, filosofía, literatura, arte...). El conocimiento de los saberes pasados solo ha sido posible gracias a la lengua escrita y a su perdurabilidad.

Sin embargo, hay que precisar que la lengua escrita no es simplemente la transcripción de la lengua oral. Es fundamental comprender que ambas lenguas son dos variantes de la misma lengua, y que lo que las diferencia básicamente es el contexto comunicativo en el que se producen.

Mientras que la **lengua oral,** por su carácter de **inmediatez,** necesita la presencia del oyente que la capta en el mismo acto comunicativo, la lengua escrita no precisa que el receptor esté presente en el acto comunicativo, y su recepción no tiene momento señalado para que se produzca.

Nota

Es bien conocida la capacidad de la lengua escrita para influir en el desarrollo del cerebro humano y en la aparición del pensamiento.

El uso de la escritura hizo que el hombre llegara a la segmentación del discurso en palabras, le permitió ordenarlas lógicamente. Asimismo, contribuyó a la aparición del raciocinio y al desarrollo de formas superiores de conocimiento.

Por otra parte, en las sociedades culturalmente avanzadas, los individuos, que adquieren un alto manejo de la lengua escrita, reciben un reconocimiento social del que no gozan las personas que carecen de él. Sin las habilidades y las capacidades que brinda la lengua escrita, la adaptación a las exigencias de un contexto social desarrollado resulta, si no imposible, muy difícil.

En este sentido, hay que señalar que el adecuado **aprendizaje** de la lengua escrita requiere un esfuerzo considerable (porque se trata de la adquisición de reglas y convenciones que forman un código muy elaborado), que no es fácil abordar si no se cuenta con un medio social favorable y unos instrumentos que lo faciliten.

Como se ha explicado, la lengua escrita y la lengua oral son dos variantes de una misma lengua. Entre ambas existen claras diferencias, que se ofrecen a continuación:

- Lengua escrita:
  - Sintaxis estructurada:
    - Respeto del orden gramatical de la oración.
    - Presencia de períodos oracionales complejos, con frecuentes proposiciones subordinadas.

    - Uso muy perfeccionado de los marcadores de texto (conjunciones, locuciones conjuntivas...) y de otros elementos lingüísticos.

  - Ausencia de elementos extralingüísticos (gestos, entonación...), solo insinuados por algunos signos de puntuación.
  - Vocabulario variado y selecto, ya que en la lengua escrita es posible la preparación, la planificación y la corrección del texto.
  - Mensaje poco redundante, sin repeticiones y con una información muy concentrada.
  - Recepción del mensaje en un solo acto comunicativo, lo que permite al lector una lectura reposada y fraccionada del mismo.

- Lengua oral:

  - Sintaxis poco estructurada:

    - Cambios del orden de las oraciones.
    - Presencia de oraciones inacabadas y sin sentido, y escasa subordinación.
    - Uso de marcadores tópicos del texto ("creo", "sabes", "desde luego", "o sea"...).

  - Abundancia de elementos extralingüísticos (gesticulación, cambios frecuentes de tono...).
  - Pobreza de vocabulario. Empleo de palabras-baúl, muletillas, abundancia de palabras con valor deíctico.
  - Redundancia en los mensajes con frecuentes repeticiones, información incompleta y poco importante, vacilaciones en los enunciados.
  - La recepción del mensaje se realiza en el momento en que se produce; una vez emitido, el mensaje no puede ser rectificado ni modificado.

Actividades

12. Enumere las diferencias que existen entre la lengua escrita y la lengua oral.

Aplicación práctica

Indique las diferencias que existen entre los dos textos que aparecen a continuación. Después, explique a qué variante de la lengua pertenece cada texto.

Texto 1

Algunos días, bastantes, estuvo el carnet sobre la mesa del puesto de mando. No había quien entrase, así fuera para dejar la diaria ración de pan a los oficiales, que no lo tomara en sus manos; le daban ochenta vueltas en distracción de la charla, y lo volvían a dejar ahí hasta que otro ocioso viniera a hacer lo mismo. Por último ya nadie se ocupó ya más del carnet. Y un día, el capitán lo depositó en poder del teniente Santolalla.

Francisco Ayala: La cabeza del cordero.

Texto 2

Subcomisario. Yo. Y una pensión de cinco mil pesetas al mes. ¿Qué tiene usted que decir? Mi jubilación como mozo de almacén de primera era de quince mil pesetas y ahora treinta mil. Me siento como si fuera rico y además, mire, subcomisario. Ya era hora de que me saliera algo bien. Mi mujer no se lo quiere creer. Está algo delicada con tantos disgustos. Yo le enseño la carta. Le enseño cada mes las treinta mil pesetas, y ella tozuda que tozuda. "Evaristo -yo me llamo Evaristo-, eso no puede acabar bien". ¿A usted qué le parece?

Manuel Vázquez Montalbán: *Los mares del Sur.*

Continúa en página siguiente >>

<< Viene de página anterior

SOLUCIÓN

- Texto 1:
  - Posee una sintaxis bien estructurada y guarda el orden gramatical de la oración, como puede verse en la totalidad de las oraciones que lo componen. Presenta algunos períodos complejos ("No había... manos") y utiliza los marcadores del texto con eficacia: "bastantes", "así fuera", "hasta que", "por último".
  - No hay ni siquiera insinuación de elementos extralingüísticos.
  - El vocabulario empleado es correcto y variado, sin llegar a ser demasiado refinado.

- Texto 2:
  - Presenta deficiencias en la estructuración de los períodos oracionales, como las oraciones inacabadas ("... y además, mire, subcomisario").
  - Aparecen frecuentes matices en la entonación para llamar la atención de un interlocutor: "¿Qué tiene usted que decir?", "¿A usted qué le parece?".
  - El vocabulario es vulgar y pobre.

Una vez identificadas y enumeradas las características propias de cada uno de los textos, se puede deducir que el texto de Francisco Ayala (texto 1) es un texto propio de la lengua escrita, mientras que el de Vázquez Montalbán (texto 2) lo es de la lengua oral.

5. Resumen

La comunicación es un acto mediante el cual uno o varios individuos transmiten a otro u otros una señal informativa, utilizando para ello una serie de conocimientos que tienen en común.

Los elementos que intervienen en el proceso de la comunicación verbal son: emisor, receptor, mensaje, código, canal y situación.

Los medios de comunicación son los instrumentos mediante los cuales se informa y se comunica de forma masiva. Se clasifican en diferentes tipos: audiovisuales, radiofónicos, impresos y digitales. Otro tipo son los medios exteriores.

El lenguaje es una facultad que solo poseen los seres humanos frente a los animales, una facultad exclusiva que nos permite hablar. Resultado de esta facultad denominada lenguaje son las lenguas. Cada comunidad humana ha desarrollado la facultad del lenguaje según sus circunstancias, dando lugar a la diversidad de las lenguas.

En cada sistema de comunicación humana hay que distinguir lo que es estrictamente lengua de lo que es habla. La lengua es lo que está almacenado en la mente de los hablantes: los signos, con sus relaciones entre sí, porque no son signos aislados y agrupados, sino que constituyen un código, y las reglas o leyes que permiten sus combinaciones, el sistema. El uso que cada hablante hace de la lengua es el habla. El habla es, pues, lo que el hablante dice o escribe.

La capacidad del lenguaje es universal, común a todos los hombres, y cada comunidad ha desarrollado su propia lengua, por eso existen tantas lenguas diferentes en el mundo. Además, dentro de cada comunidad lingüística, dentro de cada lengua, pueden observarse diferentes usos o variedades.

Las diferentes funciones del lenguaje, relacionadas con los elementos de la comunicación, son: función emotiva o expresiva (el emisor habla de sí mismo); función conativa o apelativa (el emisor intenta cambiar la actitud física o mental del receptor); función poética o estética (el mensaje atrae la atención del receptor sobre sí mismo); función metalingüística (se usa el lenguaje para hablar del lenguaje mismo); función fática o de contacto (se usa la lengua para entablar la comunicación y para comprobar si el canal funciona); función referencial (se usa el lenguaje para ofrecer información sobre otros elementos que no sean ni el emisor ni el receptor).

La lengua posee un enfoque interdisciplinar, ya que, además de un medio de comunicación, es también un medio de adquisición y transmisión del conocimiento. En este sentido, el lenguaje se considera un poderoso instrumento para ayudar a la convivencia, para expresar ideas, sentimientos y emociones y, en definitiva, para regular la propia conducta.

Las variedades diastráticas o sociales son las diferencias que se observan en el uso que hacen de la lengua los hablantes, según el estrato socioeconómico al que pertenecen. A grandes rasgos, se distinguen dos niveles o estratos: el de la clase media y media-alta, que hace un uso culto de la lengua, y el de la clase baja o media-baja, que hace un uso vulgar de la misma.

La lengua escrita es la representación gráfica de la lengua oral mediante la utilización de signos gráficos y letras. Sin embargo, la lengua escrita no es simplemente la transcripción de la lengua oral. La lengua escrita influye en el desarrollo del cerebro humano y en la aparición del pensamiento. Es necesario un aprendizaje adecuado de la lengua escrita en una sociedad culturalmente avanzada, aprendizaje que requiere un gran esfuerzo, puesto que se trata de la adquisición de reglas y convenciones que forman un código muy elaborado.

Ejercicios de repaso y autoevaluación

1. Indique si las siguientes afirmaciones son verdaderas o falsas.

No solo existe la comunicación humana, sino también la comunicación no humana o animal.

- ☐ Verdadero
- ☐ Falso

Para una buena comunicación es imprescindible una buena transmisión por parte del emisor, y una buena recepción por parte del receptor.

- ☐ Verdadero
- ☐ Falso

Los procesos de codificación y decodificación son independientes entre sí, y no dependen el uno del otro para que se haga efectiva la comunicación.

- ☐ Verdadero
- ☐ Falso

2. Cite los diferentes elementos que intervienen en el proceso de comunicación verbal. A continuación, descríbalos.

____

____

____

____

3. Complete el siguiente texto.

______________ es todo aquel elemento innecesario y ____________ presente en el ____________. A veces, son los elementos redundantes del mensaje los que ayudan a solucionar problemas de ____________ causados por ____________.

4. Relacione cada elemento de la comunicación con la función del lenguaje que le corresponda.

a. Emisor.
b. Receptor.
c. Mensaje.
d. Código.
e. Canal.
f. Situación.

__ Función fática o de contacto.
__ Función poética o estética.
__ Función referencial.
__ Función emotiva o expresiva.
__ Función metalingüística.
__ Función conativa o apelativa.

5. ¿En qué consiste la comunicación bilateral?

____
____
____
____

6. Los periódicos, revistas y folletos se ubican dentro de...

a. ... los medios de comunicación digitales.
b. ... los medios de comunicación radiofónicos.
c. ... los medios de comunicación audiovisuales.
d. ... los medios de comunicación impresos.

7. Indique si las siguientes afirmaciones son verdaderas o falsas.

El cine es el medio más masivo por su rapidez, por la cantidad de recursos que utiliza y por la posibilidad que ofrece al público de ver los hechos y a sus protagonistas sin necesidad de estar presente.

☐ Verdadero
☐ Falso

Las publicaciones impresas pueden conservarse en una casa, en una biblioteca, en un archivo, en una hemeroteca, etc. para su consulta posterior.

- ☐ Verdadero
- ☐ Falso

La rapidez y la creatividad que utilizan los medios digitales para comunicar convierten a estos medios en una herramienta poco atractiva y falta de recursos, lo que hace que cada día tengan menos acogida.

- ☐ Verdadero
- ☐ Falso

8. Indique las diferencias existentes entre lengua y habla.

____

____

____

____

____

____

____

9. Uno de los rasgos característicos del nivel vulgar de la lengua es:

a. Importa tanto el contenido como la forma.
b. Se evitan las repeticiones.
c. Uso de la pasiva-refleja.
d. Uso de oraciones largas y complejas.

10. Complete el siguiente texto.

Mientras que la lengua ____________, por su carácter de ____________, necesita la presencia del ______________ que la capta en el mismo acto comunicativo, la lengua ___________ no precisa que el receptor esté ___________ en el acto comunicativo, y su recepción no tiene momento ___________ para que se produzca.

Capítulo 2

Principios básicos en el uso de la lengua castellana

Contenido

1. Introducción
2. Enunciados. Características y modalidades. Diferencia entre oraciones y frases
3. Tipos de oraciones
4. Sintagmas. Clases de sintagmas (nominal, preposicional, verbal, adjetival y adverbial)
5. Sujeto y predicado. Concordancia
6. Complementos verbales
7. Oraciones compuestas: yuxtaposición, coordinación, subordinación. Enlaces y conectores
8. Utilización del vocabulario en la expresión oral y escrita
9. Uso de las reglas de ortografía
10. Resumen

1. Introducción

En el presente capítulo se tratarán todos aquellos aspectos relacionados con el correcto uso de la lengua castellana.

Para comenzar, hay que destacar que la palabra es una unidad dotada de significado, es la unidad léxica mínima acentuable y limitada por pausas. Las palabras, bien solas o bien organizadas en grupos gramaticales, constituyen sintagmas que ejercen una función dentro de la oración; algunas equivalen a una oración.

La unidad de comunicación superior es el texto. Un texto se compone de oraciones o enunciados oracionales: puede estar constituido por una sola oración o por más de una. Pero también se pueden encontrar textos formados por otro tipo de enunciados (no oracionales) que, como la oración, constituyen un mensaje completo.

La oración, unidad lingüística con autonomía semántica, sintáctica y fonológica, se compone de sintagmas, unidades intermedias de la lengua con una función determinada dentro de esa unidad superior que es la oración. Lo más característico de la oración es su estructura en sujeto (sintagma nominal) y predicado (sintagma verbal). El sujeto de la oración simple está formado principalmente por un nombre. Del mismo modo, el núcleo del predicado es el verbo.

Los complementos del sintagma nominal suelen ser un determinante, que normalmente aparece delante del núcleo, y un adyacente, que normalmente aparece detrás de este. Las funciones que el sintagma nominal desempeña en la oración son: sujeto, complemento directo, complemento circunstancial y atributo.

El sintagma verbal realiza principalmente la función de predicado. Está formado por un núcleo (centro de todos sus complementos) y opcionalmente por uno, ninguno o varios complementos.

Las oraciones simples son aquellas que constan de una sola proposición y se clasifican según el sujeto o según el predicado. Según el sujeto pueden ser: personales e impersonales; y según el predicado pueden ser: predicativas y copulativas-atributivas.

Las oraciones compuestas tienen un período oracional más complejo, formado por dos o más oraciones simples relacionadas entre sí. Por lo tanto, no se trata de la acumulación de varias oraciones simples, sino de la expresión de un contenido unitario estructurado en varias oraciones, llamadas proposiciones. Existen tres tipos de oraciones compuestas: coordinadas, subordinadas y yuxtapuestas. Las coordinadas se dividen en: copulativas, disyuntivas, adversativas, ilativas y explicativas. Las subordinadas se dividen en: sustantivas, adjetivas y adverbiales.

También hay unos nexos denominados preposiciones y conjunciones, cuya función es la de unir palabras, grupos de palabras y oraciones.

Otro tema importante que se estudiará en este capítulo es el uso del vocabulario en la expresión oral y escrita. Se tratarán los aspectos de la palabra relacionados con su formación y con su significado, las relaciones semánticas que se establecen entre las palabras, y la constitución del léxico de una lengua.

Asimismo, se prestará especial atención a la aplicación de las principales reglas ortográficas. La ortografía es la parte de la gramática que establece los principios normativos para la correcta escritura de las palabras de una lengua, como las mayúsculas, la acentuación, los signos de puntuación, etc.

Por último, cabe resaltar que el estudio de las reglas de ortografía es un complemento a otras tareas, como por ejemplo la lectura frecuente y constante, encaminadas a conseguir un óptimo dominio de la expresión escrita.

2. Enunciados. Características y modalidades. Diferencia entre oraciones y frases

La unidad de comunicación superior es el **texto.** Un texto se compone de **oraciones o enunciados oracionales:** puede estar constituido por una sola oración o por más de una. Pero también se pueden encontrar textos formados por otro tipo de **enunciados** (no oracionales) que, como la oración, constituyen un "mensaje completo".

La oración es un tipo de enunciado. Según su estructura formal encontramos los siguientes enunciados:

1. **Enunciado oracional,** cuando coincide con una oración o todo un período oracional: "Encontrarás el libro en la biblioteca".
2. **Enunciado nominal:** "¡Buenos días!".
3. **Enunciado adjetivo:** "¡Magnífico!".
4. **Enunciado adverbial:** "¡Muy bien!".
5. **Enunciado interjectivo:** "¡Eh!".

Entre la oración y los otros tipos de enunciados, se observan los siguientes rasgos comunes:

- Son mensajes con sentido completo en sí mismos.
- Tienen autonomía sintáctica, es decir, no dependen de una unidad sintáctica superior.
- Presentan una entonación característica (enunciativa, exclamativa, desiderativa...).

Se diferencian en que la oración posee una estructura de **sujeto + predicado,** y los otros enunciados no.

Ejemplo

- **Oración:**
  - El tren llega a las once
    S P
  - (Yo) volveré tarde
    S P

Continúa en página siguiente >>

<< Viene de página anterior

- **Enunciado:**
  - ¡Buenas tardes!
  - ¡Ay!
  - ¡Hola!

La oración, pues, es un tipo de enunciado que presenta cuatro características:

1. Autonomía semántica.
2. Autonomía sintáctica.
3. Articulación en sujeto y predicado.
4. Una línea melódica de entonación característica.

Actividades

1. Según su estructura formal, ¿cuáles son los diferentes tipos de enunciados?

Lo más característico de la oración es su estructura en sujeto y predicado. El sujeto de la oración simple está formado principalmente por un **nombre,** por eso el **núcleo** del sujeto es el nombre. Del mismo modo, el **núcleo** del predicado es el **verbo.**

A continuación, se muestra un ejemplo en el siguiente cuadro.

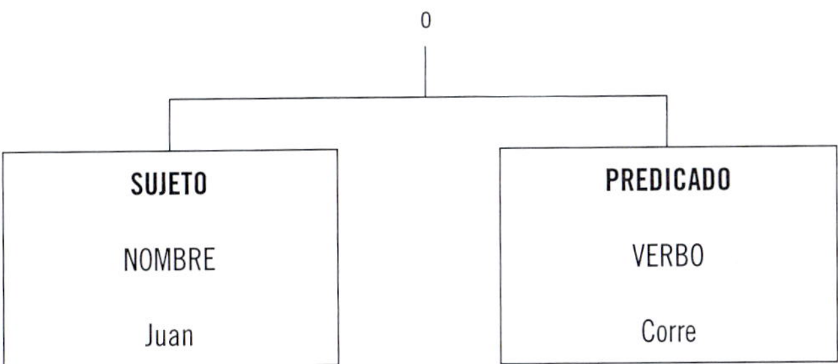

Aplicación práctica

Establezca cuál es el sujeto y el predicado en las siguientes oraciones.

a. La familia de mi vecino había sido emigrante.
b. El polvo lo manchó totalmente.
c. Las avenidas tenían los árboles secos.
d. Debió llegar antes la policía municipal.
e. Fuimos a la feria de Sevilla.

SOLUCIÓN

a. La familia de mi vecino (Sujeto) había sido emigrante. (Predicado)

b. El polvo (Sujeto) lo manchó totalmente. (Predicado)

c. Las avenidas (Sujeto) tenían los árboles secos. (Predicado)

d. Debió llegar antes (Predicado) la policía municipal. (Sujeto)

e. Fuimos a la feria de Sevilla. (Predicado) (Sujeto omitido: "Nosotros").

El sustantivo sujeto informa al verbo de los morfemas gramaticales de **número** y **persona.** Esta concordancia se puede observar en los siguientes ejemplos.

- El niño (3ª persona y singular) ——→ corre (3ª persona y singular).
- Los niños (3ª persona y plural) ——→ corren (3ª persona y plural).
- Nosotros (1ª persona y plural) ——→ corremos (1ª persona y plural).

Recuerde

El núcleo del sujeto y el núcleo del predicado concuerdan en número y persona.

Según Emilio Alarcos Llorach *(Gramática de la Lengua Española),* existen enunciados cuya estructura interna difiere de la propia de las oraciones, pues carecen del núcleo verbal en que se cumple la relación predicativa. Estos enunciados se conocen con el nombre de **frases.**

Definición

Frase

El *Diccionario de Lexicografía Práctica,* de José Martínez de Sousa, recoge tres acepciones para el término frase (del latín *phrasis,* y este del griego *phrásis,* de *phrázein,* "hablar"). Dichas acepciones son las siguientes:

1. Término genérico con el que suele denominarse la oración ("La Barcelona del año 2000 será muy distinta de la actual"), el sintagma ("La Barcelona del año 2000"), el período o el enunciado ("La Barcelona del año 2000 será muy distinta de la actual a consecuencia de las obras realizadas durante los Juegos Olímpicos").
2. Expresión pluriverbal que forma un enunciado completo.
3. Sintagma.

Los constituyentes de las frases son siempre palabras de índole nominal, esto es, sustantivos, adjetivos o adverbios y naturalmente cualquier otra categoría que funcione como ellas gracias a la transposición. Al no existir un núcleo verbal del que dependan sus demás componentes, las relaciones internas de estos en la frase no son paralelas ni idénticas a las que establecen en la oración. Por esto, las frases no deben clasificarse, como a veces se hace, por analogía con las oraciones a que pudieran ser equivalentes por su sentido.

Ejemplo

No es correcto llamar atributiva a una frase como "Año de nieves, año de bienes" por su equivalencia semántica con la oración "El año de nieves es año de bienes", ya que en la frase no existe el núcleo verbal de la oración.

Los enunciados clasificados como frases pueden ser unimembres o bimembres. Las **frases unimembres** se comportan como las interjecciones, tanto si están constituidas por una sola palabra ("¡Lástima!", "Gracias", "Vaya"), como si consisten en un grupo unitario más o menos complejo (un núcleo con sus adyacentes: "¡Mi madre!", "Buenas noches", "Gajes del oficio", "A estudiar mucho").

En las **frases bimembres,** la relación establecida entre los dos términos es variable. Se dan estas posibilidades:

1. Los dos miembros yuxtapuestos, en general con pausa intermedia y con inflexión melódica en contraste, concuerdan en sus referencias, de modo que forman una especie de ecuación semántica ("Buena vida la del canónigo", "Mentira lo que dices").

2. Uno de los términos es sustantivo y el otro adjetivo; no suele haber pausa intermedia, aunque las inflexiones de la curva puedan contrastar; el núcleo o el tema es el sustantivo y el adjetivo sirve de especificación, y así, como en los grupos nominales correspondientes, hay concordancia de número y género (cuando es posible, como en "Prohibida la entrada", "Inútiles tus esfuerzos", "¡Qué tiempos aquellos!").
3. Uno de los miembros es sustantivo (o unidad equivalente) provisto a veces de sus adyacentes, y el otro es unidad también sustantiva introducida por preposición; la pausa intermedia y la entonación realzan el carácter opuesto del sentido de cada término ("A mal tiempo, buena cara"; "De tal palo, tal astilla"; "En casa del herrero, cuchillo de palo").
4. Un sustantivo (o grupo nominal unitario, o infinitivo, etc.) está determinado por el segundo miembro, también unidad sustantiva con preposición, en general sin pausa intermedia ("Genio y figura hasta la sepultura"; "Vivir para ver"; "El cine para divertirme").
5. A veces los dos términos contrapuestos van unidos por un conector o conjunción, de manera que son en realidad grupos frásticos, en cada uno de cuyos componentes aparece una de las estructuras mencionadas: en "A Dios rogando y con el mazo dando", cada uno de los términos presenta la misma estructura de tema y tesis. Lo mismo sucede en "Aquí paz y después gloria".
6. Puede ocurrir que en una frase aparezca como determinante una construcción degradada o transpuesta, cuya función es paralela a la que cumpliría dentro de una oración. Así, en estos grupos frásticos: "Buena vida la del canónigo, aunque tenga que ir al coro"; "El cine para divertirme, cuando puedo".

Recuerde

Los enunciados que carecen de una forma verbal personal que funcione como núcleo (no son oraciones), y ofrecen una estructura interna diferente se denominan frases.

Actividades

2. Indique de qué tipos pueden ser los enunciados clasificados como frases, y describa en qué consisten.

3. Tipos de oraciones

La **oración** es la unidad de la lengua que tiene la autonomía semántica, sintáctica y fonológica que es apropiada para expresar un pensamiento completo y en la que el hablante tiene intención comunicativa.

- **Desde el punto de vista fónico,** la oración es un conjunto de sonidos, comprendido entre dos pausas (signos de puntuación) y con una línea de entonación unitaria.
- **Desde el punto de vista morfológico,** la oración es un conjunto de palabras que se relaciona, directa o indirectamente, con un verbo en forma personal, el cual actúa como núcleo del predicado.
- **Desde el punto de vista sintáctico,** la oración es la parte aislable de un texto que se compone de dos elementos constituyentes, el sujeto y el predicado, que concuerdan entre sí en número y persona.
- **Desde el punto de vista semántico,** la oración es toda expresión con sentido completo y que puede ella sola constituir un texto.

3.1. Simples y compuestas

La oración simple

La **oración simple** es aquella que tiene un solo predicado y, por tanto, un solo verbo en forma personal.

Obsérvese un ejemplo de oración simple en el siguiente cuadro.

La casa de Antonio	**tiene**	**dos balcones.**
	N.	
S.		Pred.
	O. S.	

La oración simple puede clasificarse siguiendo dos criterios diferentes:

- El **semántico,** por el que nos fijamos en la actitud o intención del hablante.
- El **sintáctico,** por el que analizamos la naturaleza del predicado.

Por la actitud del hablante, las oraciones se clasifican en: enunciativas, interrogativas, exclamativas, exhortativas o imperativas, optativas o desiderativas, dubitativas y de posibilidad. Estas modalidades de explicarán más detalladamente en el siguiente punto (3.2).

Por la naturaleza del predicado, las oraciones se clasifican en: atributivas y predicativas.

Atributivas

Son aquellas oraciones simples cuyo predicado se compone de un verbo copulativo ("ser", "estar", "parecer") seguido de un atributo.

El verbo copulativo no es el núcleo, ya que su función es de simple enlace o cópula entre el sujeto y el atributo. El núcleo es el **atributo,** que puede presentarse de tres formas:

- Como un **sintagma nominal.** Obsérvese el siguiente ejemplo.

Juan	es	**médico.**
	C. Atrib. (S.N.)	
S.	P. N.	
O. Atrib.		

- Como un **sintagma adjetival.** Obsérvese el siguiente ejemplo.

Juan	parece	**cansado.**
	C. Atrib. (S. Adj.)	
S.	P. N.	
O. Atrib.		

- Como un **sintagma preposicional.** Obsérvese el siguiente ejemplo.

Juan	es	**de Málaga.**
	C. Atrib. (S. Prep.)	
S.	P. N.	
O. Atrib.		

Nota

El predicado que lleva un verbo copulativo y cuyo núcleo es el atributo se denomina **predicado nominal.**

Predicativas

Son aquellas oraciones simples cuyo verbo es el núcleo del predicado y suele ir acompañado de diferentes complementos.

Nota

El predicado que lleva un verbo que cumple la función de núcleo y suele ir acompañado de diferentes complementos se denomina **predicado verbal.**

- Las oraciones predicativas se dividen en pasivas y activas.

Pasivas

Son aquellas cuyo sujeto es paciente, es decir, no realiza la acción del verbo. El elemento de la oración que realiza dicha acción es el complemento agente.

Las oraciones pasivas se dividen en:

- **Pasivas propias:** son aquellas cuyo verbo presenta forma pasiva. Ejemplo: "El puente **fue construido".**

  Existen dos tipos de pasivas propias:

  - **Primeras de pasiva:** son aquellas que llevan complemento agente. Obsérvese el siguiente ejemplo.

El banco fue robado	**por los atracadores.**
	C. Ag.

- **Segundas de pasiva:** son aquellas que no llevan complemento agente. Ejemplo: "El banco fue robado".

- **Pasivas reflejas:** son aquellas cuyo verbo presenta forma activa y lleva delante el pronombre "se". Este pronombre no realiza ninguna función sintáctica en la oración, simplemente es un signo de pasiva. Ejemplo: "La noticia **se divulgó** rápidamente".

  Las pasivas reflejas también pueden ser primeras y segundas de pasiva.

Activas

Son aquellas oraciones simples que tienen un sujeto agente, es decir, que realiza la acción del verbo.

Las oraciones activas pueden dividirse en:

- **Transitivas:** su predicado lleva como núcleo un verbo de predicación incompleta (que es aquel cuyo significado no está pleno: "ver", "decir", "estudiar", "amar"...), llamado también **verbo transitivo.** Para llenar este significado, los verbos transitivos pueden llevar dos complementos:

  - **Complemento Directo.** Obsérvense los siguientes ejemplos.

El niño **estudió**	matemáticas.
	C. D. (S. N.)
Francisco **vio**	a su hermana.
	C. D. (S. Prep)

- **Complemento de Régimen o Suplemento.** Obsérvese el siguiente ejemplo.

Los reunidos **hablaban**	**de** política.
	C. R.

- **Intransitivas:** su predicado lleva como núcleo un verbo de predicación completa (que es aquel cuyo significado está pleno y, por tanto, no necesita ningún complemento que lo complete), llamado también **verbo intransitivo.** Los verbos son esencialmente de tres tipos:
  - **De movimiento:** "subir", "bajar", "ir", "venir", "correr", "saltar", "andar", etc.
  - **De estado:** "estar", "yacer", "suceder", "ocurrir", etc.
  - **Pseudointransitivos:** son aquellos verbos transitivos o de predicación incompleta que, en determinadas ocasiones, actúan como intransitivos o de predicación completa. Ejemplo: "El niño **estudia".**

- **Reflexivas:** son aquellas oraciones en las que la acción del verbo empieza y termina en la misma persona (el sujeto). El verbo va acompañado de los pronombres "me", "te", "se" (en singular) y "nos", "os", "se" (en plural).

Las reflexivas se dividen en:

- **Reflexivas directas:** cuando el pronombre realiza la función de C.D. Obsérvese el siguiente ejemplo.

Gloria	**se**	lava.
		C. D.

- **Reflexivas indirectas:** cuando el pronombre realiza la función de C.I. Obsérvese el siguiente ejemplo.

Gloria	**se**	lava	los dientes.
	C. I.		C. D.

- **Recíprocas:** son aquellas oraciones en las que un sujeto múltiple realiza y recibe de forma "recíproca" la acción del verbo. El verbo va acompañado de los pronombres "nos", "os", "se". También pueden dividirse en:

  - **Recíprocas directas.** Obsérvese el siguiente ejemplo.

Juan y Pedro	**se**	pelean.
	C. D.	

  - **Recíprocas indirectas.** Obsérvese el siguiente ejemplo.

Juan y Pedro	**se**	regalaron	un helado
	C. I.		C. D.

- **Impersonales:** son aquellas oraciones que no llevan sujeto o que este es de difícil identificación. Pueden ser:

  - **Naturales:** aquellas cuyo verbo indica fenómenos de la naturaleza ("llover", "granizar", "nevar", "tronar"...). Ejemplo: **"Llovió** torrencialmente".

- **Eventuales:** aquellas cuyo verbo generalmente no es un verbo impersonal, pero en ciertas ocasiones, es decir, eventualmente, actúa como impersonal. Los verbos "eventualmente impersonales" van en tercera persona del plural. Ejemplo: **"Tratan** muy bien en aquel hotel".
- **Gramaticalizadas:** aquellas que la gramática ha convertido en expresiones fosilizadas o invariables, en frases hechas del tipo "érase una vez", "hay mucha gente", "hace frío". Los verbos con los que se forman las impersonales gramaticalizadas son "hacer", "haber" y "ser".
- **Reflejas:** aquellas cuyo verbo va siempre en tercera persona del singular y va acompañado del pronombre "se". En este caso, el pronombre "se" no cumple ninguna función sintáctica, sino que sencillamente es un signo de impersonalidad.

Actividades

3. ¿Cuál es la definición de la oración simple?
4. Indique cuál es la clasificación de las oraciones simples.

La oración compuesta

La **oración compuesta** es aquella que se compone de dos o más predicados y, por tanto, de dos o más verbos en forma personal.

Cada uno de estos predicados forma unidades sintácticas llamadas proposiciones, que forman la oración compuesta y que, según las relaciones que establecen entre sí, se dividen de la manera siguiente:

- **Oraciones yuxtapuestas:** están formadas por proposiciones que carecen de enlaces gramaticales; van señaladas por pausas (signos de puntuación). Las yuxtapuestas poseen distinta entonación.

- **Oraciones coordinadas:** están formadas por proposiciones del mismo nivel gramatical, por lo que ninguna proposición desempeña una función en la estructura de las demás. Van unidas por conjunciones coordinadas. Las coordinadas pueden ser:

  - Copulativas.
  - Disyuntivas.
  - Adversativas.
  - Ilativas.
  - Explicativas.

- **Oraciones subordinadas:** están formadas por proposiciones de distinto nivel gramatical:

  - Principal: es la proposición de mayor nivel gramatical. No va encabezada por conjunciones subordinadas o pronombres relativos.
  - Subordinada: es la proposición de menor categoría gramatical. Va encabezada por conjunciones subordinadas o pronombres relativos. Indica una circunstancia de la principal o actúa como complemento de la principal. Las subordinadas pueden ser:

    - Sustantivas:

      - En función de complemento directo.
      - En función de complemento indirecto.
      - En función de sujeto.
      - En función de complemento de régimen.
      - En función de atributo.
      - En función de complemento de un sustantivo y de un adjetivo.

    - Adjetivas:

      - Especificativas.
      - Explicativas.

- Adverbiales:
  - Temporales.
  - Locales.
  - Modales.
  - Comparativas.
  - Causales.
  - Consecutivas.
  - Condicionales.
  - Concesivas.
  - Finales.

Las oraciones compuestas se tratarán con mayor detalle más adelante en el presente capítulo, en concreto, en el apartado 7.

Actividades

5. ¿Cuál es la definición de la oración compuesta?
6. Indique cuál es la clasificación de las oraciones compuestas.

Aplicación práctica

Clasifique las siguientes oraciones en simples o compuestas.

a. Nació en esta casa y en ella murió.
b. Antonio le contestó de mala manera.
c. La semana pasada mi hermano comprobó que el trabajo es muy duro.
d. El juez preguntó al acusado como si ya fuera culpable.
e. Luna es mi perra.

Continúa en página siguiente >>

<< Viene de página anterior

SOLUCIÓN

a. Oración compuesta.
b. Oración simple.
c. Oración compuesta.
d. Oración compuesta.
e. Oración simple.

3.2. Modalidades: enunciativas, interrogativas, exclamativas, exhortativas o imperativas, optativas o desiderativas, dubitativas y de posibilidad

Las oraciones se pueden clasificar atendiendo a su modalidad. La palabra "modalidad" viene del latín *modus* o actitud que el emisor adopta al hablar, y esta actitud afecta en gran medida a la entonación oracional.

Las modalidades oracionales, que se explican a continuación, son: enunciativas, interrogativas, exclamativas, exhortativas o imperativas, optativas o desiderativas, dubitativas y de posibilidad.

Enunciativas

Cuando el hablante se limita a hacer saber algo, a informar, al oyente. También se reconocen por una entonación cuyo final es descendente. Ejemplo: "Los alumnos preguntaban sus dudas al maestro".

El hablante expresa una realidad de forma objetiva. Las oraciones enunciativas corresponden a la función representativa del lenguaje y suelen llevar el verbo en modo indicativo. Pueden dividirse en afirmativas y en negativas.

Ejemplo

- Juan tiene veinte años (oración enunciativa afirmativa).
- Juan no tiene veinte años (oración enunciativa negativa).

Interrogativas

Cuando el hablante formula una petición de información al oyente. La entonación interrogativa es muy característica y fácil de reconocer.

Las oraciones interrogativas cumplen la función apelativa del lenguaje, ya que el hablante pregunta una información al oyente, y suelen llevar el verbo en modo indicativo.

Existen cuatro clases de oraciones interrogativas, que son las siguientes:

- **Totales:** preguntan por la totalidad de la oración, es decir, se pide información sobre todo el mensaje de la oración. Se representan en la escritura con los signos de interrogación. La respuesta es "sí" o "no". Ejemplos: "¿Regresarás pronto?", "¿Puedes darme dinero?".
- **Parciales:** solo preguntan por una parte de la oración, por un elemento del mensaje. Se reconocen porque aparece en ella una de las siguientes palabras interrogativas: "qué", "quién", "cuál", "cómo", "cuándo", "cuánto", "dónde" (obsérvese que todas llevan tilde). Ejemplo: "¿Viene Juan o Sergio?".
- **Directas:** son oraciones independientes y llevan signos de interrogación. Ejemplo: "¿Cuándo vas a venir?".
- **Indirectas:** son proposiciones subordinadas dentro de una oración compuesta. No llevan signos de interrogación, sino que van encabezadas por partículas interrogativas. Ejemplo: "Le preguntaron cuándo iba a venir".

Actividades

7. ¿Cuántas clases de oraciones interrogativas existen? Descríbalas brevemente y elabore una de cada tipo.

Exclamativas

Cuando el hablante expresa con especial énfasis su mensaje, como: "¡Qué película más fantástica!", "¡Es una película fantástica!".

El hablante expresa una emoción o cualquier otro rasgo de afectividad. Las oraciones exclamativas cumplen la función apelativa del lenguaje, suelen llevar el verbo en modo indicativo, aunque a veces este va en modo subjuntivo, y pueden ir acompañadas de signos de exclamación y de partículas exclamativas.

Ejemplo

- ¡Qué feliz soy!
- ¡Eres un pelmazo! (modo indicativo).
- ¡Dios sea alabado! (modo subjuntivo).

Exhortativas o imperativas

Cuando el hablante impone, de algún modo, su voluntad al oyente. El hablante expresa una orden y, en algunas ocasiones, un ruego. Las oraciones imperativas cumplen la función apelativa del lenguaje y llevan el verbo en modo imperativo. Ejemplo: "¡Vete fuera!".

Además de poseer también una entonación propia, se reconocen por:

1. Las oraciones imperativas **afirmativas** tienen formas verbales propias, las del presente de imperativo: "canta", "cantad"; "teme", "temed"; "parte", "partid". Ejemplos: "Canta (tú) en voz alta", "Cantad (vosotros) en voz alta". El sujeto (tú, vosotros) aparecería detrás del verbo.
2. Las oraciones imperativas **negativas** emplean las formas verbales del presente de subjuntivo: "no cantes", "no cantéis"; "no temas", "no temáis"; "no partas", "no partáis". Ejemplo: "No cantéis (vosotros) tan alto, por favor".

Optativas o desiderativas

Cuando el hablante expresa deseo. Las oraciones optativas llevan el verbo en modo subjuntivo. Ejemplo: "¡Ojalá disfrutemos de un magnífico tiempo!".

Dubitativas y de posibilidad

Cuando el hablante presenta el mensaje desde la duda, la posibilidad, expresando probabilidad. Estas "actitudes" del emisor pueden expresarse con un adverbio ("quizá", "acaso", "probablemente"...), una locución adverbial o con formas verbales. En las oraciones dubitativas el verbo va en modo subjuntivo ("Quizá vaya al cine").

Ejemplo

- Adverbio: **Probablemente** llegue tarde.
- Locución adverbial: **Tal vez** llegue tarde.
- Formas verbales: **Debió de llegar** tarde.

Actividades

8. Enumere las modalidades oracionales y ponga un ejemplo de cada una de ellas. A continuación, analice las siguientes oraciones e indique a qué modalidad pertenece cada una de ellas.

- ¿Qué vas a estudiar el año que viene?
- No fumes aquí dentro, por favor.
- Nadie te ha llamado.
- ¿Van a venir tus padres a la boda?
- Ojalá no llueva este fin de semana.
- Puede que tenga que viajar a Madrid en breve.
- ¡No te muevas!
- No sé si llegaré a tiempo a la fiesta.

Aplicación práctica

Convierta la oración "Este vaso está roto" en interrogativa, exclamativa, optativa o desiderativa y dubitativa o de posibilidad.

SOLUCIÓN

- Interrogativa: ¿Está roto el vaso?
- Exclamativa: ¡Este vaso está roto!
- Optativa o desiderativa: Ojalá este vaso esté roto.
- Dubitativa o de posibilidad: Quizá este vaso esté roto.

4. Sintagmas. Clases de sintagmas (nominal, preposicional, verbal, adjetival y adverbial)

El sintagma es una unidad de la lengua formado por una o varias palabras que desempeña una función en una unidad superior que es la oración. El sintagma, por tanto, es una unidad intermedia de la lengua.

Obsérvese el siguiente ejemplo en el cuadro que se muestra a continuación.

El **hermano** de mi amigo	**compró** flores en la floristería de su calle.
Núcleo	Núcleo
SINTAGMA-SUJETO (unidad intermedia)	**SINTAGMA-PREDICADO** (unidad intermedia)
ORACIÓN (unidad superior)	

4.1. Clases de sintagmas

Todo sintagma está constituido por un elemento principal que recibe el nombre de núcleo (N.) del sintagma, que puede ir acompañado o no de otros elementos lingüísticos (palabras, sintagmas...).

Según sea la categoría gramatical del núcleo, así se dividirán los sintagmas:

- **Sintagma nominal (S.N.):** es aquel cuyo núcleo es un sustantivo. Véase el siguiente ejemplo.

El	**niño**	inteligente.
	N.	
	S. N.	

- **Sintagma preposicional (S.Prep.):** es el que está formado por una preposición, que es el núcleo, seguida de un sintagma nominal. Véase el siguiente ejemplo.

Me gusta el café	**con**	mucha **leche.**
	Prep-N	S. N.
	S. Prep.	

- **Sintagma verbal (S.V.):** es aquel cuyo núcleo es un verbo. Véase el siguiente ejemplo.

Él	**corre**	a su casa.
	N.	
	S. V.	

- **Sintagma adjetival (S.Adj.):** es aquel cuyo núcleo es un adjetivo. Véase el siguiente ejemplo.

María	es	**alta.**
		N.
		S. Adj.

- **Sintagma adverbial (S.Adv.):** es aquel cuyo núcleo es un adverbio. Véase el siguiente ejemplo.

Él	vive	**lejos.**
		N.
		S. Adj.

Actividades

9. ¿Qué es un sintagma y cuántas clases de sintagmas se pueden encontrar? Reflexione sobre estas cuestiones y elabore oraciones con cada tipo de sintagma.

Estructura del sintagma nominal

En general, el sintagma nominal presenta la estructura funcional o sintáctica que se presenta en el siguiente cuadro.

DETERMINANTE + NÚCLEO + ADYACENTE

Cada una de estas funciones puede ser realizada por las clases de palabras que aparecen en la siguiente tabla.

FUNCIÓN SINTÁCTICA	CATEGORÍA GRAMATICAL
Determinante	- Artículo. - Adj. Demostrativos. - Adj. Posesivos. - Adj. Numerales. - Adj. Indefinidos. - Adj. Interrogativos o Exclamativos.
Núcleo	- Sustantivo. - Pronombre. - Palabras sustantivadas (especialmente infinitivos y adjetivos calificativos).
Adyacente	- Adjetivos calificativos. - Sintagma preposicional (= Complemento del Nombre). - Sustantivo (= Aposición) - Proposiciones de relativo.

Los nombres o sustantivos se rodean en la oración de otras palabras, que complementan al sustantivo y forman con él una unidad muy cohesionada: **el sintagma.**

El sintagma es una unidad del discurso que posee cohesión formal y funcional:

- **Cohesión formal:** está compuesto por uno o más elementos morfológicos, entre los cuales uno (el sustantivo) funciona como núcleo.

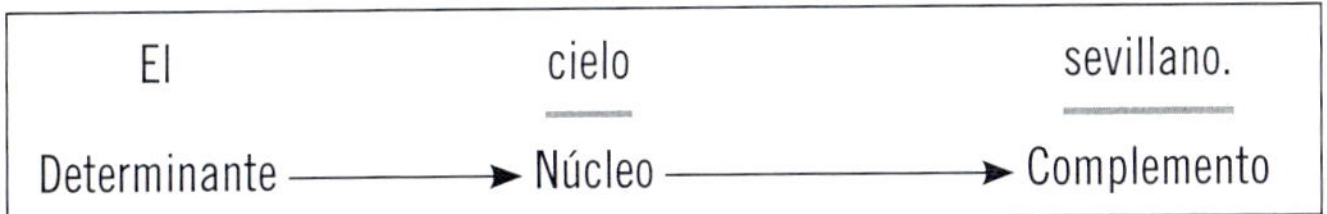

  El sustantivo impone a los elementos que lo acompañan los morfemas de género y de número: si el sustantivo fuera "tierra", se diría "la tierra sevillana".
- **Cohesión funcional:** el sintagma ejerce una función dentro de la oración.

Ejemplo

- Función de **sujeto:** "El coche negro ha ganado".
- Función de **complemento directo:** "El coche negro ha ganado el trofeo".

Indique los sintagmas nominales que encuentre en el siguiente texto.

> "Estaba en una habitación pequeña, con techo en declive y la pared blanca. Había una cama de hierro negro, cubierta con una colcha floreada, y un lavabo de loza. Parecía la habitación de algún criado o criada de la casa, y tal vez lo fuera. Desde la ventana, allá abajo, se divisaba la bahía".
>
> Ana María Matute. Pequeño teatro (1954).

SOLUCIÓN

- El sintagma nominal **"una habitación pequeña"** está dentro del sintagma preposicional "en una habitación pequeña".
- El sintagma nominal **"una colcha floreada"** está dentro del sintagma preposicional "con una colcha floreada".
- El sintagma nominal **"la ventana"** está dentro del sintagma preposicional "Desde la ventana".

5. Sujeto y predicado. Concordancia

La oración se compone de dos elementos básicos: el **sujeto** y el **predicado.** Entre ambos deben darse dos situaciones imprescindibles:

- La **concordancia,** es decir, que tengan el mismo número y la misma persona.
- La **compatibilidad semántica,** esto es, que los mensajes que entre ambos trasmiten sean correctos y aceptables.

5.1. El sujeto

El sujeto es la persona, animal o cosa de la que se dice algo en la oración. Puede ser de dos clases:

- **Sujeto agente:** es el que "realiza" la acción del verbo. Va en las oraciones activas. Obsérvese el siguiente ejemplo.

Juan	tiene cuatro caramelos.
Sujeto agente	

- **Sujeto paciente:** es el que "padece o sufre" la acción del verbo. Va en las oraciones pasivas (verbo "ser" + participio) y en las pasivas reflejas (pronombre "se" + verbo en voz activa).

El sujeto también puede ser:

- **Sujeto expreso:** cuando aparece claramente en la oración. Obsérvese el siguiente ejemplo.

Nosotros	jugamos al baloncesto.
Sujeto expreso	

- **Sujeto omitido:** cuando no aparece en la oración pero se sobrentiende fácilmente por las desinencias verbales. Ejemplo: "Jugamos al baloncesto" ("Nosotros" sería el sujeto omitido).
- **Sujeto múltiple:** cuando la acción del verbo la realizan o reciben dos o más sujetos. Obsérvese el siguiente ejemplo.

Mis amigos y yo	jugamos al baloncesto.
Sujeto múltiple	

5.2. El predicado

El predicado es todo aquello que se dice del sujeto en una oración. El predicado puede ser de dos clases:

- **Predicado nominal (P.N.):** es el predicado de las oraciones atributivas o copulativas. Su verbo es copulativo ("ser", "estar", "parecer"...) y no desempeña la función de núcleo, sino que hace de cópula (C.) entre el sujeto y el atributo, que es el núcleo semántico del P.N.
  El atributo puede presentarse de tres maneras:

  - Como un **sintagma adjetivo o adjetival.** Obsérvese el siguiente ejemplo.

El pájaro es **grande.**

Atributo (S. Adj.)

  - Como un **sintagma nominal.** Obsérvese el siguiente ejemplo.

Mi amigo es **fontanero.**

Atributo (S. N.)

  - Como un **sintagma preposicional.** Obsérvese el siguiente ejemplo.

- **Predicado verbal (P.V.):** es el predicado de las oraciones predicativas. El verbo cumple la función de núcleo del predicado. Está presente tanto en las oraciones activas como en las pasivas. Su verbo puede ir acompañado de complementos.

Aplicación práctica

En las oraciones que se presentan a continuación, indique cuál es el sujeto y cuál es el predicado. Además, señale de qué tipo de sujeto y predicado se trata.

a. El día y la noche estaban muy hermosos.
b. Los tejados de la casa tenían varias tejas desprendidas.
c. Aquello presentaba mal cariz.
d. Mariano retuvo al abogado bastante rato.
e. La fiesta de anoche fue animada por un grupo contratado por el novio.

SOLUCIÓN

a. El día y la noche estaban muy hermosos:

- El día y la noche: **sujeto expreso múltiple y agente.**
- Estaban muy hermosos: **predicado nominal.**

b. Los tejados de la casa tenían varias tejas desprendidas:

- Los tejados de la casa: **sujeto expreso y agente.**
- Tenían varias tejas desprendidas: **predicado verbal.**

c. Aquello presentaba mal cariz:

- Aquello: **sujeto expreso y agente.**
- Presentaba mal cariz: **predicado verbal.**

d. Mariano retuvo al abogado bastante rato:

- Mariano: **sujeto expreso y agente.**
- Retuvo al abogado bastante rato: **predicado verbal.**

e. La fiesta de anoche fue animada por un grupo contratado por el novio:

- La fiesta de anoche: **sujeto expreso y paciente.**
- Fue animada por un grupo contratado por el novio: **predicado verbal.**

5.3. Clases de oraciones según el sujeto y el predicado

Atendiendo al sujeto y al predicado, las oraciones simples se pueden clasificar de la siguiente manera:

- Según el **sujeto:**
  - **Personales:** el sujeto existe. Puede encontrarse presente en la oración o elíptico. Obsérvese el siguiente ejemplo.

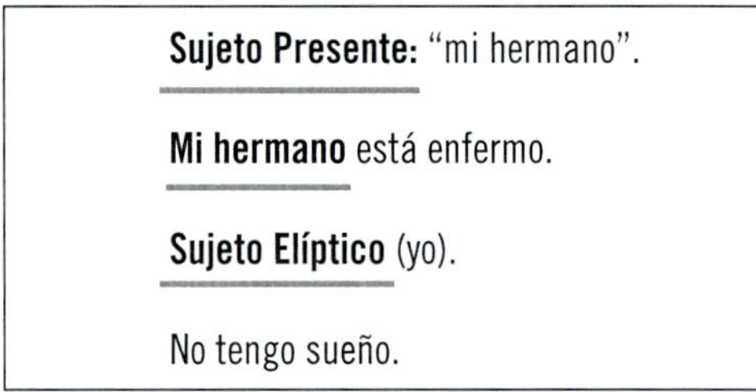

  - **Impersonales:** el sujeto no existe. Ejemplo: "¿Está lloviendo?".

- Según el **predicado:**
  - **Predicativas:** son aquellas que poseen un predicado verbal, es decir, aquellas cuyo núcleo es un verbo predicativo. Obsérvese el siguiente ejemplo.

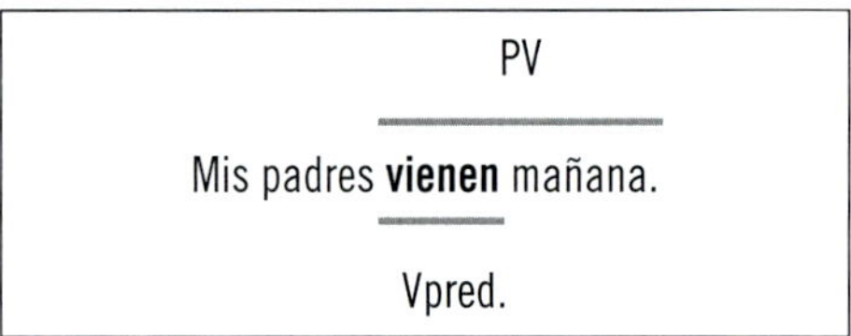

  - **Copulativo-atributivas:** son aquellas que poseen un predicado nominal, es decir, las que se construyen con un verbo copulativo ("ser", "estar", "parecer" y "resultar", cuando significan igualdad) y un atributo. Obsérvese el siguiente ejemplo.

A continuación, se expone un esquema-resumen con las diferentes clases de oraciones según el sujeto y el predicado.

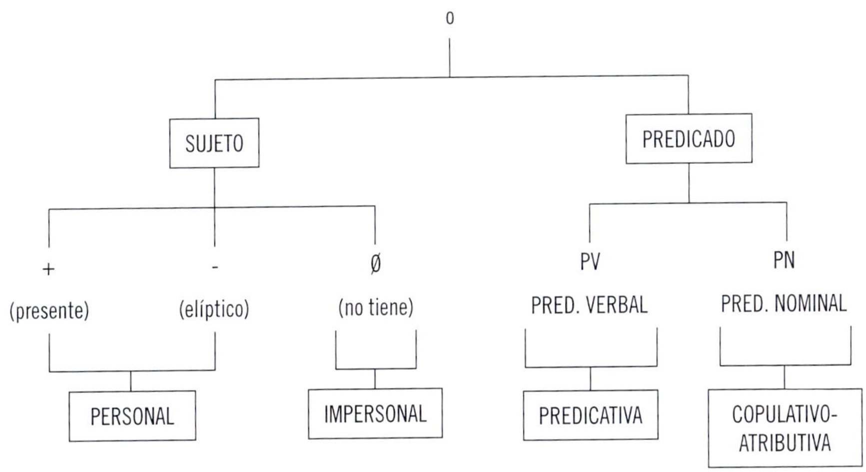

Actividades

10. Atendiendo al sujeto y al predicado, ¿qué clasificación se realiza de las oraciones simples? Analice cada tipo de oración y ponga un ejemplo de cada una de ellas.

5.4. La concordancia

Según la *Gramática de la Lengua Española*, de Emilio Alarcos Llorach, la relación de dependencia entre el segmento que funciona como sujeto explícito y la terminación de persona (o sujeto gramatical) del verbo se hace patente mediante la **concordancia,** que consiste en igualar los morfemas de persona y número entre ambos sujetos. Esto se ejemplifica en el esquema que aparece a continuación.

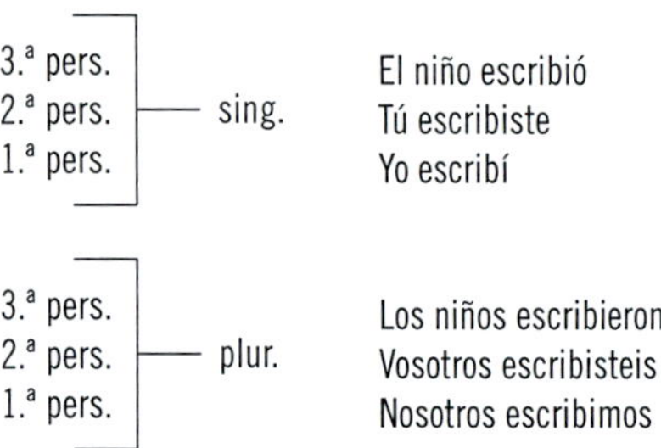

Por otra parte, la *Nueva gramática de la lengua española* (Real Academia Española) indica que los adjetivos concuerdan en género y número con el sustantivo, tanto si son modificadores ("Ojos melancólicos", "Las tranquilas tardes sanjuaninas") como si son atributos o predicativos ("Los invitados estaban callados", "Lo creíamos tímido"), incluso cuando el sujeto está tácito: "Comieron callados", "Era muy tímido".

Los rasgos de género y número de los adjetivos y de otros modificadores del sustantivo carecen de interpretación semántica y constituyen únicamente **marcas de concordancia.**

6. Complementos verbales

El verbo es una categoría gramatical que, por su propia naturaleza, exige y admite más complementos que las demás. Dentro de un predicado todos los elementos sintácticos que lo componen (menos el verbo, que es su núcleo) cumplen la función de **complemento.**

Las palabras y sintagmas que pueden desempeñar la función de complemento del verbo son:

- Un **adjetivo.** Véase el siguiente ejemplo.

La sala	está	**vacía**
	C. Atrib. (Adj.)	

- Un **adverbio o locución adverbial.** Véase el siguiente ejemplo.

Luis	dormía	**dentro.**
	N.	C. C. (Adv.)

- Un **sintagma nominal o preposicional.** Véanse los siguientes ejemplos.

Comía	**chocolate**
N.	C. D. (S. N.)
Vimos	**a tu hermana.**
N.	C. D. (S. Prep.)

- Un **pronombre.** Véase el siguiente ejemplo.

Me	dio una manzana.
C. I. (Pron.)	

- Un **verbo en forma no personal** (infinitivo, gerundio, participio) con o sin preposición. Véanse los siguientes ejemplos.

Quiero	**pasear.**
	C. D. (Inf.)
Lo cogió	**sin pensar.**
	C. C. (Prep. + Inf.)

- Una **oración.** Véase el siguiente ejemplo.

Pienso	**que se oirá bien.**
	C. D. (Oración.)

Actividades

11. Reflexione sobre los tipos de palabras o sintagmas que pueden desempeñar la función de complemento del verbo. Ponga ejemplos.

6.1. El Complemento Directo

El **Complemento Directo (C.D.)** es el complemento que completa y precisa el significado, muy amplio, que poseen los **verbos transitivos** o de predicación incompleta.

Ejemplo

"Enseñé **unas cajas**".

C.D.

El Complemento Directo puede presentarse de las siguientes formas:

- Como una **palabra.** Véase el siguiente ejemplo.

Quiero	**pan.**
	C. D.

- Como un **sintagma nominal.** Véase el siguiente ejemplo.

Vio	**las casas grandes.**
	C. D. (S. N.)

- Como un **sintagma preposicional,** con la preposición "a" cuando es nombre de persona. Véase el siguiente ejemplo.

Visitó	**a su hermana.**
	C. D. (S. Prep.)

- Como un **pronombre personal,** especialmente "lo", "la", "los", "las". Véase el siguiente ejemplo.

Lo	reconoció.
C. D.	

- Como una **proposición** (subordinada sustantiva). Véase el siguiente ejemplo.

Dijo	**que no vendría.**
	C. D. (Prop. Sub. Sust)

El Complemento Directo se reconoce:

- Convirtiendo la oración activa en pasiva: el C.D. de la oración activa pasa a ser el sujeto de la pasiva. Véase el siguiente ejemplo.

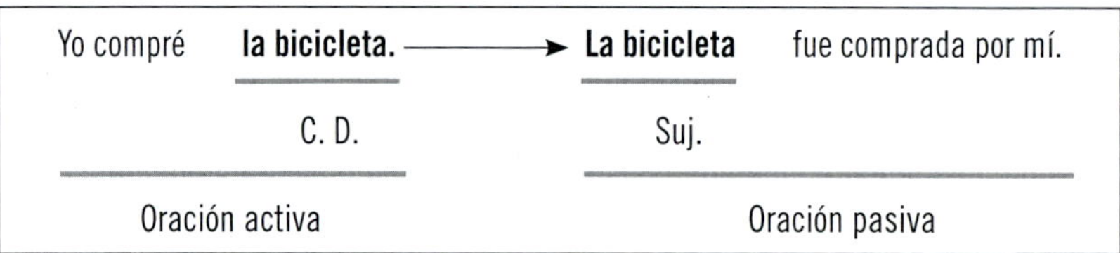

- Sustituyéndolo por "lo", "la", "los", "las". Véase el siguiente ejemplo.

Yo compré	**la bicicleta.** →	Yo	**la**	compré.
	C. D.		Suj.	

- Por su localización en la oración, que suele ser detrás del verbo, unas veces sin preposición y otras con ella.

6.2. El Complemento Indirecto

El **Complemento Indirecto (C.I.)** es el que expresa el beneficiario o el perjudicado por la acción del verbo. Puede ir tanto con **verbos transitivos** como con **verbos intransitivos.**

Ejemplo

Dio	una bofetada	**a su vecino.**
N. (V. Trans.)	C. D.	C. I.

El Complemento Indirecto se presenta de las siguientes formas:

- Como un **sintagma preposicional** (con las preposiciones "a" o "para"). Véase el siguiente ejemplo.

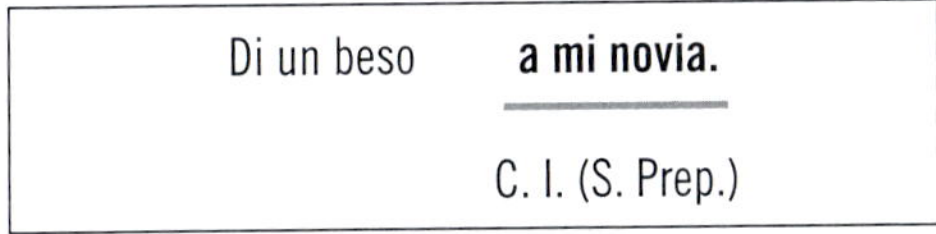

- Como un **pronombre personal,** sobre todo "le", "les". Véase el siguiente ejemplo.

Le	enseñé la carta.
C. I.	

- Como una **proposición.** Véase el siguiente ejemplo.

Da limosna	**a quien te la pida.**
	C. I. (Prop.)

El Complemento Indirecto se reconoce:

- Porque lleva delante las preposiciones "a" o "para".
- Porque puede sustituirse por los pronombres "le", "les".

Actividades

12. Reflexione sobre las siguientes cuestiones:

- ¿Qué función desempeña el Complemento Indirecto?
- ¿Con qué tipo de verbos puede ir el Complemento Indirecto?

Aplicación práctica

En las siguientes oraciones, señale los pronombres que cumplen la función de Complemento Directo y de Complemento Indirecto.

a. Me lo dieron.
b. Nos trajeron al colegio.

Continúa en página siguiente >>

<< Viene de página anterior

c. Los novios las dejaron solas.
d. El hombre tiró aquello a la basura.
e. El soldado tenía muchas balas y dejó varias en su mochila.
f. El artista se peinó el pelo con mucho cuidado.

SOLUCIÓN

a. Me lo dieron.
C.I. C.D.

b. Nos trajeron al colegio.
C.D.

c. Los novios **las** dejaron solas.
C.D.

d. El hombre tiró **aquello** a la basura.
C.D.

e. El soldado tenía muchas balas y dejó **varias** en su mochila.
C.D.

f. El artista **se** peinó el pelo con mucho cuidado.
C.I.

6.3. El Complemento Circunstancial

El **Complemento Circunstancial (C.C.)** indica las circunstancias (lugar, tiempo, modo, causa, fin, materia, instrumento, compañía) en las que se realiza la acción del verbo.

Ejemplo

Voy	**por la noche.**
	C. C. Tiempo

El Complemento Circunstancial se presenta de las siguientes formas:

- Como un **adverbio.** Véase el siguiente ejemplo.

Oye	**siempre.**
	C. C. T. (Adv.)

- Como un **sintagma nominal.** Véase el siguiente ejemplo.

Nevó	**el otro día.**
	C. C. T. (S. N.)

- Como un **sintagma preposicional.** Véase el siguiente ejemplo.

Nevó	**en el monte.**
	C. C. L. (S. Prep.)

- Como una **proposición** (subordinada adverbial). Véase el siguiente ejemplo.

Hablaré	**donde pueda hacerlo.**
	C. C. L. (Prop. Sub. Adv.)

El Complemento Circunstancial se reconoce porque puede llevar cualquier preposición.

Téngase en cuenta que, en una misma oración, pueden ir varios complementos circunstanciales.

6.4. El Complemento de Régimen

El **Complemento de Régimen (C.R.),** también llamado **Suplemento,** es un sintagma preposicional que, sin ser complemento directo ni indirecto, no puede ser suprimido sin alterar el significado de la oración, ya que su existencia es imprescindible para el significado del verbo al cual complementa.

Ejemplo

Claudia habla **tres idiomas.**

N. C.D.

Pred.

"Hablar" + C.D. = "emitir sonidos".

Estamos hablando **de su comportamiento.**

N. C.R. o Supl.

Pred.

"Hablar" + C.R. (o Supl.) = "tratar de".

El Complemento de Régimen se presenta siempre como un **sintagma preposicional.** Véanse los siguientes ejemplos.

Informaron	**del accidente.**
	C. R. (S. Prep.)
Cuentan	**con mi apoyo.**
	Supl. (S. Prep.)

El Complemento de Régimen se reconoce:

- Porque no puede ir con el Complemento Directo en la misma oración, ya que son incompatibles.
- Porque va siempre con una preposición.

Algunos de los verbos que llevan este complemento son: "carecer de", "disponer de", "constar de", "quejarse de", "confiar en", "contar con", "protestar por", "depender de", "aspirar a", "tratar de", "cumplir con", "mirar por", "entender de", "hablar de".

6.5. El Complemento Agente

El **Complemento Agente (C.Ag.)** es el que realiza la acción en las oraciones pasivas (que llevan sujeto paciente).

El Complemento Agente siempre se presenta como un **sintagma preposicional,** la preposición más frecuente es "por". Véase el siguiente ejemplo.

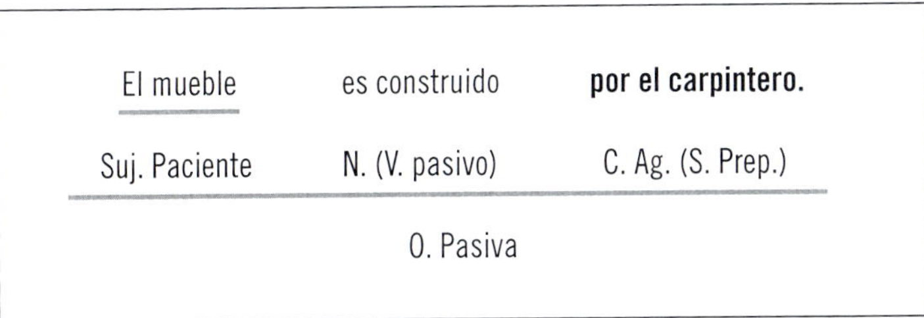

El Complemento Agente se reconoce:

- Porque es un complemento exclusivo de las oraciones pasivas.
- Porque, al pasar una oración pasiva a activa, este complemento se convierte en sujeto agente. Véanse los siguientes ejemplos.

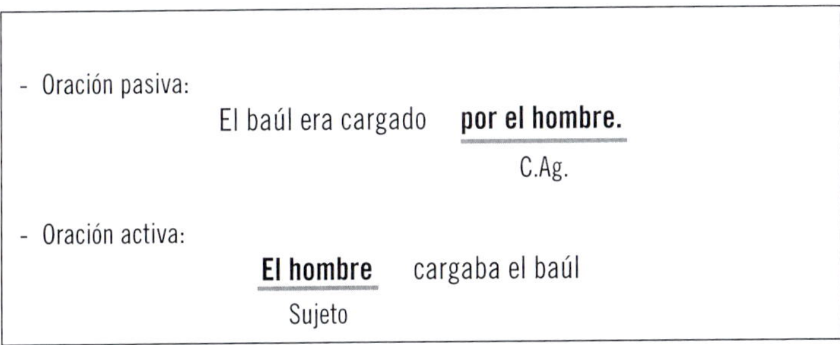

6.6. El Complemento Predicativo

El **Complemento Predicativo (C.Pvo.)** complementa al verbo y, al mismo tiempo, al sujeto o al Complemento Directo de la oración.

Ejemplo

El periodista puso verdes a los concejales
C.Pvo.

El alumno respondió nervioso
C.Pvo.

El Complemento Predicativo se puede confundir con el atributo, pero se diferencia de él en dos aspectos:

- El atributo va con verbos copulativos ("ser", "estar", "parecer"), mientras que el Complemento Predicativo va con verbos plenos semánticamente ("andar", "vivir", "dormir", "resultar", "continuar", "llegar", "responder", "nacer", etc.). Las oraciones que forman se llaman **oraciones asimiladas a atributivas.**
- El atributo se puede cambiar por "lo", mientras que el Complemento Predicativo no se puede cambiar.

Véanse los siguientes ejemplos.

- Pedro está **tranquilo.** ⟶ Pedro **lo** está.
  Atrib.
- Mi abuela anda **despacio.** ⟶ Mi abuela lo anda. (Es incorrecto).
  Pvo.

El Complemento Predicativo se presenta:

- Como un **sintagma nominal,** que concuerda en género y número con el sustantivo (o pronombre) al que acompaña. Véase el siguiente ejemplo.

La eligieron **presidenta.**
Pvo. (S.N.)

- Como un **sintagma adjetival,** que concuerda en género y número con el sustantivo (o pronombre) al que acompaña. Véase el siguiente ejemplo.

El **niño** se levantó **sobresaltado**
Pvo. (S.Adj.)

Actividades

13. Indique qué función cumple el Complemento Predicativo en la oración, y analice las formas en que se puede presentar dicho complemento.

A modo de conclusión, hay que destacar que todos los elementos sintácticos que componen un predicado, a excepción del núcleo, cumplen la función de **complemento.**

A continuación, se presenta un resumen de todos los complementos verbales en la siguiente tabla.

Complementos verbales			
Función sintáctica	**Verbo que acompaña**	**Categoría gramatical**	**Cómo se reconoce**
Complemento Directo (C.D.)	Verbos transitivos en voz activa	Una palabra Un sintagma nominal Un sintagma preposicional (con la preposición a) Un pronombre personal Una proposición subordinada sustantiva	Convirtiendo la oración activa en pasiva: pasa a ser sujeto paciente Sustituyéndolo por lo, la, los, las Suele ir detrás del verbo (con o sin preposición)
Complemento Indirecto (C.I.)	Verbos intransitivos y transitivos	Sintagma preposicional (con las preposiciones a o para) Un pronombre personal Una proposición	Lleva delante las preposiciones a o para Se puede sustituir por le, les
Complemento circunstancial (C.C.)		Un adverbio Un sintagma nominal Un sintagma preposicional Una proposición subordinada adverbial	Lleva cualquier preposición Puede haber varios en la misma oración Indica circunstancia de tiempo, modo, lugar, causa, fin, ...
Complemento de Régimen (C.R.) o Suplemento (Supl.)	Verbos que rigen preposición	Un sintagma preposicional	Siempre lleva preposición Es incompatible con el complemento directo
Complemento Agente (C.Ag.)	Verbos en voz pasiva	Un sintagma preposicional encabezado por la preposición por	Complemento exclusivo de las oraciones pasivas Convirtiendo la oración pasiva en activa: pasa a ser sujeto agente Siempre lleva la preposición por
Complemento Predicativo (C.Pvo.)	Verbos plenos semánticamente que forman oraciones asimiladas a atributivas	Un sintagma nominal Un sintagma adjetival	No se puede sustituir por lo

7. Oraciones compuestas: yuxtaposición, coordinación, subordinación. Enlaces y conectores

Como ya se explicó en el punto 3.1 del presente capítulo, la **oración compuesta** es aquella que tiene dos o más predicados y, por tanto, dos o más verbos en forma personal.

Cada uno de estos predicados forma unidades sintácticas llamadas **proposiciones,** que, según las relaciones que establecen entre sí, se dividen en:

- **Oraciones yuxtapuestas** (carecen de enlaces gramaticales).
- **Oraciones coordinadas** (unidas por conjunciones coordinadas):
  - Copulativas ("y", "e", "ni", "que").
  - Disyuntivas ("o", "u", "o bien").
  - Adversativas ("pero", "mas", "sino", "sin embargo").
  - Ilativas ("así que", "luego", "en efecto").
  - Explicativas ("es decir", "o sea", "esto es").
- **Oraciones subordinadas** (proposiciones de distinto nivel gramatical):
  - Principal (no va encabezada por conjunciones subordinadas o pronombres relativos).
  - Subordinada (encabezada por conjunciones subordinadas o pronombres relativos):
    - Proposiciones subordinadas sustantivas:
      - En función de sujeto.
      - En función de complemento directo.
      - En función de complemento indirecto.
      - En función de complemento de régimen.
      - En función de atributo.
      - En función de complemento del nombre.
      - En función de adyacente.

- Proposiciones subordinadas adjetivas o de relativo: especificativas o explicativas.
- Proposiciones subordinadas adverbiales:
    - Temporales.
    - Locales.
    - Modales.
    - Comparativas.
    - Causales.
    - Consecutivas.
    - Concesivas.
    - Finales.

7.1. Yuxtaposición y coordinación

La yuxtaposición y la coordinación son dos maneras que tienen las oraciones, sean simples, complejas o compuestas, de unirse para formar un texto, una unidad de sentido superior.

La **yuxtaposición** consiste en la unión de oraciones por medio de una pausa: una coma, un punto y coma, un punto y seguido, dos puntos, etc.

La **coordinación** consiste en la unión de oraciones por medio de un nexo que no establece una relación de dependencia entre ellas, sino que establece una relación de independencia sintáctica, es decir, ninguna de las oraciones unidas por el nexo de coordinación depende sintácticamente de la otra. El nexo utilizado se denomina conjunción de coordinación.

La diferencia entre yuxtaposición y coordinación es la presencia o ausencia de la conjunción.

Se trata de una cuestión de estilo: la coordinación impone un estilo más lento y reposado; frente a la yuxtaposición, que supone un estilo más ágil y rápido. La relación semántica entre dos oraciones coordinadas no cambia si se sustituye el nexo por una pausa; o, al contrario, dos oraciones yuxtapuestas se convierten en coordinadas por medio de un nexo.

Ejemplo

- **Yuxtaposición:**
  "Hoy lo he visto en la calle. No ha salido de viaje".
- **Coordinación:**
  "Hoy lo he visto en la calle; por lo tanto, no ha salido de viaje".
- **Yuxtaposición:**
  "Puedes hacer lo que quieras: estudiar, ver la tele, oír la radio...".
- **Coordinación:**
  "Puedes hacer lo que quieras, es decir, estudiar o ver la tele u oír la radio...".

Clasificación de las oraciones coordinadas

Las oraciones coordinadas se clasifican en función del nexo o conjunción coordinante que las relaciona.

Las proposiciones coordinadas son aquellas que cumplen las siguientes condiciones:

- Son proposiciones del mismo nivel gramatical.
- Van unidas por enlaces o conjunciones coordinadas.
- Si se leen por separado, tienen sentido relativamente completo.
- En la oración a la que pertenecen se enlazan con otras proposiciones, pero no se funden entre sí hasta el punto de que funcionen como un elemento sintáctico de la otra.

Basándose en su significado, estas proposiciones se pueden clasificar en diferentes tipos, que se explican a continuación.

Coordinadas copulativas

Semánticamente, indican adición, es decir, al contenido de una proposición se suma el de la otra. Por tanto, entre las oraciones se establece una relación de suma o adición.

Los nexos son "y", "e", "ni", "además", "junto con", "que" (excepcionalmente), etc.

Ejemplo: "Ve al mercado **y** compra pan **y** vino **y** pescado. No se te olvide, **además,** la fruta fresca".

Formalmente, hay que diferenciar entre las conjunciones "y", "e", "ni":

- "Y" se emplea cuando las proposiciones son afirmativas. La conjunción "e" sustituye a "y" cuando la palabra siguiente comienza por "i" o "hi". Ejemplo: "María lee **y** Juan ve la TV".
- "Ni" se emplea cuando las proposiciones son negativas, y suele repetirse delante de cada proposición. Ejemplo: **"Ni** María lee **ni** Juan ve la TV".

Coordinadas disyuntivas

El nexo disyuntivo plantea en cada oración relacionada una opción, de tal modo que la elección de una excluye a las demás.

Ejemplos: "¿Deseas almorzar carne **o** pescado?". "¿Vienes **o** te quedas?".

El enlace disyuntivo más frecuente es la conjunción "o", aunque, a veces, cuando la siguiente palabra empieza por la letra "o", es sustituida por "u". Además, existen "bien", "o bien", "ya", "ora".

Ejemplos: **"O** estás atento **o** no te enterarás de nada". "Debes leer **u** oír la radio".

Los nexos disyuntivos pueden aparecer repetidos delante de cada oración relacionada.

Ejemplos: **"O** llamas por teléfono **o** me envías un *e-mail"*. **"O bien** recibes la notificación hoy, **o bien** mañana".

Recuerde

Semánticamente, los significados de las coordinadas disyuntivas se excluyen entre sí.

Coordinadas adversativas

La conjunción adversativa establece una relación de oposición o contrariedad entre dos oraciones.

Ejemplo: "Ahora llueve, **pero** saldrá el sol por la tarde".

Esta oposición puede ser solo parcial (adversativas restrictivas) o total (adversativas exclusivas):

- **Adversativas restrictivas:** sus nexos son "pero", "mas", "aunque", "sin embargo", "con todo", etc.
  Ejemplos: "Nunca me visita, **pero** me llama por teléfono todos los días". "No dice nada, **aunque** se le entiende todo".
- **Adversativas exclusivas:** los nexos son "sino", "salvo", "fuera de", etc.
  Ejemplos: "No escribe los libros, **sino** los edita". "Todo aquel mundo desapareció; **salvo** algunos vestigios".

Semánticamente, las coordinadas adversativas indican oposición, es decir, lo que se afirma en una proposición contradice, en mayor o menor grado, lo que se afirma en la otra.

Coordinadas ilativas

El nexo ilativo establece también una relación entre dos oraciones, en donde el segundo miembro expresa una consecuencia o conclusión del primero. Otras veces señala el paso a otra cosa.

Los nexos son: "por lo tanto", "luego", "con que", "por consiguiente", "pues", "así que", "en verdad", "en efecto", "ahora bien", etc.

Ejemplos: "No he conseguido el trabajo; **por lo tanto,** no me traslado". "Se ha asignado todas las tareas, **luego** no cuenta con nosotros". "Era un día maravilloso, **en efecto** el sol brillaba en el cielo".

Semánticamente, las coordinadas ilativas indican una consecuencia o una conclusión de la proposición anterior, que viene a ser la causa.

Coordinadas explicativas

Relación, una vez más, entre dos oraciones, en la que la segunda proporciona una explicación o aclaración de la primera.

Los nexos suelen ir entre comas: "es decir", "o sea", "esto es".

Ejemplos: "Mantenemos una relación cortés, **es decir,** solo nos saludamos". "Este es un libro de miscelánea, **esto es,** recoge artículos sobre distintos temas".

Recuerde

Las proposiciones coordinadas se clasifican según el tipo de relación que las une y, por lo tanto, según las conjunciones que las enlazan.

Actividades

14. ¿Cuál es la clasificación de las oraciones coordinadas? Descríbalas brevemente.

7.2. Subordinación

En una oración compuesta se dice que una de sus proposiciones es **subordinada** cuando funciona como si fuera un elemento (o complemento) de la principal, o la modificara en su conjunto.

Ejemplo

Yo quiero — que estés alegre
Principal — Subordinada

A continuación se abordará el estudio de estas proposiciones, de nivel inferior al de la principal, clasificándolas en proposiciones sustantivas, adjetivas y adverbiales.

Proposiciones subordinadas sustantivas

Son aquellas proposiciones que, dentro de la oración compuesta, desempeñan las mismas funciones que el **sustantivo** en la oración simple: **Sujeto, Complemento Directo, Complemento de Régimen, Atributo, Complemento de un Nombre** y **Complemento de un Adjetivo.**

Las funciones de Vocativo, Complemento Indirecto, Complemento Circunstancial y Complemento Agente no aparecen normalmente dentro de la estructura de las proposiciones subordinadas sustantivas.

De manera simplificada, estudiaremos los siguientes elementos de estas proposiciones.

Proposición subordinada sustantiva: Sujeto

- Función: Sujeto de la oración principal.
- Partícula introductoria: "que", a veces precedida de artículo.

- Verbos de la proposición principal:

  - "Ser" + atributo. Obsérvese el siguiente ejemplo.

Es falso que yo haya robado la moto.
Prop. Sub. Sust. -Suj.

  - Verbo transitivo en pasiva-refleja. Obsérvese el siguiente ejemplo.

Se vio que los pájaros salían de la jaula
Prop. Sub. Sust. -Suj.

  - Verbo intransitivo, con o sin Complemento Indirecto. Obsérvese el siguiente ejemplo.

Me interesa que vengas
Prop. Sub. Sust. -Suj.

Proposición subordinada sustantiva: Complemento Directo

- Función: Complemento Directo de la oración principal.

- Partícula introductoria:

  - "Que", introduciendo la proposición sustantiva. Obsérvese el siguiente ejemplo.

Temo	que me suspendan
	Prop. Sub. Sust. -C.D.

  - Proposición de infinitivo sin partícula. Obsérvese el siguiente ejemplo.

Pienso	ganar la carrera
	Prop. Sub. Sust. -C.D.

  - Proposición yuxtapuesta a la principal mediante:

    - El estilo directo. Obsérvese el siguiente ejemplo.

Mi padre dijo:	"no llegues tarde".
	Prop. Sub. Sust. -C.D.

    - El estilo indirecto (interrogativa indirecta). Ejemplo: "Cuéntame cómo ocurrió todo".
    - La conjunción condicional "si" o un pronombre o adverbio interrogativos. Ejemplo: "Dime si has aprobado".

- Verbos de la proposición principal:
  - De lengua.
  - De entendimiento.
  - De percepción.
  - De duda, temor y posibilidad.

Proposición subordinada sustantiva: Complemento de Régimen

- Función: Complemento de Régimen del verbo de la proposición principal.
- Partícula introductoria:
  - "Que", precedida de preposición. Obsérvese el siguiente ejemplo.

La madre cuida	de que su hijo pequeño coma
	Prop. Sub. Sust. -C.R.

  - Infinitivo precedido de preposición. Obsérvese el siguiente ejemplo.

Se trata	de conseguir la victoria.
	Prop. Sub. Sust. -C.R.

- Verbos de la proposición principal: verbos que necesitan ir seguidos siempre de una preposición.

Proposición subordinada sustantiva: Atributo

- Función: Atributo del verbo copulativo de la proposición principal.
- Partícula introductoria: "que". Obsérvese el siguiente ejemplo.
- Verbos de la proposición principal: verbos copulativos y asimilados.

El jefe está que arde
Prop. Sub. Sust. -Atrib

Proposición subordinada sustantiva: Complemento del Nombre y Adyacente

- Función: Complemento del Nombre o Adyacente de un sustantivo o adjetivo de la proposición principal.
- Partícula introductoria:
  - "Que", precedida de preposición. Obsérvese el siguiente ejemplo.

Tengo **deseos** de que todos vivan en paz.
Prop. Sub. Sust. -C.N.

  - Infinitivo sin "que". Obsérvese el siguiente ejemplo.

Este campo está **preparado** para sembrar maíz.
Prop. Sub. Sust. -Ady

Proposiciones subordinadas adjetivas

Función

Desempeñan en la oración compuesta la función del adjetivo en la oración simple, es decir, la de **adyacente** del sustantivo. Obsérvese el siguiente ejemplo.

- El ladrón	**que huía**	fue atrapado por la policía. (O. Comp. Sub.)
	Porp. Sub. Adj. -Ady	
- El ladrón	**fugitivo**	fue atrapado por la policía. (O. simple).
	S. Adj. -Ady	

El uso de estas proposiciones es, a veces, indispensable, ya que existen ideas complejas que ningún adjetivo léxico puede abarcar suficientemente.

Ejemplo

El ladrón que desde anoche huía de la cárcel fue capturado.

El ladrón ¿? fue capturado.

Las proposiciones subordinadas adjetivas se llaman también **proposiciones de relativo,** porque el nexo que las introduce es un **pronombre** o un **adverbio relativo** que cumple una función sintáctica en dicha proposición (Sujeto, C. Directo, C. Circunstancial, etc.).

Pronombre

El **pronombre relativo** se refiere a un sustantivo, un adjetivo, un adverbio o una proposición denominada **antecedente,** ya que generalmente va delante de él. Obsérvese el siguiente ejemplo.

Encontré a tu	primo	**que** estaba en el cine.
	Antecedente	

Relativo y antecedente concuerdan en género y número, pero pueden desempeñar funciones diferentes en sus respectivas proposiciones. Así, en el empleo anterior, el antecedente "primo" funciona como núcleo del C.D., y el relativo "que" es el sujeto de la subordinada de relativo. Obsérvese el siguiente ejemplo.

Encontré	a	tu	**primo**	**que**	estaba en el cine.
				Suj.	Pred.
		Det.	N.	Prop. Sub. Relat. -Ady.	
	E.	T.			
N	C.D.				
P.V.					

A veces, el pronombre relativo puede referirse a un sustantivo que se va a mencionar después. Este sustantivo recibe el nombre de **consecuente.** Obsérvese el siguiente ejemplo.

Al **que**	vi ayer fue a	tu primo.
		Consecuente

Existe también el **antecedente callado,** que es aquel que, por diversos motivos, no se expresa de forma explícita. Ejemplo: **"Quien** bien te quiere te hará llorar".

El relativo se puede presentar solo y acompañado con el **artículo** ("el que", "la que", "los que", "las que", "el cual", "la cual", etc.).

También puede ir precedido de **preposición,** que señala la función del pronombre relativo en su proposición o la función de la proposición subordinada adjetiva respecto a la principal.

Obsérvense los siguientes ejemplos.

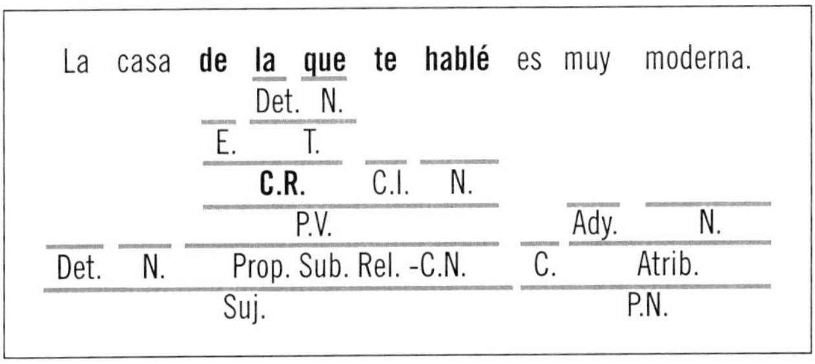

La casa **de la que te hablé** es muy moderna.
Det. N.
E. T.
C.R. C.I. N.
P.V. Ady. N.
Det. N. Prop. Sub. Rel. -C.N. C. Atrib.
Suj. P.N.

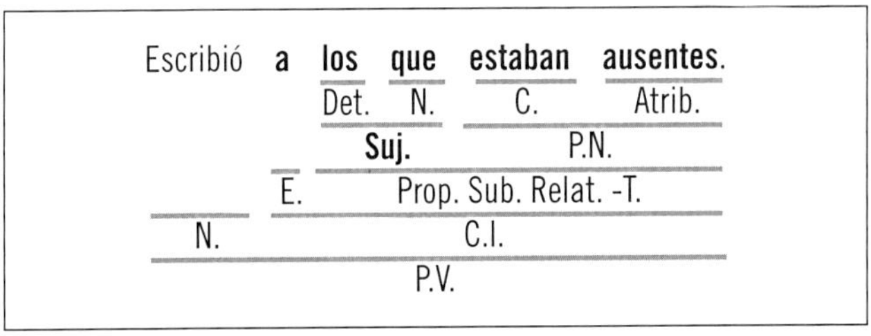

Escribió **a los que estaban ausentes.**
Det. N. C. Atrib.
Suj. P.N.
E. Prop. Sub. Relat. -T.
N. C.I.
P.V.

Clases

- Proposiciones subordinadas adjetivas o de relativo **especificativas** que:
  - Concretan, precisan y determinan el significado del antecedente.

- Suponen una adjetivación necesaria y no se pueden suprimir sin alterar sustancialmente el sentido de la oración.
- No llevan comas de separación entre el antecedente y el relativo.
- No se efectúa pausa al leerlas.

Ejemplo

Las manzanas **que estaban muy maduras** se cayeron.

- Proposiciones subordinadas adjetivas o de relativo **explicativas** que:
  - Expresan una cualidad circunstancial o que se quiere destacar en el sustantivo.
  - No son necesarias.
  - Se separan por comas y se hace pausa al leerlas.

Ejemplo

El vino, **que encargaste,** se había agotado.

Proposiciones subordinadas adverbiales

Las proposiciones subordinadas adverbiales funcionan como proposiciones complementarias del predicado verbal de la proposición principal. Es decir, este tipo de proposiciones modifica o complementa no a uno de los elementos de la proposición principal, sino a la proposición entera.

Estas proposiciones se dividen de la siguiente manera:

- **Temporales:**
  - Función: indican la circunstancia de tiempo en la que ocurre la acción de la proposición principal, es decir, su función sintáctica es la de Complemento Circunstancial de Tiempo (C.C.T.).
  - Partículas introductorias: "cuando", "mientras", "apenas", "después que", "siempre que", etc. Obsérvese el siguiente ejemplo.

Siempre que vienes,	me pides dinero.
Prop. Sub. Adv.-C.C.T.	

  - Formas no personales:
    - **Infinitivo** precedido de preposición y locuciones conjuntivas. Obsérvese el siguiente ejemplo.

Antes de **pagar**,	revisa la cuenta.
Prop. Sub. Adv. de Inf.-C.C.T.	

    - **Participio** absoluto o concertado. Obsérvese el siguiente ejemplo.

Terminados los deberes,	salió a jugar.
Prop. Sub. Adv. de Part.-C.C.T.	

- **Gerundio** simple o compuesto. Obsérvese el siguiente ejemplo.

Saliendo de su casa,	se iba de paseo.
Prop. Sub. Adv. de Part.-C.C.T.	

- **Locales:**

  - Función: indican la circunstancia de lugar en la que ocurre la proposición principal, es decir, su función sintáctica es de Complemento Circunstancial de Lugar (C.C.L.).
  - Partículas introductorias: "donde", "adonde", "de donde", "por donde", "desde donde", etc.
    Obsérvense los siguientes ejemplos.

- Iremos **donde** tú digas.
  Porp. Sub. Adv. -C.C.L.
- No sé **de donde** viene.
  Porp. Sub. Adv. -C.C.L.

- Modales:

  - Función: indican la manera de realizar la acción de la proposición principal, es decir, su función sintáctica es la de Complemento Circunstancial de Modo (C.C.M.).
  - Partículas introductorias: "como", "igual que", "del mismo modo que", "según que", etc. En la proposición principal aparecen elementos correlativos del tipo: "así", "tal", etc.
    Obsérvese el siguiente ejemplo.

Se comportó **tal** **como** se esperaba.
Prop. Sub. Adv. -C.C.T.

- Formas no personales:

  - **Infinitivo** precedido de preposición. Obsérvese el siguiente ejemplo.

Sin **responder,** miró fijamente.
Prop. Sub. Adv. -C.C.M.

  - **Gerundio** simple. Obsérvese el siguiente ejemplo.

Vivía **mendigando** por la calle.
Prop. Sub. Adv. -C.C.M.

- **Comparativas:**

  - Función: indican la comparación de dos hechos, uno en la proposición principal y otro en la subordinada. A veces funcionan como complemento del cuantificador que aparece en la proposición principal.

  - Partículas introductorias:

    - **Comparativas de igualdad:** "lo mismo... que", "tanto... como", "tan + adjetivo + como", "igual de + adjetivo + que". Obsérvese el siguiente ejemplo.

Tu traje es	**tan espectacular**	**como** el mío.
		Prop. Sub. Adv. -Comp.
	1er término comparación	2º término comparación

- **Comparativas de superioridad:** "más + adjetivo + (de lo) que". Obsérvese el siguiente ejemplo.

Hoy ha amanecido	**más nublado**	**que** (amaneció) ayer.
		Prop. Sub. Adv. -Comp.
	1er término comparación	2º término comparación

- **Comparativas de inferioridad:** "menos + adjetivo + que". Obsérvese el siguiente ejemplo.

La niña es	**menos obediente**	**que** era antes.
		Prop. Sub. Adv. -Comp.
	1er término comparación	2º término comparación

- **Causales:**
  - Función: indican la causa por la que se produce la acción de la proposición principal, es decir, su función sintáctica es la de Complemento Circunstancial Causal (C.C.C.).
  - Partículas introductorias: "porque", "pues", "como", "puesto que", "pues que", "a causa de que", etc.

Obsérvese el siguiente ejemplo.

No salgo	**porque** llueve.
	Prop. Sub. Adv. -C.C.C.

- Formas no personales:
  - **Participio** absoluto. Obsérvese el siguiente ejemplo.

Terminado el trabajo,	puedes irte.
Prop. Sub. Adv. -C.C.C.	

  - **Gerundio.**
  - **Infinitivo** precedido de las preposiciones "a" y "por". Obsérvese el siguiente ejemplo.

Toma el regalo	**por haber** acertado.
	Prop. Sub. Adv. -C.C.C.

- **Consecutivas:**
  - Función: indican la consecuencia de la acción de la proposición principal. Las consecutivas funcionan como complemento de un intensificador que aparece en la proposición principal.
  - Partículas introductorias: el transpositor consecutivo "que" siempre es el que introduce este tipo de subordinadas. En la principal se encuentran intensificadores como: "tan", "tanto", "así", "tal", "de modo", etc.

Obsérvese el siguiente ejemplo.

Pensaba **tanto**	**que** le dolía la cabeza.
	Prop. Sub. Adv. -Consecutiva

- **Condicionales:**
  - Función: indican la condición para que se cumpla la proposición principal.
  - Partículas introductorias: "si", "cuando", "donde", "mientras", "con tal que", "a menos que", "siempre que", etc.
    Obsérvese el siguiente ejemplo.

Si haces los deberes,	saldrás de paseo.
Prop. Sub. Adv. Cond.	

  - Formas no personales:
    - **Infinitivo** precedido de preposición. Obsérvese el siguiente ejemplo.

Con **venir**,	ya tiene premio.
Prop. Sub. Adv. Cond.	

    - **Gerundio.** Obsérvese el siguiente ejemplo.

Estudiando	aprobarás.
Prop. Sub. Adv. Cond.	

- **Concesivas:**

  - Función: establecen un obstáculo a la acción de la proposición principal.
  - Partículas introductorias: "aunque", "siquiera que", "aun (cuando)", "así", "si bien", "por más que", etc.
    Obsérvese el siguiente ejemplo.

Aunque llueva,	saldremos de paseo.
Prop. Sub. Adv. Conc.	

  - Formas no personales:

    - **Infinitivo** precedido de nexos concesivos. Obsérvese el siguiente ejemplo.

A pesar de **llover,**	salieron.
Prop. Sub. Adv. Conc. de Inf.	

    - **Gerundio** precedido de "aun" e "incluso". Obsérvese el siguiente ejemplo.

Aun **lloviendo,**	saldremos.
Prop. Sub. Adv. Conc. de Ger.	

- **Participio** precedido de "aun" e "incluso". Obsérvese el siguiente ejemplo.

Incluso firmado el tratado,	el país con problemas.
Prop. Sub. Adv. Conc. de Part.	

- **Finales:**

  - Función: indican el fin de lo contado en la proposición principal, es decir, su función sintáctica es la de Complemento Circunstancial de Finalidad (C.C.F.).
  - Partículas introductorias: "para que", "a fin de que", "a que", "con el objeto de que", etc.
  - Obsérvese el siguiente ejemplo.

Robó el pan	**para que** comieran sus hijos.
	Prop. Sub. Adv. C.C.F.

  - Formas no personales:

    - **Infinitivo** precedido de preposición. Obsérvese el siguiente ejemplo.

Se fue de España	para **conocer** mundo.
	Prop. Sub. Adv. C.C.F.

Actividades

15. ¿Cuál es la clasificación de las oraciones subordinadas? Descríbalas brevemente.

Aplicación práctica

Indique qué oraciones son consecutivas y cuáles comparativas.

a. Es tan pesado que todo lo consigue.
b. No es tan difícil como parece.
c. La película era tan divertida que no paramos de reír.
d. Come tanto que va a reventar.
e. Come tanto como los demás.
f. Estoy tan cansado que creo que me iré a casa.
g. Mis hijos salen de fiesta tanto como les apetece.
h. Este chico es tal como me imaginaba.

SOLUCIÓN

a. Es tan pesado que todo lo consigue: **consecutiva.**
b. No es tan difícil como parece: **comparativa.**
c. La película era tan divertida que no paramos de reír: **consecutiva.**
d. Come tanto que va a reventar: **consecutiva.**
e. Come tanto como los demás: **comparativa.**
f. Estoy tan cansado que creo que me iré a casa: **consecutiva.**
g. Mis hijos salen de fiesta tanto como les apetece: **comparativa.**
h. Este chico es tal como me imaginaba: **comparativa.**

7.3. Enlaces y conectores

La función de estos elementos lingüísticos es la de unir palabras, grupos de palabras y oraciones. Reciben, también, el nombre de **nexos** o **elementos de relación.**

Definición

Nexos

Elementos gramaticales explícitamente formales aunque invariables en su forma. Son unidades morfosemánticas independientes, que incluyen un valor significativo, no designativo, sino nocional orientador y situacional.

Preposiciones

Las preposiciones son elementos de relación o nexos, invariables en su forma y sin significado léxico. Son morfemas independientes, aunque su significado depende del contexto en el que se encuentren.

Ejemplo

La preposición **"de"** puede indicar:

- **Procedencia:** "Álvaro es de León".
- **Pertenencia:** "El coche de Pedro".
- **Materia:** "Está hecho de madera".
- **Tiempo:** "Llegamos de madrugada".

Las preposiciones sirven para unir:

- Un nombre, núcleo del sintagma nominal, con su complemento preposicional. Véanse los siguientes ejemplos.

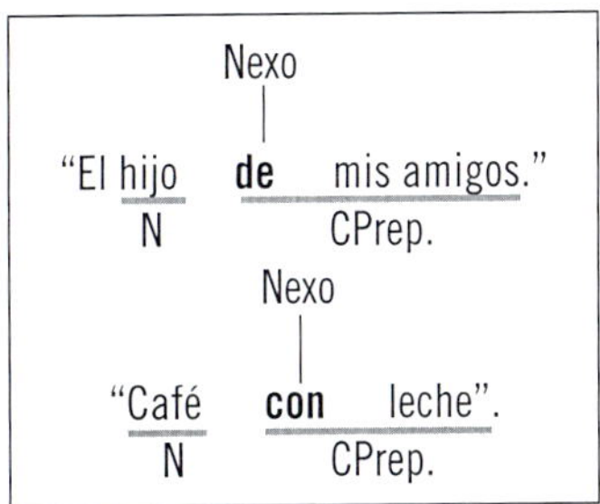

- Un adjetivo, núcleo del sintagma adjetival, con su complemento preposicional. Véanse los siguientes ejemplos.

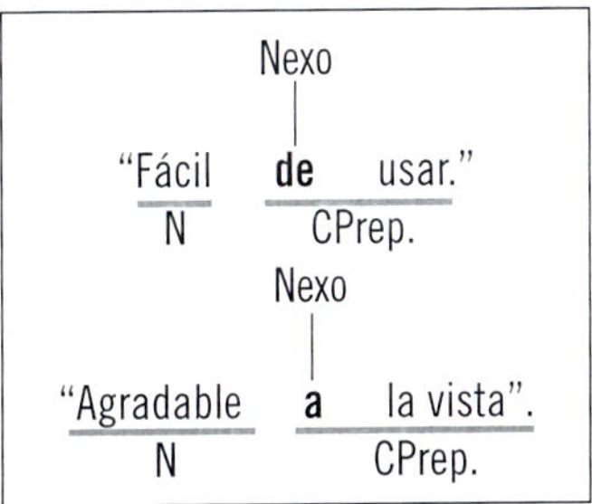

- Un adverbio, núcleo del sintagma adverbial, con su complemento preposicional. Véanse los siguientes ejemplos.

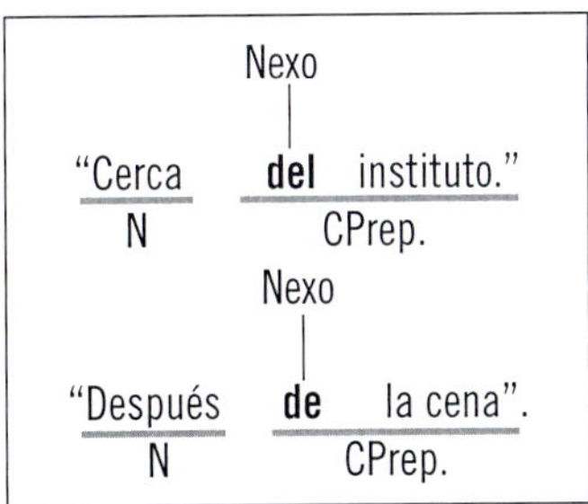

- Un verbo, núcleo del predicado, con sus complementos (C. Directo, C. Indirecto, Suplemento, C. Circunstancial, C. Agente, etc.). Véanse los siguientes ejemplos.

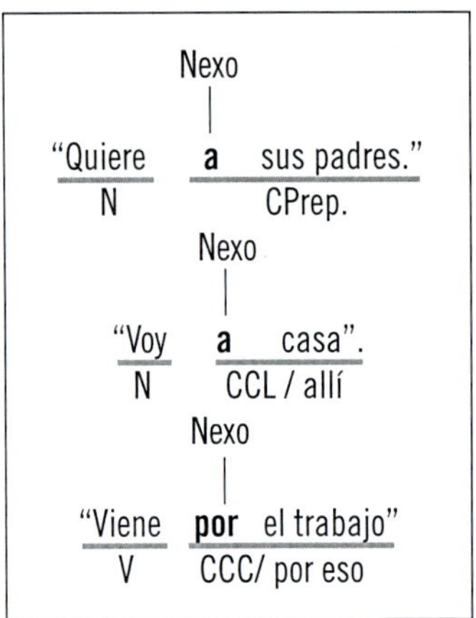

Se pueden distinguir las preposiciones de las locuciones preposicionales (expresiones formadas por varias palabras que equivalen a preposiciones):

- **Preposiciones simples o propias:** "a", "ante", "bajo", "cabe", "con", "contra", "de", "desde", "en", "entre", "hacia", "hasta", "mediante", "para", "por", "según", "sin", "sobre", "tras", "excepto", "durante" y "salvo".
- **Locuciones o preposiciones impropias:** "a causa de", "de entre", "en relación con", "conforme a", etc.

A continuación, se presenta la clasificación de las preposiciones en el siguiente cuadro.

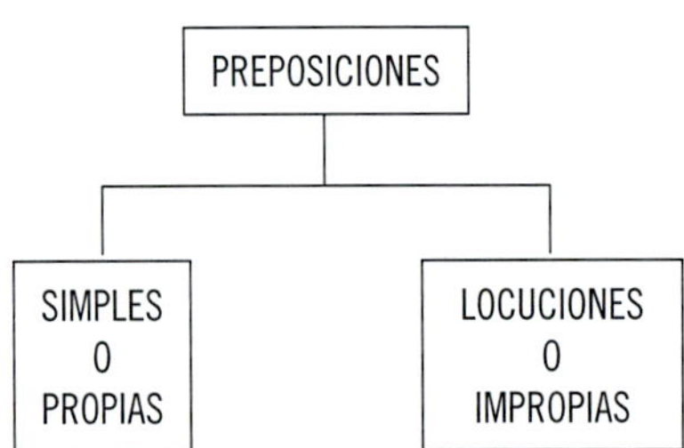

Recuerde

Las preposiciones se clasifican, desde el punto de vista formal, en preposiciones simples o propias y locuciones preposicionales o preposiciones impropias.

Conjunciones

Las conjunciones son morfemas independientes e invariables en su forma cuya función es la de ser nexo entre palabras, sintagmas, proposiciones y oraciones. Estos morfemas gramaticales sirven para unir:

- Dos palabras, grupos de palabras y oraciones. Ejemplos: "He visto a Natalia **y** a Antonio José juntos". "No sabe leer **ni** escribir". "Calla **o** sal de la clase".
- Un elemento de la oración con otro. Ejemplos: "El libro **que** quiero". "Prefiero **que** vengas". **"Aunque** lo veas, no lo creerás".

Las conjunciones se clasifican, desde el punto de vista funcional o sintáctico, en conjunciones coordinadas y subordinadas:

- **Conjunciones coordinadas:** unen dos elementos de idéntica categoría sintáctica, sin establecer entre ellos ninguna relación de dependencia, puesto que cada uno podría funcionar por sí solo.
  Las conjunciones coordinadas pueden ser copulativas, disyuntivas, adversativas, distributivas y explicativas.

Teresa y María estudian Medicina.
Sujeto **Sujeto**

La conjunción "y" une dos elementos que tienen la misma categoría o función sintáctica: la de sujeto.

- **Copulativas:** indican un significado de suma. Las conjunciones coordinadas copulativas son "y", "e", "ni", "que":
  - "E" reemplaza a "y" cuando la palabra siguiente empieza por "i" o "hi".
  - "Ni" indica negación, y por eso se usa en oraciones negativas.
  - "Que" es un arcaísmo y solo aparece en frases hechas o de carácter culto.
  - Locuciones conjuntivas como "además de", "amén de", y palabras como "incluso" y "hasta" también pueden tener valor copulativo.
- **Disyuntivas:** expresan juicios contradictorios. Las conjunciones coordinadas disyuntivas son "o", "u", "o bien":
  - "U" reemplaza a "o" cuando la palabra siguiente empieza por "o", "ho".
- **Adversativas:** indican oposición o contrariedad. Las conjunciones coordinadas adversativas son: "pero", "sino", "sin embargo", "no obstante", "con todo", "más bien", "antes bien".
- **Distributivas:** su significado es de alternancia, no de exclusión. Sus nexos son partículas correlativas más que verdaderas conjunciones. Las partículas correlativas distributivas son: "bien... bien", "ora... ora", "ya... ya", "uno... otro", "aquí... allí", etc.

- **Explicativas:** su significado es de aclaración. Las conjunciones coordinadas explicativas son: "o sea", "es decir", "esto es".

- **Conjunciones subordinadas:** cuando la conjunción une un elemento principal (primario) con otro que lo complementa (secundario).
Las conjunciones subordinadas pueden ser completivas, condicionales, concesivas, finales, consecutivas, causales, temporales, locales, modales y comparativas.

Véanse los siguientes ejemplos.

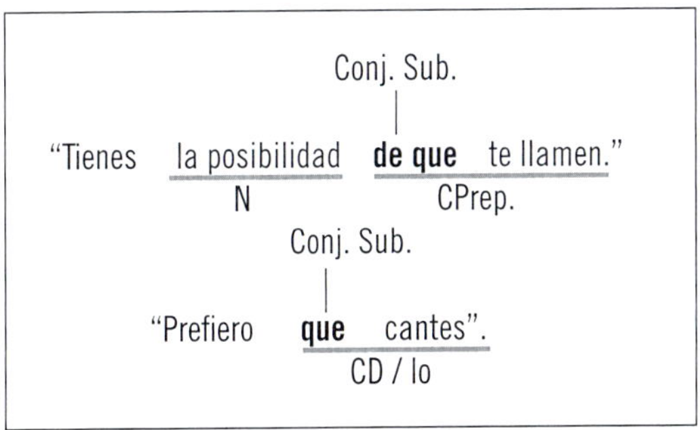

- **Completivas:** introducen las llamadas proposiciones subordinadas sustantivas. Las proposiciones subordinadas completivas son: "que", "si". Véanse los siguientes ejemplos.

- Quiero **que** vengas.
  Porp. Sub. Sust. -C.D.
- Dime **si** vas a venir.
  Porp. Sub. Sust. -C.D.

- **Condicionales:** expresan una condición sin la cual no se cumplirá lo expuesto en la proposición principal. Las conjunciones subordinadas condicionales son: "si", "con tal (de) que", "a condición de que", "en caso de que", "a menos que".

Ejemplo

- **Si** vienes, avísame.
- **En caso de que** vengas, avísame.

- **Concesivas:** expresan una objeción que no impide el desarrollo de la oración principal. Las conjunciones subordinadas concesivas son: "aunque", "a pesar de que", "a pesar de", "aun cuando", "por más que".
  Ejemplo: **"Aunque** no lo creas, estudio".
- **Finales:** expresan la finalidad de la oración principal. Las conjunciones subordinadas finales son: "para que", "a fin de que", "con el fin de que", "con vistas a que", "con objeto de que".
  Ejemplo: "Vengo **para que** me ayudes".
- **Consecutivas:** expresan la consecuencia de la acción principal, es decir, de lo expuesto en la oración principal. Las conjunciones subordinadas consecutivas son: "luego", "con que", "por consiguiente", "por tanto", "pues bien", "así que", "de tal manera que", "hasta el punto de que".
  Ejemplo: "Hablas mucho, **luego** te arrepientes".
- **Causales:** establecen la causa de lo expresado en la oración principal. Las conjunciones subordinadas causales son: "porque", "puesto que", "pues", "como", "ya que", "en vista de que", "como quiera que".
  Ejemplo: "Escribió una carta **porque** lo necesitaba".
- **Temporales:** expresan el tiempo en el que acontece lo dicho en la oración principal. Las conjunciones subordinadas temporales son: "cuando", "mientras (que)", "hasta que", "antes de que", "después de que", "desde que", "tan pronto como", "a medida que", "siempre que".

Ejemplo: **"Cuando** llegues, escríbeme".

- **Locales:** indican el lugar donde se desarrolla la acción principal. Las conjunciones subordinadas locales son: "donde", "adonde", "de donde", "por donde".
  Ejemplo: "Aparece **donde** menos lo esperas".
- **Modales:** expresan el modo en el que se lleva a cabo lo expresado en la oración principal. Las conjunciones subordinadas modales son: "como", "así como", "según".
  Ejemplo: "Monté el mueble **según** indicaban las instrucciones".
- **Comparativas:** establecen una relación de igualdad o desigualdad entre dos elementos. Las conjunciones subordinadas comparativas son: "tanto... como", "tan... como", "tanto... cuanto", "más... que", "menos... que".
  Ejemplo: "Tu libro está **menos** estropeado **que** (está) el mío".

Recuerde

Las conjunciones subordinadas establecen una relación de dependencia entre las proposiciones, de forma que una se supedita a otra.

Actividades

16. ¿Qué función cumplen las preposiciones y las conjunciones dentro de la oración? Busque información y averigüe si existen otros elementos que funcionen como nexos entre palabras y oraciones.

8. Utilización del vocabulario en la expresión oral y escrita

Vidal Lamíquiz, en su obra *Lengua española. Método y estructuras lingüísticas,* afirma que toda lengua posee un tesoro de términos léxicos que pone a disposición de todos los individuos de la comunidad lingüística. Pero cada uno de esos individuos no posee, ni conoce ni emplea en igual medida el arsenal de riqueza léxica de su lengua.

Para un individuo lingüístico, el **vocabulario** es el conjunto de términos lexicales que emplea como hablante. Así, su vocabulario quedará manifiesto y comprobable en el conjunto de textos, orales o escritos, que produzca en sus realizaciones lingüísticas actualizadas.

Es obvio señalar que el vocabulario de un locutor es más reducido que el caudal léxico que conoce.

Léxico

Conjunto de términos lexicales que un individuo lingüístico posee como oyente o como lector, es decir, en interpretación semasiológica.

Por tanto, si se tiene en cuenta que, normalmente, un individuo no conoce la totalidad del léxico de su lengua, se puede resumir lo explicado en el siguiente gráfico.

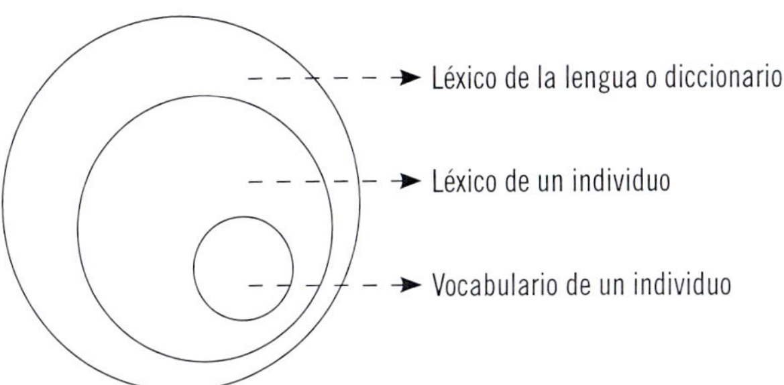

Se puede establecer una diferencia entre el **vocabulario fundamental,** que es el conjunto de unidades léxicas actualizadas por varios componentes de un grupo sociolingüístico, y el **vocabulario básico,** que es el conjunto de unidades léxicas que emplean en el discurso todos los hablantes de dicho grupo sociolingüístico.

Nota

El léxico de una lengua se reúne y recoge alfabéticamente en los diccionarios.

Por otra parte, un grupo sociolingüístico peculiar es el que instaura y maneja el **vocabulario técnico** de unidades léxicas específicas de una determinada ciencia o técnica. La distribución de los términos ofrece aquí, además, un condicionamiento sociocultural, según el grado de formación alcanzado por cada hablante en esa ciencia o técnica.

El léxico de una lengua es el conjunto de palabras que los hablantes de la misma emplean para comunicarse.

A continuación se tratarán los aspectos de la palabra relacionados con su formación y con su significado, las relaciones semánticas que se establecen entre las palabras, y la constitución del léxico de una lengua.

8.1. Formación de palabras: prefijos y sufijos

Según se recoge en la *Ortografía de la lengua española* (2010), de la RAE, última publicada y la más completa de las ortografías académicas, el proceso de formación de palabras o voces nuevas a partir de prefijos o sufijos se denomina **derivación.**

Derivación
Consiste en formar palabras añadiendo a un lexema un morfema derivativo: "Sal" (lexema) + "-ero" (sufijo) = "salero" (palabra derivada).

Los prefijos y los sufijos no son palabras, sino elementos afijos, carentes de autonomía, que necesariamente deben unirse a una base léxica (una palabra o, a veces, una expresión pluriverbal), a la que aportan diversos valores significativos, dando lugar a nuevas palabras.

Los prefijos se unen a la base por delante: "antinatural", "contraindicación", "desatar", "reabrir", "superaburrido"; y los sufijos, por detrás: "dormitorio", "noviazgo", "tontísimo", "trigal".

Prefijos

En la derivación con prefijos, hay que tener en cuenta que estos no cambian la categoría gramatical de la palabra, pero sí añaden significados nuevos:

- Los de **tiempo.** Ejemplo: "Posgraduado".
- Los de **lugar.** Ejemplo: "Antecámara".
- Los de **cantidad.** Ejemplo: "Monocultivo".
- Los de **tamaño o intensificación.** Ejemplo: "Repasar".
- Los de **negación, oposición o privación.** Ejemplo: "Impropio".

Las normas que deben seguirse para la correcta escritura de los prefijos en español son las siguientes:

- Se escriben unidos a la base a la que afectan cuando esta está constituida por una sola palabra: "antirrobo", "expresidente", "posventa", "precontrato", "vicesecretario", etc. Si se forma una palabra anteponiendo a la base varios prefijos, estos también deben escribirse sin guion intermedio: "antiposmodernista".
- Se unen con guion a la palabra base cuando esta comienza por mayúscula (una sigla o un nombre propio): "mini-USB", "pro-Obama". También es necesario emplear el guion cuando la base es un número, con el fin de separar la secuencia de letras de la de cifras: "sub-21", "super-8".
- Se escriben separados de la base a la que afectan cuando esta está constituida por varias palabras: "ex relaciones públicas", "anti pena de muerte", "pro derechos humanos", "super en forma", "vice primer ministro".

Recuerde

Un mismo prefijo se puede escribir unido a la base, con guion o separado en función de la palabra base ("supercansado", "super-8", "super en forma").

Sufijos

El derivado resultante de la unión de una base y un sufijo se escribe siempre en una sola palabra: "abordaje", "alimenticio", "angelote", "anunciación", "bibliotecario", "tontería".

En la derivación con sufijos, hay que señalar que:

- Los sufijos apreciativos, afectivos o expresivos añaden una valoración subjetiva al significado del lexema.

Ejemplo

Miedica, pequeñito, casucha.

- Los sufijos no apreciativos cambian el significado del lexema y, a veces, su categoría gramatical.

Ejemplo

Igualdad, poderoso, blanquear, velozmente.

Actividades

17. Realice las siguientes cuestiones:

- Indique cuáles son los diferentes tipos de prefijos que se pueden encontrar.
- Forme palabras derivadas con los siguientes sufijos:
  - –ico.
  - –illo.
  - –ito.
  - –ín.
  - –uelo.

Aplicación práctica

A partir de las siguientes palabras, forme otras tres palabras derivadas de cada una de ellas.

a. Libro
b. Agua
c. Coger
d. Brazo
e. Forma
f. Tener

Continúa en página siguiente >>

<< Viene de página anterior

SOLUCIÓN

a. Libreta, librería, libresco
b. Acuoso, aguado, aguacero
c. Acogida, recoger, encogido
d. Abrazar, brazalete, brazada
e. Formación, deforme, formal
f. Detener, sostener, tenencia

8.2. Arcaísmos y neologismos

En el devenir histórico, una lengua va dejando atrás cierta cantidad de lastre, mientras al propio tiempo va adquiriendo nueva savia. Tanto el lastre como la savia nueva consisten en léxico y fraseología, principalmente. Hay palabras y frases que han dejado de figurar en los libros desde hace muchos años, siglos tal vez, y palabras y frases que han entrado en el caudal léxico hace muy pocos años.

Los primeros se llaman **arcaísmos,** y no es fácil que vuelvan a tener un lugar en la lengua con la misma grafía y el mismo significado desaparecidos; los segundos se llaman **neologismos,** y están entrando en la lengua constantemente; unos, los más útiles y necesarios, arraigan y se quedan entre nosotros, sea con su propia forma, sea dotándolos de características que los hagan semejantes a las de su nuevo medio y permitan utilizarlos con cualidades morfosintácticas similares, según afirma Martínez de Sousa *(Manual de estilo de la lengua española).*

Arcaísmos

Un **arcaísmo** es una forma léxica o construcción sintáctica que pertenece a un estado de lengua desaparecido o en vías de desaparición, conservada en territorios en los que, pese a mantener cierta homogeneidad lingüística, se producen diferenciaciones dialectales.

En la actualidad perviven algunos arcaísmos en ciertas zonas (sobre todo rurales) de España y en Hispanoamérica.

Ejemplo

Palabras como "agora", "maguer" o "apoteca", que significan respectivamente "ahora", "aunque" y "botica", son hoy arcaísmos.

Algunos registros lingüísticos son particularmente conservadores, especialmente los registros literarios y formales. Los refranes o proverbios son especialmente abundantes en arcaísmos. Otros contextos en los que abundan los arcaísmos son el lenguaje jurídico o la liturgia basada en textos canónicos.

En algunos escritos literarios, los arcaísmos se utilizan para dar mayor belleza a la expresión, para recrear una época pasada, o incluso con efecto cómico. Pero un excesivo uso de arcaísmos puede dificultar la comprensión de un texto.

Sabía que...

Entre los clásicos españoles, el historiador Juan de Mariana era aficionado a los arcaísmos; en cambio, Cervantes se burlaba de ellos.

Hay que diferenciar entre **arcaísmos absolutos** (formas que han desaparecido de todas las variantes de la lengua) y **arcaísmos relativos** (desaparecen de una familia, pero se siguen usando en otra). Lo opuesto a un arcaísmo relativo es una **innovación.** Cuando un elemento viejo es sustituido en alguna de las variedades de una lengua, se dice que dicha variedad ha innovado en el uso de ese elemento.

Recuerde

El arcaísmo es toda palabra o expresión que, si bien llegó a ser muy utilizada en el pasado, hoy en día ha caído en desuso o no se usa frecuentemente (solo en ciertos contextos específicos o con fines especiales), o ha sido reemplazada por un término nuevo o una variante.

Neologismos

Un **neologismo** es una palabra o expresión de reciente creación, tomada de otra lengua o que recibe una acepción nueva, y que pasa a formar parte de una lengua en un determinado nivel de ella.

En una lengua se están creando nuevas palabras continuamente, y los procedimientos para ello son varios:

- **Morfológicos:** son aquellos que dan como resultado palabras derivadas, compuestas, parasintéticas y acrónimos.

Ejemplo

- "Hiper" (prefijo) + "mercado" (lexema) = "Hipermercado" (palabra derivada).
- "Droga" + "dependencia" = "Drogodependencia" (palabra compuesta).
- "Sida" (acrónimo).

- Léxicos:
  - Con formantes grecolatinos: "metrópolis", "cardiopatía", "políglota".
  - Por préstamos actuales de otras lenguas:
    - Extranjerismos: son aquellas palabras extranjeras que mantienen su forma original: *"marketing"*, "pop".
    - Calcos semánticos: son la "traducción" de expresiones extranjeras por palabras castellanas, que adoptan un nuevo significado: "baloncesto", "perrito caliente".
    - Palabras castellanizadas: son aquellas palabras extranjeras admitidas por la Academia y que su ortografía se adapta a la pronunciación castellana: "espagueti", "garaje", "cruasán", "chándal".
- **Fonéticos:** creación de palabras cuyos sonidos imitan la realidad que designan. Se denominan onomatopeyas: "chirriar", "traqueteo", "sisear", etc.
- **Semánticos:** son palabras ya existentes en castellano que adquieren un significado nuevo: "boca del metro", "piso piloto", "pasarlo bomba", "congelar los salarios".

Las palabras nuevas, una vez que se generalizan, dejan de ser neologismos: "manjar", "mitin", "televisión", etc. Fueron en su día neologismos, pero hoy son palabras de uso común.

Actividades

18. Describa qué es un arcaísmo y qué es un neologismo, y ponga algún ejemplo de cada uno.

8.3. Préstamos y extranjerismos

Una de las principales vías para la ampliación del léxico de una lengua es la adopción de voces de otros idiomas con los que los hablantes de aquella establecen contacto. Este recurso para la adquisición de nuevos términos ha sido constante a lo largo de la historia del español. La procedencia de esas palabras, su perdurabilidad, el ámbito al que pertenecen y su grado de integración en nuestra lengua se han visto condicionados por los factores políticos, económicos y socioculturales de nuestro entorno en cada momento histórico.

Esas voces procedentes de otras lenguas se denominan generalmente **préstamos y extranjerismos,** y se explican a continuación.

Préstamos

Los **préstamos lingüísticos** son palabras procedentes de otros idiomas que nuestra lengua ha ido incorporando a su vocabulario a lo largo de la historia por razones culturales, sociales, económicas, etc.

Préstamo
Término proveniente de "prestar", del latín *"praestare",* que hace referencia a un extranjerismo integrado en el sistema de la lengua, la cual lo recibe mediante la adaptación de su estructura fónica y morfológica ("fútbol", del inglés *"football"*).

Martínez de Sousa distingue entre:

- **Préstamo aclimatado:** préstamo no integrado totalmente en la lengua que lo recibe: *"week-end", "water-closet".*

- **Préstamo integrado o asimilado:** préstamo adaptado a las reglas fonológicas y gráficas de la lengua que lo recibe: *"carroussel"* (francés) > "carrusel" (español).

Los préstamos lingüísticos más significativos son:

- Los **arabismos,** que proceden del árabe. Ejemplos: "aceite", "acequia", "alcalde", "alcohol", "azúcar", etc.
- Los **germanismos,** que proceden de la lengua germana. Ejemplos: "guerra", "guante", "níquel", "nazi", etc.
- Los **galicismos,** que proceden de la lengua francesa. Ejemplos: "gabinete", "galleta", "peaje", etc.
- Los **anglicismos,** que proceden de la lengua inglesa. Ejemplos: "club", "vagón", "mitin", "líder", "jersey", etc.
- Los **italianismos,** que proceden de la lengua italiana. Ejemplos: "novela", "soneto", "piloto", etc.

Hay que destacar los numerosos **americanismos,** es decir, palabras provenientes de las lenguas de los nativos del continente americano, que forman parte de la lengua española.

Ejemplo

Algunos americanismos que en nuestra lengua forman parte del uso común son "patata", "canoa" y "cacao".

Asimismo, son importantes y abundantes los préstamos de las otras lenguas españolas:

- **Vasquismos,** que proceden de la lengua vasca. Ejemplos: "chabola", "chatarra".

- **Catalanismos,** que proceden de la lengua catalana. Ejemplos: "forastero", "porche".
- **Galleguismos,** que proceden del gallego. Ejemplos: "filloa", "morriña".

A modo de resumen, en el esquema que se presenta a continuación se pueden observar los diferentes tipos de préstamos lingüísticos que han influido en la formación del léxico español.

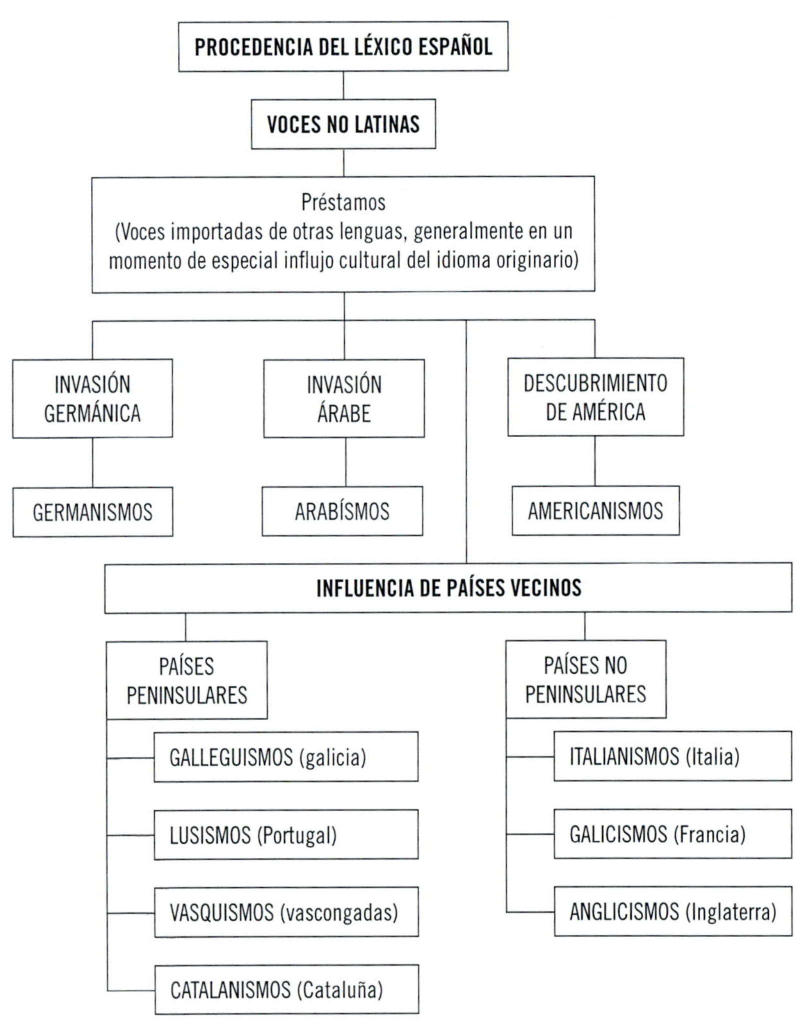

Actividades

19. ¿De qué lenguas proceden los préstamos que forman parte de la lengua española? Busque información al respecto y elabore un listado de palabras españolas procedentes de otras lenguas.

Extranjerismos

En el *Diccionario de Lexicografía Práctica* se definen los **extranjerismos** como aquellas voces, frases o giros propios de un idioma que son empleados en otro.

Martínez de Sousa defiende que este uso puede ser necesario, y entonces los extranjerismos deben ser bienvenidos, aceptados y aclimatados a nuestra grafía y fonética, labor que, en general, ha tomado sobre sí la Academia Española. Si son necesarios, pues, hay que admitirlos, y una postura conservadora opuesta a su admisión y adaptación sería retrógrada y llevaría al empobrecimiento lingüístico.

Consejo

La regla de oro en relación con los extranjerismos debe ser la de no utilizarlos sino en casos de necesidad, y entonces, en la medida de lo posible, adaptarlos a la grafía y la fonética de nuestro idioma.

En la *Ortografía de la lengua española* (RAE, 2010), se sostiene que los extranjerismos pueden servir para nombrar realidades nuevas para las que la propia lengua no dispone de término designativo. Pero en muchos otros casos son simplemente fruto del mimetismo lingüístico hacia lenguas de gran prestigio e influencia cultural en un momento histórico dado.

Nota

En el caso de los extranjerismos incorporados en épocas pasadas, no existe conciencia en los hablantes actuales de su originaria condición de extranjerismos, por lo que ya se consideran voces españolas. Así sucede con la gran masa de arabismos, galicismos, italianismos, etc. incorporados a nuestro idioma, como es el caso de "alcalde", "jardín", "canalla", "maíz" y "huracán".

Si se analiza el comportamiento de los extranjerismos incorporados a la lengua española a lo largo de su historia, se comprueba la tendencia de estos a acomodarse a los patrones característicos de nuestro idioma, pues, en general, terminan adoptando una pronunciación y una grafía acordes con las pautas fonológicas, silábicas, prosódicas y ortográficas propias del español, y realizando la flexión nominal (de género y número) o verbal (de persona, tiempo, modo, etc.) de acuerdo con las pautas morfológicas de nuestro sistema lingüístico. Este proceso de acomodación de los extranjerismos se realiza mediante procedimientos muy diversos.

Una vez completado el proceso de acomodación a los patrones propios de nuestra lengua, estas voces extranjeras se consideran **extranjerismos adaptados,** en oposición a los **extranjerismos crudos o no adaptados,** que son aquellos que se utilizan con la grafía y la pronunciación (más o menos exacta o aproximada) que tienen en su lengua de origen, y no se ajustan, por ello, al sistema fonológico ni ortográfico del español.

Aquellos extranjerismos que arraigan en el uso y no son fruto de modas pasajeras, tras una primera etapa en la que se emplean en su forma originaria, acaban, por lo general, experimentando los cambios necesarios para su plena integración en nuestra lengua. Pero hay también extranjerismos que, por diversos motivos, manifiestan una mayor resistencia a la adaptación.

Importante

Es necesario tener en cuenta que la proliferación indiscriminada de extranjerismos crudos o semiadaptados en textos españoles puede resultar un factor desestabilizador de nuestro sistema ortográfico. De ahí que la Real Academia Española, junto con el resto de las que con ella integran la Asociación de Academias de la Lengua Española, procuren orientar los procesos de adopción de extranjerismos para que su incorporación responda, en lo posible, a nuevas necesidades expresivas y se produzca dentro de los moldes propios de nuestra lengua.

Actividades

20. ¿Qué diferencia hay entre los extranjerismos adaptados y los extranjerismos crudos o no adaptados? Justifique su respuesta.

8.4. Abreviaturas, siglas y acrónimos

Se consideran **abreviaciones gráficas** aquellas formas de representación concisa de las unidades léxicas cuya motivación es, en principio, puramente gráfica, esto es, que responden a la intención de representar abreviadamente en la escritura palabras o expresiones complejas. Bajo este concepto se engloban, pues, tanto las abreviaturas como las siglas, procedimientos hoy diferenciados que, no obstante, comparten un mismo origen.

Por tanto, los dos procedimientos de abreviación gráfica son, por un lado, las **abreviaturas** y, por otro, las **siglas,** dentro de las cuales forman un grupo especial aquellas cuya estructura permite leerlas como palabras ("ovni", "sida", "OTAN", "Unicef", etc.) y que se denominan, específicamente, **acrónimos.**

Abreviaturas

Una **abreviatura** es la representación gráfica reducida de una palabra o grupo de palabras, obtenida por eliminación de algunas de las letras o sílabas de su escritura completa.

Las abreviaturas españolas pueden acuñarse mediante contracción y truncamiento, y siempre se cierran con un punto (o una barra inclinada, en algunos casos muy concretos).

Sabía que...

No todas las formas gráficas reducidas son abreviaturas. Elementos como "Fe" (por "hierro") o "N" (por "nitrógeno" o "norte") no son abreviaturas, sino símbolos.

Suele distinguirse entre **abreviaturas "personales",** las que cualquier hablante particular genera para uso propio en su escritura privada, y **abreviaturas "convencionales",** que son aquellas reconocidas y empleadas comúnmente por los usuarios de una lengua.

En cuanto a su lectura, las abreviaturas son un fenómeno de reducción meramente gráfica, por lo que su lectura corresponde a la realización de la forma plena de la palabra abreviada.

Como ya se ha indicado, los dos procedimientos básicos para formar abreviaturas son:

- Por **truncamiento,** suprimiendo letras o sílabas finales de la palabra abreviada: "art." por "artículo", "cent." por "centavo", "sig." por "siguiente". La abreviatura así obtenida siempre debe terminar en consonante: "pról." como abreviatura de "prólogo". Se habla de **truncamiento extremo** cuando solo se mantiene la letra inicial de la palabra abreviada.

Se da normalmente en aquellas abreviaturas que corresponden a expresiones pluriverbales y fórmulas fijas: "r. p. m." por "revoluciones por minuto".

- Por **contracción,** conservando solo las letras más representativas, aquellas que resultan suficientes para que pueda identificarse sin dificultad la palabra abreviada. En las abreviaturas así formadas figuran siempre la letra inicial y normalmente también la letra o sílaba final, e incluyen a menudo una o varias letras interiores: "Alfz." por "alférez", "blvr." por "bulevar", "cta." por "cuenta", "dcha." por "derecha", "atte." por "atentamente", "Fdez." por "Fernández".

Recuerde

La abreviatura es la grafía que resulta de reducir el cuerpo gráfico de una palabra o un grupo de palabras.

Siglas y acrónimos

Una **sigla** es un signo lingüístico formado con las letras iniciales de cada uno de los términos que integran una expresión compleja, por ejemplo: "ONU" por "Organización de las Naciones Unidas".

En la actualidad, el empleo de siglas es un fenómeno muy extendido, pues permite reducir a una sola pieza léxica expresiones complejas que se necesita manejar de modo recurrente a lo largo de un mismo texto. Así, las siglas, que hasta no hace mucho se empleaban casi exclusivamente en los nombres de instituciones, empresas u organizaciones, han pasado a utilizarse de manera generalizada para abreviar expresiones complejas que designan conceptos, objetos, sistemas, etc.

Es evidente que, tanto en el plano oral como en el escrito, resulta más económico e inmediato el uso de formas como "ONG" o "VIH" que el de sus correspondientes desarrollos "organización no gubernamental" y "virus de la inmunodeficiencia humana". Así, el uso de la sigla evita sobrecargar aquellos textos en los que una misma denominación debe utilizarse profusamente, a la vez que facilita la lectura al condensarla en una unidad mínima.

Consejo

Aunque permiten ahorrar tiempo y esfuerzo tanto en la escritura como en la lectura, conviene usar las siglas con comedimiento, en especial si no resultan transparentes o no son de conocimiento general, facilitando siempre al lector las claves para su interpretación.

Cuando, como sucede en la mayoría de los casos, la secuencia de letras que conforman la sigla presenta una estructura no pronunciable como palabra, se recurre en su lectura al deletreo de los grafemas que la componen, lo que constituye uno de los rasgos más característicos de las siglas prototípicas: "FBI", "GPS", "ONG". No obstante, hay siglas que presentan una estructura que permite su pronunciación como palabras, como ocurre en los casos de "ONU", "ovni" o "sida". Este tipo de siglas recibe el nombre de **acrónimos.** Así pues, los acrónimos no son más que un conjunto especial de siglas cuya estructura se acomoda a los patrones silábicos característicos del español, lo que favorece su lectura normal por sílabas. Por ello, con frecuencia, tras una primera fase en que los acrónimos aparecen escritos enteramente con mayúsculas por su condición de siglas ("OVNI", "SIDA", "UNESCO", "UNICEF"), acaban por lexicalizarse, esto es, por incorporarse al léxico general del idioma, bien como nombres comunes, bien como nombres propios ("ovni", "sida", "Unesco", "Unicef").

Definición

Acronimia
Procedimiento para la formación de neologismos, especialmente técnicos y científicos, a partir de extremos de los componentes léxicos de un sintagma o denominación, como "télex", de "teleprinter exchange".

Actividades

21. Responda a las siguientes preguntas:

- ¿En qué consisten la abreviatura, la sigla y el acrónimo?
- ¿Considera igual de útiles estos procedimientos de abreviación gráfica? Justifique su respuesta.

8.5. Sinónimos y antónimos

Sinónimos

Cuando dos o más palabras presentan una relación de semejanza significativa, se denomina **sinonimia.** La sinonimia, por tanto, es la relación entre dos o más palabras de la misma categoría gramatical que tienen un significado idéntico. Estas palabras se llaman **sinónimos.**

Ejemplo

- Burro, asno, pollino.
- Barco, vapor, embarcación, navío.
- Aeroplano, avión, reactor.
- Feliz, dichoso.
- Hallar, encontrar.
- Pueril, infantil.
- Minúsculo, ínfimo, exiguo.

Se pueden distinguir dos clases de sinónimos:

- **Sinónimos absolutos:** son muy pocos, y surgen cuando entre dos palabras se da un significado idéntico. Puede decirse que son palabras intercambiables. Ejemplo: "infatigable" = "incansable".
- **Sinónimos parciales:** son palabras que tienen significados no idénticos, sino semejantes. Esta semejanza del significado depende de diferentes circunstancias:
  - Variantes geográficas. Ejemplos: "papa"/"patata", "judía"/ "habichuela".
  - Variantes sociales o de situación. Ejemplos: "odontólogo"/"dentista", "dinero"/"pasta".
  - Variantes combinatorias. Ejemplos: "hombre delgado" / "intestino delgado".
  - Variantes expresivas. Ejemplos: "persona buena"/"estupenda"/"sensacional"/"formidable".

La explicación de por qué existen en la lengua dos o más palabras distintas para designar una misma realidad, **referente,** no parece una cuestión fácil, aunque existen algunas razones evidentes:

- Ciertas realidades ("referentes") reciben un nombre u otro según la región geográfica donde se utilizan. Ejemplos: "jofaina"/"palangana", "ciervo"/"venado", "calendario"/"almanaque".
- O se produce sinonimia con palabras de distinto nivel de lengua:
  - Niveles culto/estándar. Ejemplos: "deceso"/"fallecimiento", "asta"/"cuerno", "hado"/"destino", "anegar"/"inundar".
  - Niveles estándar/vulgar. Ejemplos: "suspender"/"catear", "trabajar"/"currar", "amigo"/"colega".
- La introducción de préstamos produce, también, sinonimias. Ejemplos: "fútbol"/"balompié", "sándwich"/"emparedado", "voleibol"/ "balonvolea".

Aplicación práctica

De las dos columnas que se presentan a continuación, relacione las palabras que sean sinónimas.

a	Oftalmólogo
b	Cefalea
c	Litigio
d	Oriundo
e	Aflicción
f	Lipotimia
g	Angosto

	Desmayo
	Pleito
	Jaqueca
	Tristeza
	Ocultista
	Originario
	Estrecho

Continúa en página siguiente >>

<< Viene de página anterior

SOLUCIÓN

a	Oftalmólogo
b	Cefalea
c	Litigio
d	Oriundo
e	Aflicción
f	Lipotimia
g	Angosto

f	Desmayo
c	Pleito
b	Jaqueca
e	Tristeza
a	Ocultista
d	Originario
g	Estrecho

Antónimos

Los **antónimos** son aquellas palabras que niegan el significado de su término positivo. La relación entre el antónimo y su término positivo puede presentar una gradación.

Ejemplo

- Alto / bajo.
- Grande / pequeño.

Los antónimos pueden ser:

- Léxicos. Ejemplo: "frío"/"caliente".
- Formados por prefijos con significación negativa ("a-", "des-", "dis-", "in-"). Ejemplos: "adecuado"/"inadecuado", "aliento"/"desaliento".

Por otra parte, se distinguen tres tipos de antónimos:

- Graduales o contrarios: cuando dos vocablos se oponen entre sí dentro de una gradación. Ejemplos: "niño"/"viejo", "blanco"/"negro".
- Complementarios: cuando la oposición entre dos palabras es excluyente, es decir, la presencia de una excluye la otra. Ejemplos: "muerto"/"vivo", "macho"/"hembra", "hablar"/"callar".
- Recíprocos: se trata de términos que se implican recíprocamente, ya que la presencia de uno implica la del otro. Ejemplos: "vender"/"comprar", "padre"/"hijo", "dar"/"recibir".

Recuerde

Cuando la relación entre los significados es de oposición, los términos se llaman antónimos.

Actividades

22. Realice las siguientes cuestiones:

- Defina los conceptos de sinónimo y antónimo.
- Busque palabras sinónimas de: dotar, hundir, lleno, apodo, cuerda, pestillo, mono, sabio, coche, sacar.
- Busque palabras antónimas de: saber, fácil, limpio, lleno, suerte, sufrir, casar, amor, huida, perdido.

8.6. Homónimos

Las palabras se relacionan en la lengua de diversos modos. No hay que olvidar que están constituidas por una parte formal (significante) y por otra significativa (significado).

Cuando dos palabras distintas presentan una relación de identidad entre sus significantes ("cola"/"cola", "vino"/"vino", "vaca"/"baca"), se conoce por **homonimia.** Por tanto, la homonimia es la relación que existe entre palabras que tienen el mismo significante pero distintos significados. Estas palabras se llaman homónimos.

Se trata de palabras de origen distinto que, en un estadio determinado de su evolución fonética, coinciden en su forma. Por ejemplo: *duellum* (palabra latina que significaba "guerra", "combate") y *dolus* (palabra latina que significaba "dolor") han derivado en su evolución en las palabras españolas "duelo" ("lucha o combate entre dos") y "duelo" ("dolor, aflicción").

Las palabras homónimas se pueden dividir en:

- **Palabras homófonas,** que son las que se pronuncian igual. Ejemplos: "revelar"/"rebelar" (palabras homónimas homófonas), "bello"/"vello" (palabras homónimas (homófonas).
- **Palabras homógrafas,** que son las que se escriben igual. Ejemplo: "a", letra / "a", preposición (palabras homónimas (homógrafas).

Ejemplo

Homófonos y homógrafos:

- "Cola" / "cola".
- "Vino" / "vino".
- "Amo" / "amo".

Continúa en página siguiente >>

<< Viene de página anterior

Homófonos no homógrafos:

- "Hasta" / "asta".
- "Bienes" / "vienes".
- "Basto" / "vasto".

Como se observa en el ejemplo anterior, la identidad entre los significantes puede ser total, esto es, fónica y ortográfica. Los términos son entonces tanto homófonos como homógrafos. O bien, la identidad puede ser parcial, en ese caso son homófonos pero no homógrafos.

Asimismo, la homonimia puede ser absoluta y parcial:

- **Homonimia absoluta:** se da entre palabras de la misma categoría gramatical. Ejemplo: "banda" (sustantivo): "cinta" / "banda" (sustantivo): "grupo".
- **Homonimia parcial:** se da entre palabras con diferente categoría gramatical. Ejemplo: "valla" (sustantivo) / "vaya" (verbo).

Recuerde

La homonimia hace referencia a la identidad fónica (homófonos) y/u ortográfica (homógrafos) entre dos significantes con distintos significados.

Aplicación práctica

Complete las siguientes oraciones con una palabra homónima de las que aparecen subrayadas.

a. Deseo que esa <u>hierba</u> medicinal .... durante cinco minutos.
b. Marisa era muy <u>sabia</u> porque conocía lo que era la .... de los árboles.
c. A la sombra de un <u>enebro</u> .... una aguja.
d. Pidió un vaso de <u>vino</u> porque .... sediento.
e. Estos <u>grabados</u> están .... con impuestos.

SOLUCIÓN

a. Deseo que esa <u>hierba</u> medicinal **hierva** durante cinco minutos.
b. Marisa era muy <u>sabia</u> porque conocía lo que era la **savia** de los árboles.
c. A la sombra de un <u>enebro</u> **enhebro** una aguja.
d. Pidió un vaso de <u>vino</u> porque **vino** sediento.
e. Estos <u>grabados</u> están **gravados** con impuestos.

8.7. Palabras tabú y eufemismos

El fenómeno del **tabú** se considera de vital importancia en términos lingüísticos porque impone una interdicción o prohibición no solo sobre ciertas personas, animales y cosas, sino también sobre sus nombres. En la mayoría de los casos, aunque no en todos, la palabra sometida al tabú será abandonada y un sustituto, el **eufemismo,** será introducido para llenar ese vacío. Esto entrañará con frecuencia un ajuste en la significación del sustituto.

Las palabras tabú suelen ser sustituidas por los eufemismos

EUFEMISMO

Palabras tabú

Las **palabras tabú** son palabras existentes en la lengua pero no concretizables en el discurso por causas no lingüísticas.

Según V. Lamíquiz, estas causas pueden ser creencias supersticiosas y de mal agüero que, por ejemplo, hacen sustituir en Andalucía el lexema "culebra" por "bicha"; o en otras regiones "zorro" por "bestia"; incluso por lexema de apariencia semántica afectuosa, como "comadreja" por "guapilla", sustituciones léxicas existentes en todas las lenguas.

Otras causas pueden ser ciertos convencionalismos sociales. Cierta decencia o cortesía impide la presencia, en determinadas situaciones y por su interlocución, de algunos lexemas.

En vez de recurrir al eufemismo, el tabú léxico puede seleccionar dentro del sistema recurriendo a otros niveles lingüístico-culturales o al vocabulario técnico.

Sabía que...

Tabú es una palabra polinesia que el célebre capitán Cook introdujo en el inglés, de donde pasó a otras lenguas europeas. Según el propio capitán Cook, el término "tiene un significado muy amplio, pero, en general, quiere decir que una cosa está prohibida".

S. Ullmann defiende que los tabús del lenguaje se hallan comprendidos en tres grupos más o menos distintos, según la motivación psicológica que hay tras ellos: unos son debidos al miedo; otros a un sentimiento de delicadeza; y otros, finalmente, a un sentido de decencia y decoro. Estos tres grupos se desarrollan a continuación:

1. **Tabú del miedo.** Las criaturas y las cosas ordinarias dotadas de cualidades sobrenaturales pueden convertirse en objeto de temor y de tabú. De la misma manera, los nombres de los espíritus diabólicos son declarados tabú. Los nombres de objetos inanimados también pueden ser tachados por una prohibición tabú.
2. **Tabú de la delicadeza.** Es una tendencia humana general el eludir la referencia directa a los asuntos desagradables, como la enfermedad y la muerte. Otro grupo de palabras afectadas por esta forma de tabú son los nombres de los defectos físicos y mentales. Y, por último, otra clase de palabras que a menudo se evitan por razones de delicadeza son los nombres de las acciones criminales tales como estafar, robar y matar.
3. **Tabú de la decencia.** Las tres grandes esferas más directamente afectadas por esta forma de tabú son el sexo, ciertas partes y funciones del cuerpo, y los juramentos. El sentido de la decencia y del pudor ha sido a lo largo de la historia una rica fuente de tabús y de eufemismos.

Romper un tabú es considerado como una falta grave por la sociedad que lo impone.

Nota

Una palabra tabú es reemplazada a veces por una nueva formación o por un término tomado de una lengua extranjera. Puede ocurrir también que la palabra tabú no se haya desvanecido enteramente, sino que se conserve en una forma modificada.

Actividades

23. ¿Cuántos tipos de tabú existen? ¿Cuáles son? Explique también a qué hace referencia cada grupo de tabú.

Eufemismos

El **eufemismo** o sustituto léxico, que, según se indica en el *Diccionario de la lengua española* (RAE), es la manifestación suave o decorosa de ideas cuya recta y franca expresión sería dura o malsonante, es también uno de los modos con que puede llenarse un vacío creado por el tabú.

Definición

Eufemismo
Término proveniente del latín *euphemismus,* y este del griego *euphemismós* ("que habla bien"), que hace referencia a la forma con que se sustituye en la lengua usual una palabra o expresión de mal gusto, inoportuna, malsonante o tabuizada.

Tal como afirma Martínez de Sousa, la utilización de eufemismos no forma parte de la escritura científica, donde a cada cosa o hecho se le da el nombre que le corresponde y que todos entienden. Por ejemplo, un "anciano" es una persona que tiene una edad determinada, a partir de la cual se considera que es "vieja". Si la palabra "viejo" pudiera resultar poco atractiva, se puede sustituir por "anciano", pero no se entiende qué quiere decir "persona de la tercera edad" aplicado a una persona anciana. Ello no presupone que en un escrito científico se empleen palabras que pudieran resultar desagradables para la generalidad de las personas (las llamadas "palabras malsonantes").

Los eufemismos prestan mejores servicios a los sociólogos y a los políticos, al poner a su disposición palabras y frases con que ocultar realidades desagradables o inconvenientes. Hablar, por ejemplo, de "desequilibrios territoriales" en vez de "desigualdades regionales", de "empleada de hogar" en vez de "criada" o de "empleado de finca urbana" en vez de "portero", de "económicamente débiles" en vez de "pobres", de "excedente empresarial" en vez de "beneficios empresariales", de "reajuste de precios" en vez de "subida de precios" puede ser conveniente para quien lo utiliza, pero no necesariamente para el directamente interesado.

9. Uso de las reglas de ortografía

El término **ortografía** procede del latín *orthographia,* y este del griego *orthographía,* de *orthós* ("recto") y *gráphein* ("escribir"). Es la parte de la gramática que establece los principios normativos para la recta escritura de las palabras de una lengua, su división a final de línea, el empleo adecuado de los signos de puntuación, la acentuación, las mayúsculas y otros aspectos del lenguaje gráfico.

El sistema ortográfico que hace posible la representación escrita del español está constituido por una serie de signos y recursos gráficos, y por el conjunto de normas que determinan su valor y regulan su empleo.

El conocimiento y el dominio de la ortografía resultan imprescindibles para asegurar la correcta comunicación escrita entre los hablantes de una misma lengua, al garantizar la adecuada creación e interpretación de textos escritos. Pero el dominio de la ortografía no es una tarea fácil, por lo que muchos hablantes castellanos soportan la pesada carga de las numerosas faltas de ortografía. En este sentido, hay que hacer constar que la irrupción de los modernos medios de comunicación (especialmente, los teléfonos móviles) ha incidido en un menosprecio al correcto uso de la ortografía y en acentuar, aún más, las carencias ortográficas de muchos castellanohablantes.

Por otra parte, hay que destacar que dichos medios de comunicación han significado, en la práctica, el abandono del hábito lector o, al menos, la disminución en el mismo. Y la experiencia enseña que solo una lectura frecuente y constante, con un alto nivel de comprensión, es el mejor medio para el perfeccionamiento de la lengua escrita y para el dominio de las reglas que la rigen.

El estudio de las **reglas de ortografía** no es el medio más adecuado para el aprendizaje de la lengua escrita, sobre todo si se utiliza de manera exclusiva. Pero sí puede ser un complemento fundamental a otras tareas encaminadas a conseguir un solvente dominio de la expresión escrita.

Las reglas ortográficas pueden ser generales o particulares. Las primeras afectan a todo un ámbito de la escritura, mientras que las segundas se aplican a la escritura de palabras concretas.

Recuerde

La ortografía es el conjunto de normas que regulan la escritura de una lengua.

9.1. Aplicación de las principales reglas ortográficas

La ortografía, en cuanto conjunto o corpus de convenciones que fijan las pautas de la correcta escritura de una lengua, tiene un carácter esencialmente normativo. Se concreta en reglas que deben ser respetadas por todos los hablantes que deseen escribir con corrección, y su incumplimiento da lugar a lo que se conoce como "faltas de ortografía".

Uso de las letras mayúsculas

Las reglas ortográficas que rigen el correcto uso de las letras mayúsculas son las siguientes:

1. Se escriben con letra inicial mayúscula la primera palabra de un escrito y la que vaya después de punto. También todos los nombres propios. Ejemplos: "Madrid", "Guadalquivir", "Antonio".

2. Se escriben con letra inicial mayúscula los atributos divinos, los títulos y nombres de dignidad, los nombres y apodos con que se designa a determinadas personas. Ejemplos: "Creador", "Marqués de Cádiz", "Alfonso X el Sabio".
3. Se escriben con letra inicial mayúscula las jerarquías y cargos importantes cuando equivalen a nombres propios y no van acompañados del nombre de la persona a la que se refieren. Ejemplo: "El Rey".
4. Se escriben con letra inicial mayúscula los tratamientos, especialmente si están en abreviatura. Ejemplos: "Sr.", "Ud." ("usted" cuando se escribe con todas sus letras no debe llevar mayúscula).
5. Se escriben con letra inicial mayúscula los sustantivos y adjetivos cuando forman parte del nombre de una institución, de un cuerpo o de un establecimiento. Ejemplo: "Real Academia Española de la Lengua".
6. Cuando haya que escribir con mayúscula palabras que empiezan por "Ch" o "Ll", solo se escribirá con mayúscula la primera letra. Ejemplos: "Chillida", "Llorente".
7. La numeración romana se escribe con mayúscula. Ejemplos: "Alfonso I", "siglo XX", "tomo VI".

Uso de la B

Se escriben con "b":

1. El sonido final "-bir" de los infinitivos y todas las formas de estos verbos. Se exceptúan "hervir", "servir" y "vivir" y sus compuestos.
2. Los infinitivos y todas las formas de los verbos "beber" y "deber".
3. Los infinitivos y formas verbales de "caber", "haber" y "saber".
4. Las terminaciones "-ba", "-bas", "-ba", "-bamos", "-bais", "-ban" del pretérito imperfecto de indicativo de los verbos de la primera conjugación.
5. El pretérito imperfecto de indicativo del verbo "ir": "iba", "ibas", etc.
6. Las palabras que empiezan por el sonido "bibli-", o con las sílabas "bu", "bur-", "bus-". Ejemplos: "biblioteca", "burro", "burla", "buscar".
7. Las terminaciones "-bundo/a", "-bilidad" (se exceptúan "movilidad" y "civilidad"). Ejemplos: "vagabundo", "amabilidad".
8. Todas las palabras en las que el sonido /b/ preceda a otra consonante. Ejemplos: "amable", "obvio", "absoluto".

9. Los prefijos "bi-", "bis-", "biz-" (que significan "dos o dos veces") y los prefijos "bene-" y "bien-".
10. Los compuestos y derivados de las palabras que llevan "b". Ejemplos: "rebote", "abanderado".

Ejemplo

- Bilingüismo.
- Bisiesto.
- Biznieto.
- Benévolo.
- Bienhechor.

Uso de la V

Se escriben con "v":

1. Después de las letras "d", "b" y "n". Ejemplos: "adviento", "adverbio", "obvio", "invierno".
2. El presente de indicativo, imperativo y subjuntivo del verbo "ir": "voy", "ve", "vaya". El pretérito indefinido, el pretérito imperfecto y el futuro de subjuntivo de los verbos "estar", "andar", "tener" y sus compuestos: "estuve", "anduviera", "tuviese".
3. Las terminaciones de adjetivos "-ava", "-ave", "-avo"; "-eva", "-eve", "-evo"; "-iva", "-ivo". Se exceptúan "árabe", "sílaba" y sus compuestos.

Ejemplo

- Octavo, nueva, nociva.
- Mozárabe, trisílabo.

4. Los prefijos "vice-", "villa-", "villar-". Ejemplos: "vicepresidente", "Villaverde", "Villarcayo".
5. Las terminaciones "-viro", "-vira"; "-ívoro", "-ívora", menos "víbora". Ejemplos: "carnívoro", "Elvira".
6. Las terminaciones "-servar" y "-versar" de los verbos. Ejemplos: "conservar", "conversar".
7. Las formas de los verbos que en su infinitivo no tienen "b" ni "v". Se exceptúa el pretérito imperfecto de indicativo del verbo "ir" ("iba", "ibas"...). Ejemplos: "tuve" ("tener"), "estuve" ("estar"), "vayamos" ("ir").
8. Los compuestos y derivados que llevan la letra "v". Ejemplos: "prevenir" ("venir"), "virtuoso" ("virtud").

Aplicación práctica

Complete los espacios en blanco de las siguientes palabras con las consonantes "b" o "v", según marcan las reglas ortográficas.

O...ser...ar	**...idriera**	**De...ido**	**Tra...ajo**
...ecino	**...entana**	**...alcón**	**Sensi...ilidad**
...oz	**Ci...ismo**	**...elar**	**Pertur...ar**
...iandante	**...ociferar**		

SOLUCIÓN

Observar	Vidriera	Debido	Trabajo
Vecino	Ventana	Balcón	Sensibilidad
Voz	Civismo	Velar	Perturbar
Viandante	Vociferar		

Uso de la H

Se escriben con "h":

1. Los prefijos "hidr-", "hiper-", "hipo-". Ejemplos: "hidráulico", "hipérbole", "hipócrita".
2. Todas las palabras que empiezan por el diptongo "ue". Ejemplos: "hueco", "huelga".
3. Los prefijos "hecto-", "hepta-", "hexa-", "hemi-" de las palabras compuestas. Ejemplos: "hectómetro", "heptasílabo", "hexágono", "hemiciclo".
4. Los compuestos y derivados de las palabras que tienen "h", excepto los derivados de "hueso", "huevo", "hueco" y "huérfano".

Ejemplo

- Huelguista, hortofrutícola.
- Osario (hueso), óvulo (huevo), oquedad (hueco).

Actividades

24. Escriba tres ejemplos de un uso correcto de la "h", y otros tres de un uso incorrecto.

Uso de la G

Se escriben con "g":

1. El prefijo "geo-" de las palabras compuestas. Ejemplo: "geografía".
2. La terminación "-gen" de los nombres. Ejemplos: "origen", "margen".

3. Las terminaciones "-gélico", "-genario", "-géneo", "-génico", "-genio", "-génito", "-gesimal", "-gésimo", "-gético" y sus plurales y femeninos. Ejemplos: "angélico", "sexagenario", "homogéneo".
4. Las terminaciones "-ger" y "-gir" de los infinitivos. Se exceptúan "tejer" y "crujir" y sus compuestos, que se escriben con "j". Ejemplos: "proteger", "fingir".

Nota

La "g" con la "e" y con la "i" tiene sonido gutural fuerte: "gente", "gitano". Para obtener ese mismo sonido suave, se coloca una "u" muda entre la "g" y la "e" o la "i": "guerra", "guisar". Si se necesita que la "u" intermedia suene, se pone el signo de la diéresis (¨) sobre la "u": "cigüeña".

Uso de la J

Se escriben con "j":

1. La terminación "-jería". Ejemplo: "relojería".
2. Los tiempos de los verbos cuyo infinitivo lleva "j". Ejemplos: "trabaje" ("trabajar"), "ejecute" ("ejecutar").
3. Las palabras derivadas de otras que llevan "j". Ejemplos: "cajita" ("caja"), "ultrajada" ("ultrajar"), "cojera" ("cojear").
4. Las formas verbales con sonido /je/, /ji/, si sus infinitivos no llevan "g" ni "j". Ejemplos: "traduje" ("traducir"), "deduje" ("deducir"), "traje" ("traer").

Uso de la I y de la Y

1. Al principio de palabra se escribe "i" cuando va seguida de consonante, pero se escribe "y" cuando va seguida de vocal. Ejemplos: "ilustre", "Isabel"; "yate", "yacer", "yegua".

2. Al final de palabra se escribe "i" si esta letra va acentuada, pero se escribe "y" si esta letra no lleva acento. Ejemplos: "reí", "percibí"; "rey", "convoy".
3. Se escriben con "y" los plurales de las palabras que en singular terminan en "y". Ejemplos: "reyes" ("rey"), "convoyes" ("convoy").
4. La conjunción copulativa "y". Cuando esta conjunción precede a una palabra que empieza por el sonido /i/, es sustituida por "e".

Ejemplo

- Aceitunas y patatas.
- Azucena e Ismael.

5. Se escribe "y" en los tiempos de los verbos en los que aparece este sonido, si sus infinitivos no tienen ni "y" ni "ll". Ejemplos: "cayó" ("caer"), "oyó" ("oír").
6. Se escribe "y" en la sílaba "yec". Ejemplos: "proyecto", "inyección".

Uso de la M

1. Se escribe con "m" y no con "n" antes de "b" y "p". Ejemplos: "ámbar", "comprar".
2. La "m" suele preceder a la "n" en palabras simples. Ejemplos: "alumno", "gimnasia".
3. Se escribe con "m" final en algunas palabras procedentes de otros idiomas, especialmente del latín. Ejemplos: "vademécum", "álbum".
4. El prefijo "in-" se convierte en "im-" antes de "b" y "p", en "ir-" si la palabra a la que antecede empieza por "r", y pierde la "n" delante de "l".

Ejemplo

- Imborrable, imposible.
- Irresponsable.
- Ilegal.

Uso de la R y la RR

1. En general, el sonido fuerte se escribe con “rr” y el suave con “r”. Al final de palabra se escribe “r”. Ejemplos: “barril”, “cara”, “caer”.
2. Aunque el sonido sea fuerte, se escribe una sola “r” al principio de palabra y cuando va precedido de “l”, “n”, “s”. Ejemplos: “razón”, “alrededor”, “enriquecer”, “israelita”.
3. Se escribe “-rr-” siempre que vaya entre dos vocales, aunque sea una palabra compuesta cuya simple lleva una sola “r”. Ejemplos: “vicerrector” (“vice-” + “rector”), “autorretrato” (“auto-” + “retrato”).
4. Algunas palabras compuestas pueden escribirse con guion o sin él, en cuyo caso se escribiría “-rr-”. Ejemplos: “hispanorromano” (“hispano-romano”), “francorruso” (“franco-ruso”).

Uso de la D y la Z

1. Se escribe “d” al final de palabra cuando su plural termina en “-des”. Ejemplos: “pared” (“paredes”), “vid” (“vides”).
2. Se escribe “z” al final de palabra cuando su plural termina en “-ces”. Ejemplos: “pez” (“peces”), “incapaz” (“incapaces”).
3. Se escribe “d” al final de la segunda persona del plural de imperativo. Ejemplos: “comprad”, “vended”.

Uso de la X y la S

1. Se escriben con “x” las preposiciones latinas “extra” o “ex” (“fuera de”). Ejemplos: “extraordinario”, “exportar”.

2. Se escriben con "s" las palabras que, empezando por "estra-" o "es-", no proceden de las preposiciones latinas citadas y no significan "fuera de". Ejemplos: "estrategia", "estructura".
3. Se escriben con "-x-" intermedia palabras como las siguientes: "asfixia", "tóxico", "oxígeno", "textil", "óxido", "máximo", "saxofón".

9.2. Utilización de los principios de acentuación. Diptongos, triptongos e hiatos

Utilización de los principios de acentuación

Acento prosódico

El acento prosódico es la mayor intensidad de voz con la que se pronuncia una determinada sílaba en una palabra. Todas las palabras, incluso las monosílabas, llevan este acento. Ejemplos: "arboleda", "tirano", "tú", "lapicero", "cáscara".

La sílaba en la que recae el acento prosódico se llama sílaba **tónica** (es la que lleva el tono, es decir, el acento). Las demás sílabas de la palabra se llaman **átonas** (sin tono). Ejemplos: "macarrones", "campanario", "martillo".

Acento ortográfico

El acento ortográfico es una rayita oblicua, llamada **tilde** (´), que se coloca sobre la vocal de la sílaba tónica de algunas palabras.

Ejemplo

- Cartón.
- Andáis.
- Té.
- Échamelo.

Reglas generales de acentuación

Según marcan las reglas generales de acentuación, las palabras polisílabas, por el lugar que ocupa el acento prosódico, se dividen en:

- **Palabras agudas:** llevan el acento en la última sílaba. Ejemplo: "camión".
- **Palabras llanas o graves:** llevan el acento en la penúltima sílaba. Ejemplo: "huésped".
- **Palabras esdrújulas:** llevan el acento en la antepenúltima sílaba. Ejemplo: "esdrújula".
- **Palabras sobreesdrújulas:** llevan el acento antes de la antepenúltima sílaba. Ejemplo: "llévatelo".

Las palabras polisílabas llevan acento ortográfico, es decir, llevan **tilde** en los siguientes casos:

- Las **palabras agudas** llevan tilde cuando terminan en vocal, en "n" o en "s". Ejemplos: "corazón", "después".
- Las **palabras llanas** llevan tilde cuando terminan en consonante que no sea "n" ni "s". Ejemplos: "cáncer", "níquel".
- Las **palabras esdrújulas y sobreesdrújulas** llevan tilde siempre. Ejemplos: "fábrica", "dígamelo".

Actividades

25. Ponga cuatro ejemplos de palabras que lleven acento ortográfico o tilde (aguda, llana, esdrújula y sobreesdrújula).

Aplicación práctica

Clasifique las siguientes palabras en agudas, llanas y esdrújulas.

Botón – Culmen – Póntelo – Crisis – Haber – Color – Crímenes – Hábil – Así – Capaz – Síntoma – Puré – Víctima - Virgen.

AGUDAS	LLANAS	ESDRÚJULAS

SOLUCIÓN

AGUDAS	LLANAS	ESDRÚJULAS
Botón	Culmen	Póntelo
Haber	Crisis	Crímenes
Color	Hábil	Síntoma
Así	Virgen	Víctima
Capaz		
Puré		

Diptongos, triptongos e hiatos

Diptongos

Un **diptongo** es la secuencia de dos vocales que se pronuncian en una misma sílaba. Ortográficamente, se consideran diptongos las siguientes combinaciones de vocales:

- La combinación de una **vocal cerrada o débil** ("i", "u") y otra **abierta o fuerte** ("a", "e", "o"). Ejemplo: "avión".
- La combinación de **dos vocales cerradas o débiles** ("iu", "ui"). Ejemplo: "huida".

Atendiendo a esta combinación, existen dos tipos de diptongos, los llamados diptongos crecientes y diptongos decrecientes:

- **Crecientes:** combinación de vocal cerrada o débil seguida de una abierta o fuerte ("ia", "ie", "io"; "ua", "ue", "uo"). Ejemplos: "viajero", "tiempo", "canción"; "guapa", "puerta", "cuota".
- **Decrecientes:** vocal abierta o fuerte seguida de vocal cerrada o débil ("ai", "ei", "oi"; "au", "eu"). Ejemplos: "aire", "reina", "voy"; "aurora", "feudal".

Nota

La existencia de una "h" intercalada entre las vocales diptongadas no impide la formación del diptongo. Ejemplo: "ahumado".

Las palabras con diptongos llevan tilde cuando así lo exigen las reglas generales de acentuación. Ejemplo: "murciélago".

En aquellos diptongos que están formados por vocal abierta o fuerte y vocal cerrada o débil, la tilde se coloca sobre la vocal abierta o fuerte, pues en caso contrario dejarían de ser diptongos. Ejemplo: "náutico" ("naútico" sería una acentuación incorrecta).

Por último, apuntar que en diptongos formados por dos vocales cerradas o débiles, la tilde siempre se coloca sobre la segunda vocal. Ejemplo: "acuífero".

Actividades

26. Explique los tipos de diptongos que existen y ponga un ejemplo de cada uno de ellos.

Triptongos

La secuencia de tres vocales que se pronuncian en una misma sílaba es lo que se denomina **triptongo.** Ortográficamente, se considera triptongo la siguiente combinación de las tres vocales que lo forman:

- La combinación de vocal cerrada o débil + vocal abierta o fuerte + vocal cerrada o débil. Ejemplo: "limpiáis".

Al igual que los diptongos, las palabras con triptongo llevan tilde cuando lo exigen las reglas generales de acentuación. Ejemplo: "cambiéis", "buey".

En los triptongos, la tilde siempre va sobre la vocal abierta o fuerte; un triptongo no puede llevar tilde sobre la vocal cerrada o débil, pues se convertiría en hiato. Ejemplo: "estudiáis" ("estudíais" sería una acentuación incorrecta).

Hiatos

Se puede definir el **hiato** como la secuencia de dos vocales que no se pronuncian en la misma sílaba, sino que pertenecen a sílabas consecutivas distintas. Ortográficamente, esta es la combinación de las vocales que forman la sílaba con hiato:

- Dos vocales iguales. Ejemplo: "chiíta".
- Dos vocales abiertas o fuertes. Ejemplo: "recreo".
- Vocal abierta o fuerte átona ("a", "e", "o") + vocal cerrada o débil tónica ("í", "ú"), y viceversa, es decir, ("í", "ú") + ("a", "e", "o"). Ejemplos: "maíz", "tía".

Los hiatos formados por dos vocales iguales o por dos vocales abiertas o fuertes siguen las reglas generales de acentuación. Ejemplos: "aéreo", "dehesa".

Un hiato obliga a leer separadamente dos vocales contiguas, por lo que hay veces que habrá que poner tilde sobre palabras que no cumplen las normas generales de acentuación. Este es el caso de la palabra "maíz": es una palabra aguda terminada en "-z" que se tilda para que se produzca el hiato.

Nota

Normalmente, no hay diptongo en las palabras cuyo primer elemento es un prefijo. Ejemplo: "re-unido".

27. ¿Cuál es la definición de hiato? Escriba algunos ejemplos de hiatos.

9.3. Manejo de los signos de puntuación (punto, coma, dos puntos, punto y coma, raya, paréntesis, comillas, signos de interrogación y exclamación)

Los **signos de puntuación** son los signos ortográficos que organizan el discurso para facilitar su comprensión, poniendo de manifiesto las relaciones sintácticas y lógicas entre sus diversos constituyentes, evitando posibles ambigüedades y señalando el carácter especial de determinados fragmentos (citas, incisos, intervenciones de distintos interlocutores en un diálogo, etc.).

De la puntuación depende en gran medida la comprensión de los textos escritos, de ahí que las normas que la regulan constituyan un aspecto básico de la ortografía.

Punto

El **punto** es el signo ortográfico utilizado para cerrar partes de la comunicación con sentido en sí mismas. Indica pausa completa y entonación descendente.

Hay tres tipos de punto, como se ve a continuación:

- El **punto y seguido:** se utiliza para separar oraciones en las que se trata un mismo tema. Después del punto y seguido se puede seguir escribiendo en la misma línea, si es posible.
- El **punto y aparte:** se usa para separar párrafos que desarrollan ideas diferentes. Es aconsejable dejar un renglón en blanco entre un párrafo y otro.
- El **punto y final:** indica que el escrito ha concluido.

Colocar un punto y aparte o un punto y seguido suele ser una decisión subjetiva del que escribe. Por ello, no se debe olvidar que es necesario seguir una lógica y no utilizar los signos de puntuación arbitrariamente.

En cuanto al estilo, no queda bien un escrito en el que abunden los párrafos largos, como tampoco es atractivo un texto en el que aparezcan párrafos excesivamente cortos.

Algunos de los usos más frecuentes del punto son:

- Después de las abreviaturas. Ejemplos: "excmo.", "etc.", "pág.".
- Separando los minutos de las horas en las expresiones del tiempo (a veces se usan los dos puntos). Ejemplos: "15.00", "8.50".
- No se usa el punto tras los signos de interrogación y admiración, pero sí delante, si les precede una oración enunciativa, ya sea afirmativa o negativa.

Ejemplo

- ¿Estudias o trabajas? ¿Dónde?
- Esas peras están muy frescas y buenas. ¿Cuánto vale el kilo?
- No vas al cine el viernes. ¿Por qué?

Actividades

28. ¿En qué se diferencian el punto y seguido, el punto y aparte, y el punto y final? Escriba un texto breve en el que haga uso de los tres tipos de punto.

Coma

La **coma** separa los elementos presentes (palabras, oraciones…) en un mismo enunciado, por tanto, indica pausa breve y su entonación es ascendente o suspendida.

Algunos de los usos de la coma son:

- Separar los componentes de una enumeración (palabras, grupos de palabras y oraciones), excepto los que estén precedidos de las conjunciones:
    - Copulativas: "y" (delante de palabras que no comienzan por vocal "i-" o "hi-"), "e" (delante de palabras que empiecen por la vocal "i-" o la sílaba "hi-"), "ni".
    - Disyuntivas: "o" (delante de palabras que no empiecen por "o-" y "ho-"), "u" (delante de palabras que empiecen por "o-" y "ho-").

Ejemplo

- Mario habla francés, alemán e inglés.
- Debes elegir entre uno u otro.

- Separar el último elemento de una relación separada por punto y coma. Ejemplo: "Pintó de rojo los cuadros; de verde, los círculos; de azul, los triángulos y de amarillo, el resto".
- Aislar los vocativos (nombre del receptor del mensaje) del resto de la oración. Ejemplos: "Fabián, compra el pan". "Mamá, no tomes tanta sal".
- Separar incisos explicativos, sean estos aposiciones, oraciones de relativo u oraciones de otro tipo (a veces, se utilizan paréntesis o rayas). Ejemplo: Vi a Juan, el primo de Luis, en la calle. (Aposición). El chico,

que te presenté el sábado, se fue a Londres ayer. (Oración de relativo). El título de la película -ahora me acuerdo- es Kunfusion.

- Cuando las partes de la oración presentan el orden invertido, la coma separa el elemento antepuesto siempre que admita la paráfrasis "en cuanto a". Ejemplo: "En cuanto a las flores, yo me encargo de comprarlas" ("Yo me encargo de comprar las flores").
- Separar oraciones subordinadas condicionales. Ejemplos: "Si quieres venir al campamento, tienes que apuntarte esta semana". "Ese árbol dará fruto en primavera, si llueve antes".
- Se antepone a la conjunción o locución conjuntiva que introduce oraciones adversativas, consecutivas y causales. Ejemplo: "Fui al concierto, pero no me gustó. (Oración adversativa)". "No vamos de excursión, porque está lloviendo (Oración causal)". "Es verano, por tanto hace mucho calor. (Oración consecutiva)".
- Entre comas aparecen locuciones y adverbios, con los que se separan ciertos complementos oracionales: "por último", "en fin", "pues bien", "ahora bien", "por el contrario", "sin embargo", "por ejemplo", "esto es", "o sea", "es decir". Ejemplos: "A mi prima le gusta el colegio, es decir, le gusta estudiar". "Tenéis donde elegir, por ejemplo, esa lámpara". "Efectivamente, así fue".
- Sustituir un verbo omitido que aparece antes o que se sobrentiende. Ejemplos: "Ana tiene ocho perros; yo, ninguno". "Marta es una buena estudiante; José, un buen trabajador".
- En las cabeceras de las cartas, separa el lugar y la fecha. Ejemplos: "Antequera, 22 de junio de 2005". "Marbella, 3 de enero de 2005".
- Separar la parte entera de la decimal en expresiones numéricas. Ejemplos: "3,1416"; "58,16"; "0,106".

Importante

En los textos escritos, es tan incorrecto no poner las comas adecuadas como ponerlas innecesariamente.

Actividades

29. ¿Cuál es la función de la coma en los textos escritos? Escriba un texto breve en el que haga uso de la coma.

Dos puntos

Los **dos puntos,** que tienen entonación descendente, indican una pausa similar a la del punto.

Se utilizan para introducir enunciados, que pueden ser de distintos tipos:

- Enumeraciones. Ejemplo: "Las provincias de la comunidad autónoma andaluza son: Almería, Cádiz, Córdoba, Granada, Huelva, Jaén, Málaga y Sevilla".
- Citas textuales, que se iniciarán con comillas (inglesas o latinas) y mayúsculas. Ejemplo: El profesor nos dijo muy serio: "A partir de mañana podéis venir a clase sin uniforme". Mi amiga dijo con gran emoción: «Sí, quiero».
- Fórmulas de saludo en cartas y documentos, tras las cuales se escribirá mayúscula. Ejemplo: "Queridos primos: Estoy en la playa y quería escribiros unas líneas...".
- Oraciones que expresan una relación causa-efecto, una conclusión o explicación. Ejemplo: "Los ingresos de este año han aumentado considerablemente: la campaña de *marketing* hizo efecto".
- Un ejemplo, anécdota, cuento o historia. Ejemplo: "La última vez que estuve en la playa con mis amigos tuve una agradable sorpresa: me estaba metiendo en el agua cuando una chica me llamó. Era una compañera de la facultad que no veía desde hacía años".
- Expresiones de tiempo, separando las horas de los minutos (también puede usarse el punto). Ejemplo: "Eran las 10:30 cuando comenzó a llover".

Salvo casos excepcionales, tras los dos puntos no es necesario escribir mayúscula.

Punto y coma

El **punto y coma** es un signo intermedio entre el punto y la coma, con el que se separan los períodos oracionales de un párrafo que tienen mayor conexión que cuando se utiliza un punto, pero menor que cuando se hace uso de la coma.

El punto y coma tiene entonación descendente (como el punto y la coma), e indica una pausa mayor que la coma y menor que el punto.

Detrás del punto y coma no se escribe mayúscula, y se continúa escribiendo en el mismo renglón.

El uso del punto y coma en el texto escrito es una elección subjetiva del redactor en la mayoría de las ocasiones; sin embargo, hay ciertos casos en los que se suele hacer uso de este signo de puntuación:

- Para separar los elementos de una enumeración cuando son expresiones que incluyen comas. Ejemplo: "Joaquín comió pescado; Mariam, carne; Francisco, verdura; y yo, ensalada".
- Para separar oraciones yuxtapuestas con cierta vinculación semántica, especialmente si estas ya contienen comas. Ejemplo: "Afortunadamente, todo quedó en un susto; la madre y su bebé ya volvieron a su casa".

- Para explicar algo que se acaba de decir. Ejemplo: "Tu hermana, finalmente, viajó a Londres; llevaba todo el año planeándolo".
- Parasepararconjuncionesylocucionesconjuntivas("pero","mas","sinembargo","portanto","enfin"...)enoracioneslargas.Ejemplo:"Habéisestado estudiando durante todo el año sin descanso; por consiguiente, aprobaréis el examen y conseguiréis plaza".
- Para describir una idea particular que está contenida en otra general que se mencionó previamente. Ejemplo: "A mi marido le fascinan el Cubismo y los pintores cubistas; entre todos los cubistas, Picasso es su favorito".
- Para unir oraciones que no están perfectamente enlazadas la una con la otra. Ejemplo: "Me preguntó que dónde estaríamos el viernes que viene; ¿sospechará lo de la fiesta sorpresa?".

Consejo

Es recomendable alternar el punto y el punto y coma en los párrafos para evitar, de esta manera, un lenguaje entrecortado por la sucesión de puntos.

Actividades

30. Los dos puntos y el punto y coma son signos de puntuación parecidos, pero que cumplen funciones diferentes. Según su punto de vista, ¿qué diferencias fundamentales se dan en su uso?

Raya

La **raya** (así como los paréntesis y corchetes) se usa para introducir aclaraciones o incisos en un texto. El autor y las circunstancias textuales favorecerán el decantarse por una u otra opción.

La raya es utilizada fundamentalmente para:

- Introducir aclaraciones o incisos que interrumpen el discurso. Ejemplo: "Se marchó de España -su país natal- tras el estallido de la Guerra Civil".
- Señalar las intervenciones de los personajes en un texto de narración dialógico.

Ejemplo

—¿Qué quieres decir con eso? ¿Qué te pasa? ¿Cómo piensas llegar a tu barrio? ¿A pie? ¿Sabes cuántos kilómetros hay hasta allí?
—No quiero estorbarte.
—¿Estás enfadado?
—No.
—¿Estás celoso?–sonrió encantada.

A. Martín y J. Ribera: *Todos los detectives se llaman Flanagan.*

- Introducir comentarios del narrador en las intervenciones de los personajes.

Ejemplo

I Pero, ¡Emilio! -exclamó Andrea-. ¿Qué haces aquí?
I Acabo de regresar de mi viaje -respondió Emilio-.

Paréntesis

Con el **paréntesis** se introducen aclaraciones, incisos o informaciones adicionales en un texto, que se separan del resto del discurso.

Indica interrupción del discurso para intercalar alguna observación necesaria o de escasa relación con el texto. Ejemplo: "El partido (estaba lloviendo a mares) fue aburrido".

Algunos de los usos más frecuentes del paréntesis son los siguientes:

- Con el paréntesis se intercala algún dato o precisión (fecha, autor de una obra, significado de unas siglas, provincia). Ejemplo: "Vivo en Ribadesella (Asturias)".
- Con el paréntesis se encierra una palabra o parte de ella, introduciéndose así varias opciones en el texto al mismo tiempo. Ejemplo: "Los (las) alumnos(as) de secundaria visitarán Salamanca en el mes de febrero".

Nota

Si el texto que aparece entre paréntesis termina en punto, este se colocará antes del cierre de dicho paréntesis: "(El muchacho coge la maleta y sale del escenario.)".

Actividades

31. Hay un signo ortográfico similar a los paréntesis: los corchetes. Busque información sobre dicho signo e indique su función en el texto.
32. Establezca las semejanzas y las diferencias entre los paréntesis y los corchetes.

Comillas

A continuación se muestran los diferentes usos y tipos de **comillas.**

- Los usos más frecuentes de las comillas son:
  - Introducir citas textuales.
  - Marcar un término discordante o especial en el discurso o texto.
  - Señalar tono irónico en una determinada palabra o expresión.
  - Introducir nombres de cuadros, piezas musicales o artículos.
  - Indicar que una palabra o expresión está usada de forma metalingüística.
- Los diferentes tipos de comillas son:
  - Compuestas:
    - Latinas (« »), muy usadas en países latinoamericanos.
    - Inglesas (“ ”).
    - Simples (").

En la siguiente tabla se relacionan los diferentes tipos de comillas con sus correspondientes usos.

COMILLAS	
Tipos	**Usos**
Compuestas (latinas e inglesas).	Citas textuales o términos especiales en un texto. Nombres de cuadros, piezas musicales, etc.
Simples.	Palabras o expresiones metalingüísticas

Consejo

No se debe abusar del uso de las comillas en un texto escrito, pues quedaría antiestético y la lectura sería más difícil.

Actividades

33. Ponga varios ejemplos de los diferentes tipos de comillas según sus usos más frecuentes.

Signos de interrogación y exclamación

Los signos de interrogación y exclamación se escriben en todas las oraciones interrogativas y exclamativas directas, pero nunca en las indirectas. El signo de apertura se coloca al principio de la oración. En español es obligatorio el signo de apertura; no así en otras lenguas, como la inglesa o la francesa.

Ejemplo

- ¿Cuántos años tiene Raquel? Me preguntaba cuántos años tiene Raquel (interrogativa indirecta).
- ¡Cuántos años tiene Raquel! Me asombré al saber cuántos años tiene Raquel (exclamativa indirecta).

En el caso de que se sucedan varias preguntas o exclamaciones breves, estas se separan por medio de puntos y comas.

Ejemplo

- ¿Dónde comemos?; ¿en casa?; ¿en este restaurante?
- ¡Qué guapo es tu hijo!; ¡qué grande está!; ¡qué bueno es!

Después del signo de cierre de la interrogación o exclamación nunca se escribe punto. Ejemplo: "¿Dónde habéis estado? Os esperábamos para cenar".

Recuerde

La puntuación tiene como fin primordial facilitar que el texto escrito transmita de forma óptima el mensaje que se quiere comunicar.

Actividades

34. ¿Qué son los signos de interrogación y exclamación? ¿Para qué se usan los signos de interrogación y exclamación en la escritura?
35. Escriba varias oraciones haciendo uso de ambos tipos de signos.

10. Resumen

Los enunciados son mensajes con sentido completo en sí mismos; tienen autonomía sintáctica, es decir, no dependen de una unidad sintáctica superior; y presentan una entonación característica (enunciativa, exclamativa, desiderativa...). Pueden ser oracionales, nominales, adjetivales, adverbiales o interjectivos.

La oración es la unidad de la lengua con autonomía semántica, sintáctica y fonológica para expresar un pensamiento completo y con intención comunicativa.

La oración simple tiene un solo predicado y, por tanto, un solo verbo en forma personal. Puede clasificarse siguiendo dos criterios: el semántico (enunciativas, interrogativas, imperativas, dubitativas, optativas, exclamativas) y el sintáctico (atributivas y predicativas).

La oración compuesta tiene dos o más predicados y, por tanto, dos o más verbos en forma personal.

Las oraciones se pueden clasificar atendiendo a su modalidad. Las modalidades oracionales son: enunciativas, interrogativas, exclamativas, exhortativas o imperativas, optativas o desiderativas, dubitativas y de posibilidad.

El sintagma es una unidad intermedia de la lengua, formado por una o varias palabras. Los sintagmas cumplen una función sintáctica dentro de la oración. Según la categoría gramatical del núcleo del sintagma, este puede ser nominal, preposicional, verbal, adjetival o adverbial.

Los dos constituyentes básicos de la oración son el sujeto y el predicado. Entre ambos deben darse dos situaciones imprescindibles: concordancia y compatibilidad semántica. El sujeto es la persona, animal o cosa de la que se dice algo en la oración; el predicado es todo aquello que se dice del sujeto.

El verbo es una categoría gramatical que, por su propia naturaleza, exige y admite más complementos que las demás. Dentro de un predicado, todos los elementos sintácticos que lo componen (menos el verbo, que es su núcleo) cumplen la función de complemento.

Cada uno de los predicados de la oración compuesta forma unidades sintácticas llamadas proposiciones que, según las relaciones que establecen entre sí, se dividen en oraciones yuxtapuestas, oraciones coordinadas y oraciones subordinadas.

Los enlaces y conectores son elementos lingüísticos cuya función es la de unir palabras, grupos de palabras y oraciones. Reciben, también, el nombre de nexos o elementos de relación, y son las preposiciones y las conjunciones.

El vocabulario es el conjunto de términos lexicales que emplea un hablante, y queda manifiesto en sus producciones orales o escritas.

El proceso de formación de palabras o voces nuevas a partir de prefijos o sufijos se denomina derivación. Los prefijos y los sufijos no son palabras, sino elementos afijos, carentes de autonomía, que necesariamente deben unirse a una base léxica, a la que aportan diversos valores significativos, dando lugar a nuevas palabras.

Hay palabras y frases que han dejado de figurar en los libros desde hace muchos años (arcaísmos), y palabras y frases que han entrado en el caudal léxico hace muy pocos años y están entrando en la lengua constantemente (neologismos).

Otra de las principales vías para la ampliación del léxico de una lengua es la adopción de voces de otros idiomas. Esas voces procedentes de otras lenguas se denominan préstamos y extranjerismos.

Los dos procedimientos de abreviación gráfica son, por un lado, las abreviaturas y, por otro, las siglas, dentro de las cuales forman un grupo especial aquellas cuya estructura permite leerlas como palabras y que se denominan, específicamente, acrónimos.

La sinonimia es la relación entre dos o más palabras de la misma categoría gramatical que tienen un significado idéntico. Por otra parte, las palabras antónimas niegan el significado de su término positivo.

La homonimia, que puede ser absoluta o parcial, es la relación que existe entre palabras con el mismo significante pero distinto significado.

El tabú impone una prohibición sobre personas, animales y cosas, y sobre sus nombres. En muchos casos, la palabra sometida al tabú será abandonada, y el eufemismo será introducido para llenar ese vacío.

El sistema ortográfico que hace posible la representación escrita del español está constituido por una serie de signos y recursos gráficos, y por el conjunto de normas que determinan su valor y regulan su empleo.

Las reglas ortográficas deben ser respetadas por todos los hablantes que deseen escribir con corrección, y su incumplimiento da lugar a lo que se conoce como "faltas de ortografía".

De la acentuación y la puntuación depende en gran medida la comprensión de los textos escritos, de ahí que las normas que las regulan constituyan un aspecto básico de la ortografía.

Ejercicios de repaso y autoevaluación

1. Indique si las siguientes afirmaciones son verdaderas o falsas.

a. Un texto se compone de oraciones o enunciados oracionales: puede estar constituido por una sola oración o por más de una.

- ☐ Verdadero
- ☐ Falso

b. El sujeto de la oración simple está formado principalmente por un verbo, por eso el núcleo del sujeto es el verbo.

- ☐ Verdadero
- ☐ Falso

c. Los enunciados clasificados como frases pueden ser unimembres o bimembres.

- ☐ Verdadero
- ☐ Falso

2. ¿Cuáles son las diferentes modalidades oracionales? Descríbalas brevemente.

____

____

____

____

3. Complete el siguiente texto.

El sintagma es una unidad de la __________ formado por una o varias __________ que desempeña una función en una unidad __________ que es la __________. El sintagma, por tanto, es una unidad __________ de la lengua.

4. Relacione cada tipo de sujeto con la función que desempeña en la oración.

a. Sujeto agente.
b. Sujeto paciente.
c. Sujeto expreso.
d. Sujeto omitido.
e. Sujeto múltiple.

__ No aparece en la oración, pero se sobrentiende fácilmente por las desinencias verbales.
__ Es el que "padece o sufre" la acción del verbo.
__ La acción del verbo la realizan o reciben dos o más sujetos.
__ Es el que "realiza" la acción del verbo.
__ Aparece claramente en la oración.

5. ¿Qué es el Complemento de Régimen?

____
____
____
____

6. Un tipo de oración que no pertenece al grupo de las oraciones coordinadas es:

a. Oración coordinada disyuntiva.
b. Oración coordinada comparativa.
c. Oración coordinada adversativa.
d. Oración coordinada ilativa.

7. Indique si las siguientes afirmaciones son verdaderas o falsas.

a. Los prefijos y los sufijos no son palabras, sino elementos afijos, carentes de autonomía, que necesariamente deben unirse a una base léxica, a la que aportan diversos valores significativos, dando lugar a nuevas palabras.

☐ Verdadero
☐ Falso

b. Los préstamos lingüísticos son palabras procedentes de otros idiomas que nuestra lengua ha ido incorporando a su vocabulario a lo largo de la historia por razones culturales, sociales, económicas, etc.

☐ Verdadero
☐ Falso

c. Un arcaísmo es una palabra o expresión de reciente creación, tomada de otra lengua o que recibe una acepción nueva, y que pasa a formar parte de una lengua en un determinado nivel de ella.

☐ Verdadero
☐ Falso

8. Explique en qué se diferencia una abreviatura de una sigla. A continuación, describa de forma breve cuáles son los dos procedimientos básicos para formar abreviaturas.

____
____
____
____

9. Las palabras que llevan el acento antes de la antepenúltima sílaba son las palabras...

a. ... agudas.
b. ... llanas o graves.
c. ... esdrújulas.
d. ... sobreesdrújulas.

10. Complete el siguiente texto.

Los signos de ____________ y ____________ se escriben en todas las oraciones interrogativas y exclamativas ____________, pero nunca en las ____________. El signo de ____________ se coloca al principio de la oración. En español es ____________ el signo de apertura; no así en otras lenguas, como la ____________ o la ____________.

Capítulo 3

Producciones orales

Contenido

1. Introducción

Comunicarnos con los demás es algo que sabemos y hacemos continuamente sin aparente esfuerzo. Es sorprendente cómo un fenómeno como el de la comunicación y el uso de la lengua, que es algo tan cotidiano en nuestras vidas, resulte a la vez tan complejo de descifrar. Entre los rasgos característicos del comportamiento lingüístico destacan, por un lado, su carácter activo a la vez que interactivo y, por otro, su carácter constructivo.

El uso del lenguaje no es tan sencillo como puede parecer a primera vista. Sería un grave error restringir la comunicación solo a la transmisión de información por medio de un código, pues no basta solo con el uso del código lingüístico para explicar la comunicación humana en todas sus dimensiones. Es necesario, pues, dar cabida a la realidad extralingüística, a todos aquellos aspectos o elementos situacionales y contextuales que configuran la situación comunicativa.

Los seres vivos son seres sociales que necesitan relacionarse y comunicarse. La comunicación no es un invento de los dos últimos siglos, aunque sí es cierto que en los últimos años ha experimentado unos cambios espectaculares en cuanto a la comunicación entre seres humanos.

La comunicación no es algo exclusivo del hombre, sino que puede presentar diferentes y variadas formas. Las más importantes son la comunicación verbal o humana y la comunicación no verbal. Se puede decir que la primera se caracteriza por el uso de palabras, mientras que en la segunda no existen las palabras. El presente capítulo se centrará en la comunicación verbal y en los diferentes tipos de producciones orales.

2. Comunicación verbal e interacción social

En la **comunicación verbal** se usan los llamados **códigos verbales,** que son aquellos sistemas de comunicación que emplean palabras habladas o escritas. Solo los seres humanos usan un lenguaje basado en códigos verbales.

Las características del lenguaje humano, que lo diferencian de otras formas de lenguaje o sistemas de comunicación, como el animal, son:

1. La **oralidad,** por el uso natural de signos orales o hablados.
2. La **linealidad,** ya que los signos están dispuestos unos detrás de otros.
3. El **carácter discreto, discontinuo o diferencial** de los signos lingüísticos. Esta propiedad es la que permite dividir los enunciados.
4. La **doble articulación** del lenguaje humano tiene que ver con la economía del mismo. El ser humano, por naturaleza, tiene limitadas la memoria y la capacidad para procesar información y para pronunciar sonidos, por lo que esta doble articulación hace posible que con una cantidad mínima de fonemas se construyan un número ilimitado de monemas. La **primera articulación** corresponde a las unidades mínimas con significación y valor fónico, los monemas. La **segunda articulación** corresponde a las unidades mínimas de valor fónico sin significación, los fonemas. Obsérvese a continuación esta característica del lenguaje humano representada en el siguiente cuadro.

1ª Articulación: división de monemas.	
des-cuent-o	unidades mínimas significativas.
2ª Articulación: división de fonemas.	
d/e/s/c/u/e/n/t/o	unidades de valor fonético.

5. La **creatividad** está relacionada con la asombrosa capacidad de los hablantes para no solo producir enunciados, sino además comprenderlos, aunque nunca se hayan emitido o recibido antes.
6. La última de las características, la **reflexividad,** tiene que ver con el simbolismo que caracteriza al lenguaje humano. Es la posibilidad de usar la lengua para referirse a ella misma, es la llamada función metalingüística del lenguaje.

Actividades

1. De las características del lenguaje humano, ¿cuáles están relacionadas respectivamente con la economía y el simbolismo propios de dicho lenguaje humano? Razone su respuesta.

Dado que la comunicación verbal es exclusivamente humana, esta puede realizarse a través de dos medios: el oral y el escrito. La comunicación será oral cuando se haga uso de la palabra hablada o de signos orales; mientras que si el sistema de comunicación empleado es la palabra escrita, la comunicación, en este caso, será escrita.

El llanto, la risa, un grito, etc. son formas de comunicación oral primarias que informan de distintas situaciones anímicas, tales como alegría, tristeza o miedo. Todos estos son ejemplos de comunicación oral no escrita.

Se puede afirmar que la comunicación oral se realiza "en directo": hablante y oyente concurren en el mismo momento y lugar durante la transmisión del mensaje, lo que permite la reversibilidad del discurso, es decir, que los interlocutores puedan invertir sus papeles de emisor a receptor y viceversa. El contacto vivo entre los interlocutores favorece el uso espontáneo de la lengua, mientras que el intercambio de papeles dificulta conceder a la conversación una cierta unidad de tono, de contenido y de intención.

En el siguiente cuadro se resumen las principales características del lenguaje verbal típico del género humano.

COMUNICACIÓN VERBAL O HUMANA
Oral
Lineal
Discreta, discontinua o diferencial
Con doble articulación (economía del lenguaje)
Creativa
Reflexiva (simbolismo del lenguaje)

Actividades

2. ¿En qué consiste la doble articulación del lenguaje humano? Ponga un ejemplo tanto de la primera como de la segunda articulación.

Martínez Agudo *(Lingüística de la comunicación y enseñanza de lenguas)* argumenta que el uso del lenguaje como proceso consciente responde a una determinada intención. Nos comunicamos con los demás movidos o impulsados por determinados propósitos o intenciones de comunicación. Tras lo que se dice se esconde siempre una determinada intención comunicativa, o sea, nuestras palabras se orientan hacia la consecución de un determinado propósito o fin.

La interacción verbal parece activarse sobre la base de un gran cúmulo de información que comparte tanto el hablante como el oyente. Cuando nos relacionamos verbalmente con otros interlocutores activamos nuestros saberes socioculturales y nuestra propia visión de la realidad y experiencia, es decir, el mismo discurso apela a conocimientos o datos que pueden utilizarse para comprender la información. En cierto modo, tales conocimientos y creencias hacen posible la comunicación.

Recuerde

No cabe duda de que los propósitos comunicativos guían la actividad comunicativa.

El uso socialmente exitoso del lenguaje pasa por el conocimiento y el respeto de las convenciones sociales compartidas por una determinada comunidad de habla. En ese sentido, a menudo, se aprecian diferencias culturales en el modo de utilizar los procesos comunicativos también en el seno de una misma comunidad lingüística.

El lenguaje humano constituye la herramienta por excelencia, el cemento que permite construir la vida en sociedad, el engranaje que permite la coordinación en el grupo humano. El lenguaje nos define como especie, está en la base de la construcción del grupo humano, es la herramienta con la que llevamos a cabo la interacción con nuestros semejantes; es, también, la capacidad con la que nos construimos como individuos, el instrumento que organiza nuestros pensamientos.

Debido, precisamente, a la importancia capital que en nuestra vida personal y social desempeña la comunicación verbal, resulta crucial llevar a cabo una reflexión consciente sobre los mecanismos inherentes al uso de la lengua, esto es, poner los procesos comunicativos en el foco de atención.

El lenguaje verbal es una habilidad innata en el ser humano. Todos los individuos, sea cual sea la comunidad a la que pertenezcan, hablan. Sin embargo, el uso del lenguaje está guiado por normas de carácter social. De ese modo, no son mecanismos innatos, sino sociales, los procedimientos de cortesía: pedir las cosas "por favor", dar las "gracias", presentar nuestras excusas, dar el pésame, etc. Y también están controlados por normas sociales aspectos tales como saber cuándo se puede hablar y cuándo resulta más adecuado guardar silencio, cuándo es conveniente reír y en qué momentos es mejor no hacerlo, cuándo hay que usar una variedad lingüística formal y en qué contextos es preferible, en cambio, utilizar formas más espontáneas, etc.

En la conversación son muchos y muy sutiles los recursos regulados por convenciones sociales.

Ejemplo

Cómo debe formularse una negativa para que no resulte lesiva hacia el interlocutor; cuándo se puede intervenir en una conversación y cuándo hay que esperar el turno; cuál es la cantidad de información pertinente para una respuesta (por debajo de la cual, la respuesta es inadecuadamente escasa, sosa o inexpresiva; y por encima de la cual, el hablante "se está enrollando demasiado" a los ojos de su interlocutor).

Actividades

3. Reflexione sobre las siguientes cuestiones:

- ¿Cuáles son las normas de carácter social que guían el uso del lenguaje?
- ¿Considera que es importante respetar estas normas en la comunicación verbal? Razone su respuesta.

Aplicación práctica

Usted ha asistido a una reunión de trabajo junto a otros compañeros. ¿En qué momentos de dicha reunión deberá tener en cuenta las normas sociales que rigen el uso del lenguaje?

Continúa en página siguiente >>

<< Viene de página anterior

SOLUCIÓN

Las normas sociales que rigen el uso del lenguaje deben ser tenidas en cuenta durante toda la reunión, tanto si es usted el que interviene como si no.

Durante la conversación son muchos y muy sutiles los recursos regulados por convenciones sociales y procedimientos de cortesía: pedir las cosas "por favor", dar las "gracias", presentar excusas, etc.

También están controlados por normas sociales aspectos tales como saber cuándo se puede hablar y cuándo resulta más adecuado guardar silencio, cuándo es conveniente reír y en qué momentos es mejor no hacerlo, cuándo hay que usar una variedad lingüística formal y en qué contextos es preferible, en cambio, utilizar formas más espontáneas, cómo debe formularse una negativa para que no resulte lesiva hacia el interlocutor, cuál es la cantidad de información pertinente para una respuesta, etc.

Por tanto, los recursos indicados deberán ser utilizados por todos los interlocutores tanto en la reunión como en cualquier situación comunicativa.

3. Tipos de producciones orales

La comunicación oral no solo es la más común, sino también la forma más básica de expresión.

Para comprender mejor los diferentes tipos de producciones orales que se pueden dar, es necesario señalar previamente las siguientes características de la lengua oral:

- El canal a través del cual llega el mensaje al receptor es el auditivo.
- Posee la valiosa ayuda de otro sistema comunicativo, el gestual (impracticable en la lengua escrita).
- Desaparece en el mismo instante de su producción (salvo en las grabaciones), y no existe la posibilidad de volver hacia atrás y repetir exactamente el mensaje, pues la situación comunicativa cambia.
- La comunicación es bilateral (emisor y receptor comparten la misma dimensión temporal y generalmente también espacial), directa e inmediata.

- El receptor es concreto.
- Es básicamente heterogénea, de ahí su gran riqueza, manifestándose las variaciones geográficas, socioculturales y contextuales con mayor vigor que en la lengua escrita (tendente a la estabilidad).

El acto de comunicación oral se desarrolla, en el mismo momento y lugar, con los interlocutores cara a cara, los cuales tienen ante sí los mismos objetos y acontecimientos externos. Esto es, en la comunicación hablada están presentes todos y cada uno de los elementos de la situación. De aquí que en la transmisión oral se produzcan numerosas indicaciones no lingüísticas o lingüísticas de escaso valor significativo o incluso amplias elipsis. Cuanto más identificable sea el referente, más pequeña será la cantidad de información proporcionada por el discurso. Por ello, la lengua hablada representa por antonomasia al lenguaje en situación.

Ejemplo

Es posible emitir mensajes tan extensos como "tráeme el lápiz rojo que está en el comedor", pasando por "tráeme el lápiz rojo que está allí", "tráeme el lápiz rojo", "tráeme el rojo", "tráelo", hasta simplemente "trae".

En la comunicación hablada la presencia viva del oyente advierte al emisor si su mensaje está siendo o no correctamente interpretado. El hablante adapta el discurso a las necesidades y reacciones del destinatario, actúa sobre la inercia y distracciones de este.

Actividades

4. Indique, de forma resumida, cuáles son las características de la lengua oral. Exponga dichas características en una tabla, en contraposición a las de la lengua escrita.

Los diferentes tipos de producciones orales se pueden manifestar mediante un diálogo o un monólogo (dialogadas o monologadas), dependiendo de las intervenciones de los participantes.

3.1. Dialogadas: conversación, debate, tertulia, coloquio y entrevista

Las producciones orales dialogadas son aquellas cuya realización se basa en el diálogo entre dos o más personas.

Conversación

La conversación es la forma primaria y más típica de la comunicación humana. Se caracteriza por la presencia de los interlocutores en una relación interactiva, por la inmediatez y por la ausencia de turnos de habla preestablecidos.

El carácter coloquial, espontáneo o informal de la conversación varía según la relación entre los hablantes y el canal utilizado.

Nota

La realización prototípica de este género es la conversación coloquial espontánea.

Las principales características de la conversación son el empleo de numerosos deícticos, un predominio de la función expresiva con el apoyo gestual, una temática abierta y una importancia decisiva del mundo compartido por los hablantes.

Conversación informal entre varias personas

Recuerde

La conversación es la forma de expresión oral más habitual, en la cual dos o más interlocutores dialogan para intercambiar mensajes.

Actividades

5. ¿Cuáles son las principales características de la conversación? Reproduzca por escrito un ejemplo de conversación informal entre varios amigos.

Debate

El debate es una conversación polémica entre dos o más personas que exponen sus opiniones sobre un tema determinando y las defienden argumentadamente.

Existen diversos tipos de debate: mesas redondas, debates electorales, parlamentarios, etc.

El debate presenta las siguientes características:

- El tema del debate se determina previamente.
- Un moderador presenta el tema a los participantes y se encarga de regular los turnos de palabra.
- La expresión es poco espontánea y debe emplearse un registro formal.

Debate parlamentario (© Fotografía: 360b / Shutterstock.com)

Actividades

6. Señale las características que presenta el debate. A continuación, busque información por internet de los diferentes tipos de debates (electorales, parlamentarios, mesas redondas, etc.), y señale las diferencias y semejanzas que se dan entre ellos.

Tertulia

La tertulia es una conversación entre un grupo de asistentes que se reúnen para tal fin; a veces, la dirige un moderador.

No es imprescindible establecer el tema, y los asuntos tratados no son necesariamente polémicos.

Tertulia dirigida por un moderador

Nota

En la tertulia se suele usar un registro próximo al coloquial.

Actividades

7. ¿Qué tipo de registro se suele usar en la tertulia? Reflexione sobre el tema y elabore un listado de casos en que se puede realizar una tertulia, indicando sus fines u objetivos (por ejemplo, una tertulia literaria, para dar a conocer una nueva novela que acaba de ser publicada).

Coloquio

El coloquio es un diálogo en el cual un grupo de asistentes formula preguntas a uno o varios especialistas sobre un tema de su conocimiento.

En general, en el coloquio existe poca espontaneidad y se utiliza un registro más bien formal.

Coloquio

Actividades

8. ¿En qué consiste un coloquio? Busque información al respecto y averigüe en qué tipo de instituciones u organismos es frecuente la realización de coloquios (por ejemplo, en universidades).

Entrevista

La entrevista es una conversación en la que una o más personas formulan preguntas a un entrevistado para obtener información u opiniones sobre un determinado tema.

La entrevista ofrece las siguientes características:

- Los enunciados presentan escasa espontaneidad y los contenidos son elaborados.
- Si hay varios interlocutores, se regulan los turnos de intervención.
- Los participantes suelen ponerse de acuerdo previamente sobre el tema.
- En cuanto a su estructura, incluye una introducción, aportación de datos sobre el entrevistado; y el desarrollo, que consiste en una sucesión de preguntas y respuestas.

Entrevista de trabajo

Actividades

9. Enumere brevemente las características de la entrevista. Desde su punto de vista, ¿qué carácter considera que tendrá una entrevista realizada para contratar a alguien en una empresa? ¿Qué tipo de preguntas cree que se realizarán? ¿Y cómo piensa que debe actuar el entrevistado?

3.2. Monologadas: exposición oral

Las producciones orales monologadas son discursos emitidos por un solo hablante que se dirige a una audiencia: receptor heterogéneo, pasivo y, en general, múltiple.

En este tipo de producciones orales el proceso comunicativo es unilateral.

Exposición oral

La exposición oral es un acto comunicativo unilateral, planificado, de carácter informativo, que generalmente es producto de una investigación o de un trabajo.

Nota

En la exposición oral predetermina la función referencial del lenguaje.

La exposición oral se caracteriza por lo siguiente:

- Uso de registro formal y una cuidada ordenación de los contenidos.

- Importancia de los elementos no verbales (posturas y gestos) y de los paraverbales (tono, ritmo, velocidad).

La preparación correcta de una exposición oral parte del seguimiento de los siguientes pasos:

- Conocer profundamente el tema.
- Ordenar el material disponible en un guion o esquema que sirva de apoyo para hablar.
- Exponer las ideas con claridad y sencillez.
- Ensayar la exposición cuantas veces se crea conveniente:
    - Aspecto externo:
        - El orador se sitúa delante de la audiencia, de pie mejor que sentado.
        - Si se sienta, debe apoyar los antebrazos sobre la mesa adoptando una postura natural y relajada.
        - Colocar el esquema o guion sobre la mesa.
        - Dirigir la mirada hacia el auditorio, intentado mirar alternativamente hacia varios puntos.
        - Realizar gestos naturales y moderados.
        - Dominar los nervios, procurando dar sensación de tranquilidad y naturalidad.
        - No mostrar un apego excesivo a las notas.
        - Evitar muletillas.
    - Modulación de la voz:
        - Seleccionar el tono de voz adecuado: ni muy alto ni tan bajo que el auditorio no oiga.
        - Ritmo adecuado: ni demasiado lento ni demasiado rápido.
        - Respetar las pausas. Conviene dejar tiempo para que el auditorio asimile lo que se expone.
        - Articular bien todos los sonidos y no omitir los finales de frase.
        - Evitar la monotonía, variar el tono de voz para subrayar ideas y suscitar el interés del público.

La siguiente tabla muestra la estructura que deben presentar las exposiciones orales.

INTRODUCCIÓN	**Objetivos**	Despertar el interés del auditorio.
		Captar su atención.
	Procedimientos	Plantear una pregunta.
		Provocar suspense.
		Personalizar el tema, señalando cómo este afecta a los intereses del público que escucha.
EXPOSICIÓN	**Objetivos**	Concretar el objetivo de la exposición: qué se pretende.
		Evitar la distracción de los oyentes.
	Procedimientos	Seleccionar las ideas que resulten más interesantes para explicar el tema.
		Utilizar medios audiovisuales.
		Usar ejemplos, anécdotas, etc. que despierten la atención del auditorio.
		Reorientar al auditorio, insistiendo periódicamente en las principales ideas de la exposición.
CONCLUSIÓN	**Objetivos**	Fijar en pocas palabras aquello que se ha tratado.
	Procedimientos	Encadenar de forma lógica las ideas fundamentales, concretándolas y matizándolas con claridad y sencillez.

Exposición oral

Recuerde

La exposición es una técnica de comunicación oral en la que una persona se dirige a un grupo para darle a conocer un tema.

Actividades

10. ¿Cuáles son los pasos a seguir para la correcta preparación de una exposición oral? Realice una tabla donde exponga los objetivos y procedimientos de una exposición oral (introducción, exposición y conclusión) sobre un tema concreto que usted expondría en un caso hipotético.

Aplicación práctica

Usted está realizando una exposición oral ante un auditorio, y llega el momento de finalizar la misma. ¿Qué debe tener en cuenta para llevar a cabo una correcta conclusión de su exposición oral?

SOLUCIÓN

Usted deberá considerar, en primer lugar, los objetivos de la conclusión, que son fijar en pocas palabras aquello que se ha tratado durante la exposición.

El procedimiento para desarrollar la conclusión de manera exitosa se basa en encadenar de forma lógica las ideas fundamentales, concretándolas y matizándolas con claridad y sencillez.

Continúa en página siguiente >>

<< Viene de página anterior

Por tanto, la conclusión final no deja de ser una síntesis o resumen de lo dicho.

En ocasiones, a la conclusión de la exposición le puede seguir un coloquio, en el que se da al público la posibilidad de intervenir.

4. Desarrollo de habilidades lingüísticas para escuchar, hablar y conversar

Hoy en día, la sociedad exige una eficiente capacidad comunicativa. Las posibilidades de trabajo, estudio, relaciones sociales y superación dependen, en buena parte, de nuestra capacidad para interactuar con los demás, teniendo como herramienta fundamental la expresión oral.

La expresión oral también implica desarrollar nuestra capacidad de escuchar para comprender lo que nos dicen los demás. A menudo, hemos escuchado hablar de buenos lectores, excelentes oradores y magníficos escritores; sin embargo, muy rara vez o quizá nunca, hayamos escuchado hablar de un buen oyente.

Una sociedad que aspira a la tolerancia y a la convivencia pacífica y armoniosa tendrá como uno de sus propósitos esenciales desarrollar la capacidad de escucha de sus habitantes, donde debe primar la adquisición de actitudes positivas para poner atención en lo que dice el interlocutor, respetar sus ideas y hacer que este se sienta escuchado.

La capacidad de utilizar de forma óptima las habilidades lingüísticas para escuchar, hablar o conversar implica el desarrollo de aptitudes como fortalecer la articulación correcta, de modo que la pronunciación de sonidos sea clara; entonación adecuada a la naturaleza del discurso; expresión con voz audible para todos los oyentes; fluidez en la presentación de las ideas; adecuado uso de los gestos y la mímica; participación pertinente y oportuna; capacidad de persuasión; y expresión clara de las ideas.

El correcto y adecuado manejo de estas habilidades permitirá, además, el desarrollo de la exposición, la creatividad y el juicio crítico para la toma de decisiones y la solución de problemas.

4.1. Comprensión de textos orales procedentes de medios de comunicación (audiovisuales, radiofónicos), exposiciones orales o conferencias

Un texto oral es un conjunto de enunciados organizados que deben ser coherentes, estar bien cohesionados y ser adecuados. Por tanto, las propiedades de un texto oral deben ser la adecuación, la coherencia y la cohesión.

Además, el texto oral debe cumplir su función comunicativa, es decir, debe tener un contenido, una intención y debe ajustarse a una situación con la máxima efectividad.

Hay que destacar también que el texto oral es una unidad de comunicación que no tiene una longitud definida.

Ejemplo

Un texto oral puede ser muy corto, como en el caso de "cuidado con el perro"; o muy largo, como sería un poema o un chiste.

Desde un punto de vista lingüístico, en la comprensión de un texto oral hay tres niveles:

1. Las series de sonidos.
2. Las unidades lingüísticas complejas con sus significados específicos.

3. Las ideas, los significados globales, la integración de la información en el conocimiento ya adquirido, y el ajuste de todo ello a las condiciones de la situación.

Se puede hablar así de dos procesos de traducción: de los sonidos a las unidades lingüísticas, y de estas al significado global con la planificación de la respuesta.

El proceso de comprensión supone cuatro pasos que, si bien ocurren en secuencia lineal (de abajo a arriba), son actualizados y reinterpretados constantemente (de arriba a abajo) en función del conocimiento del mundo, las expectativas esquemáticas y la nueva comprensión textual dentro de un proceso interactivo subconsciente:

1. La percepción del habla: sonido/carácter y reconocimiento de las palabras.
2. La identificación del texto, completo o parcial, como adecuado.
3. La comprensión semántica y cognitiva del texto como una entidad lingüística.
4. La interpretación del mensaje en el contexto.

Las destrezas que comprende son las siguientes:

- Destrezas perceptivas.
- Memoria.
- Destrezas de descodificación.
- Inferencia.
- Predicción.
- Imaginación.
- Exploración rápida.
- Referencia a lo anterior y a lo posterior.

Por otra parte, es preciso recordar que el ser humano utiliza la lengua para comunicarse. La palabra escrita o hablada puede almacenarse, reproducirse y llegar por diferentes medios a un gran número de personas. En este sentido, los medios de comunicación son aquellos que permiten conservar y difundir la palabra en el espacio y en el tiempo.

Dentro de los medios de comunicación, los medios audiovisuales presentan una gran variedad de contenidos y, por lo tanto, también una gran variedad de estilos y formas de lenguaje. Es posible encontrar programas con un lenguaje correcto y elegante; y otros con un lenguaje descuidado, lleno de latiguillos y expresiones vulgares. Las características propias del medio hacen que la imagen y los efectos especiales y visuales reciban, en ocasiones, mayor atención que el lenguaje. Una de las posibilidades de estos medios es la emisión en diferido o en directo. Las emisiones en directo pueden provocar que el lenguaje sea muchas veces descuidado e incorrecto.

Medios de comunicación audiovisuales

En los medios de comunicación radiofónicos, por el contrario, el lenguaje suele estar más cuidado. Se suele buscar que los locutores tengan una pronunciación estándar y un timbre de voz agradable. Salvo algunas excepciones, el lenguaje radiofónico puede ser un buen modelo y ejemplo.

Medios de comunicación radiofónicos

Por otra parte, las exposiciones orales técnicas poseen un carácter más elaborado, con un lenguaje más culto o especializado, y el momento de la producción se rodea de formalidades extremas: el lugar, los destinatarios, los temas, la técnica expresiva, etc.

La exposición puede adoptar numerosas formas: ponencia, discurso, comunicación, conferencia, etc., y suele basarse en un texto escrito previamente, que es leído o memorizado, y dependiendo del grado de libertad que se tome el hablante, se apartará más o menos de este.

Conferencia

Respecto a la forma de expresión, es necesario:

- Pronunciar correctamente y con claridad.
- Favorecer la espontaneidad y la viveza expresiva.
- Establecer una entonación armoniosa con el mensaje, evitando la gesticulación exagerada.
- Controlar el tono de voz, el ritmo de emisión e incluso la posición del propio cuerpo.

En cuanto al contenido del mensaje, es preciso:

- Construir correctamente los mensajes, con orden y precisión.
- Destacar la idea central de la argumentación, apoyándola con otras informaciones secundarias.
- Eliminar aquellos contenidos que no estén directamente relacionados con el mensaje.
- Dominar adecuadamente el tema de la exposición.
- Conseguir una gran riqueza de vocabulario y fluidez de ideas.

Actividades

11. Analice diferentes programas de radio y televisión que conozca, y describa los estilos y formas de lenguaje que emplean (correcto, elegante, descuidado, vulgar, etc.).

Aplicación práctica

Como ya sabemos, los medios de comunicación son aquellos que permiten conservar y difundir la palabra en el espacio y en el tiempo. Pero, ¿qué diferencias fundamentales existen entre los medios de comunicación audiovisuales y los medios de comunicación radiofónicos?

Continúa en página siguiente >>

<< Viene de página anterior

SOLUCIÓN

Los medios audiovisuales presentan una gran variedad de contenidos y, por lo tanto, también una gran variedad de estilos y formas de lenguaje. Es posible encontrar programas con un lenguaje correcto y elegante; y otros con un lenguaje descuidado, lleno de latiguillos y vulgarismos.

La imagen y los efectos especiales y visuales reciben, en ocasiones, mayor atención que el lenguaje. Una de las posibilidades de estos medios es la emisión en diferido o en directo. Las emisiones en directo pueden provocar que el lenguaje sea muchas veces descuidado e incorrecto.

Sin embargo, en los medios de comunicación radiofónicos el lenguaje suele estar más cuidado. Se suele buscar que los locutores tengan una pronunciación estándar y un timbre de voz agradable. Salvo algunas excepciones, el lenguaje radiofónico puede ser un buen modelo y ejemplo.

4.2. Comprensión de instrucciones verbales y petición de aclaraciones

Como es sabido, la comunicación oral es el proceso fundamental que utilizamos para relacionarnos con los demás, dando y recibiendo información en diferentes contextos comunicativos. Según las situaciones y circunstancias de las que se trate, la finalidad de la expresión oral puede ir encaminada en diferentes direcciones: expresar una duda, ofrecer una conclusión, intercambiar opiniones, dar explicaciones, intervenir en una conversación, etc.

Es muy común y frecuente el hecho de dar o recibir instrucciones en cualquier ámbito de nuestra vida diaria (familiar, académico, laboral, etc.), siempre con algún propósito o intención. Dichas instrucciones verbales, por tanto, forman parte de nuestra cotidianidad, ya que constituyen un recurso útil y necesario para la realización de diferentes tipos de tareas.

Importante

Es fundamental que las instrucciones estén bien formuladas y sean precisas y claras, evitando interpretaciones erróneas. Asimismo, se debe procurar que el receptor entienda con exactitud el propósito que se persigue, eliminando cualquier tipo de duda.

Para lograr una óptima comprensión de las instrucciones verbales, es necesario captar correctamente el significado y la información que dichas instrucciones transmiten, así como asimilarlos debidamente. De esta forma, el emisor de las instrucciones verbales conseguirá la finalidad perseguida al emitirlas.

La forma más común de expresar las instrucciones es en modo subjuntivo, imperativo o haciendo uso del tratamiento de cortesía: "reflexione", "contad", "dialoguen", etc.

Pueden darse diferentes tipos de instrucciones: las más simples, que normalmente se referirán a una tarea en concreto, serán sencillas y rápidas de realizar; sin embargo, también pueden darse instrucciones más elaboradas y complejas, formadas por diferentes tipos de órdenes, que el receptor deberá realizar en diversos pasos, siguiendo siempre el orden lógico, cronológico o específico, que dichas instrucciones conllevan.

Ejemplo

En un contexto académico, una instrucción verbal simple sería: "escuche atentamente"; en cambio, "primero, escuche atentamente y después lea detenidamente el texto, a continuación realice un resumen y explíquelo brevemente" sería un tipo de instrucción verbal compleja, formada por varios pasos a realizar en un orden específico.

Para conseguir el objetivo perseguido con la formulación de las instrucciones, el receptor deberá considerar y tener en cuenta los condicionantes en que pueden estar basadas las mismas: "si tiene alguna duda, expóngala antes de comenzar".

Una satisfactoria comprensión de una instrucción verbal está estrechamente relacionada con una petición de aclaración, siempre que haya algo que no se entienda y deba ser explicado. En este sentido, será conveniente solicitar una aclaración cada vez que no se comprenda una instrucción dada.

La petición de aclaraciones favorece el acto comunicativo en el que hablante y oyente interactúan, ya que ayuda a resolver dudas y problemas que interfieren en la conversación. De esta manera, las aclaraciones facilitan la comprensión del mensaje y mantienen un mutuo entendimiento entre los interlocutores.

La forma adecuada de demandar una aclaración es hacerlo educadamente, bien en modo interrogativo ("¿sería tan amable de explicarlo de nuevo?" "¿lo podría repetir, por favor?", etc.), o bien mediante una explicación ("no he entendido lo que ha querido decir", "necesitaría que especificara ese punto, por favor", etc.).

Por su parte, el interlocutor encargado de ofrecer una aclaración puede realizarla de diversas formas: repitiendo o explicando el significado de aquello que no se ha entendido, poniendo ejemplos, utilizando sinónimos, etc.

Es necesario tener en cuenta que tanto comprender y asumir las instrucciones verbales como demandar aclaraciones, si es preciso, favorece la comunicación oral y la interacción entre los interlocutores en un acto comunicativo determinado, facilitando la cooperación y ayudando a la consecución de los objetivos propuestos.

Para la realización de los actos comunicativos de comprender instrucciones verbales y pedir aclaraciones, es necesario considerar la existencia de los dos procesos básicos de la comunicación: la comprensión y la producción.

Por un lado, la **comprensión** implica la participación del destinatario en un proceso que abarca:

- La percepción o recepción del mensaje, por la cual el emisor recibe las señales por los sentidos correspondientes de acuerdo con el código y el canal respectivos, en principio como unidad material y luego como imágenes en la mente.
- La decodificación, mediante la cual el receptor, conocedor del código, identifica y descifra los signos, con miras a reconocer los contenidos o información objeto de la emisión.
- La interpretación, que se basa en la identificación de la información y demás significados que ha querido dar a entender el emisor. Esto es fundamental para la plena comprensión del mensaje. No basta asignar un significado cualquiera al mensaje, lo pertinente es asignarle el que corresponde a la idea del emisor. Para esto, es necesario que elija entre los significados atribuirles al mensaje dado, el que corresponde al contexto en el que este es enunciado.

Un trabajador recibe instrucciones verbales, que debe comprender correctamente para desarrollar su trabajo de forma eficiente.

Por otra parte, la **producción** implica la participación de un emisor que se encarga de codificar un mensaje con una intención comunicativa. En esta producción del mensaje se pueden distinguir:

- La información, que constituye la materia prima para que el emisor elabore lo que quiere compartir o dar a entender.
- La codificación, que supone una serie de elecciones, del tipo de la información, el código, la intención, el registro y el canal. Asimismo, ha debido tener en cuenta el referente común, el nivel sociocultural, los intereses del interlocutor, el contexto y la retroalimentación disponible.
- La emisión del mensaje o ejecución, para lo cual es necesario una acción psicomotriz que transforma la estructura en vía de codificación en una unidad perceptible, según el tipo de código o canal.

Petición de aclaraciones

Actividades

12. ¿Considera que se deben tener en cuenta las normas de respeto y cortesía a la hora de dar instrucciones y pedir aclaraciones? ¿Por qué cree que son importantes dichas normas? Razone su respuesta.

4.3. Participación activa en situaciones de comunicación: tertulias y debates sobre temas de actualidad social, política o cultural. Intercambio y contraste de opinión

En toda situación comunicativa que pueda darse es fundamental que la propia comunicación sea efectiva, para lo cual es necesario llevar a cabo una participación activa y utilizar todo tipo de herramientas (tanto verbales como no verbales) que sean adecuadas y necesarias.

Es aconsejable tener en cuenta los elementos de la comunicación (que se trataron en el capítulo 1): emisor, receptor, mensaje, código y canal, ya que en cualquier situación todo lo relativo a dichos elementos juega un papel fundamental a la hora de entender aquello que se pretende comunicar.

El emisor ha de utilizar un lenguaje verbal en el que destaque un léxico variado, un tono adecuado y una pronunciación cuidada, siempre apoyándose en el lenguaje corporal.

Importante

Es frecuente y habitual que el emisor cometa algún error durante su intervención. En ese caso, dicho error debe ser corregido de inmediato para que no entorpezca la comprensión.

Por su parte, el receptor debe estar atento y prestar atención a aquello que pretenda transmitir el emisor, intentando reconocer su intención comunicativa, es decir, si lo que quiere es hacer una pregunta, compartir una información, convencer de algo, etc. Solo de esta manera la comunicación se puede establecer de forma satisfactoria.

En lo que respecta al canal, es fundamental que la comunicación fluya. Por tanto, si hay algo que no se ha entendido, se deberá explicar de nuevo.

Además, el emisor siempre debe tener en cuenta el público al que se dirige, y saber adaptar su discurso a dicho público. Del mismo modo, es muy importante que el emisor también sepa escuchar a los destinatarios de su mensaje, y que muestre interés por lo que estos tengan que decir. Es fundamental que los receptores puedan expresarse libremente, sin ser interrumpidos.

En cuanto al código, es preciso adaptar tanto el lenguaje verbal como el gestual al interlocutor. Se debe procurar utilizar un tono amable y cordial. Además, cualquier tipo de reclamación ha de realizarse siempre de forma amable y sin perder el respeto. Gritar o insultar a los interlocutores solo puede conllevar que estos dejen de prestar atención, ya que pueden sentirse ofendidos y molestos.

Existen diferentes tipos de situaciones comunicativas (tertulias y debates sobre temas de actualidad social, política o cultural) donde las conversaciones suelen estar más estructuradas y planificadas. Es en estas situaciones donde es fundamental el desarrollo de las habilidades y estrategias comunicativas, aunque su aplicación es necesaria en cualquier tipo de contexto.

Escuchar atentamente al resto de interlocutores, tener en cuenta los turnos de palabra, usar un lenguaje formal, evitando discriminar a otras personas y culturas, y respetar durante la conversación los tratamientos de cortesía y de confianza son las reglas básicas que hay que seguir a la hora de participar en este tipo de tertulias y debates, reglas que siempre deben estar adecuadas al contexto.

Consejo

No se debe imponer a los demás el criterio propio, sino que se ha de escuchar y tener en cuenta el punto de vista de todos los participantes.

Las propias reflexiones e ideas han de exponerse de forma coherente y clara. De la misma manera, cada argumento debe ser razonado y expuesto de una manera sencilla y ordenada, apoyándose siempre en datos o hechos objetivos.

En caso de llevar la contraria o rebatir un punto de vista del interlocutor, ha de hacerse siempre aportando razones que puedan desmentir su postura. En estos casos, es conveniente tener en cuenta las siguientes pautas:

- Rechazar cualquier tipo de argumento contrario al propio.
- Presentar datos que puedan invalidar otras posturas.
- Indicar las consecuencias negativas de una propuesta.
- Aceptar el criterio contrario parcialmente, oponiéndose solo en lo esencial.

La mejor manera de fomentar estas estrategias comunicativas es la participación directa en diferentes tipos de situaciones y conversaciones, ya que intervenir activamente en dichas prácticas facilita, también, el desarrollo del juicio crítico necesario a la hora de resolver problemas y de tomar decisiones, y fomenta la colaboración entre los participantes.

Debate en el que se tratan temas de actualidad

Recuerde

A la hora de participar en tertulias y debates sobre temas de actualidad social, política o cultural, es necesario seguir unas normas básicas adecuadas al contexto.

Actividades

13. Imagine una tertulia en la que usted participa junto a otros colaboradores. ¿Qué estrategias comunicativas pondría en práctica en dicha situación?

Aplicación práctica

Usted es invitado a participar en un debate sobre un tema de actualidad. ¿Qué recomendaciones deberá seguir durante su intervención?

SOLUCIÓN

A la hora de participar en un debate, es necesario seguir unas normas básicas adecuadas al contexto.

En primer lugar, debe llevar a cabo una participación activa y utilizar todo tipo de herramientas, tanto verbales como no verbales, que sean adecuadas y necesarias.

Ha de utilizar un lenguaje verbal en el que destaque un léxico variado, un tono adecuado y una pronunciación cuidada, siempre apoyándose en el lenguaje corporal.

Si comete algún error durante su intervención, dicho error debe ser corregido de inmediato para que no entorpezca la comprensión.

Continúa en página siguiente >>

<< Viene de página anterior

Si hay algo que no se ha entendido, se deberá explicar de nuevo.

Ha de tener en cuenta el público al que se dirige, y saber adaptar su discurso a dicho público. Es muy importante también que sepa escuchar a los destinatarios de su mensaje, y que muestre interés por lo que estos tengan que decir.

Es preciso que adapte tanto el lenguaje verbal como el gestual al interlocutor. Debe procurar utilizar un tono amable y cordial. Además, cualquier tipo de reclamación ha de realizarla siempre de forma amable y sin perder el respeto. Gritar o insultar a los interlocutores solo puede conllevar que estos dejen de prestarle atención, ya que pueden sentirse ofendidos y molestos.

Tiene que escuchar atentamente al resto de interlocutores, tener en cuenta los turnos de palabra, usar un lenguaje formal, evitando discriminar a otras personas y culturas, y respetar durante la conversación los tratamientos de cortesía y de confianza.

No debe imponer a los demás su propio criterio, sino que ha de escuchar y tener en cuenta el punto de vista de todos los participantes.

Ha de exponer las propias reflexiones e ideas de forma coherente y clara. De la misma manera, debe razonar y exponer cada argumento de una manera sencilla y ordenada, apoyándose siempre en datos o hechos objetivos.

Por último, en caso de llevar la contraria o rebatir un punto de vista del interlocutor, debe hacerlo aportando razones que puedan desmentir su postura.

4.4. Técnicas para la preparación y puesta en práctica de exposiciones orales sobre diferentes temas (sociales, culturales, divulgación científica). Estructuración, claridad y coherencia

Para poder realizar una exposición de forma satisfactoria, es fundamental que nuestra expresión oral sea lo más correcta y cuidada posible.

Los factores que influyen en la expresión oral del ser humano son los siguientes:

- **El ambiente físico.** El hombre necesita del medio natural para vivir. Los diversos factores naturales influyen sobre el hombre y condicionan su forma de ser.
- **La facilidad lexicológica.** A la persona que posea gran riqueza y fluidez verbal le será más fácil transmitir cualquier tipo de mensaje.
- **Las actitudes.** La autoestima personal, riqueza cognitiva e interés por el tema que va a tratarse originan que el emisor exprese sus ideas, sentimientos y emociones con la mayor libertad.
- **El ambiente sociocultural.** El ambiente sociocultural influye de manera pertinente en el desarrollo del proceso de la expresión oral.

La exposición oral consiste en la presentación clara y estructurada de ideas o conceptos sobre un tema con la intención de informar o convencer a los oyentes.

Exposición oral
Presentación, individual o colectiva, ante un público de algún tema sobre el cual se ha investigado y se tiene alguna información útil que compartir, o donde simplemente se explica un asunto.

Cuando un hablante debe enfrentarse a la tarea de exponer de forma oral un tema o argumento, ha de tener en cuenta diferentes tipos de indicaciones y estrategias para llevar a cabo dicha labor satisfactoriamente.

Es por ello que una correcta y cuidada exposición oral nunca debe realizarse de forma improvisada, sino que, antes de su puesta en práctica, debe prepararse toda la documentación, siguiendo una estructuración y una planificación previas, en las que se considerarán aquellas pautas y técnicas que se tendrán que seguir.

Es fundamental delimitar exactamente el tema que se va a tratar, además el discurso deberá contar con un título que lo defina. Para ello, se puede buscar información libremente en manuales, prensa, medios audiovisuales, etc.

La base teórica que fundamenta la exposición puede ser adecuadamente acompañada por herramientas gráficas, que sirven de gran ayuda para la comprensión de los contenidos. Estos recursos pueden ser imágenes, vídeos, gráficos, mapas, etc., y se usan en las exposiciones orales para representar datos de forma visual.

Exposición oral apoyada en gráficos

Actividades

14. Busque información sobre los diferentes tipos de soportes gráficos (diapositivas, vídeos, mapas, esquemas...), y explique de qué forma cada uno de ellos puede favorecer la puesta en práctica de una exposición oral.

Para la preparación y puesta en práctica de exposiciones orales, sea cual sea el tema a tratar (social, cultural o de divulgación científica), es fundamental tener en cuenta las tres normas básicas que favorecen cualquier tipo de acto comunicativo: la estructuración, la claridad y la coherencia.

Estructuración

La exposición oral debe estar estructurada en tres partes claramente diferenciadas:

- La **presentación,** que ha de ser breve, concisa, amena y sugerente, es decir, que provoque el interés del que escucha.
- El **cuerpo de la exposición,** en el que se explican con claridad las ideas: primero, las principales, luego, las secundarias, evitando salirse del tema con divagaciones.
- La **conclusión final, síntesis o resumen** de lo dicho. En ocasiones, a la exposición le sigue un coloquio, en el que se da al público la posibilidad de intervenir.

Nota

La exposición puede ir complementada con materiales o recursos que la hagan más atractiva: anécdotas, ejemplos, transparencias, etc.

Claridad

En la exposición oral, el discurso debe ser fluido y claro, por lo que es necesario que el orador domine el uso de la palabra. Igualmente, la exposición ha de ofrecer una estructura clara, con las ideas organizadas y jerarquizadas.

En la preparación del discurso, es conveniente reflexionar sobre la finalidad de la exposición, el espacio donde tendrá lugar esta y la clase de público que la escuchará.

Aunque la exposición oral puede hacerse a través de la lectura, es preferible que se haga de forma directa, mirando al público, para poder observar sus reacciones.

El orador ha de lograr superar la timidez; controlar los nervios y sus gestos; hacer una exposición pausada, ni muy rápida ni excesivamente lenta; modular la voz, dándole el volumen y el tono adecuados; articular correctamente los sonidos, dar la entonación precisa a las frases, hacer las pausas necesarias, evitar muletillas y repeticiones.

Importante

Es fundamental comenzar con una idea general de lo que se va decir. Hay que comenzar con las ideas más generales para luego llegar a las ideas más específicas. El tema debe desarrollarse argumentando cada una de las ideas expuestas, utilizando variada documentación (citas, ejemplos, anécdotas, soportes audiovisuales, etc.) para desarrollar el tema de una forma llamativa y nunca monótona.

Coherencia

Es muy importante que la exposición oral sea coherente, es decir, debe estar estructurada de tal modo que las ideas transmitidas no sean contradictorias e incoherentes.

Se considera contradictorio todo aquello que lleva al receptor a la confusión, creando un conflicto lógico que dificulta o hace inviable la comprensión.

En la exposición oral se debe seguir un orden lógico, presentando la información nueva en un orden estructurado.

La coherencia depende también del conocimiento de la realidad que comparten el receptor y el emisor.

En definitiva, es fundamental que en la exposición oral no se presenten contradicciones que confundan al destinatario.

Recuerde

En la exposición oral, para especificar los límites de la intervención, es importante fijar unos objetivos antes del comienzo de esta, exponer claramente los temas a tratar y hacer un resumen al final de lo que se ha dicho.

Actividades

15. Según su punto de vista, ¿por qué son tan importantes la estructuración, la claridad y la coherencia para la preparación y puesta en práctica de exposiciones orales? Razone su respuesta.

Aplicación práctica

Usted está preparando una exposición oral que deberá presentar ante un público. Para conseguir ponerla en práctica de forma exitosa, ¿qué criterios deberá seguir?

Continúa en página siguiente >>

<< Viene de página anterior

SOLUCIÓN

Es fundamental que su exposición sea lo más correcta y cuidada posible, teniendo en cuenta las diferentes indicaciones y estrategias para llevar a cabo dicha labor satisfactoriamente.

No debe realizarla de forma improvisada, sino que, antes de su puesta en práctica, deberá preparar toda la documentación, siguiendo una estructuración y una planificación previas, en las que se considerarán aquellas pautas y técnicas que se tendrán que seguir.

Ha de delimitar exactamente el tema que va a tratar. Además, deberá poner un título a su discurso. Puede buscar información en manuales, prensa, medios audiovisuales, etc.

También puede utilizar herramientas gráficas como imágenes, vídeos, gráficos, mapas, etc., para representar datos de forma visual.

Por último, y no menos importante, deberá tener en cuenta las tres normas básicas que favorecen cualquier tipo de acto comunicativo: la estructuración, la claridad y la coherencia.

4.5. Desarrollo de actitudes respetuosas, reflexivas y críticas. Adaptación al contexto y a la intención comunicativa

Las pautas básicas para poder participar en una situación comunicativa, de cualquier ámbito, y hacerlo de manera adecuada y exitosa, son el fomento de actitudes respetuosas, reflexivas y críticas, y la adaptación al contexto y a la intención comunicativa.

Es frecuente participar en debates, coloquios o tertulias, o bien asistir como oyente, y encontrar una situación donde no se cumplen las normas de respeto y cortesía básicas entre los interlocutores. Estas actitudes poco adecuadas se dan diariamente en diferentes contextos, como pueden ser el ámbito académico, laboral, o incluso en los medios de comunicación.

El moderador de un debate puede encontrarse en una situación muy desagradable, incluso violenta, cuando los participantes no respetan las reglas básicas de educación y comunicación verbal.

Importante

Para procurar que este tipo de situaciones desagradables o violentas no se den, es fundamental considerar y poner en práctica actitudes que fomenten la crítica, la reflexión y el respeto, ya sea como participante o como receptor.

En definitiva, a la hora de intervenir en un debate es muy importante adoptar una actitud respetuosa, basada en el seguimiento de las recomendaciones que se enumeran a continuación:

- Respetar el turno de palabra del adversario dialéctico sin interrumpirle, con el fin de no cortar su argumentación.
- No exponer hechos o ideas ajenas al tema sobre el que se debate, con el fin de obtener algún tipo de beneficio sobre las conclusiones finales.
- Cumplir todas las normas fundamentales de educación y realizar un debate limpio, justo y honesto, y bajo ningún concepto insultar o emitir comentarios difamatorios sobre el resto de interlocutores.

El desarrollo de actitudes respetuosas favorece la interacción comunicativa, la cooperación y el compañerismo entre los interlocutores.

Cuando no se participa directamente en el debate, sino que se asiste como público, es necesario también adquirir una serie de actitudes reflexivas y críticas, como las siguientes:

- Cada participante defiende una postura ideológica, que es necesario contrastar con la propia.
- No todos los argumentos son igualmente válidos. Los participantes pueden aportar datos que estén interpretados de manera errónea o que busquen la ambigüedad. Por ello, conviene contrastar las informaciones que se aporten.
- No todo lo que se presenta es verdadero y creíble. Los oyentes, con una actitud crítica y madura, deben analizar el contenido de la información que se transmita.

El público de un debate debe mostrar una actitud crítica y reflexiva.

Conviene también destacar que es necesario valorar el contexto comunicativo en el que se realiza el debate, para intervenir en el mismo de forma apropiada. El debate debe adaptarse a dicho contexto.

Ejemplo

No supone el mismo grado de formalidad y el empleo del mismo registro lingüístico un debate sobre el estado de la nación en el Congreso de los Diputados que una mesa redonda televisiva o uno preparado por escolares en el aula.

En el ejemplo anterior se puede comprobar que en las diferentes situaciones cambian los temas a tratar, la relación entre los interlocutores y, por supuesto, varía en gran medida la intención comunicativa del debate.

El lenguaje que emplean los participantes, dependiendo del contexto y de la situación comunicativa, puede ser muy variado: desde un registro extremadamente formal y elaborado hasta un lenguaje mucho más coloquial y cercano.

El contexto incorpora diversas dimensiones del marco de una situación social, tales como el tiempo, el lugar o la posición del hablante, así como algunas otras circunstancias especiales del ambiente físico.

Por otra parte, la intención comunicativa es el propósito que persigue el hablante con la emisión de su discurso. Esto significa que el emisor, a través de su mensaje, busca producir un efecto en el receptor.

Por tanto, el adecuado desarrollo de las habilidades lingüísticas para escuchar, hablar y conversar supone saber adaptarse tanto al contexto como a la intención comunicativa.

Recuerde

Ya sea como participante o como público, es fundamental conocer y aplicar una serie de actitudes que favorezcan el respeto, la crítica y la reflexión.

Actividades

16. Imagine que usted asiste a un debate como público. Reflexione sobre cuál debe ser su comportamiento en dicha situación, e indique cuáles son las actitudes reflexivas y críticas que debe adoptar.

5. Resumen

La expresión oral es el proceso fundamental por medio del cual todos los seres humanos nos relacionamos, transmitimos y recibimos información a través del instrumento llamado lengua.

Así, la expresión oral es la capacidad que posee todo ser humano, que tiende a expresar y transmitir sus pensamientos, sentimientos y deseos de forma que logre hacerse comprender, es decir, que permita producir una comunicación eficiente y eficaz.

De esta forma, la expresión oral puede ser considerada como un utensilio insustituible del que hacemos uso para comunicarnos con los que nos rodean, valiéndonos de los sonidos que producimos.

En la comunicación verbal se usan los llamados códigos verbales, que son aquellos sistemas de comunicación que emplean palabras habladas o escritas. Solo los seres humanos usan un lenguaje basado en códigos verbales.

El lenguaje humano constituye el cemento que permite construir la vida en sociedad, el engranaje que permite la coordinación en el grupo humano.

Los diferentes tipos de producciones orales se pueden manifestar mediante un diálogo o un monólogo (dialogadas o monologadas), dependiendo de las intervenciones de los participantes.

Las producciones orales dialogadas son aquellas cuya realización se basa en el diálogo entre dos o más personas (conversación, debate, tertulia, coloquio y entrevista), mientras que las producciones orales monologadas son discursos emitidos por un solo hablante que se dirige a una audiencia: receptor heterogéneo, pasivo y, en general, múltiple (exposición oral).

La capacidad de utilizar de forma óptima las habilidades lingüísticas para escuchar, hablar o conversar implica el desarrollo de aptitudes comunicativas adecuadas. El correcto manejo de estas habilidades permitirá el desarrollo de la exposición, la creatividad y el juicio crítico para la toma de decisiones y la solución de problemas.

El texto oral debe cumplir su función comunicativa, es decir, debe tener un contenido, una intención y debe ajustarse a una situación con la máxima efectividad. Los medios de comunicación son aquellos que permiten conservar y difundir la palabra en el espacio y en el tiempo. Las exposiciones orales técnicas poseen un carácter más elaborado, con un lenguaje más culto o especializado.

Comprender las instrucciones verbales y demandar aclaraciones, si es preciso, favorece la comunicación oral y la interacción entre los interlocutores en un acto comunicativo determinado, facilitando la cooperación y ayudando a la consecución de los objetivos propuestos.

Existen diferentes tipos de situaciones comunicativas (tertulias y debates sobre temas de actualidad social, política o cultural) donde las conversaciones suelen estar más estructuradas y planificadas. Es en estas situaciones donde es fundamental el desarrollo de las habilidades y estrategias comunicativas, aunque su aplicación es necesaria en cualquier tipo de contexto.

Para la preparación y puesta en práctica de exposiciones orales, sea cual sea el tema a tratar (social, cultural o de divulgación científica), es fundamental tener en cuenta las tres normas básicas que favorecen cualquier tipo de acto comunicativo: la estructuración, la claridad y la coherencia.

Las pautas básicas para poder participar en una situación comunicativa, de cualquier ámbito, y hacerlo de manera adecuada y exitosa, son el fomento de actitudes respetuosas, reflexivas y críticas, y la adaptación al contexto y a la intención comunicativa.

Ejercicios de repaso y autoevaluación

1. Indique si las siguientes afirmaciones son verdaderas o falsas.

Los seres humanos no son los únicos que usan un lenguaje basado en códigos verbales.

- ☐ Verdadero
- ☐ Falso

La primera articulación corresponde a las unidades mínimas con significación y valor fónico, los monemas. La segunda articulación corresponde a las unidades mínimas de valor fónico sin significación, los fonemas.

- ☐ Verdadero
- ☐ Falso

El lenguaje humano constituye el cemento que permite construir la vida en sociedad, el engranaje que permite la coordinación en el grupo humano.

- ☐ Verdadero
- ☐ Falso

2. Cite las diferentes producciones orales dialogadas. A continuación, descríbalas.

____

____

____

____

____

____

____

3. Complete el siguiente texto.

En la comunicación ____________ la presencia viva del oyente advierte al ____________ si su mensaje está siendo o no correctamente ______________. El hablante adapta el ____________ a las necesidades y reacciones del ______________, actúa sobre la ___________ y _____________ de este.

4. Relacione cada parte de la exposición oral con sus objetivos.

a. Introducción.
b. Exposición.
c. Conclusión.

__ Evitar la distracción de los oyentes.
__ Despertar el interés del auditorio.
__ Fijar en pocas palabras aquello que se ha tratado.
__ Concretar el objetivo de la exposición: qué se pretende.
__ Captar la atención del auditorio.

5. Desde un punto de vista lingüístico, en la comprensión de un texto oral hay tres niveles. Indique cuáles son estos tres niveles.

____
____
____
____

6. El interlocutor encargado de ofrecer una aclaración puede realizarla de diversas formas. De las siguientes, ¿cuál es incorrecta?

a. Repitiendo el significado de aquello que no se ha entendido.
b. Poniendo ejemplos.
c. Evitando dar más explicaciones.
d. Utilizando sinónimos.

7. Indique si las siguientes afirmaciones son verdaderas o falsas.

a. El emisor ha de utilizar un lenguaje verbal en el que destaque un léxico variado, un tono adecuado y una pronunciación cuidada, siempre apoyándose en el lenguaje corporal.

☐ Verdadero
☐ Falso

b. Se debe imponer a los demás el criterio propio, sin escuchar ni tener en cuenta el punto de vista de todos los participantes.

- ☐ Verdadero
- ☐ Falso

c. Los argumentos no deben ser razonados, sino expuestos de una manera compleja y desordenada, apoyándose siempre en datos o hechos subjetivos.

- ☐ Verdadero
- ☐ Falso

8. ¿Por qué es fundamental la coherencia a la hora de preparar y poner en práctica una exposición oral?

____

____

____

____

9. A la hora de intervenir en un debate es muy importante adoptar una actitud respetuosa, basada en el seguimiento de ciertas recomendaciones. De las siguientes, ¿cuáles no son correctas?

a. Respetar el turno de palabra del adversario dialéctico sin interrumpirle.
b. Exponer hechos o ideas ajenas al tema sobre el que se debate.
c. Cumplir todas las normas fundamentales de educación.
d. Realizar un debate limpio, justo y honesto.
e. Insultar o emitir comentarios difamatorios sobre el resto de interlocutores.

10. Complete el siguiente texto.

El moderador de un ____________ puede encontrarse en una situación muy ____________, incluso ____________, cuando los participantes no respetan las reglas básicas de ____________ y ____________ verbal.

Capítulo 4
Producciones escritas

Contenido

1. Introducción
2. Comunicación escrita. Producciones escritas como fuente de información y aprendizaje
3. Tipos de textos escritos
4. Desarrollo de habilidades lingüísticas para la comprensión y composición de textos de diferente tipo
5. Resumen

1. Introducción

La escritura es un sistema simbólico y comunicativo de naturaleza gráfica, que tiene por objeto representar sobre soporte estable los mensajes y los textos. Nace como un código subsidiario de la lengua hablada, es mucho más tardía en la historia de la humanidad y no surge como resultado de una evolución de la especie.

Mientras el habla es una capacidad innata y universal en el ser humano, la comunicación escrita es un fenómeno cultural, restringido. De hecho, solo unas cuantas de las muchas lenguas que se han hablado y se hablan en el mundo cuentan con escritura. El niño no la adquiere de forma espontánea en sus primeros años de vida, sino como fruto de un proceso posterior de instrucción específica. Todas las personas que no sufren discapacidades para el lenguaje pueden hablar; sin embargo, solo llegan a leer y a escribir quienes han superado un proceso de alfabetización.

La capacidad de almacenamiento de la escritura es, en principio, ilimitada, posibilita la comunicación a distancia y permite que lo escrito se conserve y perdure, haciendo viable su transmisión literal y sin intermediarios.

La aparición de la escritura supuso un cambio fundamental en el devenir del género humano, hasta el punto de constituir el hito que marca tradicionalmente el límite entre la prehistoria y la historia.

La escritura ofrece un soporte objetivo, constante y estable a toda la cultura adquirida, desde los textos sagrados y jurídicos hasta los científicos y literarios. Al permitir la reflexión crítica sobre lo escrito, abrió la puerta al pensamiento filosófico y científico, sentando con ello las bases del progreso.

La posibilidad de acceso de todas las clases sociales a la alfabetización ha supuesto una de las grandes revoluciones culturales del mundo moderno, pues la lectura y la escritura han sido siempre la base de la enseñanza y la puerta de la educación, de la formación y, en consecuencia, de la libertad y del desarrollo individual y social del hombre.

En el presente capítulo se tratarán todos los aspectos relacionados con la comunicación escrita y las producciones escritas como fuente de información y aprendizaje, así como los diferentes tipos de textos escritos (narrativos, descriptivos, dialogados, expositivos, argumentativos y prescriptivos). Asimismo, se tratará el desarrollo de las habilidades lingüísticas para la comprensión y composición de textos.

2. Comunicación escrita. Producciones escritas como fuente de información y aprendizaje

Aunque la escritura nace como técnica para representar gráficamente el lenguaje, no es un simple método de transcripción de la lengua hablada. Si exceptuamos cierto tipo de escritos destinados a reproducir lo que se ha dicho (como las actas de las sesiones parlamentarias) o lo que se ha de decir (como los diálogos de las obras teatrales o de los guiones cinematográficos), la **comunicación escrita** se configura como un código en cierto modo autónomo, con características y recursos propios, y funciones específicas distintas, aunque complementarias, de las correspondientes a la comunicación oral.

Definición

Comunicación escrita
Comunicación que se establece entre personas o grupos de personas a través de un medio de comunicación escrito.

Se escribe para la lectura, actividad que desde hace ya varios siglos se realiza de manera individual y silenciosa, y la mayoría de los textos escritos han sido concebidos y realizados directamente como tales, lo que les otorga una configuración formal específica, fijada por la tradición y regulada por convenciones ortográficas y ortotipográficas.

La comunicación escrita es indispensable para incorporarnos a la sociedad en que vivimos.

La comunicación escrita presenta un desarrollo "diferido", en dos fases espacio-temporalmente separadas. Durante la primera fase el emisor codifica el mensaje en ausencia del destinatario (proceso de escritura); durante la segunda, el receptor decodifica el mensaje en ausencia del autor (proceso de lectura).

El emisor de la comunicación escrita cuenta, por tanto, con tiempo para la elaboración meditada, inteligente y original del texto, lo que contribuye al uso culto del idioma, posibilita organizar el contenido de acuerdo con una estructura y permite la unidad de tono e intención.

El lenguaje culto, que se registra también en la comunicación oral, resulta no obstante de uso obligado en la forma escrita.

Nota

Por lenguaje culto se entiende fundamentalmente el uso de la lengua de una manera más artificial y reflexiva, en el que sobresalgan como rasgos básicos la corrección y la elegancia.

He aquí, a continuación, unas breves recomendaciones que se estiman hoy como las idóneas de este nivel:

Empleo de las palabras con propiedad, exactitud, elegancia y sencillez. No basta solo conocer el significado propio del vocablo elegido, es necesario estar seguro de que la palabra pertenece al registro idiomático empleado. Así, en la escritura, hemos de usar palabras que pertenezcan al nivel culto, no al coloquial.

En vez de "tomarse a pecho" debe emplearse "afectar"; "desmayo" en lugar de "soponcio"; "chanza" o "burla" por "cachondeo". En esto consiste el empleo de las palabras con propiedad.

Exactitud significa acertar con la palabra que expresa mejor lo que pretendemos decir; por lo tanto, evitaremos las palabras de significación genérica, como "cosa", "hacer", "estar", "haber", "poner", etc.

La elegancia se consigue huyendo de lo tópico y acuñado ("blanca nieve", "merecidas vacaciones", "parte integrante", etc.); evitando el énfasis de los extremos ("maravilloso", "soberbio"... o "tengo hambre" por "tengo apetito", por ejemplo), de los superlativos ("equivocadísimo", "monísimo", etc.) y de los adverbios cuantificadores de adjetivos ("extraordinariamente", "fantásticamente"); rechazando los circunloquios (en vez de "proceder a la detención", "detener"; "dar a la publicidad", "publicar"; etc.); las repeticiones de términos (es muy común la reiteración de adverbios en "-mente"), y no abusando de vocablos esdrújulos, ya que el tono grave es el más característico del español.

Sencillez antes que lo prolijo y rebuscado.

Sabía que...

En cuanto a la sencillez, Antonio Machado se sonreía de los que dicen "los eventos consuetudinarios que acontecen en la rúa" por "lo que pasa en la calle".

Antonio Machado Ruiz

En el nivel oracional se aconseja:

- Una sintaxis rica (empleo de oraciones simples y compuestas, coordinadas y en yuxtaposición) y variada (alternancia de períodos largos y breves, con tendencia a los segundos; afirmativos y negativos; enunciativos e interrogativos).
- Ahorro de oraciones exclamativas.
- Combatir sonsonetes, cacofonías, rimas, todo lo que pueda acercar la prosa al verso.
- Aligerar los períodos de conjunciones, sobre todo, cuando resultan innecesarios y provocan un tiempo lento.

Preferir lo español a lo extranjerizante. "Jerga", no "argot"; "distinción", no "chic"; "película" o "filme", no "film"; "emparedado", no "sándwich"; etc.

Con respecto a la distribución del contenido, hay que huir de la espontaneidad (es decir, ir escribiendo a medida que se nos ocurren las ideas); eso confiere un aspecto caótico y desordenado. Es necesario, con anterioridad, idear un orden, imaginar una estructura que ayude a comprender mejor lo que se ha de decir y que convenga más a la intención perseguida. Pensar qué debo escribir en primer lugar, qué en segundo, etc.

Las distintas ideas, proposiciones o argumentaciones que componen una estructura deben ordenarse en párrafos o parágrafos. Un párrafo va de un punto y aparte a otro, los cuales señalan un principio y un final. Cada párrafo debe aportar una faceta nueva al contenido; con cada párrafo, por consiguiente, se avanza un paso en la exposición e información del tema tratado, se aporta una idea, una parte de nuestra argumentación, un argumento nuevo, un nuevo dato, etc. Por esta razón, los párrafos han de estar ordenados entre sí, cada uno con su vecino. A su vez, cada uno de ellos debe hallarse organizado interiormente. Recordemos que las unidades que los componen son los períodos u oraciones.

Actividades

1. La comunicación escrita requiere un lenguaje culto. ¿Cuáles son las recomendaciones para conseguirlo? Descríbalas brevemente.

La lengua escrita representa el lenguaje fuera de situación. Emisor y receptor no se comunican cada uno ante sí, ni comparten los mismos elementos de una situación dada, porque no existe. En consecuencia, el mensaje escrito no puede referir una realidad sin antes haberla descrito, ni registrar una conversación sin presentar por anticipado a los interlocutores.

El que escribe debe tenerlo en cuenta; es necesario referir explícitamente el entorno sensible en el que se sitúan las personas y los referentes, si pretendemos que el texto resulte comprensible por sí mismo.

Sabía que...

Ortega y Gasset decía que las palabras en el diccionario no dicen nada porque "es evidente que la realidad palabra es inseparable de quien la dice, de a quien va dicha y de la situación en que esto acontece".

José Ortega y Gasset

Durante el proceso de escritura está ausente el receptor. El escritor no tiene delante a su interlocutor cuando escribe, ni tampoco el receptor cuenta con la presencia del autor del texto que lee. Esta peculiaridad de la comunicación escrita impone la creación de un mensaje dotado de unos procedimientos de eficacia maximalista, válido para un número ilimitado de destinatarios. Se exponen, de modo somero, los objetivos de dichos procedimientos:

- Suscitar el interés por lo que se cuenta. Juega aquí un gran papel la técnica del punto de vista, es decir, tratamiento del tema desde una perspectiva inédita, sorprendente, irónica, ilógica, poética, etc.
- Prever toda suerte de distracciones (por medio de los recursos de insistencia: repeticiones, pleonasmos, tautologías, sinonimias, etc.), evitando que el transcurrir de lo que se cuenta -sobre todo de aquello que no debe escapar a la atención del lector- sea previsible (las imágenes, metáforas y tropos en general; la hipérbole, los contrastes, la súplica, el apóstrofe, la interrogación, etc., contribuyen a la imprevisibilidad del mensaje).

Nota

El único medio de que dispone el escritor para controlar el modo como quiere que se decodifique su discurso es impedir al lector que infiera o prevea ningún rasgo y aspecto importante.

- Prever toda suerte de desacuerdos potenciales. Una argumentación detallada, con ideas claras y bien encadenadas, ayudan a convencer de lo dicho al interlocutor.
- Control de la imagen del emisor. Todo lector, a medida que lee, se va construyendo una imagen de la persona del escritor. Parece como si la presencia del emisor del mensaje fuese necesaria para que la comunicación resulte efectiva. A nadie se le escapa que el escritor tiene en su mano el control de la imagen que el lector se forja de él a través del discurso escrito. Por ejemplo, una ocasión frecuente en la que el escritor cuida su imagen es aquella en la que, a través de una carta, solicita a una empresa ser seleccionado para ocupar un puesto de trabajo.
- De otro lado, es preciso recordar cómo el literato desarrolla con fecundidad esta virtualidad de la escritura: desde ofrecer una imagen que coincide objetivamente consigo mismo (el caso de la autobiografía real) hasta crear una imagen ficticia, fabulada, del emisor del discurso (es el caso de *Lazarillo de Tormes, Las inquietudes de Shanti Andía, La familia de Pascual Duarte,* y tantas otras).

Lazarillo de Tormes

Por otra parte, es necesario entender el texto escrito como una fuente inagotable de información y aprendizaje. En este sentido, a través del texto escrito el emisor da a conocer a su receptor algún hecho, situación o circunstancia.

Actividades

2. Reflexione sobre los tipos de imagen que puede ofrecer el escritor (real o ficticia), e indique algunos títulos de obras en las que aparece cada una.

Cuando se habla de un texto escrito informativo, se hace referencia únicamente a aquel texto que ha sido escrito por un emisor cuya intención principal es "dar a conocer" algo, sin que intervengan primordialmente sus emociones ni deseos.

Son muchas las cosas que se pueden dar a conocer de esta forma, lo central del texto en este caso es la información. Esto no quiere decir que en un texto informativo nunca se expresen los sentimientos ni los deseos del emisor, puesto que en ocasiones esto sí ocurre, pero de todos modos estos siempre pasarán a segundo plano.

El objetivo último es que los receptores se informen y aprendan, y no necesariamente que se emocionen ni que se entretengan. Los textos que persigan estos objetivos serán más bien textos poéticos o literarios.

Recuerde

El que escribe debe asegurar que el mensaje sea autosignificativo. Puede controlar el modo en que quiere que se decodifique su discurso y puede, también, crear la imagen que le interese ofrecer de sí mismo.

3. Tipos de textos escritos

La clasificación de los textos escritos puede atender a diversos criterios, entre los que se encuentran:

- **Forma.** Según su forma, los textos pueden ser orales o escritos.
- **Finalidad** que persigue el texto, según la cual existen textos:
  - Informativos, con los que se pone de manifiesto una determinada noticia.
  - Prescriptivos, con los que se determinan y ordenan ciertos asuntos.
  - Persuasivos, con los que se convence para hacer determinadas acciones o seguir alguna ideología.
  - Estéticos, con los que se inventa un mundo artificial e irreal.
- **Modalidad** que resalte en un texto. Existen cuatro:
  - Descriptiva.
  - Expositiva.
  - Narrativa.
  - Argumentativa.
- **Tema** tratado, según el cual existen textos:
  - Literarios, con una finalidad eminentemente estética.
  - Técnico-científicos, cuya finalidad es informativa.
  - Jurídico-administrativos, con una finalidad prescriptiva.
  - Periodísticos, se caracterizan por su finalidad informativa, al igual que los técnico-científicos y los humanísticos.
  - Humanísticos, centrados en el mundo humano: el hombre y sus productos culturales.
  - Publicitarios, con una finalidad persuasiva clara.
- **Estructura,** que puede ser:
  - Comparativa, cuando en el texto se ofrece una comparación de dos elementos.

- Descriptiva, cuando se describen de forma ordenada las características de un determinado elemento.
- De causalidad, cuando se hace un planteamiento explicando las causas que lo motivaron.
- De secuencia, cuando se desarrolla una serie de ideas que reproducen una sucesión temporal.

En el siguiente esquema se resumen los criterios según los cuales se clasifican las formas textuales.

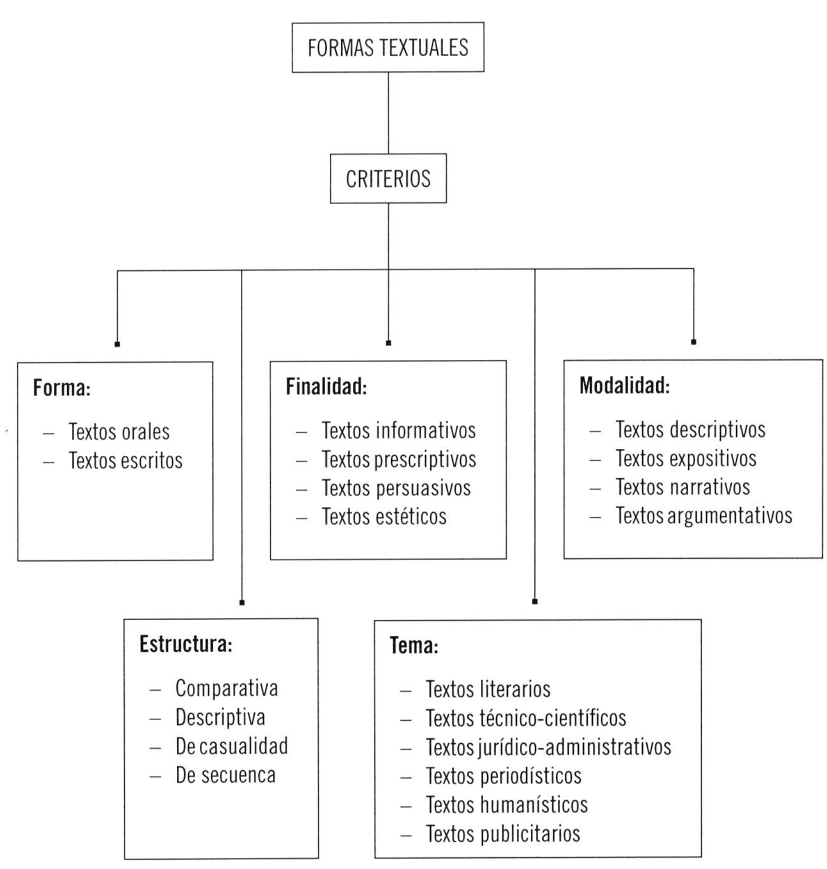

3.1. Narrativos, descriptivos y dialogados: estructura y rasgos lingüísticos

Existen cauces, géneros o formas establecidas de discurso. El tema de que trate el discurso determinará el lenguaje especializado que usar y, también, la forma de expresión más conveniente: la narración, la descripción y el diálogo.

Narrativos

Al narrar se transmite una información que puede darse en diferentes situaciones comunicativas.

Narrar
Contar o relatar unos hechos, reales o imaginarios, protagonizados por unos personajes en un espacio y un tiempo concretos.

La narración se hace en un tipo de texto opuesto al de la descripción, diálogo, exposición y argumentación, lo que no impide que, en determinadas ocasiones, se combine la narración con diálogos o descripciones.

Existen textos de narración pura, en los que el narrador es un simple testigo que relata los hechos que acontecen, aunque los más frecuentes son los textos de narración dialógica, en los que se insertan palabras presuntamente pronunciadas por los personajes, y se mezclan narración y diálogo.

Elementos de la narración

Los principales elementos de la narración son los siguientes:

- La **acción**, (también llamada trama o historia), que es todo lo que ocurre y hacen los personajes del relato.

- **Los personajes,** que son los seres (personas, animales u objetos) que intervienen en la acción. Presentan una determinada personalidad (generosos, malvados, divertidos, etc.), que puede no cambiar en toda la historia o ir cambiando en el transcurso de la misma. Se suelen dividir en personajes principales y secundarios:

  - **El protagonista:** es el personaje principal. Constituye el hilo conductor del relato: con él el lector vive las peripecias de la acción, se enfrenta a las distintas situaciones y conflictos. En torno a él gira también la actuación de los otros personajes.
  - **El antagonista:** personaje negativo que se enfrenta al protagonista, oponiéndose a sus planes y deseos, lo que provoca la animadversión del lector hacia estos personajes que comparten protagonismo con el anterior.
  - **Personajes secundarios:** son aquellos que tienen menos presencia en el texto y cuyos actos giran alrededor de los anteriores, ayudando o favoreciendo al protagonista o a su antagonista.
    Nota: Dependiendo del tipo de relato, puede haber uno o varios protagonistas, uno o varios antagonistas, o incluso no haber ninguno de estos. Igualmente ocurre con los personajes secundarios.

- **La voz de los personajes,** con la que se introducen sus palabras o pensamientos, utilizando los siguientes estilos:

  - **Estilo directo:** se reproducen textualmente las palabras del personaje. Se distingue por los siguientes medios grafológicos:

    - Las palabras del personaje aparecen entrecomilladas o precedidas de una raya.
    - Estas palabras van precedidas por un verbo de habla ("decir", "contar", "relatar", "preguntar"...), aunque este puede ir también intercalado en el enunciado entre rayas, o al final del mismo.
    - Cuando el verbo aparece antepuesto, son necesarios los dos puntos para introducir las palabras del personaje que interviene en ese momento.

- **Estilo indirecto:** se reproducen las palabras de los personajes a través de la voz del narrador, que es quien cuenta lo que este dice. Se caracteriza por lo siguiente:
  - Desaparición de los dos puntos y las comillas, aunque sí permanece el verbo de habla.
  - Es imprescindible un elemento de conexión entre el verbo y las palabras parafraseadas (no textuales) del personaje, ese elemento conector es la conjunción "que".

- **Estilo directo libre:** la persona que redacta el texto pasa del estilo narrativo al directo sin emplear los medios característicos de este.
- **El monólogo interior:** técnica desarrollada por la novela moderna para introducir en el relato el pensamiento de los personajes. Y no solo lo que piensan, sino también la manera en que fluyen pensamientos, ocurrencias, imágenes, etc. en su interior.
  Sabía que: El monólogo interior es la técnica que los ingleses llaman "el río de la conciencia".

La aparición en el relato del habla de los personajes por medio de una de estas técnicas o estilos hace que la figura del narrador pase a un segundo plano y que la historia se cuente a sí misma, cobrando, en consecuencia, un efecto de mayor viveza o realismo.

- **La metanarración** (o narración sobre la narración). Hay ocasiones en el relato en las que el narrador no solo cumple con la función exclusiva de narrar, sino que se permite otras licencias, como son la de hacer comentarios, al margen de la narración, sobre los personajes, sus situaciones, etc., o disertar sobre otros aspectos no tan fundamentales en el relato. Estos comentarios o disertaciones también reciben el nombre de digresiones.
- **El espacio,** que es el marco físico, lugar o lugares, y los ambientes históricos y sociales, en los que transcurre la acción. Dentro de ese marco, habrá paisajes exteriores e interiores (casas, parques, cines...), rurales y urbanos, etc. El ambiente puede ser nocturno,

diurno, festivo, religioso, etc. La forma textual empleada para "pintar" el espacio es la descripción.

- **El tiempo narrativo,** que no debe ser confundido con la época histórica en que se desarrolla la historia, puesto que esta sería la ambientación, el espacio histórico.
  El que un determinado texto narrativo presente una estructura lineal o no lineal está íntimamente relacionado con el tiempo narrativo. Para entenderlo, se distinguen los siguientes conceptos:

  - **Tiempo histórico o real:** es el tiempo que dura la historia narrada en la vida real. Puede transcurrir en unas horas o a lo largo de meses, años o, incluso, siglos; abarca desde la primera fecha que se cita en el relato hasta la última.
  - **Tiempo narrativo:** es el tiempo que dedica el narrador a contar los hechos, y la forma en la que el tiempo real es organizado. La estructura (lineal o no lineal), técnica *(flash-back* o *in media res)* o los vacíos temporales afectan directamente al tiempo de la narración.
  - **El ritmo o velocidad** con que transcurre el relato dependerá del interés del autor, que puede acelerar o ralentizar la acción, interrumpirla o finalizarla cuando le interese. De forma generalizada, las obras eminentemente descriptivas se caracterizan por un ritmo lento.

- **El narrador,** que es la persona que cuenta la historia, presenta a los personajes, explica sus reacciones y, además, conduce la acción. Existen distintos tipos de narrador:

  - Según el punto de vista:

    - **De tercera persona o narrador externo:** cuenta la historia desde la perspectiva del que no se encuentra involucrado en la acción. Es un mero observador que transmite lo que puede verse sin preocuparse por los pensamientos de los personajes. Dicha distancia narrador-narración permite referirse a los personajes y sus acciones de modo impersonal (él, ella, ellos, estas cosas...).

Nota: El narrador de tercera persona es un personaje más de la ficción creado por el autor, cuya tarea fundamental es la de contar.

- **De primera persona o narrador interno:** un personaje de la historia, principal o secundario, cuenta los hechos que acontecen desde su punto de vista personal. Su grado de participación en la historia puede ir desde una implicación máxima, con lo que estaríamos ante un relato autobiográfico, hasta una implicación mínima, con lo que el narrador sería un simple testigo.

- Según la información de que dispone:

  - **Narrador omnisciente:** el narrador se comporta como un dios del relato, porque conoce los hechos de la historia y los pensamientos e intenciones de cada personaje.
  - **Narrador equisc**iente: el narrador tiene la misma información que los personajes acerca de lo que acontece en el relato.
  - Narrador deficie**nte:** el narrador construye la historia de acuerdo a la información dada por los personajes.

Actividades

3. Piense en obras narrativas que haya leído, y averigüe qué tipo de narrador se daba (externo, interno, omnisciente, equisciente o deficiente). Indíquelo.

Los diferentes tipos de narrador se resumen en el siguiente cuadro.

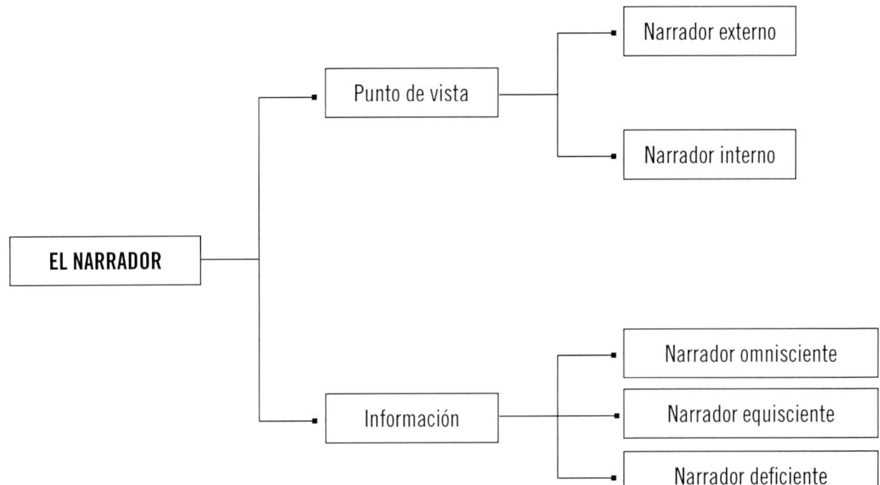

- Narratario y destinatario:
  - **Narratario** es un receptor (o varios) interno del texto al que el narrador se dirige de forma explícita contándole la historia. Se trata de un elemento más de la ficción. Algunas de las características del narratario serían:
    - Tiene presente la narración en todo momento.
    - Comparte el estilo lingüístico del narrador.
  - **Destinatario** es el lector y oyente del relato. Se trata de un elemento externo al texto.

En todo texto literario existen dos planos comunicativos: el externo o real y el interno o ficticio. Los elementos de la narración, por tanto, pueden estar relacionados con los de la comunicación, como se puede observar en la tabla que se presenta a continuación.

PLANOS COMUNICATIVOS EN UN TEXTO NARRATIVO			
Plano externo o real		**Plano interno o ficticio**	
Elementos comunicación	Elementos narración	Elementos comunicación	Elementos narración
Emisor	Creador	Emisor	Narrador
Receptor	Destinatario o lector	Receptor	Narratorio
Mensaje	Texto o ficción	Mensaje	Variable
Canal	Escritura	Canal	Variable
Código	Lengua o idioma	Código	Variable

Recuerde

Los textos narrativos informan sobre sucesos, reales o imaginarios, que se desarrollan en un tiempo y lugar determinados.

Estructura

En un texto narrativo suelen distinguirse una estructura externa y una estructura interna:

1. **Estructura externa,** que tiene que ver con la forma en la que se divide la narración. Normalmente, la unidad formal en que se divide esta es el capítulo, que, a su vez, se puede agrupar en partes.
2. **Estructura interna,** que es la forma de distribuir los hechos de la narración. Incluso en las narraciones de tipo realista, la ordenación de los acontecimientos sufre algunas modificaciones respecto al orden natural en el que supuestamente suceden los hechos. Según el orden en el que se narren esos hechos, encontramos dos tipos de estructura, la lineal y la no lineal:

a. **Estructura lineal:** la ordenación más frecuente es la siguiente:

- **Acontecimientos narrados en orden cronológico.** Este tipo de relato suele seguir la siguiente estructura:

  - **Planteamiento o introducción:** es la parte inicial del relato, en la que se presenta a los personajes situándolos en un lugar y tiempo, y se plantea el hecho que desencadenará la historia posterior, aportando todos los datos necesarios para que el lector comprenda la historia en su integridad.
  - **Desarrollo de la acción o nudo:** en esta parte se ofrecen las distintas peripecias que sufre la acción, pero sin la solución final; es la sucesión de hechos vividos y protagonizados por los personajes y que constituye el eje de la historia, por lo que suele ser la parte más extensa. Esta parte del desarrollo concluye en el clímax (momento más interesante y excitante). Aquí la narración llega a su momento cumbre.
  - **Desenlace:** constituye el final y solución del relato. Se cuenta aquí el final de la acción, el modo en que terminan las peripecias vividas en el desarrollo; se soluciona el conflicto planteado en el paso anterior. Suele ser breve.
  Dependiendo del final o desenlace de la historia narrada, la estructura del texto puede ser abierta o cerrada:

    - **Estructura abierta o final abierto:** la acción se interrumpe antes del desenlace, con lo que el lector tiene que imaginar o inventar el final que le sugiera la historia.
    - **Estructura cerrada o final cerrado:** la narración tiene un final establecido que el lector acepta con más o menos pasividad.

b. **Estructura no lineal:** los hechos narrados no se suceden cronológicamente, sino que se intercalan episodios del pasado en el presente: saltos atrás, saltos adelante o vacíos temporales. Esta estructura se presenta en:

- **La técnica del *flash-back* (vuelta atrás):** se empieza el relato por el desenlace y se vuelve atrás para seguir la narración de los hechos cronológicamente.
- **La técnica *in media res:*** cuando el interés se centra en algún acontecimiento en particular. Se empieza por algún momento del intermedio, retomándose a continuación la historia desde su principio hasta el momento del inicio de la narración. Posteriormente, se cuenta el final de la historia.

Sabía que...

La técnica del *flash-back* es una técnica empleada en la novela, pero también es muy frecuente en el cine.aquí

Obsérvese el siguiente texto:

"A la medianoche, una turba tumultuosa, animada con todas las voces de un motín y todos los alaridos de una bacanal, invadía las calles de San Bernardino. Llegó a la plazuela de Afligidos y la ocupó casi toda. El callejón de la plaza de la Cara de Dios contenía más de trescientas personas; y la algarabía era tan grande que no se podían distinguir claramente las voces pronunciadas por los más exaltados.

Al llegar al patio hubo un instante de vacilación, de terrible sorpresa. Una doble fila de soldados apuntaba a la multitud que, confiada en su fuerza, no pudo resistir un movimiento de terror, retrocediendo al ver que se la recibía de aquella manera. En el mismo instante sonó un tiro y cayó un soldado. Hizo fuego sin reparo la tropa, y una descarga nutrida envió más de veinte proyectiles sobre la muchedumbre.

La confusión fue entonces espantosa: avanzó la tropa; retrocedieron los paisanos, no sin disparar bastantes tiros y agitar las navajas, armas para ellos más seguras que el trabuco."

Benito Pérez Galdós: *La Fontana de Oro.*

En este texto se aprecia una estructura lineal, donde los hechos se narran en orden cronológico:

1. **Introducción o planteamiento.** Presenta una situación inicial, un conflicto que les sucede a unos personajes en un tiempo y en un lugar determinados: a medianoche (tiempo) una multitud de personas (personajes) invaden las calles de San Bernardino (lugar) dando gritos de protesta.
2. **Nudo o conflicto.** Se desarrollan los acontecimientos planteados en la introducción. Los personajes se ven envueltos en el conflicto y actúan en función del objetivo que persiguen: al llegar al patio (lugar) unos soldados (personajes) apuntaban a la multitud. Sonó un disparo y cayó un soldado. Aquellos dispararon contra la multitud.
3. **Desenlace o solución de la situación planteada.** En esta parte del relato se resuelve el conflicto de la fase inicial: los soldados siguieron avanzando y la multitud retrocedió.

Dependiendo de la estructura u orden, la narración siempre presentará dos partes diferenciadas, que son:

- **El marco** o parte donde se ubica la acción, espacial y temporalmente, y se presentan los personajes. Suele darse al principio del relato.
- **La historia** o trama en la que los personajes se ven envueltos.

Actividades

4. Busque información y cite el título de alguna novela en la que se dé la técnica del *flashback*. Explique, además, cómo el autor hace uso de dicha técnica.

Rasgos lingüísticos

Las principales características lingüísticas de los textos narrativos son las que tienen que ver con los verbos y la sintaxis presentes en dicho texto:

- **Verbos.** Predominan los verbos que expresan acciones o movimiento. Estos, en la mayoría de los casos, aparecen en pretérito perfecto simple o pretérito indefinido ("cogió", "anduve", "escuchamos"), pretérito perfecto compuesto ("ha cogido", "he andado", "hemos escuchado") y presente histórico, utilizado con la intención de acercar los hechos al lector ("Shakespeare y Cervantes mueren el 23 de abril de 1616").
- **Sintaxis.** Mayor uso de las oraciones predicativas en detrimento de las copulativas; presencia de proposiciones temporales que sitúan los hechos en el tiempo; modales; causales; etc.
  Una sintaxis sencilla (oraciones simples y coordinadas) da dinamismo a la narración, mientras que una sintaxis compleja (oraciones subordinadas) imprime un ritmo lento y pesado de narración.

En el siguiente esquema se exponen, de forma resumida, las principales características lingüísticas de los textos narrativos.

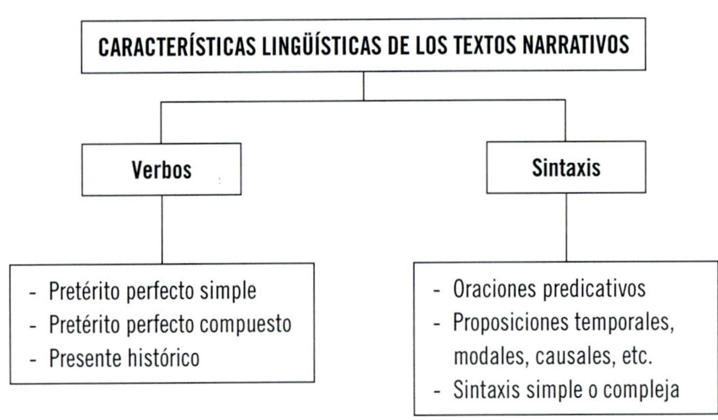

Aplicación práctica

Comente el siguiente texto narrativo:

Aquella noche, en la hora de la rata, el emperador soñó que había salido de su palacio y que en la oscuridad caminaba por el jardín, bajo los árboles en flor. Algo se arrodilló a sus pies y le pidió amparo. El emperador accedió: el suplicante dijo que era un dragón y que los astros le habían revelado que al día siguiente, antes de la caída de la noche, Wei Cheng, ministro del emperador, le cortaría la cabeza. En el sueño, el emperador juró protegerlo. Al despertarse, el emperador preguntó por Wei Cheng. Le dijeron que no estaba en el palacio; el emperador lo mandó buscar y lo tuvo atareado el día entero, para que no matara al dragón, y hacia el atardecer le propuso que jugaran al ajedrez. La partida era larga, el ministro estaba cansado y se quedó dormido. Un estruendo conmovió la tierra. Poco después irrumpieron dos capitanes, que traían una inmensa cabeza de dragón empapada de sangre. La arrojaron a los pies del emperador y gritaron: Cayó del cielo. Wei Cheng, que había despertado, la miró con perplejidad y observó: Qué raro, yo soñé que mataba a un dragón así.

Wu Ch'eng En: *La sentencia* (siglo XVI). Jorge Luis Borges: *Antología de la literatura fantástica.*

SOLUCIÓN

Nos encontramos ante un texto narrativo, en el que no faltan los elementos característicos: un narrador (en tercera persona), unos personajes (fundamentalmente, el emperador, el ministro y el dragón) y unos hechos que se desarrollan en un espacio (en China, en el palacio del emperador) y en el tiempo (la noche del sueño y el día siguiente). Podemos considerar que el narrador en tercera persona es un narrador tradicional omnisciente, ya que el narrador conoce no solo el comportamiento externo de sus personajes, sino también sus sueños. La brevedad del relato impide caracterizar a los personajes con precisión, si bien podemos señalar que, junto a los tres personajes principales, aparecen dos personajes secundarios (los capitanes). Respecto al tiempo, el tiempo interno de la narración se reparte entre la noche del sueño hasta el día siguiente por la tarde. El tiempo externo no aparece fechado con claridad: podría reflejarse un ambiente contemporáneo del escritor de la China del XVI o incluso pertenecer a un tiempo anterior no concretado (el ambiente legendario del relato hace que no sorprenda la falta de concreción temporal).

Continúa en página siguiente >>

<< Viene de página anterior

La estructura del relato es muy simple: el planteamiento desarrollado en el primer párrafo expone el sueño del ministro, que será el desencadenante de la acción, el desarrollo (que podría considerarse presente en el segundo y parte del tercer párrafo hasta las palabras de los capitanes) y el desenlace (la respuesta de Wei Cheng, en las dos últimas líneas), que cierra el relato con un giro sorprendente. Llama la atención la condensación temporal del relato: se seleccionan unos pocos datos, sin apenas desarrollarlos, lo que va en beneficio de la capacidad del relato para sorprendernos.

En el nivel léxico, encontramos elementos propios de la narración, como la abundancia de verbos de acción ("se arrodilló", "cortaría", "jugaran", "traían", "mataba"...). No faltan las palabras relacionadas con referencias temporales ("noche", "hora", "día", "atardecer") y espaciales ("palacio", "jardín"). En el nivel morfosintáctico, es característico del texto narrativo el uso del pretérito perfecto simple ("soñó", "se arrodilló", "pidió", "accedió"...). Aparece una forma sintáctica característica de este texto, como es la subordinación temporal: "Al despertarse, el emperador preguntó por Wei Cheng". Abundan los complementos circunstanciales de lugar ("En el sueño", "en el palacio", "por el jardín"...) y de tiempo ("aquella noche", "en la hora de la rata", "el día entero"...). Finalmente, en el nivel textual, es característico el uso de marcadores del discurso con valor temporal como "poco después". Asimismo, para referirse a los personajes, no faltan las repeticiones léxicas ("Wei Cheng", "el emperador", "dragón"), en ocasiones evitadas mediante sustituciones con la misma referencia: "el ministro" por "Wei Cheng".

Por último, conviene señalar que, a pesar de la brevedad del cuento, nos encontramos con la presencia de una modalidad discursiva que suele acompañar a la narración, especialmente a la literaria, como es el diálogo, tanto en estilo directo ("Cayó del cielo") como indirecto ("el suplicante dijo que era un dragón").

Descriptivos

La descripción, como la narración y el diálogo, es una forma básica del texto; no suele aparecer aislada, sino mezclada con las otras dos. En cualquier texto es frecuente pasar de una forma a otra, por lo que en un pequeño fragmento se puede encontrar narración, descripción y diálogo.

La descripción sirve para ambientar el relato y crear una atmósfera que dé verosimilitud a los sucesos narrados.

Definición

Describir
Exponer detalladamente y siguiendo un orden cómo son personas, lugares u objetos; "pintar" con palabras.

Para hacer una buena descripción, es necesario seguir un orden que no tiene que ser siempre el mismo, el orden al describir admite múltiples posibilidades:

- Enumerar las partes y luego las propiedades.
- Seguir un orden espacial.
- Describir primero los aspectos particulares y después los generales.

Dependiendo de la intencionalidad del texto y del objeto que se describe, encontramos diversos tipos de textos descriptivos:

- Por su intencionalidad:
  - **Objetivos:** con los que el autor reproduce fielmente la apariencia de lo que describe, sin valoraciones personales.
  - **Subjetivos:** con los que el autor plasma su impresión de lo descrito para despertar en el receptor sentimientos similares a los suyos.
- Por el objeto descrito:
  - **Descripción de seres vivos.** Según la forma en la que se describan sus rasgos, puede ser:
    - **Prosopografía:** descripción de los rasgos físicos, es decir, de su apariencia externa.
    - **Etopeya:** descripción de los rasgos psicológicos o morales, es decir, su carácter.

- **Retrato:** descripción de las cualidades físicas y psicológicas, es decir, une la prosopografía y la etopeya.
- **Autorretrato:** descripción física y psicológica del propio autor, es decir, el autor se describe a sí mismo.
- **Caricatura:** descripción de rasgos físicos y psicológicos de manera exagerada, es decir, realzando los defectos.

En la siguiente tabla se muestran las diferencias entre la prosopografía y el retrato.

PROSOPOGRAFÍA	RETRATO
Observar, seleccionar y anotar los **rasgos físicos** más característicos de un personaje.	Observar, seleccionar y anotar los **rasgos físicos y psicológicos** más característicos de un personaje.
Seguir un **orden** al "pintar" al personaje.	Seguir un **orden** al describir los rasgos del personaje.
Presentar al personaje **en acción.**	Presentar al personaje **en un ambiente.**
Dejar ver los sentimientos del autor hacia el personaje eligiendo el tono adecuado para la descripción.	Seleccionar las palabras y recursos expresivos para dar vida y fuerza a la descripción.

- Descripción de lugares y costumbres:

  - **Cuadro:** se suele dar primero una visión general del lugar y después se localizan distintos elementos geográficos del mismo, por medio de expresiones que lo sitúen espacialmente. Se suelen transmitir los sentimientos que ese lugar despierta (alegría, miedo...).
  - **Bodegón:** se describen las costumbres gastronómicas de una determinada cultura a través de los alimentos (piezas de caza, frutas...), cristalería, vajillas, flores, etc.
  - **Descripción de sentimientos, emociones, fantasías, etc.** En este tipo de textos se apela a lo más íntimo y personal, describiendo todo tipo de emociones, sentimientos, anhelos, recuerdos, deseos, etc.

Seguidamente se presentan de forma esquemática los diferentes tipos de textos descriptivos.

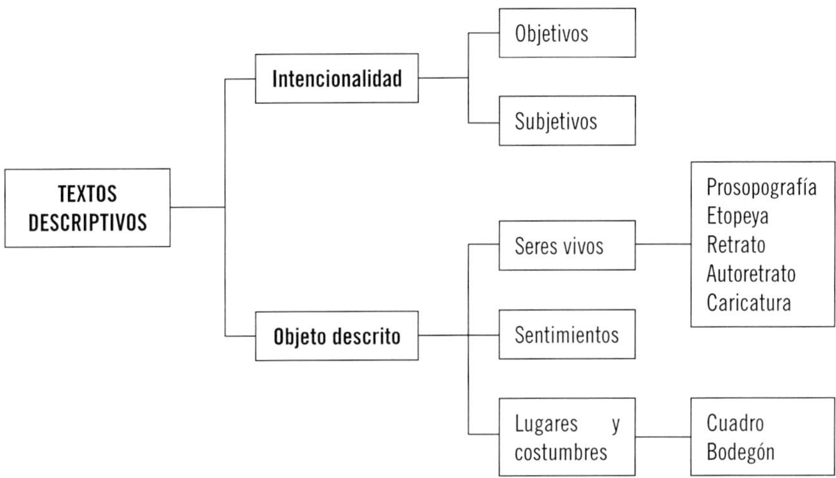

Estructura

Para realizar una buena descripción, sea cual sea el objeto, persona, sentimiento o animal a describir, se deben seguir ciertos pasos, tales como:

- Observar bien el objeto a describir: intentar descubrir qué es aquello que se quiere describir y qué características tiene.
- Ordenar las ideas, teniendo en cuenta cómo se quiere presentar aquello que se quiere describir: de lo más general a lo más específico o de lo más importante a lo menos importante.
- Finalmente, presentar aquello que se ha descrito en las dos primeras fases.

Actividades

5. Elabore un texto descriptivo teniendo en cuenta los pasos indicados anteriormente.

Una vez respetadas las fases para crear un texto descriptivo, el siguiente paso es hacerlo acorde a una estructura:

- En un principio se establece el tema, es decir, se presenta el objeto como un todo. El tema se puede establecer desde el inicio o bien después de enumerar características.
- Luego tiene lugar la caracterización, etapa en la cual se distinguen las cualidades, las propiedades y las partes del objeto de la descripción.
- Posteriormente, se debe relacionar el tema con el mundo exterior, relación tanto en lo que se refiere al espacio y al tiempo como a las múltiples asociaciones que se pueden activar con otros mundos y otros objetos análogos (con la utilización de una comparación, metáfora o metonimia, por ejemplo).

Nota

La estructura del texto descriptivo suele utilizarse para brindar información de manera directa, fáctica. Suele estar escrito en presente y carece de prosa, lo cual lo hace fluir de una manera realista.

Rasgos lingüísticos

Entre las características lingüísticas de los textos descriptivos, destacan las siguientes:

- **Verbos.** Predominan los verbos copulativos ("ser", "estar" y "parecer") porque sirven para definir y describir. Se utilizan en pretérito imperfecto ("había parecido", "habían estado", "habíais sido"...) y presente ("parezco", "están", "sois"...).
- **Sustantivos y adjetivos.** Predominan los sustantivos y adjetivos en un texto descriptivo, porque los primeros refieren entidades estáticas, y los segundos, cualidades, lo que ayuda al acto descriptivo.
- **Deícticos.** Palabras que ayudan a dar orden a la descripción ("aquí", "allí", "a la derecha"...).
- **Sintaxis.** Predomina la coordinación y yuxtaposición en detrimento de la subordinación.
- **Recursos estilísticos.** Aparecen, especialmente, en descripciones subjetivas y literarias. Estos recursos suelen ser de tipo semántico, como la metáfora ("el oro de su cabeza"), símil o comparación ("cabellos como el oro"), imágenes ("Gustavo es un lince"), etc.

Estas características lingüísticas de los textos descriptivos aparecen resumidas en el siguiente gráfico.

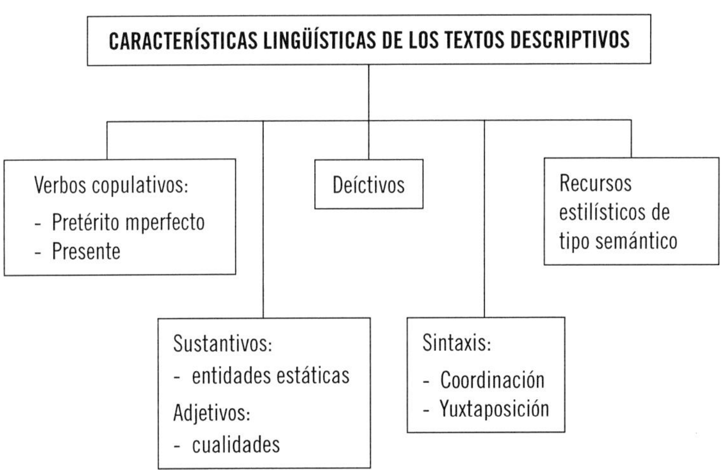

Comente el siguiente texto descriptivo:

Morfología y estructura del corazón

El corazón es un órgano de forma cónica situado en la parte central de la cavidad torácica (mediastino), entre los pulmones. En su parte externa presenta un surco transversal y otro surco longitudinal, por donde discurren las arterias y venas coronarias, así como los nervios que intervienen en su regulación nerviosa.

En su parte interna presenta cuatro cavidades: dos aurículas y dos ventrículos. Los ventrículos presentan paredes más gruesas que las aurículas y, a su vez, el ventrículo izquierdo es de paredes más gruesas que el derecho. La aurícula izquierda está comunicada con el ventrículo izquierdo a través de la válvula mitral o bicúside, y la aurícula derecha se comunica con el ventrículo derecho por medio de la válvula tricúspide. Las válvulas están constituidas por unas membranas (2 la bicúspide y 3 la tricúspide) insertas en las paredes del corazón.

A la aurícula derecha le llegan las dos venas cabas (la superior y la inferior), mientras que a la aurícula izquierda llegan las cuatro venas pulmonares. Del ventrículo derecho parte la arteria pulmonar, mientras que del izquierdo parte la arteria aorta. La llegada de la sangre al corazón por las venas se efetúa continuamente y sin impedimento, pues estas venas se abren libremente en la pared cardíaca. En cambio, la salida de la sangre de los ventrículos a las arterias está regulada por las válvulas sigmoideas, que se abren únicamente cuando la sangre ventricular alcanza cierta presión como consecuencia de la contracción de la pared del ventrículo.

SOLUCIÓN

Se trata de una descripción muy elaborada, en la que se sigue un orden relacionado con coordenadas espaciales.

El título del texto representa el establecimiento del tema, y en el primer párrafo se da una definición del objeto (el corazón).

A continuación empieza la caracterización del objeto que se describe. El corazón aparece descompuesto en unidades individuales, cada una de las cuales recibe una nueva descripción. El recorrido descriptivo va desde lo externo a lo interno y de izquierda a derecha. Con ello, el emisor guía de modo eficaz la interpretación del lector.

Continúa en página siguiente >>

<< Viene de página anterior

El último párrafo establece la relación con el mundo exterior: las venas y las arterias que llegan al corazón.

En cuanto al estilo, abundan los sustantivos de significado muy específico (terminología): "aurícula", "venas cabas", "ventrículo", etc. Otras característica de los textos descriptivos es el uso de verbos en presente ("se efectúa", "llegan", "se abre", etc.), que permite llevar a cabo aseveraciones de carácter general, las enumeraciones (enumera las distintas partes del corazón) y el empleo de la definición ("El corazón es un órgano de forma cónica situado en la parte central de la cavidad torácica...").

Dialogados

El texto dialogado se caracteriza por el intercambio comunicativo entre dos o más interlocutores, de tal forma que estos participantes se turnan en los papeles de emisor y receptor.

Se entiende por **diálogo** el discurso compartido de dos o más hablantes. Existen dos tipos: el diálogo oral (lenguaje vivo) y el diálogo escrito (lenguaje referido). El primero es propio de la comunicación directa entre un "yo" y un "tú", por ejemplo, de la conversación. Por su parte, el diálogo escrito trata de reproducir con limitaciones un diálogo oral, pues pierde la presencia física de los interlocutores, las inflexiones de su voz, la entonación, los gestos, las miradas o los diversos movimientos.

El diálogo protagoniza o se integra en diferentes discursos, como el relato informativo periodístico, la entrevista, la encuesta, el diálogo filosófico, el ensayo, la historia, la biografía y, sobre todo, el discurso narrativo.

En el lenguaje periodístico recoge la voz de los "personajes" de la historia. En la encuesta y la entrevista, igual que en la tertulia, el diálogo se enriquece con juegos de preguntas y respuestas predeterminados, según la pericia y experiencia previa del entrevistador y del entrevistado. En el lenguaje literario el diálogo constituye un elemento imprescindible para la caracterización de los personajes, pues son ellos los que descubren, al hablar, distintas facetas de su personalidad, así como su actitud ante los hechos y la intención que los mueve. Por lo general, el autor pone en boca de sus personajes el habla que corresponde a su edad, educación, grupo social, cultura e ideología, quedando así caracterizados por el lenguaje que usan. Por su parte, la obra dramática se apoya exclusivamente en el diálogo de los personajes, puesto que en ella no interviene el narrador. Asimismo, el diálogo dramático recibe ayuda de las acotaciones (indicaciones orientativas sobre la actuación de los personajes) y puede incluir monólogos (lectura de cartas, reflexiones en voz alta...) y apartes (palabras de un personaje que no escuchan los personajes, pero sí el espectador).

Nota

El diálogo suele reproducir la espontaneidad y viveza del lenguaje oral, dotando de realismo ambientes y situaciones.

Estructura

Para J. M. Adam (1992), el texto dialogado es una secuencia textual más (del mismo rango que la argumentación o la narración, por ejemplo), subdividida a su vez jerárquicamente en dos tipos de secuencias: secuencias fáticas de apertura y cierre del texto, por un lado, y secuencias transaccionales combinables, que constituyen el cuerpo del texto, por otro lado. Así pues, un texto dialogado elemental completo tiene la forma siguiente:

- Secuencia fática de apertura.
- Secuencias transaccionales.
- Secuencia fática de cierre.

Por su parte, otros autores, como T. A. van Dijk (1978), proponen que el texto dialogado constituye una superestructura formada por seis categorías:

1. **Apertura,** que se dé o no depende de la situación, del grado de formalidad o de la interacción.
2. **Preparación** para establecer la comunicación.
3. **Orientación** hacia el tema de la conversación.
4. **Objeto de la conversación,** parte central en que se comunica un suceso, se interroga, se pide, se ordena, etc.
5. **Conclusión,** introducida por frases de síntesis, evaluación, etc.
6. **Cierre,** formulado con elementos lingüísticos ("adiós", "hasta luego") o elementos paralingüísticos (un abrazo, un apretón de manos, etc.).

Cada una de estas categorías puede ser recursiva, ya que suele haber más de un tema de conversación, por lo que, si se cambia de tema, se vuelve a preparar la comunicación, orientar el tema y concluirlo.

Rasgos lingüísticos

Los rasgos que caracterizan el estilo de un texto dialogado son los siguientes:

- **Naturalidad:** reproduce la forma del habla de cada persona. Por lo tanto, se pueden encontrar diálogos en los que se utilice un lenguaje coloquial, infantil o incluso vulgar, dependiendo de los personajes que hablen y su caracterización.
- **Agilidad:** construye un ritmo conversacional mediante expresiones cortas y dinámicas, igual que sucedería en una conversación entre personas.
- **Expresividad:** selecciona intervenciones que revelen las particularidades de cada hablante.

El diálogo escrito intenta, por tanto, recrear la espontaneidad de las conversaciones orales a través de pausas y de una alternancia verosímil de la palabra, que permita inferir la mayor cantidad de información de los hablantes, con o sin la ayuda del narrador.

Por otra parte, existen varios procedimientos de inserción del diálogo. Estas formas de representación del diálogo son las siguientes:

- **Directo:** reproduce literalmente las palabras de los personajes que intervienen.
- **Indirecto:** los personajes hablan a través del narrador.
- **Indirecto libre:** el narrador expresa sentimientos o pensamientos que fluyen en la mente de los personajes, sin mencionarlos explícitamente.

Actividades

6. Recuerde alguna obra de teatro a la que haya asistido e intente reproducir por escrito un texto dialogado (si no lo recuerda, invéntelo).

Aplicación práctica

Lea el siguiente fragmento e indique las características de los textos dialogados que encuentre.

-¡Tristán le dijo que yo era un estudiante de arte que estaba haciendo una tesis sobre Chatagnier!- Violeta acabó la parrafada estrangulándose de risa.

-¿Y no notarán que no tienes ni idea?- le solté venenoso.

Violeta me atizó un mochilazo que casi me tumba.

-Claro que no, memo, ¡tengo idea!- escupió mientras balanceaba su mochila para volver a arrearme.

Carlos Romeu: *Tristán en París.* Ediciones SM.

Continúa en página siguiente >>

<< Viene de página anterior

SOLUCIÓN

- Estilo indirecto introducido por una oración subordinada ("le dijo que yo era un estudiante de arte que estaba haciendo una tesis sobre Chatagnier").
- Registro informal que refleja la edad adolescente de los personajes ("acabó la parrafada estrangulándose de risa", "memo").
- Estilo directo, intervención directa del personaje ("¿Y no notarán que no tienes ni idea?").
- Empleo de verbos declarativos ("le solté", "me atizó", "escupió").

3.2. Expositivos: características y estructura

Exponer es explicar algo a terceras personas, de lo que se deduce que la exposición es un tipo de discurso con el que se transmite información. El texto con el que se lleva a cabo este objetivo eminentemente informativo se llama **texto expositivo.**

El texto expositivo, con el que se muestra algo, puede combinarse con otros tipos, sobre todo el argumentativo, con el que se demuestra o convence de algo (el siguiente punto versa sobre los textos argumentativos).

Ejemplo

Los textos expositivos pueden ser tratados técnico-científicos, libros didácticos, manuales de instrucciones, etc.

La finalidad de los textos expositivos es la de transmitir los conocimientos del autor sobre un tema concreto o sobre la manera de realizar un proceso: es una **finalidad** claramente **didáctica.**

Son muchos los ámbitos en los que se recurre a la exposición: el científico y académico (libros de texto, apuntes de clase, resúmenes, etc.), el laboral (memorias, proyectos, informes, etc.), social (anuncios, actas, avisos, etc.) e, incluso, en la vida diaria (manuales de instrucciones).

Dependiendo de la finalidad de la exposición, se pueden encontrar los siguientes **tipos** de textos expositivos:

- Informativos.
- Instructivos.
- Explicativos o aclarativos.
- Prescriptivos.
- Predictivos.
- Etcétera.

Características

Dado que con los textos expositivos se pretende informar y explicar, es imprescindible que los contenidos sean expuestos clara y ordenadamente. De lo que se deduce que **claridad, orden** y **objetividad** son las características principales de los textos expositivos.

Hay veces en las que la exposición puede tener cierto enfoque subjetivo, aunque suele primar la objetividad, debido, por ejemplo, a la presencia de tecnicismos, definiciones, ejemplos, etc. y, también, por el orden y claridad que deben tener estos textos en aras de una exposición eficaz.

En este tipo de textos predomina la función referencial, pues el emisor adapta sus conocimientos a los que presupone en el receptor.

Por otra parte, cabe destacar que en los textos expositivos priman las siguientes características lingüísticas:

- **Verbos:** son frecuentes los verbos impersonales en presente intemporal y en tercera persona del singular.

- **Léxico:**
    - Se usan palabras precisas y poco ambiguas.
    - Valor denotativo de las palabras:
        - No hay términos polisémicos ni se hacen juicios de valor.
        - Léxico monosémico y referencial para evitar la ambigüedad.
    - Sustantivos abstractos y adjetivos especificativos y descriptivos, con intención informativa.
    - Frecuentes tecnicismos y palabras pertenecientes al campo semántico del tema que se expone.
- **Sintaxis:**
    - Oraciones subordinadas no excesivamente largas y tampoco complejas, puesto que un texto expositivo debe ser claro y de fácil comprensión.
    - Oraciones coordinadas, yuxtapuestas, proposiciones adjetivas, aposiciones, etc., todas explicativas.
- **Procedimientos retóricos** (clasificación, comparación, contraste, analogía, definición y ejemplo), aunque huyendo del estilo poético.

Un ejemplo de texto expositivo es el siguiente:

> *Molusco (del lat. Molluscus, blando) Zool. Tipo o filium animal con aprox. 120.000 especies, perteneciente a los deteróstomos. Los moluscos tienen piel blanda y sin protección, con frecuencia recubierta por la secreción del pliegue del manto, la concha. Han desarrollado una forma especial la parte inferior del cuerpo, denominada pie, lo que permite que se desplacen arrastrándose. Se divide en dos subtipos. Los anfineuros son más primitivos. Exclusivamente marinos, están provistos de dos pares de cordones nerviosos, que atraviesan el cuerpo y forman una especie de sistema nervioso en escalera triple por medio de cordones conectivos. Las clases solenogastros, con 140 especies, y placóforos, con más de 1.000 especies, y placóforos, con más de 1.000 especies, pertenecen a este grupo. El segundo subtipo, conchíferos, comprende aquellos moluscos provistos de verdaderas conchas continuas. En él se distinguen cuatro clases: los gasterópodos, con aprox. 85.0000 especies, los escafópodos, con aprox. 300 especies; los bivalvos, con aprox. 25.000 especies y los cefalópodos, con aprox. 8.500 especies.*
>
> Enciclopedia Clarín, Tomo 17. Bs. As., 1999.

Actividades

7. Según su criterio, ¿considera que son parecidos los textos expositivos y los descriptivos? ¿En qué se parecen y en qué se diferencian?

Estructura

En todo texto expositivo debe primar una estructura básica amén del orden y claridad que se explicaban en el apartado anterior. Esa estructura básica consiste en una **introducción** o planteamiento del tema, un **desarrollo** del mismo y, finalmente, una **conclusión.**

En el siguiente cuadro aparece un ejemplo de la estructura de un texto expositivo.

Título: **SÍNDROME DE DOWN**	
Introducción Explicación acerca de cómo será tratado el tema.	La denominada trisomía 21 da lugar, en uno de cada 700 recién nacidos, al temido síndrome de Down: una discapacidad o minusvalía cerebral vulgarmente denominada mongolismo.
Desarrollo Parte más importante del texto; consiste en la exposición clara y ordenada de la información.	Por una perversa ironía de la naturaleza, los niños que padecen de síndrome de Down tienen en su organismo un exceso de cargamento genético que, en lugar de beneficiarlos, se convierte en un lastre para su desarrollo. En el cromosoma 21 (del total de 23 pares), la pareja de cromosomas lleva añadido un tercero, que es causante del desbarajuste genético. Los que padecen de este síndrome son niños con falta de tono muscular, el desarrollo físico y mental retrasado, microcefalia, cabeza plana, ojos oblicuos, lengua grande, manos cortas y anchas y una única línea en la palma de las manos. Los científicos se esfuerzan en contrarrestar esa trisomía 21 del mapa genético: bien mediante manipulación genética embrionaria o, en aquellos casos donde el mal ya existe, corregirlo con fármacos específicos.

Continúa en página siguiente >>

<< Viene de página anterior

Título: SÍNDROME DE DOWN	
Conclusión Sintetiza la información presentada; su finalidad es resumir los aspectos fundamentales del tema expuesto.	La medicina clínica no tiene todavía curación para el síndrome de Down, pero sí alguna respuesta preventiva. Se sabe que, en términos generales, el incremento de la aparición de esta anomalía genética está asociado a la edad de la madre. Cuanto más avanzada es la edad del embarazo, mayor es el riesgo matemático de concebir un hijo un tercer cromosoma en el par número 21. Casi la mitad de los casos de síndrome de Down son hijos de mujeres mayores de 35 años.

El orden, de gran importancia para la eficacia expositiva, viene determinado por la propia sustancia de la exposición: se parte de una idea general que se va desarrollando. A continuación, se presentan los principales órdenes:

- **Orden cronológico o lineal:** la exposición se desarrolla siguiendo un orden temporal.
- **Orden lógico:** ante una determinada causa, siempre se producirá un determinado efecto.
- **Orden analítico o deductivo:** se parte de una idea que luego se explica, se presenta un tema y después se van analizando sus diferentes aspectos.
- **Orden sintético o inductivo:** se parte de los casos particulares a partir de los cuales se extrae una conclusión final.
- **Orden mixto:** se mezclan la estructura analítico-deductiva y la sintético-inductiva.
- **Orden paralelo, circular o de encuadre:** se formula, en primer lugar, el tema general y, a continuación, se enumeran los datos concretos y precisos del mismo. Finalmente, se vuelve al tema principal, repitiéndolo y completándolo con la introducción de algún otro elemento.
- **Orden jerárquico:** se expone por orden de importancia.
- **Orden numérico:** se van citando los datos aleatoriamente, pero de forma numerada o alfabética y sucesiva.

Por lo dicho en los apartados anteriores, se infiere que los principales elementos de un texto expositivo son los que se enumeran a continuación:

- Un **tema** concreto a tratar.
- El **emisor,** que puede ser individual o colectivo y particular o institucional.
- El **receptor,** con unas características concretas que el emisor debe tener en cuenta.
- Una **estructura u orden** a seguir para exponer el tema.
- Una **finalidad definida,** que el emisor establece atendiendo a la demanda de un receptor, que es el encargado de interpretar lo que se expone, es decir, se cumple la función referencial.

Para entender mejor los textos expositivos, en el siguiente gráfico se muestra un esquema-resumen de los mismos.

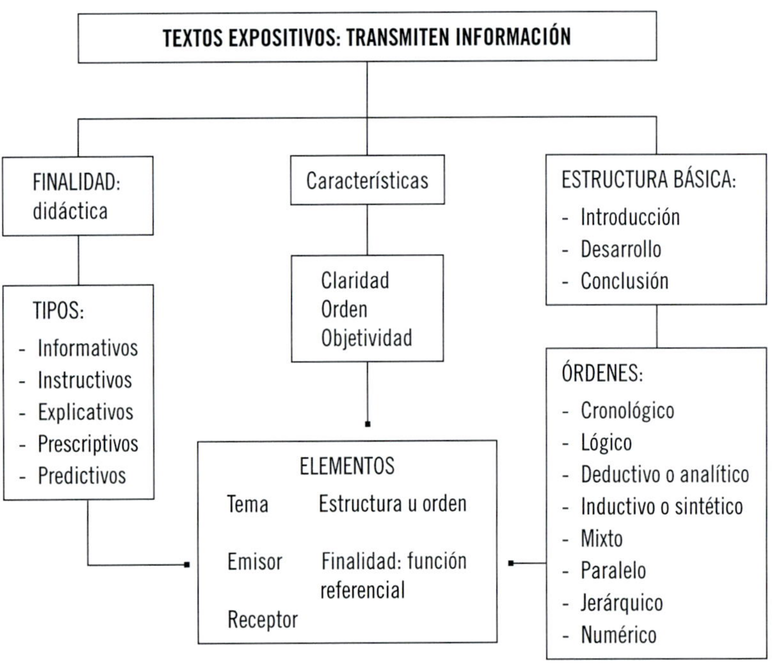

Actividades

8. Busque un texto expositivo y analice sus partes, señalando la introducción, el desarrollo y la conclusión.

Aplicación práctica

Analice el siguiente texto expositivo:

La caries dental apareció muy pronto en la historia de la humanidad: se han observado lesiones provocadas por caries en dientes humanos que datan del Paleolítico y del Neolítico. Las grandes civilizaciones de la Antigüedad se preocuparon de los problemas dentales: los papiros egipcios describen tratamientos, extracciones y prótesis. Los antiguos hebreos se cuidaban los dientes, y el Talmud insiste en la necesidad de la higiene bucal. Los griegos, con Hipócrates, llamaron la atención acerca de los restos alimenticios que quedan en los dientes y pueden provocar la caries. Los fenicios y los etruscos, a su vez, aprendieron las artes dentales de los egipcios. Después de los trabajos del norteamericano Keyes, en los años cincuenta, se sabe que se pueden reagrupar los factores que originan la caries dental en tres grandes grupos: factores relacionados con los dientes propiamente dichos, factores relacionados con los hidratos de carbono de los alimentos (azúcares) y factores relacionados con las bacterias. Es necesaria la conjunción de los tres tipos de factores para que aparezca la caries.

SOLUCIÓN

Es un texto expositivo, que trata de la historia de la aparición de la caries y de los factores que la originan.

El texto se divide en tres partes. La primera parte abarca hasta la tercera línea, y es la introducción y presentación del tema del texto: la aparición de la caries, su historia y causas. La segunda parte es el desarrollo del tema, abarca el segundo párrafo. Y la tercera parte es la conclusión, y son las dos últimas líneas.

Continúa en página siguiente >>

<< Viene de página anterior

Tiene una estructura analítica, ya que presenta una idea al principio y luego la explica y desarrolla, poniendo ejemplos.

Los verbos del texto están en pasado, porque cuenta hechos históricos, que sucedieron en el pasado. No se usa el presente de indicativo (característico de los textos expositivos).

3.3. Argumentativos: estructura y tipos de argumentos

Los textos argumentativos presentan opiniones y/o razonamientos. Argumentar implica un diálogo, real o evocado, y la existencia de dos posiciones u opiniones diferentes.

Argumentar
Aportar razones o argumentos para defender o refutar una opinión o tesis, una opinión propia o contraria.

El texto argumentativo suscita una controversia, una polémica sobre un tema, explícita o implícita, real o hipotética. Este deseo de probar la tesis propia mediante la refutación o crítica de la tesis contraria confiere al texto argumentativo un tono polémico.

Definición

Tesis
Formulación de la idea u opinión que se va a defender.

El grado de complejidad de estos textos varía: desde la exposición de un juicio de valor a razonamientos más exhaustivos y profundos. Estos, los más exhaustivamente razonados, son propios de ensayos, libros de filosofía, etc. Aquellos, los que expresen una opinión o juicio, aparecen en los libros de texto, en la prensa, en la conversación diaria: a menudo nuestras intervenciones tienen la intención de mostrar nuestro punto de vista, de disuadir de los planteamientos a otros o de persuadir de nuestras razones.

Los textos argumentativos suelen combinarse con otros tipos de textos, especialmente con los textos expositivos.

La **finalidad** del texto argumentativo es **persuadir o convencer:** probar la tesis mediante el desarrollo ordenado y razonado de unos argumentos. Es por eso que el autor o emisor del texto argumentativo tiene que esforzarse por justificar su tesis con la ayuda de argumentos o pruebas.

Consejo

Un buen "argumentador" debe conocer las técnicas de persuasión con las que influir en el receptor, cumpliéndose las funciones referencial y apelativa de la lengua.

En la argumentación se da una presencia activa del autor, por lo que los textos argumentativos se caracterizan por una fuerte **subjetividad** frente a los expositivos, en los que destaca la objetividad en la exposición. El uso de la primera persona gramatical, la presencia de términos estimativos, la emisión de juicios, etc. marcan la presencia del autor en el texto.

La **eficacia** de un texto argumentativo se sustenta en la **calidad** de los argumentos empleados, aunque también contribuyen a esa eficacia otros factores, como son: el uso de recursos retóricos y el desarrollo de la función emotiva o expresiva, con estos se dota al texto de gran fuerza persuasiva y de convicción.

Son diversos los **modos de argumentar,** como se puede ver a continuación:

- El modo **inductivo** parte de hechos particulares para llegar a una conclusión general.
- El modo **deductivo** parte de una proposición general de la que se deducen otras secundarias.
- El modo **concesivo** parte de la aparente aceptación de un argumento contrario, cambiando de posición finalmente.
- El modo **crítico** parte de la crítica o refutación de la tesis contraria.
- El modo de **reducción al absurdo** parte de las consecuencias absurdas que el emisor imagina.

Debido al carácter polémico y de opinión de los textos argumentativos, la presencia explícita del autor es constante mediante referencias a la primera persona, uso de verbos normalmente en presente, y términos y frases estimativas y de opinión ("juzgo", "considero", "afirmo", "más conveniente", "menos importante", etc.).

Otras características lingüísticas de la argumentación, que a veces coinciden con las de los textos expositivos, son las siguientes:

- **Sintaxis** (más compleja que en el texto expositivo) con períodos oracionales largos y gran variedad oracional: modalidades exclamativas, interrogativas, dubitativas, etc., proposiciones causales, comparativas, condicionales, consecutivas, concesivas.

- **Léxico** semejante al de los textos expositivos, aunque con elementos gramaticales (adverbios, conjunciones y otros marcadores) que ayudan a matizar el sentido de los enunciados. Por ejemplo: adverbios: "además", "encima", "eso sí", etc. Conjunciones y otros marcadores: "es más", "con todo", etc.
- Uso de **recursos expresivos** (símiles, metáforas, connotaciones, contrastes, ejemplificaciones, imágenes, etc.) con los que embellecer y hacer más eficaz la argumentación.

A continuación, se presenta un ejemplo de texto argumentativo:

El acto solidario de la donación de órganos

Si bien los trasplantes se han convertido en una práctica habitual, aún persisten fuertes temores en la población para donar órganos. Lograr su superación es la clave para aumentar el número de los dadores solidarios que hacen falta para salvar miles de vidas. Las razones que dificultan la decisión de ser donante son múltiples. En muchos casos, arraigan en convicciones de índole religiosa, moral o filosófica que cuestionan la donación. En otros, se fundan en el temor a la existencia de traficantes de órganos, o en la desconfianza en el sistema de salud, que llevan a pensar que alguien podría no ser asistido bien o a tiempo para obtener sus vísceras. También está el caso frecuente de quienes no pueden sentirse solidarios en el momento en que atraviesan el dolor por la muerte de un ser querido, que es cuando se les requiere que dispongan la entrega de los órganos para prolongarle la vida a otro ser humano. Es preciso, entonces, que se aclaren algunas cuestiones. Primero, que la complejidad del procedimiento de ablación y trasplante, en el que intervienen varios equipos médicos altamente especializados, torna muy improbable la existencia de circuitos clandestinos. Segundo, que la necesaria compatibilidad entre donante y receptor también aleja la posibilidad de manipulaciones que pudieran derivar en muertes "a pedido". La última cuestión es la más compleja. Porque hasta el presente, aunque alguien haya manifestado expresamente su voluntad de donar, es a la familia a la que se consulta en el momento en que aquélla puede efectivizarse. Y tal consulta llega en un momento crucial, en general poco propicio para las reflexiones profundas, máxime si tienen que llevar a la toma de una decisión rápida. Cuando esté vigente el consentimiento presunto previsto en la ley, que implica que solo deba manifestarse expresamente la negativa a donar, muchos de estos problemas se evitarán. Mientras tanto, las campañas públicas deben esclarecer sobre la naturaleza de los procedimientos técnicos, para disipar fantasmas. Pero, esencialmente, deben apuntar a que se tome conciencia de lo que significa salvar otra vida. Porque para decidirlo en un momento límite es menester que la idea se haya considerado y discutido previamente, con calma y en profundidad. Nadie está exento de que la vida a salvar pueda ser la propia o la de un ser querido. Por eso debería destacarse que es más fácil lamentar el no haber consentido una donación a tiempo que arrepentirse por haberlo hecho.

Clarín. Opinión. Viernes, 26 de julio de 2002.

Estructura

Las estructuras que se han explicado para los textos expositivos también son válidas para los argumentativos. Esto es:

- **Estructura deductiva o analítica:** tesis al principio, y luego los argumentos.
- **Estructura inductiva o sintética:** argumentos al principio, y luego la tesis.

9. Busque en internet diferentes tipos de textos argumentativos, y analice su estructura, indicando si es analítica o sintética.

Por otro lado, la llamada **retórica clásica,** que es la disciplina que enseña el arte de la persuasión por medio de la palabra, establece cuatro partes para organizar los textos argumentativos. Estas partes son las siguientes:

1. **Exordio o proemio:** introducción del tema o tesis a tratar, intentando captar la atención e interés.
2. **Narración:** exposición de la tesis concreta que nos ocupe.
3. **Argumentación:** apoyo de la tesis con distintos tipos de argumentos. En general, se exponen las ideas contrarias o diferentes a la tesis; luego, se refutan y, finalmente, se da entrada a los argumentos que apoyan la tesis.
4. **Epílogo:** conclusión de la tesis argumentada.

Nota

La retórica consideró también la posibilidad de actuar no solo sobre la razón, sino también sobre la sensibilidad del receptor, y estableció un catálogo de figuras retóricas con las que dar al discurso expresividad y elocuencia.

A continuación, en el siguiente cuadro se puede observar un resumen de todo lo que se ha explicado hasta ahora sobre los textos argumentativos.

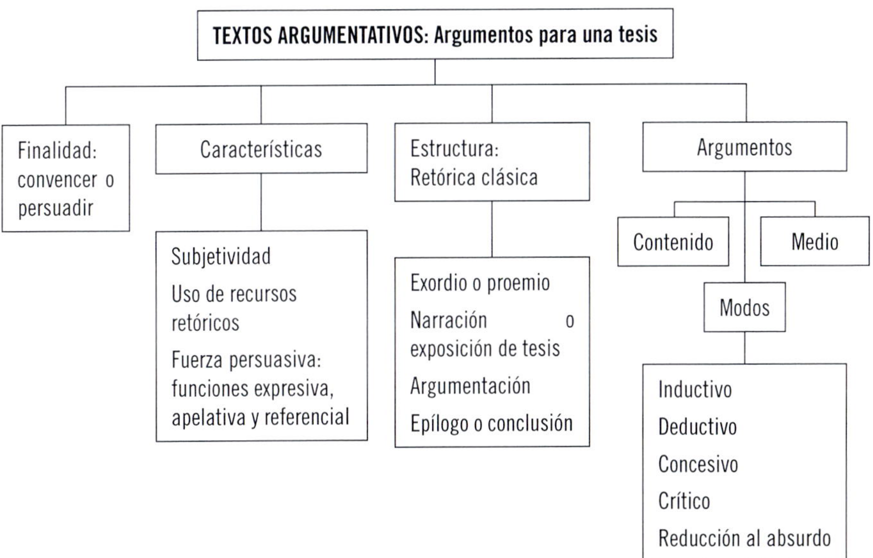

Tipos de argumentos

Por argumentos se entiende el conjunto de razones o pruebas dirigidas a la defensa de la tesis.

Se pueden clasificar los tipos de argumentos según su contenido y según se valgan de medios racionales, analógicos o afectivos.

- Según el **contenido,** hay argumentos de:
  - **Autoridad:** para apoyar la tesis propia se acude a citas de autoridad.
  - **Calidad:** se valora lo bueno frente a lo abundante.
  - **Estético:** se valora lo bello frente a lo feo.
  - **Justicia:** lo justo debe prevalecer frente a lo injusto.
  - **Semejanza:** se defiende algo por ser muy parecido a otro que nos convence.
  - **Utilidad:** se valora lo útil, eficaz y necesario frente a lo contrario.
  - **Moralidad:** las creencias morales sirven de base para justificar una opinión.
  - **De hecho:** basado en pruebas constatables o científicas.
  - Etcétera.

- Según el **medio de argumentación** utilizado:
  - La **argumentación racional:** intenta persuadir con razonamientos lógicos, basados en el sentido común.
  - La **analogía:** cuando los razonamientos son ilustrados con ejemplos o analogías (para hacer comprender algo complejo o difícil se compara con algo ya conocido o habitual, y así se facilita su representación, o se contrasta).
  - La **argumentación afectiva:** cuando se pretende convencer por la vía de lo afectivo y emocional.

En el esquema que se presenta a continuación se resumen los diferentes tipos de argumentos.

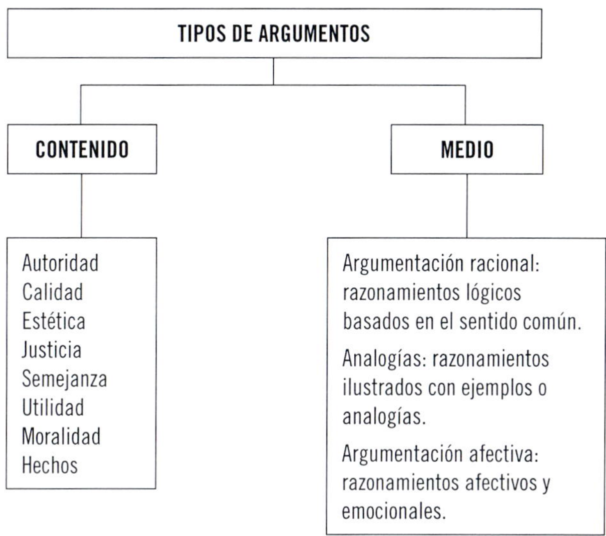

Aplicación práctica

Comente el siguiente texto argumentativo:

Las medidas adoptadas hasta ahora para combatir la violencia doméstica y las agresiones y malos tratos contra las mujeres han fracasado. Solo queda el camino de la rectificación. El incremento de las denuncias no puede imputarse solo a una disminución del temor a represalias. Las lesiones graves y la muerte no pueden ocultarse y el número de casos no deja de aumentar. Estamos ante una grave enfermedad social y ante un inaplazable asunto de Estado. Una de las primeras obligaciones de los poderes públicos es garantizar la seguridad de las personas.

La raíz del mal es, sin duda, educativa. Y ahí habrán de residir las principales medidas a medio y a largo plazo. Pero no es posible esperar el tiempo necesario para que este tipo de tratamiento rinda sus resultados. Mientras tanto, es imprescindible articular un sistema combinado de medidas preventivas y punitivas. Entre las primeras, es necesario incentivar la diligencia policial y judicial ante las denuncias presentadas. Muchas veces una víctima mortal ha sido antes una denunciante insuficientemente escuchada. Tampoco se están aplicando diligentemente las medidas de alejamiento legalmente previstas para los agresores condenados. Entre las medidas punitivas,

Continúa en página siguiente >>

<< Viene de página anterior

hay que plantearse con urgencia el endurecimiento de las penas para este tipo de delitos. Es posible que la represión constituya un factor disuasorio de limitada eficacia, pero debe ser aprovechado.

Por otra parte, nos tenemos que lamentar de los males causados por los propios errores que cometemos. Entronizamos la violencia en nuestra vida cotidiana -dejándola entrar en casa, por ejemplo, a través de la televisión- y, al mismo tiempo, nos sorprende que la cosecha sea fiel resultado de la siembra.

No hay que lamentarse, sino actuar. El fracaso de la legislación actual constituye una exigencia para proceder a su inmediata reforma, que debe contar con el mayor consenso posible.

SOLUCIÓN

Nos encontramos ante un texto del que no conocemos el autor ni el medio en el que ha sido publicado, aunque parece que puede tratarse de un texto publicado en algún medio de comunicación escrito.

El tema es la violencia de género, tema de gran actualidad. El emisor no se dirige a un lector especializado, sino a uno genérico, heterogéneo, preocupado por los problemas que afectan a nuestra sociedad. El destinatario sería, pues, el lector de cualquier periódico o revista.

Según la intención comunicativa del emisor, se trata de un texto argumentativo, pues todo el texto está dirigido a persuadirnos de una tesis o idea central: que las medidas adoptadas hasta ahora para combatir la violencia doméstica han fracasado y es urgente actuar y reformar la legislación vigente. La secuencia básica dominante es también argumentativa.

El autor adopta una estructura argumentativa de tipo circular: tesis-argumentos-tesis. Se inicia el texto en la primera parte con la presentación de la tesis, en la segunda parte va exponiendo los argumentos, y acaba el texto con la conclusión, en la que se vuelve a formular la tesis.

Predomina la subjetividad en la expresión de la opinión del autor, que está también en la presencia de la función emotiva o expresiva del lenguaje.

Igualmente importantes son las formas verbales, cuya modalidad expresa necesidad o conveniencia ("es imprescindible, es necesario, no es posible..."). La implicación del lector la intenta conseguir el emisor también a través del uso de la primera persona de plural: ("estamos", "nos tenemos", "entronizamos").

Continúa en página siguiente >>

<< Viene de página anterior

El registro lingüístico del texto es el de un lenguaje formal con algunos rasgos cultos, tanto en el léxico como en su estructura sintáctica. Expresiones como "violencia doméstica", "agresiones", "rectificación", "incremento", "imputarse represalias", "articular medidas preventivas y punitivas", o "factor disuasorio" son ejemplos de este uso culto del lenguaje. Hay que señalar, asimismo, la presencia de algunos tecnicismos jurídicos cuando el autor se refiere a las medidas que han de adoptarse: "medidas punitivas", "medidas preventivas", "legislación", "diligencia policial y judicial", etc.

Como conclusión, podemos decir que el texto reúne todos los rasgos propios de un texto argumentativo de carácter periodístico, escrito en un lenguaje formal con algunos rasgos cultos.

3.4. Prescriptivos: normativos e instructivos. Estructura

Los textos prescriptivos son aquellos cuyo mensaje se emite con el fin de regular o guiar el comportamiento del receptor en una situación determinada. Por tanto, los textos que sirven para fijar normas, para indicar cómo hay que realizar alguna acción, para actuar sobre el comportamiento de alguien, etc., son los textos prescriptivos, ya que dan instrucciones o prescriben algún comportamiento.

Existen dos tipos de textos prescriptivos: las normas (o textos normativos) y las instrucciones (o textos instructivos):

- **Textos normativos:** recogen órdenes o normas en las que el emisor pretende regular el comportamiento del receptor, como, por ejemplo, las leyes, las normas de circulación, las reglas de un juego, las normas para el uso de una biblioteca, etc.
- **Textos instructivos:** recogen instrucciones para que el receptor lleve a cabo una tarea. Suelen estar estructurados en pasos que pretenden guiar la acción del receptor, por ejemplo, las recetas de cocina, las instrucciones para lavar una prenda, para instalar un programa en el ordenador, etc.

Para ser eficaces, los textos prescriptivos deben estar escritos con un lenguaje claro, preciso y sencillo, que pueda ser comprendido fácilmente.

Es frecuente la presencia de explicaciones breves e imágenes que aclaren el contenido del texto. También son habituales los marcadores que expresan orden (números, letras, puntos, adverbios o locuciones adverbiales de tiempo: "en primer lugar", "después", "a continuación, "por último", etc.).

Asimismo, en los textos prescriptivos suelen aparecer tecnicismos propios del tema del que trate el texto (mecánica, cocina, jardinería...).

En los textos prescriptivos predomina la función apelativa, ya que se utiliza el lenguaje para influir en la conducta del receptor. También se da en ellos la función representativa, pues se aporta información para llevar a cabo la acción prescrita.

La sintaxis debe ser sencilla, con predominio de oraciones simples; las formas verbales más frecuentes son:

- Imperativo.
- Infinitivo.
- Construcciones con "se".

Ejemplo

- **"Haz** un guion" (imperativo).
- **"Romper** en caso de incendio" (infinitivo).
- "En primer lugar, **se pelan** las patatas" (construcción con "se").

El siguiente texto de Julio Cortázar es un claro ejemplo de texto prescriptivo:

> *Instrucciones para Llorar*
>
> *Dejando de lado los motivos, atengámonos a la manera correcta de llorar, entendiendo por esto un llanto que no ingrese en el escándalo, ni que insulte a la sonrisa con su paralela y torpe semejanza. El llanto medio u ordinario consiste en una contracción general del rostro y un sonido espasmódico acompañado de lágrimas y mocos, estos últimos al final, pues el llanto se acaba en el momento en que uno se suena enérgicamente.*
>
> *Para llorar, dirija la imaginación hacia usted mismo, y si esto le resulta imposible por haber contraído el hábito de creer en el mundo exterior, piense en un pato cubierto de hormigas o en esos golfos del estrecho de Magallanes en los que no entra nadie, nunca.*
>
> *Llegado el llanto, se tapará con decoro el rostro usando ambas manos con la palma hacia adentro. Los niños llorarán con la manga del saco contra la cara, y de preferencia en un rincón del cuarto. Duración media del llanto, tres minutos.*
>
> Julio Cortázar: *Manual de Instrucciones.*

Estructura

Los textos prescriptivos suelen estar estructurados en dos partes: la meta y el programa:

- La **meta** expresa el objetivo de las normas o de las instrucciones. Se expresa de forma breve y suele ser el título mismo del texto.
- El **programa** es el conjunto de normas o instrucciones que se deben seguir para alcanzar la meta. En el caso de las instrucciones, los pasos suelen ordenarse cronológicamente.

Recuerde

Los textos prescriptivos deben presentar:

- Lenguaje claro y preciso.
- Explicaciones concisas.
- Marcadores que expresen orden: números, letras, locuciones adverbiales de tiempo, etc.
- Formas verbales: imperativos, infinitivos y construcciones con "se".
- Dos partes: meta y programa.

Actividades

10. Imagine que tiene que explicar a un amigo las normas de funcionamiento de un cajero automático. Recuerde la secuencia de pasos y tome nota de ellos. Relea los mismos y realice las correcciones necesarias.

Aplicación práctica

Los textos prescriptivos pueden ser largos (instrucciones, recetas...), y también cortos. Fíjese en el ejemplo de textos cortos expuesto anteriormente y realice cinco textos prescriptivos cortos.

SOLUCIÓN (Posible solución)

1. Agite bien el frasco antes de utilizarlo.
2. Consumir antes del 20 de abril de 2016.
3. No administrar en mujeres embarazadas.
4. Mantener este producto a una temperatura de 25 °C.
5. Desconectar hasta que esté apagado.

4. Desarrollo de habilidades lingüísticas para la comprensión y composición de textos de diferente tipo

Leer y escribir son los dos actos lingüísticos inherentes a la capacidad humana de podernos comunicar con los semejantes y establecer nuestras propias opiniones con base en la reflexión, el análisis, la crítica y la producción.

Ambas competencias, de trascendental importancia para el aprendizaje y para aprender a pensar, a expresar las ideas, sentimientos, conocimientos, acciones y pensamientos, implican la necesidad de asumirlas como fortalezas comunicativas.

La lectura y la escritura están íntimamente ligadas, son interdependientes y, en la medida en que una persona haya realizado lecturas de textos diferentes, habrá adquirido riqueza del léxico, ejemplo de estilo, metodologías y estructuras desde el párrafo hasta el texto escrito (amplio o breve) para practicar con precisión y en forma lógica el ejercicio de la escritura.

Es conveniente entender que la lectura y la escritura serán positivas desde el uso y aplicación correcta de la lengua española. Mediante ella y su sentido y significación, se podrá comprender, interpretar, crear nuevos textos y saberes. En este sentido, el lenguaje es primordial para todo acto de escritura y para todo ejercicio práctico de la lectura, porque teniendo un amplio léxico y claridad en su uso se podrán establecer comunicaciones de diferentes tipos.

4.1. Narraciones y descripciones de experiencias, hechos, ideas y sentimientos

Cuando se narra se relata una historia, es decir, se cuenta cómo pasó algún suceso. Cuando se realiza una narración, se pueden describir no solo los sucesos relacionados a los acontecimientos, sino también se puede integrar la descripción relatando cómo se siente el autor del texto mientras ocurren los acontecimientos.

Se pueden narrar y describir hechos o experiencias que se han vivido o que le han ocurrido a otros. Cuando el escritor narra algún acontecimiento que le ha ocurrido, en general va a ser narrado en primera persona; en cambio, cuando se narran algunas situaciones vividas por otras personas, estas serán narradas en tercera persona.

Hay diversos tipos de narración. Se pueden narrar tanto hechos reales como ficticios.

Una narración de hechos de la vida real puede ser una noticia, y un cuento sería un tipo de narración ficticia, aunque es importante aclarar que también existen cuentos que narran sucesos reales o están basados en los mismos.

Dentro de las narraciones y descripciones de sucesos reales, es posible narrar asuntos cotidianos como experiencias, hechos, ideas, sentimientos, pensamientos, recuerdos, anécdotas de experiencias vividas, etc.

En ocasiones, se encuentran las narraciones dentro de otros textos. Por ejemplo, se puede utilizar la narración en un texto argumentativo como ejemplo de una experiencia que ha ayudado a argumentar a favor o en contra de un tema en específico.

De la misma manera, las narraciones y descripciones pueden ser útiles en varias disciplinas: en trabajo social o en psicología se pueden utilizar cuando se realiza un estudio de un caso.

Para narrar y describir experiencias y hechos reales, así como ideas y sentimientos, se deben seguir los siguientes pasos:

- Escoger acontecimientos reales de los que se tenga un vivo recuerdo.
- Escribir una oración en la que se comente qué emoción provocó ese incidente.

- Hacer memoria y anotar el incidente en su totalidad.
- Escoger los detalles que se consideren más importantes.
- Organizar la narración de manera que el texto tenga un principio, una complicación y una conclusión.
- Decidir el tono de la narración.
- Escribir el borrador.
- Revisar el contenido. Es importante leer el relato en voz alta para revisar la coherencia.
- Revisar y corregir los errores gramaticales.
- Realizar la versión final del escrito.

Recuerde

A pesar de que muchas veces se asocian a la literatura, los textos narrativos y descriptivos son utilizados también para narrar y describir hechos reales y cotidianos, experiencias, ideas, sentimientos, recuerdos, etc.

Actividades

11. Reflexione sobre la siguiente cuestión: en las narraciones de experiencias o hechos cotidianos, ¿dichos sucesos deben ser siempre reales, o pueden ser ficticios? Justifique su respuesta.

4.2. Textos expositivos y argumentativos sobre la vida cotidiana, temas sociales, culturales, laborales o de divulgación científica

Para la elaboración de un texto expositivo-argumentativo, ya trate sobre temas cotidianos, socioculturales, laborales o científicos, el emisor debe exponer con claridad las ideas y los conocimientos que posee sobre los distintos temas y subtemas; por otro lado, debe defender sus argumentos, ya sea a través de la cita de autoridad (de personajes de renombre en la disciplina de estudio de la que se trate) o de la demostración propia de la argumentación que se esté esgrimiendo.

Por tanto, para que el texto esté bien estructurado deberá poseer las características fundamentales de los textos expositivos y de los argumentativos, que son las siguientes:

- La estructura de la información debe ser: introducción, exposición, argumentación y conclusión.
- El discurso debe poseer un desarrollo progresivo de las ideas, de lo general a lo particular, y debe estar dividido en tantos epígrafes como sea necesario para abarcar el tema en su mayor extensión.
- Las ideas deben estar articuladas, es decir, conectadas entre sí, de suerte que el texto se comprenda como un todo unitario y no fragmentado y disperso.
- Debe mostrar una objetividad aparente al tiempo que un convencimiento por parte del emisor de las ideas que se están exponiendo.
- La claridad, el rigor y la precisión deben conjugarse con los mecanismos de persuasión para no dar sensación de estar forzando el texto.
- Las ideas deben tener una ordenación clara y coherente y estar interrelacionadas, es decir, el texto debe dar sensación de progresión temática mediante el establecimiento de conexiones entre cada una de las partes.

Es frecuente encontrarse con este tipo de textos expositivos-argumentativos, es decir, es habitual encontrar en un mismo texto exposición y argumentación. En ocasiones, se expone primero el hecho para luego persuadir de su conveniencia; otras, la explicación es argumentativa en sí misma.

El género en el que con mayor frecuencia se da la mezcla de exposición y argumentación es el **ensayo,** palabra que proviene del verbo "ensayar", cuyo significado es "probar".

El ensayo es un género del ámbito científico-literario, que utiliza como formas textuales básicas la exposición y la argumentación. Está constituido por pensamientos del autor sobre un tema, que es tratado sin el aparato ni la extensión propios de un tratado científico, y desde una perspectiva libre.

Dependiendo del enfoque dado al ensayo, este puede ser de profundidad o superficial.

Ejemplo

Los ensayos pueden ser de filosofía, ciencia, arte, religión, política, etc.

Las características del ensayo son las siguientes:

- **Carácter didáctico e informativo,** con el que se consigue un tono especial.
- **Una parte objetiva o científica y otra subjetiva o literaria,** por tanto, un ensayo constará de una exposición clara y sistemática a la vez que bella, sencilla y con vocablos adecuados.
- **Variedad temática,** aunque son las humanidades (filosofía, historia, literatura...) las que lo emplean con más frecuencia.
- **Perspectiva y temática libres,** el autor posee libertad para tratar el tema, no se le impone una perspectiva académica, científica o institucional.
- **Brevedad,** debido a los medios en los que se publica (revistas, periódicos...) y a su esencia misma, por la que no es posible un tratamiento exhaustivo de un tema.
- **Presencia del autor,** que permite que el tratamiento del tema se haga desde la perspectiva personal del autor, que es lo que interesa al lector en la mayoría de los casos.

Nota

En el ensayo aparecen frecuentes marcas del autor, como opiniones personales.

Actividades

12. Busque y elija un ensayo sobre un tema de su interés. A continuación, analice sus características principales.

Aplicación práctica

Analice el siguiente ensayo:

Puerto Rico atraviesa un momento histórico en el que hay que fortalecer los valores morales y cívicos que hacen posible una sociedad en la que exista el orden, la paz y la justicia. Quisiera compartir contigo algunas normas de comportamiento que creo ayudarían mucho a edificar las condiciones de vida que anhelo para nuestro pueblo.

A través de los años, he aprendido que en todas las religiones el obrar de acuerdo con la voluntad divina lleva al ser humano a un estado de beatitud ante la presencia de Dios y a una condición de paz interior y de equilibrio. En el cristianismo es "la beatitud", en el hinduismo es el "el nirvana" y en la religión musulmana es "el cielo" prometido por Mahoma en el Corán. ¿Y qué pensarás, estimado lector, que significa obrar de acuerdo con una voluntad divina? Pues significa que el hombre actúa, independientemente del tipo de religión, según unos valores. Cada pensamiento, cada sentimiento y cada acción es definida por nuestros valores. Lo esencial es que vivir según unas normas morales nos brinda la oportunidad de superarnos cada día y desarrollarnos para ser mejores ciudadanos, personas que contribuyen al orden y a la paz de una sociedad. Esto ocurre en cualquier país y en Puerto Rico.

Continúa en página siguiente >>

<< Viene de página anterior

Existen muchos valores pero, de todos, el valor más importante es el respeto. El respeto a la vida y a la dignidad humana es la base de todos los otros valores, pues define cómo nos relacionamos con otros seres humanos. Determina nuestro comportamiento. En una sociedad donde existen conflictos, sectarismos y partidismos, el respeto a la vida, al prójimo, al trabajo, a la naturaleza, a diversas ideologías, pensamientos y opiniones permite que existan el pluralismo y la diversidad. Permite que convivamos. Si no hay respeto, no hay nada.

Tan significativo es este valor, que nos motiva a salir de nuestra rutina y ayudar al prójimo. Porque respetamos, nos sentimos responsables por las frustraciones y sufrimientos de otros puertorriqueños. A veces nos olvidamos de que somos un país pobre, donde el 60 % de la población vive bajo el nivel de pobreza. Estamos trabajando, pero podemos hacer mucho más para ayudar a los marginados y necesitados de Puerto Rico. Tenemos la necesidad de hacerlo. Porque respetamos la vida, ayudamos. No solo por otros, sino por nosotros mismos. Y es que en la ayuda que ofrecemos -sea pública o privada- sanamos nuestras propias heridas.

El respeto a la dignidad humana nos hace seres honestos y verticales. Nos lleva a no codiciar los bienes ajenos ni a robar. Elimina el deseo de descarrilar los dineros que pertenecen al pueblo y que se usan para prestar servicios esenciales como los de educación y salud. El que no respeta no ama.

Por último, el amor al trabajo nos hace una sociedad en desarrollo. Alimenta el progreso. Fomenta la construcción, la creación de nuevas ideas y la implantación de nueva tecnología. El trabajo dignifica y nos supera, como hombres y como pueblo.

Somos un pueblo noble, un pueblo que ante la adversidad ha demostrado las mejores cualidades de los hombres. Somos un pueblo trabajador que lucha por mejorar su calidad de vida, que se preocupa por sacar de la pobreza a los más necesitados. Lo vemos en iniciativas públicas y privadas. Pero hay muchas fuerzas en la vida moderna como el materialismo, la competencia desbocada, la desintegración de la familia, el fanatismo político, el egoísmo personal y la falta de tiempo para reflexionar, que tienden a destruir los valores de nuestra gente.

En fin, somos un pueblo que respeta y que lucha por mantener unos valores firmes. Pero tenemos que hacer más. Tenemos la oportunidad de recuperar y fortalecer nuestros valores. Trabajando unidos, podemos aspirar a una mejor calidad de vida en Puerto Rico.

Antonio Luis Ferré: *Recuperando nuestros valores.*

Continúa en página siguiente >>

<< Viene de página anterior

SOLUCIÓN

El título sugiere una reflexión sobre nuestros valores, con la apreciación por parte del autor de que se ha producido una pérdida o una laceración de los mismos.

Se introduce el tema a modo de invitación a una reflexión con el autor sobre el tema. El ensayo trata sobre la pérdida u olvido de nuestros valores, destacando principalmente el valor del respeto.

Puede clasificarse como ensayo de ideas, por su exposición de ideas filosóficas. También se ajusta al ensayo de crítica.

El tema central es la importancia que tiene el respeto en la vida y en la dignidad humana, como base de todos los otros valores.

Los temas secundarios son la religión y los valores, los valores como base del comportamiento, las ventajas del pluralismo y la diversidad en la consecución de una sociedad que conviva en orden, paz y justicia; los desmanes de unos que por avaricia y materialismo roban en perjuicio del pueblo y de los más necesitados.

Usa el autor en este ensayo el método de diálogo con el lector. El autor presenta todo el contenido y organización del mismo, por lo tanto la estructura es externa.

El estilo es intelectual. El vocabulario es amplio, utiliza alusiones filosóficas.

El autor asume una actitud humana, coloquial y emotiva en la presentación del tema.

A través de la lectura podemos percibir al autor como una persona sensible, pacífica, que ama su país y desea lo mejor para su patria, y que percibe la vida como un acto sublime en el que el respeto por los demás y a sí mismo sirve de base a su comportamiento.

4.3. Textos propios de los medios de comunicación (cartas al director, columnas de opinión, mensajes publicitarios)

Los medios de comunicación desempeñan una función importante en nuestra sociedad, ya que informan de los hechos ocurridos, forman a los ciudadanos, interpretan la realidad y crean opiniones sobre ella, siempre desde su perspectiva ideológica.

Dentro de los textos propios de los medios de comunicación, este apartado se va a centrar en las cartas al director, las columnas de opinión y los mensajes publicitarios.

Una **carta al director** es un mensaje que el lector de una publicación periódica dirige al director de la misma, generalmente aportando puntualizaciones o críticas a alguna noticia o artículo de opinión aparecidos en la misma.

Las publicaciones recogen una selección de estas cartas en una sección específica, reservándose generalmente el derecho a acortar el texto, y negándose a aceptar misivas anónimas o pseudónimas.

Definición

Carta al director
Género periodístico de opinión, que se caracteriza por tener un destinatario concreto. Su contenido puede ser diverso.

Las cartas al director pueden tener diferentes objetivos:

- Hacer una petición.
- Llamar la atención sobre un hecho que no se destacó.
- Quejarse por algún problema no solucionado.
- Aclarar una información dada en el periódico.
- Hacer una observación sobre algún acontecimiento.

Actividades

13. Lea la prensa y busque las cartas al director que aparezcan. Indique cuál es el objetivo de dichas cartas.

Por otra parte, en cuanto a las **columnas de opinión,** es preciso destacar que la noción de columna periodística se utiliza para referirse a un artículo de opinión.

El periodista que se encarga de realizar la columna se conoce como columnista. Lo habitual es que los medios gráficos cuenten con columnistas que se dedican a escribir sobre determinados temas y asuntos de interés general.

Definición

Columna de opinión
Género del periodismo que se utiliza cuando alguien quiere expresar su punto de vista respecto a un tema en particular.

A través de la opinión de su autor, la columna periodística busca presentar una interpretación de la realidad para orientar al lector. En algunos casos, se suelen publicar columnas con distintas opiniones sobre un mismo tema, de modo que las personas puedan tener a su disposición diversos puntos de vista en torno a un tema y, en base a ellos, sacar sus propias conclusiones.

Algunos medios, en cambio, utilizan este espacio para fijar su posición ante la realidad y exhibir su pensamiento y tendencia política. Hoy en día este es el tipo de columna periodística más común; la mayoría de los medios de comunicación pertenecen a grandes corporaciones que tienen una línea ideológica firme y que intentan mantenerla y reforzarla en todas las secciones de la editorial. En este tipo de columnas, o bien los escritores pertenecen a la misma ideología de la corporación, o bien dejan a un lado sus propias ideas para servir al pensamiento de dicha empresa.

Las columnas periodísticas o de opinión pueden clasificarse en:

- **Columnas de autor:** se identifican con el nombre del periodista que las escribe y su foto, y denotan su opinión en torno a un tema en particular. Suelen presentar un lenguaje amigable que permite una cierta complicidad entre autor y lector. Generalmente se publican con una cierta periodicidad.
- **Columnas de tema:** suelen encontrarse en aquellos medios periodísticos en los que escriben varios autores sobre un mismo tema. La opinión que se presenta puede ser diversa, para ofrecer una cierta variedad al lector.

No existe una única forma de componer una columna periodística. Generalmente, el autor es el que debe escoger tono, perspectiva y estructura. De este modo, el texto se va desarrollando de acuerdo a la forma que el autor considera que debe presentarse su idea. No obstante, en algunos periódicos los autores deben seguir una serie de indicaciones, para que todas las columnas mantengan el estilo editorial que se ha propuesto dicho medio.

En lo que respecta al tema de la columna, habitualmente, a menos que la empresa para la cual trabaja no le ofrezca tal libertad, el autor puede escoger cualquier tema de actualidad que le interese y explayarse en torno al mismo.

Sabía que...

Antiguamente el género no tenía mucho prestigio; no obstante, la proliferación de escritores que se han dedicado en los últimos años a publicar artículos de esta índole ha cambiado la visión que de las columnas periodísticas se tenía. Tal es así que muchos escritores e intelectuales se desempeñan como columnistas, tanto en diarios como en revistas de interés general.

Actividades

14. Escoja una columna de opinión de algún periodista o escritor que le guste, y analice cuál es el tema y las ideas que defiende dicho autor.

Por último, los **mensajes publicitarios** tienen una finalidad clara: quieren convencer a los consumidores de que compren los productos de un anunciante. Son mensajes pagados y bien diferenciados, en teoría, de lo que es información imparcial. Son parciales, tienen unos intereses concretos y no lo esconden.

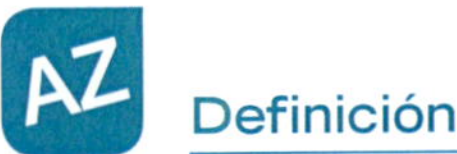

Definición

Mensaje publicitario
Conjunto de ideas que se pretenden trasmitir al cliente, para lograr sensibilizarlo sobre la necesidad de comprar o adquirir el producto o servicio. Es el resultado del trabajo creativo de un publicista.

Las características de este tipo de mensajes son:

- El mensaje ha de ser breve, sea el que sea el medio de comunicación utilizado. Ha de permitir una captación rápida.
- Se tiene que decir mucho en pocas palabras. Si el mensaje es breve no significa que dé poca información.
- El lenguaje se ha de adecuar al lenguaje del consumidor.
- Las palabras y/o las imágenes tienen que impactar al receptor.
- El mensaje tiene que ser fácilmente memorizable. Para conseguirlo, se utilizan imágenes que provocan fuertes sensaciones y deseos, o bien sonidos y músicas que el receptor identifica con determinadas sensaciones.

- El mensaje publicitario ha de ser capaz de influir en las personas de manera que provoque deseos de comprar aquello que se anuncia, aunque no se necesite.

Sabía que...

Hay músicas que pasan a la historia asociadas a un determinado mensaje publicitario. También hay palabras, como "nuevo" o "gratis", que producen efectos especiales.

Por otra parte, los mensajes publicitarios se pueden clasificar:

- Según el soporte que utilizan:
  - Auditivos: utilizan el medio sonoro (radio).
  - Visuales: utilizan el soporte gráfico (prensa, carteles, prospectos).
  - Audiovisuales: soporte gráfico y sonoro (televisión).
- Según lo que quieren anunciar:
  - Productos concretos que se consumen individualmente (colonias, detergentes, comidas, bebidas, etc.).
  - Servicios que las empresas ofrecen al público.
  - Anuncios institucionales (campañas de lucha contra incendios, seguridad vial, elecciones, etc.).

Por último, para lograr que un mensaje publicitario tenga éxito, este debe cumplir los siguientes requisitos:

- **Captar la atención:** debe concentrarse en algún tema o aspecto que preocupe al público objetivo al que se dirige, sin necesidad de ser espectacular o sensacionalista.

- **Crear interés:** destacando los aspectos más significativos del producto y los beneficios más relevantes que puedan provocar deseo de comprarlo.
- **Ser comprendido:** fácil de descifrar o entender por el receptor.
- Informar: debe comunicar los beneficios que tiene el producto.
- **Ser creíble:** si es exagerado o el consumidor lo percibe como engañoso, provocará en el mismo una actitud de rechazo hacia dicho producto.
- **Persuadir:** el mensaje debe convencer al destinatario sobre la proposición que se le está haciendo.
- **Inducir a una respuesta:** no solo ha de convencer sobre las ventajas del producto, sino que se ha de provocar también una acción por parte del receptor que coincida con la que ha planeado el emisor.
- **Ser recordado:** deberá ser recordado durante el mayor tiempo posible por parte del público destinatario.

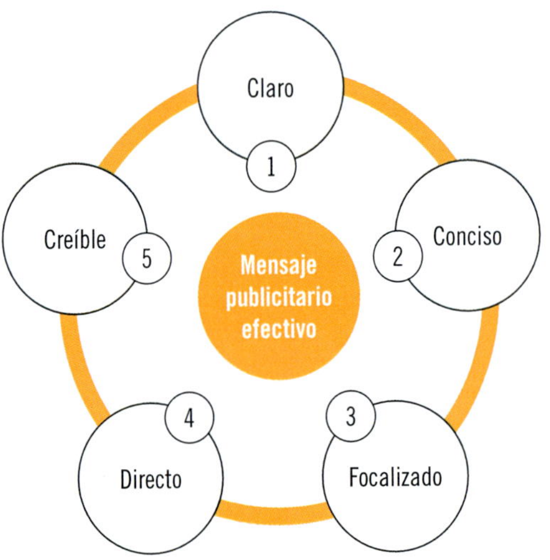

Recuerde

Los mensajes publicitarios buscan fundamentalmente la persuasión, convencer a alguien de hacer una cosa.

Actividades

15. Realice un mensaje publicitario de soporte gráfico teniendo en cuenta las características y requisitos explicados anteriormente.

4.4. Resúmenes, esquemas, comentarios, conclusiones

El resumen y el esquema son dos técnicas denominadas técnicas de síntesis, muy útiles, que permiten sintetizar la información del contenido objeto de aprendizaje.

Ambas técnicas se pueden utilizar de forma conjunta o independiente, con la finalidad de extraer los contenidos más importantes y esenciales de un tema y afianzar los conocimientos.

Tanto los resúmenes como los esquemas ayudan a ordenar las ideas y a comprender mejor los escritos, pero cada uno de ellos tiene sus particularidades específicas.

El **resumen** consiste en reflejar de forma breve el contenido de un texto, sin críticas ni juicios de valor. Se deben presentar los aspectos principales de manera lógica y objetiva, sin agregar nuevas ideas.

La característica principal del resumen es la de expresar de forma breve el contenido de un tema, conservando la misma estructura del autor, de manera que cuando cualquier persona lo lea obtenga un conocimiento preciso y completo de las ideas básicas del tema.

Cuando se elaboran resúmenes es necesario conocer el contenido del tema o los temas que se van a desarrollar, después se deben distinguir las ideas generales, las principales y las secundarias del contenido global de tema. El resumen se debe disponer en párrafos.

Importante

En un resumen nunca se anotarán ideas, juicios ni interpretaciones personales. Tampoco se omitirán los elementos fundamentales del tema original.

Actividades

16. Elabore un breve resumen de lo anteriormente explicado en el presente capítulo.

El **esquema** es una síntesis de un texto, que se estructura de forma lógica y ordenada en un gráfico o representación. El objetivo es crear lazos de dependencia entre las ideas principales, secundarias y aquellas que aportan datos.

Los esquemas pueden disponerse de múltiples formas, lo más importante es que sean significativos para el aprendizaje. Generalmente, se utiliza una letra sencilla, conectores, flechas, etc.

Los esquemas resultan muy útiles, pues consideran datos o ideas relevantes que acercan a los contenidos, ayudando a tener una mejor perspectiva sobre lo que se está analizando. Así, el esquema se convierte en un verdadero esqueleto de ideas y conocimientos.

Ejemplo de esquema

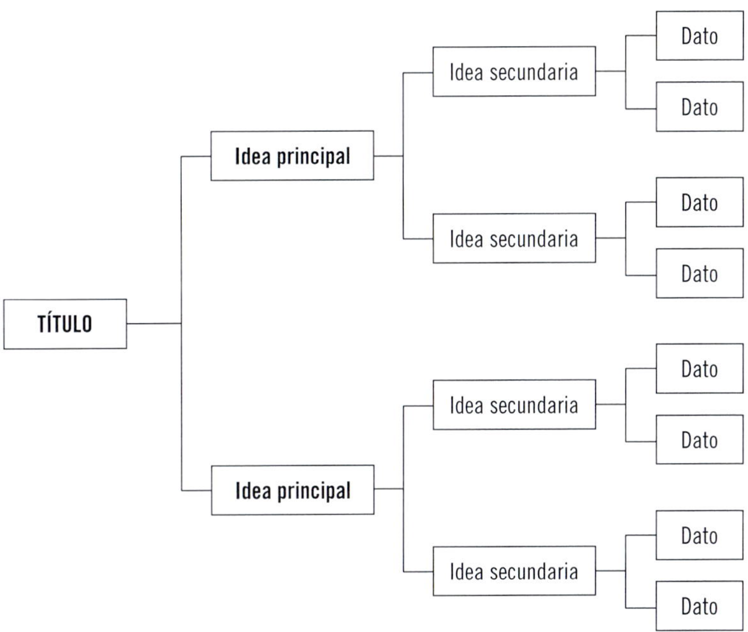

Por otra parte, el **comentario** es aquel escrito que contiene explicaciones o glosas de un texto para facilitar la comprensión del mismo. Aquellas obras complejas y difíciles de comprender requieren de notas, observaciones o comentarios que faciliten la comprensión de las mismas. Generalmente, obras muy antiguas requieren de estos escritos.

Nota

El comentario de texto es el trabajo o estudio que se realiza sobre un texto y que regularmente adopta la forma de un artículo de opinión.

Realizar un comentario consiste en leer primero el texto en cuestión para luego proceder a su valoración y sintetización, la cual se efectuará en varias partes: un tema (la idea central del texto), un esquema organizativo (división de los apartados temáticos del texto), un resumen (lo que trata el texto), una caracterización lingüística (modalidad oracional empleada) y una valoración personal (opinión subjetiva de quien realiza el comentario).

Existen diversos tipos de comentarios: críticos (notas acerca del texto), históricos (en el caso de comentar hechos), filológicos (comentarios sobre las locuciones), literarios (cuando refieren a un mejor o peor empleo del lenguaje), bíblicos (explicaciones de las sagradas escrituras) y disertaciones (interpretación de las diferentes partes de un texto).

Un comentario histórico puede ser el siguiente:

Napoleón se ve a sí mismo como el personaje predestinado para la creación de los Estados Unidos de Europa, que se articularían bajo los principios de la Revolución francesa, de los que se considera el máximo defensor e impulsor. Sin embargo, la actitud hostil de los estados afectados provoca su fracaso. Napoleón fue uno más de los personajes históricos que habían deseado la unidad impuesta de Europa. Sus límites coincidieron con la rebelión de los pueblos europeos a unos planes que buscaban una unión impuesta desde Francia. Es un personaje contradictorio, pues, por un lado, fue defensor de los derechos y libertades modernos de que hizo gala la Revolución francesa, pero, por otro, trató de imponerlos mediante la fuerza, tiránica y violentamente.

Por último, la **conclusión** designa el fin o el término de algo en particular, sobre todo si es algo que un individuo lleva a cabo o elabora.

Muchas veces se utiliza en trabajos académicos y de investigación como preposición final, donde se llega luego de un examen de las evidencias, preceptos, discusiones o de las hipótesis planteadas al inicio.

Consejo

Una conclusión no debe ser un resumen, donde textualmente se citan partes de lo que ya se plasmó, sino más bien una deducción lógica y además relevante sobre los datos que fueron expuestos antes, para así mostrar el resultado de la investigación.

La conclusión personal debe tratar de los resultados obtenidos en dicha investigación, y debe ser breve generalmente, haciendo referencia a cada uno de los puntos planteados, todo esto con la finalidad de poder ser correctamente entendida la investigación y para que el lector pueda hacer una imagen mental de lo estudiado.

En literatura, la conclusión es el desenlace o terminación de una historia, es decir, es una de las partes centrales de un escrito, obra o libro, que aparece luego de la introducción y el nudo del problema. En este caso, la conclusión es la parte final en la cual se llega a una última instancia del relato, instancia en la que se observa el resultado de los hechos descritos y relatados de manera previa a lo largo de la historia.

Ejemplo

Continuando con el ejemplo anterior, la conclusión del mismo texto histórico sería la siguiente:

> *Napoleón logró una falsa unidad de Europa mientras duró su supremacía militar, ya que se cimentó sobre la fuerza impuesta contra la voluntad de los pueblos. No obstante, puede considerarse (con todas las salvedades) un referente y un precedente en la construcción de la Unión Europea.*

17. Seleccione un texto, del cual deberá hacer un comentario, extraer una conclusión y realizar un esquema de sus ideas principales.

4.5. Textos de carácter prescriptivo (instrucciones, normas y avisos)

Los textos de carácter prescriptivo, como ya se vio en el punto 3.4 del presente capítulo, son aquellos cuya finalidad es regular o guiar el comportamiento del receptor en una situación determinada. Dentro de este tipo de textos, este apartado se centrará en las instrucciones, las normas y los avisos.

Las **instrucciones** son textos en los que se dan las indicaciones necesarias para realizar algo o manejar un producto.

En general, las instrucciones son secuenciadas en pasos ordenados. Cada uno de ellos puede ir precedido de un número o de determinadas expresiones que indican la sucesión de acciones y que reciben el nombre de conectores.

Las principales características de este tipo de textos son:

- División de las instrucciones en apartados breves y, generalmente, numerados.
- Empleo de imperativos y del modo impersonal precedido del pronombre "se".
- Enumeración exhaustiva de las acciones que se deben llevar a cabo, para que no falte ningún paso.
- Uso de un léxico con tecnicismos.
- Apoyo de gráficos (dibujos, croquis, etc.) que aseguren la correcta aplicación de las instrucciones.

Instrucciones acompañadas de gráficos

Importante

En el caso de una receta o de la instalación de un aparato no puede faltar ningún paso, pues no se culminaría la acción de manera satisfactoria.

Actividades

18. Piense en un postre o tarta que haga habitualmente. Tenga en cuenta los ingredientes que lleva la receta, anótelos. Enumere y describa los pasos a seguir. Por último, revise si la información está completa.

Las **normas** son reglas que establecen cómo debe realizarse algo o cómo debe ser nuestro comportamiento. Algunos ejemplos de normas son las leyes, el código de la circulación, las normas de conductas, los reglamentos deportivos, etc.

A la hora de redactar instrucciones o normas, de cualquier ámbito, se deben tener en cuenta las siguientes indicaciones:

- Establecer las diferentes fases del proceso.
- Ordenar las fases de forma que el receptor pueda realizar bien la tarea siempre que las siga paso a paso.
- Decidir el procedimiento de organización de las fases (párrafos numerados, viñetas, diagramas, ilustraciones...).
- Tener en cuenta quién es el destinatario del texto, si se trata de expertos en el asunto o de un público en general.

Por otro lado, el lenguaje que se emplea al redactar instrucciones o normas debe tener las siguientes características:

- Vocabulario sencillo. Pueden aparece tecnicismos si el contenido lo requiere, pero deben añadirse aclaraciones si las instrucciones no van dirigidas a expertos o conocedores de la materia.
- Incluye formas de mandato, generalmente al inicio de la frase (el imperativo).
- Utiliza adverbios y locuciones adverbiales que permiten indicar orden o señalar detalles(los conectores).
- Emplea oraciones y párrafos cortos (los párrafos u oraciones largas suelen complicar la claridad de las instrucciones).

Los **avisos** tienen por objeto comunicar o recoger mensajes breves. Estos escritos, dada su brevedad y claridad, permiten una comunicación ágil y fácil, y se suelen utilizar a menudo.

Aunque en la actualidad se utiliza el teléfono móvil para enviar avisos, todavía hay muchas situaciones en las que se utilizan avisos escritos.

Los avisos son un tipo de textos que se redactan con más formalidad o detalle que otros, como las notas. Suelen ser escritos breves, en los que se informa públicamente de algún asunto de interés.

Ejemplo

Los avisos pueden ser escritos de compañías de servicios o de organismos oficiales, pero también de entidades menos públicas, como una comunidad de vecinos.

Los aspectos que caracterizan a los avisos son:

- Se plantean como informaciones puntuales y concretas que resultan ser útiles o necesarias para el receptor.
- Según el ámbito al que hagan referencia, pueden ser formales o informales.
- Según la manera de ser difundidos, pueden ser orales o escritos.
- Se pueden encontrar en cualquier ámbito.
- La temática puede ser muy variada.
- Su objetivo es informar o llamar la atención, para ello en su elaboración se tienen muy en cuenta los aspectos tipográficos (tipo y tamaño de la fuente, colores...).

Actividades

19. Usted ha recibido una modalidad específica de aviso: un aviso legal. Busque información en internet sobre este tipo de avisos, explique en qué consisten y ponga un ejemplo.

AVISO IMPORTANTE

A las licenciaturas de Comunicación, Psicología, Psicopedagogía y Diseño Gráfico de Segundo semestre

El Grupo Modelo S. A. B. de C. V. ofrecerá una conferencia el día miércoles 15 de febrero de 9:00 a 10:00 en el auditorio de la planta baja.

"Contamos con su asistencia"

ATTE:
Coordinación de Comunicación y Mercadotecnia

Ejemplo de aviso

4.6. Textos para la comunicación con instituciones públicas, privadas y de la vida laboral (cartas, solicitudes, currículum)

A la hora de mantener una efectiva comunicación tanto con instituciones públicas como privadas, así como en el mundo laboral, resulta imprescindible una correcta elaboración y presentación de diferentes tipos de documentos, como son la carta, la solicitud y el currículum vitae.

La **carta** es un medio de comunicación escrito mediante el cual dos personas (emisor y receptor) logran establecer un vínculo comunicacional.

Existen cartas formales que se dirigen a autoridades públicas o privadas o a organismos estatales o privados, a comercios, empresas, etc., donde se guardan ciertos requisitos de estilo; y otras informales, destinadas a conocidos, amigos o parientes, donde se utiliza un lenguaje coloquial y no protocolar.

Las cartas formales deben contar con los siguientes elementos:

- Encabezado: nombre, dirección, fecha y lugar al que se dirige.
- Saludo: personal o consolidado en fórmulas establecidas.
- Cuerpo: exposición del asunto, con los temas pertinentes.
- Despedida: nombre en la parte inferior de la carta.
- Firma clara.

MINISTERIO
DE SANIDAD, POLÍTICA SOCIAL
E IGUALDAD

La Ministra

D. Luciano Rodríguez Días y
Dª Juana Mª Vázquez Lara
Matronas Hospital Universitario de Ceuta
CEUTA

Madrid, 7 de Junio de 2011

ENCABEZADO

Estimados Juani y Luciano:

SALUDO

Es para mí una gran satisfacción dirigirme a vosotros por diferentes motivos.

En primer lugar, daros mi más sincera enhorabuena por la página que habéis creado; estoy segura que será una gran aportación no solo para otras matronas y profesionales sanitarios sino para toda la sociedad en general, tanto padres como demás usuarios que se podrán beneficiar de toda la información y conocimiento que se ha volcado en ella con tanto aval científico y tan buen quehacer profesional.

Quiero destacar la figura de la matrona como el profesional sanitario de referencia para la mujer en las diferentes etapas de su vida, por lo que os felicito por la labor que estáis realizando desde vuestros inicios en esta profesión tan extraordinaria como necesaria en nuestra sociedad.

He tenido acceso a todos los logros conseguidos en vuestra trayectoria profesional que ha sido bastante fructífera y es por eso que os propongo que forméis parte de la organización de las próximas Jornadas Nacionales de Matronas aquí en el Ministerio de Sanidad, Política social e Igualdad, para que sea un foro de comunicación, consenso y avance para todas las matronas y así, redunde aún más en mejorar la calidad asistencial que brindamos a la mujer, todos los que estamos implicados en el sistema sanitario público de nuestro país.

CUERPO

Quiero despedirme de vosotros haciendo un reconocimiento público de todo vuestro trabajo y esfuerzo por hacer de vuestra profesión un referente para todos, tanto compañeros como usuarios.

Un saludo

DESPEDIDA

Leire Pajín Iraola

FIRMA

Ejemplo de carta formal

La privacidad de una carta siempre está y debe estar protegida por la ley. Solo tiene derecho a su lectura el destinatario de la misma. En general, cuando es necesario algún tipo de control legal sobre la correspondencia, se necesita de un procedimiento especial previamente pautado.

Consejo

Si se envía por correo, la carta debe ir dentro de un sobre cerrado, donde se deben consignar los datos del remitente en el reverso y los del destinatario en el anverso (nombre y domicilio).

En la actualidad, el uso de la carta tradicional ha sido reemplazado en buena medida por otras formas de comunicación, por lo que su uso está en franco retroceso. No obstante, a pesar de que los cambios formales son bastante notorios, algunas variantes actuales como el correo electrónico pueden considerarse versiones actualizadas del viejo uso de la carta.

Por otra parte, las **solicitudes** son pedidos para que otro voluntariamente brinde una respuesta positiva o negativa al respecto.

Algunas solicitudes se realizan de modo informal, y otras requieren ciertos requisitos solemnes a observar, especialmente cuando se dirigen a instituciones públicas o privadas. Estas últimas suelen hacerse por medio de formularios previamente diseñados por la entidad a la cual se dirigen, o bien a través de cartas formales, dado que se trata de peticiones con un carácter formal.

La solicitud tiene una finalidad concreta: obtener un servicio, una prestación, una autorización administrativa o algo similar.

Ejemplo

La siguiente imagen muestra un tipo de solicitud y sus partes:

Asunción, 16 de julio de 2008 — Lugar y fecha

Licenciada
Margarita Sandoval, Directora
Colegio Técnico de Mimibi — Destinatario
E. S. D. — Expresión "En Su Despacho"

— No hay saludo.

Yo, Delia María Gómez Rivaldi, alumna del 2° curso del Bachillerato técnico en Contabilidad, turno mañana, de la institución a su digno cargo, solicito autorización para asistir a clases en el turno tarde, a partir del mes de agosto de 2008. — Pronombre personal "YO"

El cambio de turno me permitirá cumplir en horas de la mañana mis obligaciones laborales recientemente contraídas, al resultar electo en la selección de personal contable para la empresa Arasa S. R. L. de esta ciudad. — Cuerpo

Es justicia. — Expresión "Es justicia"

— No despedida

Delia María Gómez Rivaldi — Firma

Anexo: — Documentos que se adjuntan
Constancia expedida por Arasa S. R. L.

En el mundo laboral, un caso común de presentaciones de solicitudes son las de empleo, las que conviene redactar con mucho cuidado, en tono respetuoso, pues es la carta de presentación que recibe el futuro empleador. Si está redactada con coherencia, sin faltas de ortografía, guardando los adecuados márgenes, colocando un encabezado con lugar y fecha, destinatario, y luego se hace una exposición clara de las pretensiones, disponibilidad horaria, motivos que hacen que ese empleo sea el que encaja en las aptitudes del postulante, y al pie se firma y se completa con los datos mínimos del solicitante, se tendrán mayores oportunidades de ser el escogido.

La solicitud se acompaña generalmente de un currículum vitae.

Importante

En la elaboración de una solicitud es fundamental utilizar un lenguaje apropiado, dejando muy claro cuál es la pretensión concreta. Asimismo, es necesario rellenar correctamente los diversos apartados.

Actividades

20. Elabore un modelo de solicitud que tenga las siguientes partes: encabezamiento, exposición de motivos, petición o exposición de la solicitud, y despedida.

El **currículum vitae** es aquel documento en el cual una persona vuelca el conjunto de sus experiencias académicas, laborales y personales, y que normalmente es utilizado en caso de querer hacer alguna presentación en alguna empresa, institución u organización en la cual se aspira trabajar.

El currículum se convierte en algo así como la carta de presentación de esa persona, en la cual la sucinta información que allí se exponga servirá para que la empresa que está en la búsqueda de algún profesional que se ajusta a su perfil pueda tenerlo en cuenta como un posible candidato.

Nota

Currículum vitae es una locución latina que literalmente significa "carrera de la vida". Debe escribirse sin acentos y en cursiva, según aconseja la *Ortografía de la lengua española (2010),* de la Real Academia Española, por tratarse de un latinismo. El plural en latín es *currícula,* pero se recomienda el uso castellanizado de la palabra "currículo", y por consiguiente su plural "currículos". También suele emplearse la forma abreviada: "CV".

Podría decirse que cada persona tiene su propio estilo a la hora de elaborar su currículum, aunque los especialistas aconsejan respetar ciertas pautas para que el potencial empleador tenga un acceso simplificado a la información.

Aunque existen diferentes modelos de currículum, todos ellos deben incluir una serie de apartados imprescindibles y comunes, como los datos personales. También es obligatorio que el currículum incluya los estudios realizados, así como la formación complementaria, nivel idiomático, conocimientos a nivel informático y experiencia laboral.

Profesión / Área profesional | *Años de experiencia*

Nombre Apellido Apellido

Calle, número, puerta
Código, Población
Número de teléfono
Número de móvil
E-mail

Experiencia profesional

1999-2001 **Nombre del grupo en el que se ha trabajado**
Cargo Nombre del cargo que se ha desempeñado
Función Descripción de las funciones que se han desempeñado en la empresa. No es necesario que sean muy detalladas, pero si que de una idea general de las capacidades.

1999-2001 **Nombre del grupo en el que se ha trabajado**
Cargo Nombre del cargo que se ha desempeñado
Función Descripción de las funciones que se han desempeñado en la empresa. No es necesario que sean muy detalladas, pero si que de una idea general de las capacidades.

1999-2001 **Nombre del grupo en el que se ha trabajado**
Cargo Nombre del cargo que se ha desempeñado
Función Descripción de las funciones que se han desempeñado en la empresa. No es necesario que sean muy detalladas, pero si que de una idea general de las capacidades.

Logros destacables

Logro 1: Breve descripción de las capacidades demostradas.

Logro 2: Breve descripción de las capacidades demostradas.

Logro 3: Breve descripción de las capacidades demostradas.

Formación académica

1999-2001 **Nombre de la titulación**
Institución que otorga el título
Breve descripción de la formación adquirida

1999-2001 **Nombre de la titulación**
Institución que otorga el título
Breve descripción de la formación adquirida

1999-2001 **Nombre de la titulación**
Institución que otorga el título
Breve descripción de la formación adquirida

Idiomas

Inglés Nivel idioma
Título acredita.

Alemán Nivel idioma
Título acredita.

Francés Nivel idioma
Título acredita.

Informática

Programa. Nivel conocimiento. Título
Programa. Nivel conocimiento. Título

Otros datos

- Carnet de conducir
- Disponibilidad

El currículum resulta un requisito casi ineludible a la hora de presentarse para solicitar un empleo.

Por último, es importante recalcar que en los últimos años las tecnologías han llegado de manera contundente a lo que es la preparación de un currículum. Tanto es así que muchas personas han optado por avanzar en esta materia y realizar un video currículum que, como su nombre indica, es un archivo audiovisual donde es el propio candidato quien da a conocer todos los datos relevantes sobre su persona, formación y experiencia.

Recuerde

Desde hace unos años hasta la actualidad, y en cualquier parte del mundo, el currículum *vitae* se ha convertido en la herramienta más importante con la cual cuenta una persona a la hora de buscar un empleo.

Aplicación práctica

Realice su propio currículum personal (o bien uno ficticio), teniendo en cuenta lo explicado anteriormente. Debe indicar las partes de las que consta dicho currículum.

SOLUCIÓN (Posible solución)

Un posible modelo de currículum sería el siguiente:

Continúa en página siguiente >>

<< Viene de página anterior

Beatriz Alonso Molina

914154258 / 654854125
E-mail: beatrizalonso@gmail.com / Web: www.BA.worpress.com
Dirección: C/ Mantuano 54. 28002 Madrid
Fecha de nacimiento: 23/05/1984 (Madrid)

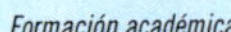

Formación académica

Octubre 2002 - Junio 2007	Licenciatura en Bellas Artes. Facultad de Bellas Artes. Universidad de Madrid. Nota media: 7,64 (sobre 10)

Formación complementaria

Julio 2010	Curso de Profesor de ELE (Español como Lengua Extranjera). Cálamo & Crar, Madrid. 70 horas.
Octubre 2008 - Marzo 2009	Técnico Auxiliar en Diseño Gráfico. Formación y Educación integral (FEI), Madrid. 480 horas.
Octubre 2008 - Febrero 2009	Curso de Adaptación Pedagógica (CAP). Instituto de Ciencias de la Educación, Univ. de Madrid, 250 horas
Agosto 2007	Monográfico de Ilustración digital. Escuela Trazos, Madrid

Experiencia

Abril 2010 - Actualidad	Colaboradora en maquetaciones. Asociación de Sordos de Madrid.
Junio 2009 - Diciembre 2009	Profesora de Infografía en los Medios Audiovisuales. Grupo COM, Madrid.
Octubre 2008 - Enero 2009	Profesora de Dibujo artístico I. E. S. Conde de Orgaz, Madrid
Noviembre 2007 - Mayo 2008	Profesora y coordinadora de Curso de Cómic. Asoc. cultural XT, Madrid.
Septiembre 2007 - Junio 2010	Coordinadora de Actividades. Asociación MarmotFish Studio, Madrid.
Julio 2005 - Actualidad	Diseñadora e ilustradora freelance. Distintos particulares.

Profesorado

> Preparación e impartición de clases teóricas y prácticas en materias artísticas o de diseño.
> Elaboración de programación en cursos de duraciones comprendidas entre dos días y un año.
> Corrección y evaluación de grupos de alumnos. Supervisión de aulas.

Diseño e ilustración

> Diseño de logotipos, cartelerías y trípticos informativos para distintas entidades y particulares.
> Elaboración completa de ilustraciones, retratos e historias de cómic.
> Maquetación de trípticos, cartelerías y de dos publicaciones independientes.
> Creación de proyectos artísticos personales.

Coordinación

> Organización de actividades para una asociación cultural (visitas, guía a exposición y talleres).
> Promoción y coordinación de la creación de contenidos de las publicaciones de la asociación.
> Preparación de asistencia a eventos y coordinación de equipos de ventas.

Idiomas

Español	Lengua materna		
Inglés	Comprensión: Intermedia alta	Habla: Intermedia alta	Escritura: Intermedio alta
Francés	Comprensión: Elemental	Habla: Principiante	Escritura: Principiante

Programas

> Paquete Adobe CS5	Nivel Avanzado
> Macromedia Freehand, QuarkXpress, 3d Max Studio	Nivel Avanzado
> Lenguajes de programación HTML 5, CSS 3	Nivel Medio

Continúa en página siguiente >>

<< Viene de página anterior

Es un currículum muy personalizado; consta de los siguientes apartados:

- Datos personales.
- Formación académica.
- Formación complementaria.
- Experiencia.
- Profesorado.
- Diseño e ilustración.
- Coordinación.
- Idiomas.
- Informática.

---

5. Resumen

La comunicación escrita se configura como un código en cierto modo autónomo, con características y recursos propios, y funciones específicas distintas, aunque complementarias, de las correspondientes a la comunicación oral.

Durante el proceso de escritura está ausente el receptor. Esta peculiaridad de la comunicación escrita impone la creación de un mensaje válido para un número ilimitado de destinatarios.

Es necesario entender el texto escrito como una fuente inagotable de información y aprendizaje. En este sentido, a través del texto escrito el emisor da a conocer a su receptor algún hecho, situación o circunstancia.

El objetivo último es que los receptores se informen y aprendan, y no necesariamente que se emocionen ni que se entretengan. Los textos que persigan estos objetivos serán más bien textos poéticos o literarios.

Los distintos tipos de texto que se han tratado en el presente capítulo son los textos narrativos, descriptivos, dialogados, expositivos, argumentativos y prescriptivos.

A pesar de que muchas veces se asocian a la literatura, los textos narrativos y descriptivos son utilizados también para narrar y describir hechos reales y cotidianos, experiencias, sentimientos, recuerdos, etc.

Es frecuente también encontrar textos expositivos-argumentativos, es decir, es habitual encontrar en un mismo texto exposición y argumentación, ya trate sobre temas cotidianos, socioculturales, laborales o científicos.

Los medios de comunicación desempeñan una función importante en nuestra sociedad, y dentro de los textos propios de los medios de comunicación destacan algunos como las cartas al director, las columnas de opinión y los mensajes publicitarios.

El resumen y el esquema son dos técnicas de síntesis que permiten sintetizar la información del contenido objeto de aprendizaje. El comentario, por su parte, es un escrito que contiene explicaciones de un texto para facilitar su comprensión, y la conclusión es una deducción lógica y relevante de los datos que fueron expuestos anteriormente.

Algunos textos de carácter prescriptivo, cuya finalidad es regular o guiar el comportamiento del receptor en una situación determinada, son las instrucciones, las normas y los avisos.

Para mantener una efectiva comunicación con instituciones públicas y privadas, y en el mundo laboral, es imprescindible una correcta elaboración y presentación de diferentes tipos de documentos, como son la carta, la solicitud y el currículum vitae.

Ejercicios de repaso y autoevaluación

1. Indique si las siguientes afirmaciones son verdaderas o falsas.

a. La comunicación escrita se configura como un código en cierto modo autónomo, con características y recursos propios, y funciones específicas distintas, aunque complementarias, de las correspondientes a la comunicación oral.

- ☐ Verdadero
- ☐ Falso

b. Durante el proceso de escritura está presente el receptor. El escritor tiene delante a su interlocutor cuando escribe, y el receptor cuenta con la presencia del autor del texto que lee.

- ☐ Verdadero
- ☐ Falso

c. A través del texto escrito el emisor da a conocer a su receptor algún hecho, situación o circunstancia.

- ☐ Verdadero
- ☐ Falso

2. ¿Cuál es la estructura de los textos descriptivos?

____

____

____

____

3. Complete el siguiente texto.

La finalidad de los textos expositivos es la de transmitir los ____________ del autor sobre un ________ concreto o sobre la manera de realizar un __________: es una __________ claramente __________.

4. Relacione cada parte del texto argumentativo con su definición.

a. Exordio o proemio.
b. Narración.
c. Argumentación.
d. Epílogo.

__ Apoyo de la tesis.
__ Conclusión de la tesis.
__ Exposición de la tesis.
__ Introducción de la tesis.

5. ¿Qué tipos de textos prescriptivos existen? Descríbalos.

____
____
____
____

6. Para narrar y describir experiencias y hechos reales, así como ideas y sentimientos, se deben seguir algunos pasos. ¿Qué opción no es correcta?

a. Escoger los detalles que se consideren menos importantes.
b. Decidir el tono de la narración.
c. Revisar y corregir los errores gramaticales.
d. Realizar la versión final del escrito.

7. Indique si las siguientes afirmaciones son verdaderas o falsas.

Es frecuente encontrar textos expositivos-argumentativos, es decir, es habitual encontrar en un mismo texto exposición y argumentación.

☐ Verdadero
☐ Falso

Las columnas de autor suelen encontrarse en aquellos medios periodísticos en los que escriben varios autores sobre un mismo tema.

- ☐ Verdadero
- ☐ Falso

El mensaje publicitario no debe influir en las personas para provocar deseos de comprar aquello que se anuncia.

- ☐ Verdadero
- ☐ Falso

8. Explique cuáles son las semejanzas y diferencias que existen entre el resumen y el esquema.

____
____
____
____

9. De las siguientes características de los avisos, señale la que es incorrecta.

a. Pueden ser formales o informales.
b. Se pueden encontrar en cualquier ámbito.
c. La temática suele ser poco variada.
d. Su objetivo es informar o llamar la atención.

10. Complete el siguiente texto.

Cada persona tiene su propio estilo a la hora de elaborar su _______________, aunque los ________________ aconsejan respetar ciertas pautas para que el potencial _______________ tenga un acceso ________________ a la _______________.

Capítulo 5

Técnicas de búsqueda, tratamiento y presentación de la información

Contenido

1. Introducción
2. Consulta de información de diferentes fuentes (índices, diccionarios, enciclopedias, glosarios, internet y otras fuentes de información)
3. Planificación, revisión y presentación de textos. Procesadores de textos
4. Presentación de los textos respecto a las normas gramaticales, ortográficas y tipográficas
5. Resumen

1. Introducción

La escritura es una herramienta social poderosa: su poder reside en la habilidad, capacidad o competencia para adquirir conocimiento, construir pensamiento y comunicarse con los demás. El desarrollo de esta competencia permite la formación personal, la participación social, el empleo y el aprendizaje; y todo ello repercute en los diferentes ámbitos o esferas de acción en que se mueve el individuo: el personal, el público, el profesional y el educativo.

Cada vez parece más evidente que, en el siglo XXI, la escritura o alfabetización forma parte de casi toda actividad humana. La economía, las leyes, la documentación burocrática, el conocimiento, el periodismo, la literatura, el entretenimiento, etc. dependen y se estructuran en torno a la producción y distribución de textos.

Comprender y expresarse por escrito son ejes fundamentales de la cultura, estrechamente relacionados con el funcionamiento humano, en cuanto que regula y controla el intercambio social mediante las prácticas discursivas correspondientes a los distintos ámbitos: institucionales, medios de comunicación, académicos, literarios, etc.

Mediante el acto de escribir, los escritores aprenden sobre sí mismos y sobre el mundo, y comunican a los otros sus percepciones. Escribir confiere el poder de crecer como persona e influir en el mundo.

El éxito de un texto escrito no está solo en la cantidad de información que en él se exponga, sino también, y de manera muy determinante, en cómo se organice la información. Por ello, resultan fundamentales las técnicas de búsqueda, tratamiento y presentación de la información, que se tratarán en el presente capítulo.

2. Consulta de información de diferentes fuentes (índices, diccionarios, enciclopedias, glosarios, internet y otras fuentes de información)

Las fuentes son los documentos que aportan información para el estudio de una materia. Pueden ser muy variadas, por ejemplo, las actas de un congreso o de una institución oficial, manuscritos, obras originales, publicaciones periódicas, libros, folletos, informes científicos y técnicos, y otras.

Fuentes de información
Diversos tipos de documentos que contienen datos útiles para satisfacer una demanda de información o conocimiento.

Conocer, distinguir y seleccionar las fuentes de información adecuadas para el trabajo que se está realizando es parte del proceso de consulta e investigación.

Según el nivel de información que proporcionan las fuentes de información, estas se consideran primarias o secundarias:

- Las **fuentes primarias** contienen información nueva y original, resultado de un trabajo intelectual. Son documentos primarios: libros, revistas científicas y de entretenimiento, periódicos, diarios, documentos oficiales de instituciones públicas, informes técnicos y de investigación de instituciones públicas o privadas, patentes, normas técnicas, etc.
- Las **fuentes secundarias** contienen información organizada, elaborada, producto de análisis, extracción o reorganización que refiere a documentos primarios originales. Son fuentes secundarias: enciclopedias, antologías, directorios, libros o artículos que interpretan otros trabajos o investigaciones.

Los **diccionarios** recogen y explican de forma ordenada, en su mayoría alfabéticamente, voces de una o más lenguas, de una ciencia o de una materia determinada, proporcionando su significado.

Definición

Diccionario
Recopilación de las palabras, locuciones, giros y sintagmas de una lengua o, dentro de ella, los términos de una ciencia, técnica, arte, especialidad, etc., generalmente dispuestos en orden alfabético.

Diccionario

Las **enciclopedias** son obras en las que se expone el conjunto de los conocimientos humanos o los de una ciencia.

Son obras de consulta, ordenadas alfabética o sistemáticamente, de términos y nombres, que contienen una visión general concisa sobre una amplia variedad de temas. Suelen estar escritas por varios colaboradores especializados.

Consejo

Se puede utilizar una enciclopedia para:

- Buscar información a fondo sobre un tema.
- Encontrar ideas clave, fechas importantes o conceptos.

Enciclopedia

Actividades

1. Consulte los diccionarios y enciclopedias a los que tenga acceso (en casa, en la biblioteca, por internet...), de forma que pueda comparar y analizar el estilo de cada uno, la forma de presentar los contenidos, etc.

Internet no es solo un lugar donde encontrar datos; es, sobre todo, una fuente de consulta y de aprendizaje permanente, y un lugar de intercambio de información.

A través de internet puede accederse a consultar fuentes de información imprescindibles en cualquier investigación.

La habilidad para encontrar la información deseada en internet depende en gran medida de la precisión y efectividad con que se utilicen los motores de búsqueda. Un motor de búsqueda es un gran índice de la mayoría de las páginas que existen en internet. En este índice se puede hacer una búsqueda por medio de palabras o frases, y el resultado es una lista de las páginas que contienen dichos parámetros.

Un buscador es un conjunto de programas instalados en un servidor conectado a internet. Nacieron de la necesidad de organizar la información anárquica contenida en internet.

Importante

Las claves del arte de buscar no consisten en conectarse al buscador ni en recorrer miles de documentos, sino en aprender a detallar los pedidos con la precisión necesaria para que el mecanismo de búsqueda brinde pocas opciones: formular la pregunta adecuada es el requisito fundamental para obtener la respuesta que se necesita.

Algunas recomendaciones para realizar búsquedas en internet son:

- Identificar los conceptos importantes de la investigación.
- Identificar las palabras clave que describen estos conceptos.
- Determinar si existen sinónimos o términos relacionados con los conceptos básicos de la investigación.
- Ingresar las palabras en minúsculas, salvo que se trate de nombres propios.
- Si se ingresan palabras en inglés, se obtendrán mayores resultados. En castellano, la cantidad de referencias será mucho menor, pero los sitios probablemente contengan información en español.

Ejemplo

Algunos de los buscadores más populares de internet son los siguientes:

- Google.
- Bing.
- Yahoo.
- Ask.com.
- Aol Search.
- Altavista.
- MyWebSearch.
- Chacha.

Buscadores de internet

Otras fuentes de información secundarias son: índices de citas, índices de impacto, glosarios, catálogos, bibliografías, boletines de sumarios, revistas de resúmenes, etc.

Actividades

2. Imagine que va a realizar un viaje a Londres próximamente. Necesita buscar información sobre la ciudad, además de vuelos, hoteles, restaurantes e información turística. Consulte todo esto utilizando diferentes buscadores de internet.

Aplicación práctica

A usted le encargan la realización de un trabajo, para el cual debe buscar información en la red. ¿Qué pautas habrá de tener en cuenta a la hora de llevar a cabo una provechosa consulta de información en internet?

SOLUCIÓN

- Demostrar precisión y efectividad a la hora de utilizar los motores de búsqueda.
- Realizar la búsqueda por medio de palabras o frases.
- No conectarse al buscador ni recorrer miles de documentos.
- Aprender a detallar los pedidos con la precisión necesaria para que el mecanismo de búsqueda brinde pocas opciones.
- Formular la pregunta adecuada para obtener la respuesta que se necesita.
- Identificar los conceptos importantes de la investigación.
- Identificar las palabras clave que describen estos conceptos.
- Determinar si existen sinónimos o términos relacionados con los conceptos básicos de la investigación.
- Ingresar las palabras en minúsculas (salvo nombres propios).
- Ingresar las palabras en inglés, para obtener mayores resultados.

3. Planificación, revisión y presentación de textos. Procesadores de textos

La escritura es una herramienta social poderosa: su poder reside en la habilidad, capacidad o competencia para adquirir conocimiento, construir pensamiento y comunicarse con los demás. El desarrollo de esta competencia permite la formación personal, la participación social, el empleo y el aprendizaje; y todo ello repercute en los diferentes ámbitos o esferas de acción en que se mueve el individuo: el personal, el público, el profesional y el educativo.

Cada vez parece más evidente que, en el siglo XXI, la escritura o alfabetización forma parte de casi toda actividad humana. La economía, la ley, la documentación burocrática, el conocimiento, el periodismo, la literatura, las profesiones y el entretenimiento dependen y se estructuran en torno a la producción y distribución de textos.

Por otro lado, hay que destacar que la informática ha transformado la escritura. La tecnología digital hace posible que todos seamos escritores, ya que la composición digital se utiliza para compartir, para dialogar, y principalmente para participar. En este sentido, los procesadores de textos desempeñan un importante papel.

Se puede afirmar, por todo ello, que comprender y expresarse por escrito son ejes fundamentales de la cultura, estrechamente relacionados con el funcionamiento humano, en cuanto que regula y controla el intercambio social mediante las prácticas discursivas correspondientes a los distintos ámbitos: institucionales, medios de comunicación, académicos, literarios, etc.

3.1. Planificación, revisión y presentación de textos

La complejidad que encierra la competencia o habilidad para escribir textos de diferentes ámbitos pone de manifiesto la necesidad de organizar el proceso de escritura de acuerdo con una serie de etapas. Estas etapas, que a continuación se detallan, son la planificación, la revisión y la presentación.

Planificación

Esta etapa del proceso de composición de textos consiste en elaborar el plan de escritura para organizar las ideas del texto de acuerdo con el tipo y subtipo elegidos, con el destinatario y con el propósito. Esto supone la producción de esquemas, resúmenes, guiones, índices, que ayudan a recordar durante todo el proceso de escritura las decisiones tomadas respecto de qué y cómo escribir.

En otras palabras, el producto de la planificación será un plan de escritura, que es una versión simplificada de lo que se va a escribir, en forma de esquema o mapa conceptual. Este plan ayuda al escritor en la generación y organización de las ideas que incluirá en el primer borrador de su texto, que constituye el producto de la siguiente etapa.

Revisión

Esta etapa del proceso de producción de textos consiste en identificar problemas textuales y resolverlos (reescritura). Ello supone trabajar con borradores o textos intermedios, a los que se aplica una serie de operaciones mentales, correspondiéndolas con los diferentes niveles lingüísticos de intervención en el texto.

El procedimiento de revisión y reescritura de textos es el siguiente:

1. Lectura, con el propósito de evaluar y mejorar el texto.
2. Comprensión del texto, para asimilar todos los conceptos.
3. Detección de irregularidades, inexactitudes, ambigüedades, inadecuaciones, repeticiones innecesarias, omisiones, anacolutos, carencias de información, etc.
4. Diagnóstico de tales fenómenos, para su posterior modificación o corrección.
5. Reescritura del fragmento de texto escrito considerado perfectible por el escritor.

Presentación

Una vez revisado el texto, el escritor ha de llevar a cabo su transformación para exponerlo oralmente, de manera que responda lo más fielmente posible a la intención y al destinatario o a la audiencia que debe recibirlo.

El objetivo de esta etapa consiste en conseguir que el documento esté preparado para difundirlo, en los formatos y soportes más adecuados, y también en conocer cómo transmitir la información al auditorio.

Consejo

Es recomendable reflexionar acerca de las diferencias entre transmitir la información de forma oral y de forma escrita, de modo que la defensa del trabajo llegue a los destinatarios de manera adecuada y conforme con las normas que rigen la oralidad.

Actividades

3. Elabore un texto sobre alguna materia de su interés para exponer oralmente. Para ello, deberá seguir todas las etapas: planificación, revisión y presentación.

3.2. Procesadores de textos

Los procesadores de textos son aplicaciones informáticas orientadas a la creación, edición, modificación, corrección e impresión de documentos de texto. Por lo general, todos los procesadores de textos son capaces de trabajar con diferentes tipos de fuentes, interlineado, alineación, tamaño de letra, corrección ortográfica y gramatical, el trabajo con imágenes y tablas, además de contar con diccionarios en varios idiomas para facilitar la labor de redacción.

Definición

Procesador de textos
Aplicación informática destinada a la creación o modificación de documentos escritos por medio de un ordenador. Representa una alternativa moderna a la antigua máquina de escribir, siendo mucho más potente y versátil que esta.

Los procesadores de textos son los sucesores de la máquina de escribir. Al contrario de lo que se suele pensar, no nacieron bajo la tecnología de la informática, sino de la necesidad de los escritores, aunque más tarde se llevó al campo de los ordenadores.

En la década de los 80 se lanzaron al mercado los primeros procesadores de textos para ordenadores personales, que consistían en simples editores que permitían mover palabras, cortar párrafos, reacomodar textos y, a veces, alinear columnas de texto, encabezados, resaltar en negrita, subrayar palabras, etc.

No mucho tiempo después aparecieron funciones agregadas a los procesadores de texto, los correctores ortográficos, los diccionarios, los diccionarios de sinónimos y las funciones "macros", con las que se facilitaba la automatización de la ejecución de tareas repetitivas.

Los programadores dotaron a sus nuevas creaciones de herramientas para la elaboración y edición de notas, tanto a pie de página como al final del fichero. Hubo herramientas para la ordenación de listas, la generación de índices, la producción de tablas de contenido, la aplicación de ecuaciones científicas, y los famosos métodos de línea roja, con los que es posible encontrar en un instante errores que, de otra manera, llevaría mucho más tiempo localizar.

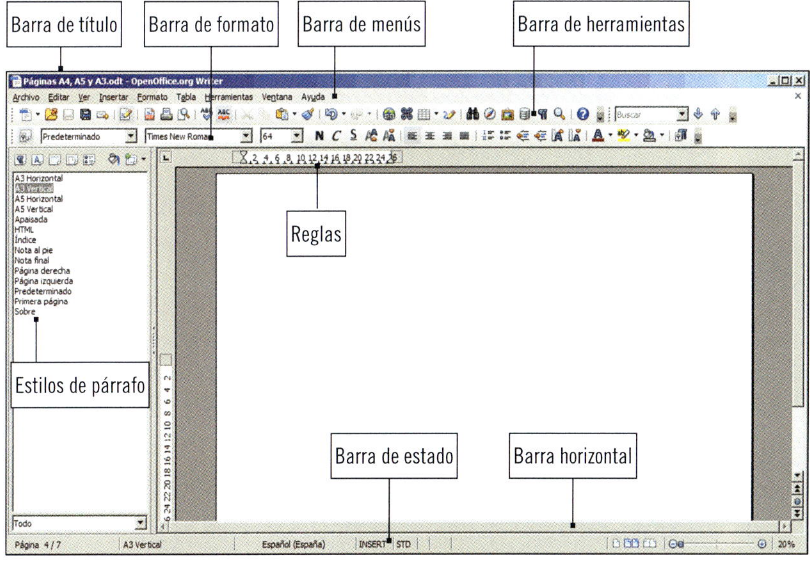

Herramientas de un procesador de textos

Independientemente del rápido avance de los procesadores de textos, se continuaban añadiendo nuevas funciones, como la creación y edición de todo tipo, de gráficos, hojas de cálculo, corrección gramatical, inserción de hipertextos y mucho más.

En la actualidad se fusionan en un procesador de textos funciones que se realizaban en varios programas por separado, pudiéndose elaborar incluso Multimedias, y realizar trabajos para ser publicados en internet.

Ejemplo

Algunos procesadores de textos son:

- **Microsoft Word.** Es parte de un completísimo paquete de oficina Microsoft Office, producido y patentado por Microsoft Corporation. Es uno de los procesadores de textos más aceptados en el mercado de la informática, evoluciona muy rápidamente.
- **OpenOffice.org_Writer.** Procesador de textos integrante de la suit ofimática Open Office, proyecto desarrollado por Sun System. Es una alternativa libre a aplicaciones privativas como el propio Microsoft Word. Se distribuye bajo licencia GPL bajo la GNU software Fundation.
- **Pages,** de la suit informática de IWork de Apple.
- **AbiWord,** de la suit informática de código abierto GNOME Office.

Diferentes procesadores de textos

Actividades

4. Busque en internet procesadores de textos distintos a los que aparecen en el ejemplo anterior, cítelos y explique sus principales características.

4. Presentación de los textos respecto a las normas gramaticales, ortográficas y tipográficas

No cabe ninguna duda sobre la importancia que tiene la corrección lingüística para el éxito de un discurso escrito. De igual manera que en la lengua oral serán la entonación, las fluctuaciones del tono de voz y los gestos elementos que ayudarán a la consecución de las intenciones comunicativas, en el nivel de la lengua escrita la corrección en los distintos planos del lenguaje aporta sensación positiva al lector.

El lenguaje tiene distintos planos: fonético, morfosintáctico y semántico, y en todos ellos es preciso guardar las normas básicas de la corrección.

En el plano semántico, las principales reglas de corrección están vinculadas a la elección de un léxico correcto. Cada disciplina tiene su propio código léxico, esto es, el vocabulario específico que permite la expresión de algunos conceptos de forma unívoca, huyendo de fenómenos del lenguaje que crean ambivalencias. Es importante que se utilice de forma equilibrada la nomenclatura específica de cada actividad intelectual.

Ejemplo

Si vamos a redactar un texto con contenido científico deberemos usar un vocabulario acorde y adaptar nuestra redacción a las características del texto científico; si, por el contrario, estamos frente a un texto humanístico, la nomenclatura y las especificidades textuales serán distintas.

En el plano morfosintáctico se deben observar las reglas gramaticales, que, al igual que la ortografía, aseguran que el lector del texto añada al contenido de las ideas la exactitud gramatical con que estén expresadas. Dentro de las normas gramaticales básicas, habrá que fijarse en la concordancia, en la puntuación, en el buen uso de las preposiciones, de las formas verbales, de la consecución temporal, etc.

En el plano fonético será la ortografía la que marque los usos correctos. La ortografía tiene sentido en sí misma, ya que la corrección en la escritura es expresión de un pensamiento también correcto y preciso. La ortografía es imprescindible para asegurar la perdurabilidad de nuestro idioma, y, más importante todavía, la ortografía es síntoma de pulcritud mental, de un óptimo hábito intelectual, de una buena lectura comprensiva.

Por tanto, la corrección es primordial para la elaboración de un texto encaminado a un buen resultado: una correcta ortografía, una sintaxis impecable y el manejo del léxico preciso, equilibrado entre un nivel culto y la nomenclatura propia de la disciplina sobre la que se esté escribiendo, asegurarán un porcentaje importante de éxito en nuestros fines.

Nota

Una norma, en sentido lingüístico, es el conjunto de reglas restrictivas que definen lo que se puede utilizar en el uso de una lengua si se ha de ser fiel a cierto ideal estético o sociocultural. La norma supone la existencia de unos usos considerados correctos y otros considerados incorrectos, definidos ambos en las gramáticas y ortografías normativas y en los diccionarios del mismo corte. La impone una institución reconocida por la sociedad, institución que para el español, tanto el europeo como el hispanoamericano, es la Real Academia Española, fundada en 1713.

En su sentido más estricto, la **gramática** estudia la estructura de las palabras, las formas en que estas se enlazan y los significados a los que tales combinaciones dan lugar. La gramática es, pues, una disciplina combinatoria, centrada, fundamentalmente, en la constitución interna de los mensajes y en el sistema que permite crearlos e interpretarlos.

Definición

Gramática normativa
Establece los usos que se consideran ejemplares en la lengua culta de una comunidad, a menudo con el respaldo de alguna institución a la que se reconoce autoridad para fijarlos.

Como todo código de comunicación, la escritura está constituida no solo por el conjunto de signos convencionales establecidos para representar gráficamente el lenguaje, sino por las normas que determinan cuándo y cómo debe utilizarse cada uno de ellos. Este conjunto de normas que regulan la correcta escritura de una lengua constituye lo que llamamos **ortografía,** palabra de origen griego que etimológicamente significa "recta escritura".

El término "ortografía" designa asimismo la disciplina lingüística de carácter aplicado que se ocupa de describir y explicar cuáles son los elementos constitutivos de la escritura de una lengua y las convenciones normativas de su uso en cada caso, así como los principios y criterios que guían tanto la fijación de las reglas como sus modificaciones.

La disciplina ortográfica guarda relación con otras materias que tienen también que ver con la representación gráfica del lenguaje, como es el caso de la tipografía. La **tipografía** se define como el arte de crear y combinar tipos o caracteres de imprenta para confeccionar textos impresos. Atiende tanto a la selección del tipo, la clase y el tamaño de las letras como a la distribución de los espacios en blanco entre caracteres, palabras y bloques de texto (espaciados, sangrías, interlineados, márgenes, etc.). La tipografía nació con la aparición de la imprenta y ha evolucionado con la invención de nuevos procedimientos y tecnologías para la elaboración de impresos.

? Sabía que...

El acceso, hoy prácticamente general, a herramientas informáticas para el procesamiento y la autoedición de textos ha extendido la necesidad de conocer y aplicar las normas y los usos propios de la escritura tipográfica (denominada técnicamente "ortotipografía"), antes solo exigibles a tipógrafos, impresores y editores, a cualquier persona que emplee estos medios en sus producciones escritas. Esta es la razón por la que en las ortografías modernas suele incluirse también información ortotipográfica.

Sabiendo que es fundamental presentar los textos siguiendo las normas gramaticales, ortográficas y tipográficas, y teniendo en cuenta la importancia del orden de presentación de los contenidos y la coherencia necesaria para conseguir que un texto tenga éxito, se han de considerar las siguientes reglas básicas:

- El texto no puede estructurarse como una serie lineal de ideas. Es fundamental mostrar la relación que hay entre ellas, de forma que puedan agruparse varias que comparten un concepto común más general. Para ello, expondremos primero la idea más general, la principal, y alrededor de ella las secundarias, organizadas todas en un mismo párrafo y utilizando para mostrar las relaciones que se establecen conectores del tipo "de este modo", "por tanto", "así que", "por lo que", "de manera que", etc.
- En consecuencia, las partes en las que pueda dividirse un texto no han de ser necesariamente muchas, sino más bien al contrario: dos o tres y, excepcionalmente, cuatro. Por supuesto, cada una de estas partes es susceptible de subdividirse, a su vez, en partes más pequeñas.
- Conviene resaltar gráficamente esta jerarquía de ideas: de lo general a lo particular, de lo abstracto a lo concreto, de las ideas principales a las secundarias, de la tesis a la demostración. Para ello, puede servir la división en párrafos, el subrayado, la numeración, el uso de mayúsculas y minúsculas, etc.
- Las ideas han de estar enunciadas de manera adecuada, es decir, con precisión, claridad y rigor. Conviene estructurar la información de forma jerárquica: comenzar centrando el tema y enunciando la idea principal, esto es, la tesis; más tarde, se argumenta y después se concluye, reco-

giendo y resaltando aquello que se considere esencial. De esta forma, el lector del texto empezará con una buena impresión sobre los conocimientos expresados, porque se han expuesto al principio, y concluirá la lectura también con una sensación beneficiosa para el escritor, puesto que se ha enmarcado el discurso.

- Otro aspecto importante es la estructura del texto: introducción, distintos apartados del tema (cada uno con su tesis, argumentación y conclusión) y, por último, cierre. No se debe olvidar que en un texto bien construido la estructura del contenido y la estructura de la forma están íntimamente relacionadas.

Importante

Es fundamental mantener la estructuración desde lo general a lo particular.

Recuerde

La correcta escritura, el buen uso del léxico y el dominio de las reglas gramaticales constituyen los tres grandes ámbitos que regula la norma de una lengua.

Actividades

5. Desde su punto de vista, ¿considera la corrección de textos como algo fundamental para conseguir buenos resultados? Reflexione sobre dicha cuestión, analice lo explicado en este apartado y justifique su respuesta.

Usted debe presentar un texto teniendo en cuenta la importancia de la coherencia y el orden de presentación de los contenidos. Para que la presentación resulte exitosa, ¿qué reglas básicas ha de considerar?

SOLUCIÓN

Para que la presentación tenga un resultado satisfactorio, se deben tener en cuenta los siguientes aspectos: mostrar la relación que hay entre las ideas, de forma que puedan agruparse, exponiendo primero la idea principal, y alrededor de ella las secundarias; utilizar conectores ("de este modo", "por tanto", "así que", "por lo que", "de manera que", etc.); dividir el texto en dos o tres partes, y estas en partes más pequeñas; mantener la estructuración desde lo general a lo particular; resaltar gráficamente la jerarquía de ideas; utilizar la división en párrafos, el subrayado, la numeración, el uso de mayúsculas y minúsculas, etc.; enunciar las ideas con precisión, claridad y rigor; estructurar la información de forma jerárquica; considerar la estructura del texto: introducción, apartados del tema y cierre.

Es fundamental, además, presentar el texto siguiendo las normas gramaticales, ortográficas y tipográficas.

5. Resumen

Es un hecho incuestionable que existe una relación directa entre el lenguaje y el pensamiento, esto es, cuanto más desarrollada está nuestra capacidad intelectiva mayor desarrollo exhibe nuestro discurso. Por este motivo, un discurso coherente y bien organizado es síntoma inequívoco de un pensamiento estructurado y complejo. Por ello, un discurso coherente muestra ideas coherentes. La buena organización de ideas, la estructura sintáctica correcta y una estructura comunicativa lógica hacen que nuestros mensajes sean descifrados por nuestros receptores de forma fácil y sin dejar resquicios a la duda. Así, nos haremos entender a la perfección por quien nos lee.

Las fuentes, primarias y secundarias, son los documentos que aportan información para el estudio de una materia. Conocer, distinguir y seleccionar las fuentes de información adecuadas para el trabajo que se está realizando es parte del proceso de consulta e investigación. Pueden ser diccionarios, enciclopedias, internet, etc.

La complejidad que encierra la competencia o habilidad para escribir textos de diferentes ámbitos pone de manifiesto la necesidad de organizar el proceso de escritura de acuerdo con una serie de etapas: planificación, revisión y presentación.

Los procesadores de textos son aplicaciones informáticas destinadas a la creación o modificación de documentos escritos por medio de un ordenador. Representa una alternativa moderna a la antigua máquina de escribir, siendo mucho más potente y versátil que esta.

Es fundamental presentar los textos siguiendo las normas gramaticales, ortográficas y tipográficas, y teniendo en cuenta la importancia del orden de presentación de los contenidos y la coherencia necesaria para conseguir que un texto tenga éxito.

Ejercicios de repaso y autoevaluación

1. Indique si las siguientes afirmaciones son verdaderas o falsas.

Conocer, distinguir y seleccionar las fuentes de información adecuadas para el trabajo que se está realizando es algo ajeno al proceso de consulta e investigación.

- ☐ Verdadero
- ☐ Falso

Las fuentes primarias contienen información nueva y original, resultado de un trabajo intelectual.

- ☐ Verdadero
- ☐ Falso

Las fuentes secundarias contienen información organizada, elaborada, producto de análisis, extracción o reorganización que refiere a documentos secundarios no originales.

- ☐ Verdadero
- ☐ Falso

2. Cite las diferentes fuentes de información. A continuación, describa aquellas que se han tratado en el capítulo.

____

____

____

____

3. Complete el siguiente texto.

Un buscador es un conjunto de ______________ instalados en un ______________ conectado a internet. Nacieron de la necesidad de ______________ la información ______________ contenida en ______________.

4. Relacione cada etapa del proceso de escritura con su definición.

a. Planificación.
b. Revisión.
c. Presentación.

__ Consiste en identificar problemas textuales y resolverlos (reescritura).
__ Consiste en conseguir que el documento esté preparado para difundirlo, en los formatos y soportes más adecuados, y también en conocer cómo transmitir la información al auditorio.
__ Consiste en elaborar el plan de escritura para organizar las ideas del texto de acuerdo con el tipo y subtipo elegidos, con el destinatario y con el propósito.

5. ¿Cuál es el procedimiento de revisión y reescritura de textos?

____
____
____
____

6. De las siguientes afirmaciones sobre los procesadores de textos, señale la que es incorrecta.

a. Nacieron bajo la tecnología de la informática.
b. Son capaces de trabajar con diferentes tipos de fuentes.
c. Fusionan funciones que se realizaban en varios programas por separado.
d. Son los sucesores de la máquina de escribir.

7. Indique si las siguientes afirmaciones son verdaderas o falsas.

a. Los procesadores de textos son aplicaciones informáticas orientadas a la creación, edición, modificación, corrección e impresión de documentos de texto.

☐ Verdadero
☐ Falso

b. En la década de los 90 se lanzaron al mercado los primeros procesadores de textos para ordenadores personales.

- ☐ Verdadero
- ☐ Falso

c. Los programadores dotaron a sus nuevas creaciones de herramientas para la elaboración y edición de notas, tanto a pie de página como al final del fichero.

- ☐ Verdadero
- ☐ Falso

8. El lenguaje tiene distintos planos, y en todos ellos es preciso guardar las normas básicas de la corrección. ¿De qué manera se deben seguir dichas normas en el plano morfosintáctico?

____

____

____

____

9. A la hora de presentar un texto, es necesario respetar las normas gramaticales, ortográficas y tipográficas. Defina estas tres disciplinas.

____

____

____

____

10. Complete el siguiente texto.

La norma la impone una ____________ reconocida por la ____________, institución que para el ____________, tanto el europeo como el hispanoamericano, es la ______________________________, fundada en ________.

Capítulo 6

Utilización de los números para la resolución de problemas

Contenido

1. Introducción

¿Qué tienen en común un contable, un cocinero, un mecánico y un auxiliar de geriatría? Que todos, en su actividad laboral, realizan cálculos. Por eso, deben conocer los números, saber cómo operar con ellos y, lo que es más importante, saber extrapolar los conocimientos matemáticos a las diferentes actividades que desarrollan cada uno de ellos. Así, es evidente que el contable va a realizar cálculos, pero los números que está empleando van a equivaler a ingresos monetarios que realizar, descuentos que aplicar, etc. Un cocinero no solo debe conocer los ingredientes que debe utilizar para cada receta, sino que, en función del número de comensales, va a tener que calcular las cantidades que va a necesitar para preparar raciones para todos ellos. Un mecánico debe conocer, por ejemplo, el volumen de la cámara de combustión y, para ello, debe saber calcular el área de un cilindro. Y un auxiliar de geriatría puede tener que calcular la equivalencia entre mililitros y una cucharadita de café para darle a su paciente la cantidad correcta de una medicina.

En este capítulo, se estudiarán los números: las diferentes denominaciones que reciben, las equivalencias que se establecen y las operaciones que pueden realizarse con ellos como primer paso para su uso en aplicaciones más complejas, sin perder de vista el enfoque práctico de la materia.

2. Sistema posicional de numeración decimal

El sistema numérico que se usa de forma habitual recibe el nombre de **sistema de numeración decimal.** En él, con los diez dígitos: 0, 1, 2, 3, 4, 5, 6, 7, 8 y 9, pueden formarse todas las cantidades que se imaginen.

Esto es posible porque, además del valor propio (o valor por sí mismo) que corresponde a cada uno de ellos, estos dígitos tienen también un valor de posición en función del lugar que ocupan al formar parte de una cifra. La siguiente tabla muestra la correspondencia entre el valor por sí mismo de los dígitos y la cantidad que representan.

Cantidad que representa el dígito	Valor por sí mismo
	0
	1
	2
	3
	4
	5
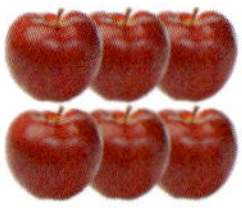	6
	7
	8
	9

Sabía que...

Existen otros sistemas formados por otro número de cifras, como, por ejemplo, el binario, que se compone solo de 0 y 1.

Actividades

1. Averigüe por qué los números se representan con los caracteres que pueden verse en este manual.
2. Averigüe si existen otras formas de representar los números.

2.1. Unidades, decenas y centenas

Como se ha dicho, cada número tiene un valor de posición en función del lugar que ocupa dentro de una cifra. Estas posiciones pueden representarse dentro de una tabla de posición. En una tabla de posición que represente las **unidades, decenas** y **centenas,** estas quedarán así:

Centenas	Decenas	Unidades
C	D	U

Cuando se representa una cantidad en una tabla de posición, en cada columna, puede introducirse solo un número, por lo que, si esta cantidad tiene dos cifras, deberán rellenarse dos columnas y, si tiene tres cifras, las tres columnas. Siempre hay que tener en cuenta que la tabla empieza a rellenarse por la columna de la derecha, la de las unidades, y se termina por la columna de la izquierda, la de las centenas.

Ejemplo

La tabla de posición del número 45 sería:

Centenas	Decenas	Unidades
	4	5

Y la del número 329 sería:

Centenas	Decenas	Unidades
3	2	9

Pero ¿qué representa esto en relación con las unidades? Para ello, habrá que tener en cuenta la siguiente tabla de equivalencia de unidades:

1 unidad = 1 unidad
1 decena = 10 unidades
1 centena = 100 unidades

Por tanto, siguiendo el ejemplo anterior, cuando se representa el número 45 en la tabla de posición, está indicándose:

- Valor en la columna de las decenas = 4 = 40 unidades.
- Valor en la columna de las unidades = 5 = 5 unidades.
- Total = 45 unidades.

Y, cuando se representa el número 329, está indicándose:

- Valor en la columna de las centenas = 3 = 300 unidades.
- Valor en la columna de las decenas = 2 = 20 unidades.
- Valor en la columna de las unidades = 9 = 9 unidades.
- Total = 329 unidades.

Aplicación práctica

Determine cuántas centenas, decenas y unidades hay en las siguientes cantidades:

38, 99, 142 y 987

SOLUCIÓN

38 → 0 centenas, 3 decenas y 8 unidades.
99 → 0 centenas, 9 decenas y 9 unidades.
142 → 1 centena, 4 decenas y 2 unidades.
987 → 9 centenas, 8 decenas y 7 unidades.

Aplicación práctica

Indique el valor en unidades del dígito subrayado:

12<u>3</u>, <u>7</u>86, <u>4</u>4, 4<u>4</u> y <u>6</u>

SOLUCIÓN

- 12<u>3</u> → El número destacado es el 3, que, al encontrarse en la posición de las unidades, corresponde a 3 unidades.
- <u>7</u>86 → El número destacado es el 7, que, al encontrarse en la posición de las centenas, corresponde a 700 unidades.

Continúa en página siguiente >>

<< Viene de página anterior

- 44 → El número destacado es el 4, que, al encontrarse en la posición de las decenas, corresponde a 40 unidades.
- 44 → El número destacado es el 4 y, al encontrarse en la posición de las unidades, corresponde a 4 unidades.
- 6 → El número destacado es el 6, que, al encontrarse en la posición de las unidades, corresponde a 6 unidades.

Pero ¿qué sucede cuando se llega al número 999?, ¿no pueden seguir añadiéndose cifras? Las cantidades no se limitan a números de tres cifras; por eso, el paso siguiente sería pasar a las unidades, decenas y centenas de millar, con las siguientes equivalencias:

Centenas de millar	Decenas de millar	Unidades de millar
100.000 unidades	10.000 unidades	1.000 unidades
10.000 decenas	1.000 decenas	100 decenas
1.000 centenas	100 centenas	10 centenas

Y, con el mismo procedimiento, a las unidades de millón, decenas de millón, centenas de millón, etc., y así hasta el infinito.

3. Números naturales

Cuando se habla de números naturales, se hace referencia a los números más comunes, los primeros que empezó a utilizar el hombre con dos finalidades: contar objetos y ordenar elementos en un grupo. El conjunto de los números naturales se representa por la letra mayúscula **N** y está formado por los elementos:

$$N = \{1, 2, 3, 4, 5...\}$$

Actividades

3. Si el 0 no es un número natural, indique qué representa. Busque información sobre el número 0 y su utilidad para permitir la notación posicional.

3.1. Representación y comparación de números naturales

Los números naturales se representan sobre una recta en la que se efectúan marcas repartidas de forma regular. A cada una de ellas se le asigna un valor siguiendo la distribución realizada en el conjunto de los números naturales, comenzando desde la izquierda de la recta y siguiendo hacia la derecha.

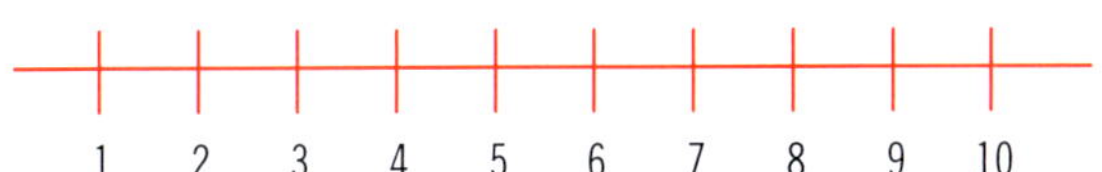

En esta imagen, puede observarse que el valor propio de los números va incrementándose al desplazarse hacia la derecha. Así, si se compara un número con el que se encuentra a su derecha, se ve que el de la derecha es el mayor de los dos. Para indicar esta relación, se emplea el símbolo **(>).**

Ejemplo

El número 9 está a la derecha del 8, luego $9 > 8$.

El número 8 está a la derecha del 7, luego $8 > 7$.

Y, si, al comparar los números, el número que se encuentra a la derecha es el mayor, esto significa que el número que se encuentra a la izquierda es el menor. Para indicar esta relación, se emplea el símbolo **(<).**

Ejemplo

El número 8 está a la izquierda del 9, luego $8 < 9$.

El número 7 se encuentra a la izquierda del 8, luego $7 < 8$.

Importante

Los signos $<$ y $>$ son simétricos y es fácil confundir su significado. A la hora de interpretarlos, hay que tener en cuenta que el lado abierto se encuentra junto al valor numérico mayor y el lado cerrado se encuentra junto al valor numérico menor.

Como la lectura se realiza de izquierda a derecha, $6 > 5$ se leería "seis es mayor que cinco" y $5 < 6$ se leería "cinco es menor que seis".

3.2. Operaciones básicas con números naturales

Las operaciones básicas que pueden realizarse con los números naturales son: suma, resta, multiplicación y división. Este suele ser el orden en el que se citan, en función de su complejidad, por lo que también será el que se siga en su estudio.

Definición

Aritmética
Es la parte de las matemáticas que estudia los números y las operaciones que con ellos se realizan.

Suma

Es una operación aritmética mediante la cual, a partir de varias cantidades, se obtiene una única cantidad que, en sí, es mayor que cualquiera de ellas. La suma puede representarse de cualquiera de las dos formas que se muestran a continuación:

$$\begin{array}{r} 2 \\ +\ 3 \\ \hline 5 \end{array} \qquad 2 + 3 = 5$$

En esta operación, intervienen diferentes elementos:

- **Sumandos:** son los números que se suman. En el ejemplo anterior, los sumandos serían el 2 y el 3.
- **Suma o total:** es el resultado que se obtiene al realizar la operación aritmética. En este caso, sería 5.
- **Signo:** es la cruz **(+)** que aparece entre o al lado de los sumandos. El signo de la suma recibe el nombre de *signo más.*
- **Línea:** indica la separación entre los sumandos y la suma. Equivaldría al signo **(=),** que aparece en la segunda forma de presentación.

Cuando van a sumarse cantidades de más de una cifra, es más cómodo y más seguro emplear la primera forma de representación colocando los sumandos de manera correcta; así, las unidades se colocarán debajo de las unidades, las decenas bajo las decenas, las centenas bajo las centenas, etc., como si fueran columnas. Luego, se realiza la suma de cada columna comenzando por las unidades y siguiendo hacia la izquierda.

Es buen momento para recordar que está empleándose el sistema decimal, por lo que, si el resultado de la suma de una columna es 10 o una cantidad mayor, bajo la línea de separación, se colocaría solo la cifra final, mientras que la primera cifra del resultado pasaría a la columna que se encuentra a la izquierda de la que se ha sumado.

1 3.847 428 + 990 ——— 5	La suma de la columna de las unidades es: $7 + 8 = 15$ Es decir, 5 unidades y 1 decena (10 unidades). El 5 se escribe bajo la línea, en la columna de las unidades. El 1 se pasa a la columna de las decenas.
11 3.847 428 + 990 ——— 65	La suma de la columna de las decenas es: $1 + 4 + 2 + 9 = 16$ Es decir, 6 decenas y 1 centena (10 decenas). El 6 se escribe bajo la línea, en la columna de las decenas. El 1 se pasa a la columna de las centenas.
2 11 3.847 428 + 990 ——— 265	La suma de la columna de las centenas es: $1 + 8 + 4 + 9 = 22$ Es decir, 2 centenas y 2 unidades de millar (20 centenas). El 2 se escribe bajo la línea, en la columna de las centenas. El otro 2 se pasa a la columna de las unidades de millar.
2 11 3.847 428 + 990 ——— 5.265	El resultado de la suma o total es 5265.

Tabla del desarrollo de una suma

Cuando se emplea la segunda forma de representación, debe incluirse el signo **+** entre cada uno de los sumandos intermedios y el signo **=** entre el último sumando y el resultado de la suma.

En la aplicación práctica de esta operación, hay que tener en cuenta que los elementos que se suman deben ser de la misma especie. Así, pueden sumarse manzanas con manzanas, ya que el resultado será una cantidad mayor de manzanas, pero no manzanas con motocicletas.

+ =

¡SÍ!

+ = ??

¡NO!

Actividades

4. Nombre qué propiedades tiene la suma de números naturales.

Resta

Es la operación aritmética que se realiza cuando quiere hallarse la diferencia entre dos cantidades. Es la operación opuesta a la suma.

En esta operación, intervienen diferentes elementos:

- **Minuendo:** representa el total del que se dispone y del que van a quitarse elementos.

- **Sustraendo:** es el número de elementos que va a quitarse a la cantidad total.
- **Diferencia:** es el resultado de la operación aritmética.

El signo matemático que se emplea en esta operación es una raya corta **(-)** y recibe el nombre de *signo menos.*

La relación entre los términos de una resta se establece así:

Minuendo – Sustraendo = Diferencia

Importante

Para restar números naturales, la cantidad de la que se sustrae debe ser mayor que la cantidad sustraída.

Cuando van a restarse cantidades de más de una cifra, también deben colocarse los términos de la operación de manera correcta; así, las unidades se colocarán debajo de las unidades, las decenas bajo las decenas, las centenas bajo las centenas, etc., como si fueran columnas. Luego, se realiza la resta de cada columna comenzando por las unidades y siguiendo hacia la izquierda.

Nota

Aunque es posible sumar más de dos cantidades en una única operación, la resta solo se realiza entre dos.

Existe una forma de comprobar si la diferencia calculada es correcta:

Minuendo = Sustraendo + Diferencia

La resta de dos cantidades se efectúa como se muestra a continuación.

$\begin{array}{r} 345 \\ -\ 172 \\ \hline 3 \end{array}$	La resta de la columna de las unidades es: 5 - 2 = 3 El 3 se escribe bajo la línea, en la columna de las unidades.
$\begin{array}{r} 3\ \ 145 \\ -\ 1\ \ \ 72 \\ \hline 73 \end{array}$	La resta de la columna de las decenas es, a primera vista, imposible, ya que $4 < 7$, pero esto se soluciona pasando una centena a las decenas y sumándosela a las que ya se tienen. La resta de la columna de las decenas es: 14 – 7 = 7 El 7 se escribe bajo la línea, en la columna de las decenas.
$\begin{array}{r} 3\ \ 145 \\ -\ 1+1\ \ \ 72 \\ \hline 1\ \ \ 73 \end{array}$	Ahora, hay que sumar otra centena para compensar la que se ha pasado a la columna de las decenas.
$\begin{array}{r} 345 \\ -\ 172 \\ \hline 173 \\ +\ 172 \\ \hline 345 \end{array}$	El resultado final de la resta es 173. Se comprueba si la diferencia calculada es correcta: Minuendo = Sustraendo + Diferencia 345 = 172 + 173

Tabla del desarrollo de una resta

También, en la resta, hay que tener en cuenta que los elementos que se restan deben ser de la misma especie.

Sabía que...

Si se suma o se resta 0 a cualquier cantidad, esta permanece igual. Por eso, en la suma y en la resta, este número recibe el nombre de *elemento neutro.*

Actividades

5. Describa cuáles son las propiedades de la resta.

Multiplicación

También llamada *producto,* es una operación aritmética que puede definirse como “la suma reiterada de un mismo número”.

Por ejemplo, la operación 123 × 3 sería equivalente a 123 + 123 + 123.

Los términos que intervienen en la multiplicación reciben el nombre de **factores** y el resultado de la operación se llama **producto.** El signo que se utiliza en las multiplicaciones es un aspa **(×),** aunque también es habitual emplear el puntito **(·)** centrado entre las cantidades cuando se realizan varias multiplicaciones seguidas.

Por ejemplo:

$$3 \times 2 \times 4 = 24$$
$$3 \cdot 2 \cdot 4 = 24$$

Las multiplicaciones pueden representarse en una línea, como la del ejemplo anterior, si corresponden a una operación sencilla o en dos líneas si la operación es más complicada. En este último caso, los factores reciben los siguientes nombres:

- **Multiplicando:** número que aparece arriba y representa el número que se sumaría.
- **Multiplicador:** número que aparece abajo e indica el número de veces que se efectúa la suma.

Recuerde

La multiplicación es una suma reiterada del mismo número.

El resultado de la operación sigue denominándose *producto.*

Cuando la operación se refiere a la suma de cantidades que representan elementos concretos, esta diferenciación cobra sentido.

Aplicación práctica

Javier tiene 123 naranjas en cada una de las 3 cestas que tiene cargadas en su remolque. Calcule cuántas naranjas tiene en el remolque.

SOLUCIÓN

123 sería el multiplicando y 3 sería el multiplicador:

$$\begin{array}{r} 123 \\ \times \quad 3 \\ \hline 369 \end{array}$$

Continúa en página siguiente >>

<< Viene de página anterior

En este caso, se observa que el multiplicando y el producto corresponden al mismo elemento: naranjas.

Multiplicación por un número de una cifra

Esta multiplicación es la que se realiza cuando el multiplicador tiene una única cifra. Si el multiplicando es un número elevado, es conveniente realizar la operación colocando el multiplicador debajo del multiplicando, bajo la columna de las unidades. Luego, se comienza la multiplicación empezando desde la derecha.

Importante

Las multiplicaciones de los diez primeros números naturales se recogen en las tablas de multiplicar. Su memorización agiliza los cálculos en las operaciones con cantidades mayores.

Actividades

6. Busque y repase las tablas de multiplicar e insista en aquellas que le resulten más complicadas.

Para realizar este tipo de multiplicaciones, se multiplica el multiplicador por el valor del multiplicando que se encuentra en la columna de las unidades y se obtiene un producto parcial. Las unidades de ese producto se colocan bajo la línea de resultados y las decenas se *reservan* para sumarlas al resultado obtenido en la multiplicación de la columna de las decenas.

La expresión habitual para reflejar este hecho es "me llevo...", indicando a continuación el valor numérico que corresponde a la primera cifra de la cantidad obtenida en la multiplicación.

Se multiplica el multiplicador por el valor del multiplicando que se encuentra en la columna de las decenas. Al resultado obtenido, se le suma el valor numérico correspondiente a las decenas que se ha obtenido al multiplicar las unidades del multiplicando.

84 x 5 0	4 x 5 = 20 (me llevo 2)	El producto de la columna de las unidades es: 4 · 5 = 20 El 0 se escribe bajo la línea, en la columna de las unidades. Y "me llevo 2" (el 2 son decenas).
84 x 5 420	8 x 5 = 40 + 2 42	El producto de la columna de las decenas es: 8 · 5 = 40 Se le suman las 2 decenas obtenidas al multiplicar las unidades: 40 + 2 = 42 decenas El resultado final de la multiplicación es 420.

Tabla del desarrollo de una multiplicación por un número de una cifra

El proceso sería el mismo si en el multiplicando hubiera centenas, unidades de millar, etc.

Multiplicación por un número de más de una cifra

Cuando el multiplicador también tiene más de una cifra, hay que multiplicar el multiplicando en orden por cada una de las cifras del multiplicador: primero, por las unidades; después, las decenas; luego, las centenas... En este caso, se hace imprescindible representar el producto colocando el multiplicador debajo del multiplicando y respetando la posición de cada número.

Sabía que...

Las sucesivas multiplicaciones por cada uno de los números del multiplicador se desplazan un lugar a la izquierda respecto del anterior para hacer coincidir el primer resultado obtenido con la columna de las unidades que le corresponde según su posición.

Luego, se comienza la multiplicación, cifra a cifra, empezando desde la derecha.

1492 x 351 1492	El producto de la columna de las unidades es: $1492 \cdot 1 = 1492$
1492 x 351 1492 7460	El producto de la columna de las decenas es: 1492 x 5 = 7460 2 x 5 = 10 (me llevo 1) 9 x 5 = 45 + 1 = 46 (me llevo 4) 4 x 5 = 20 + 4 = 24 (me llevo 2) 1 x 5 = 5 + 2 = 7 Recuerde: cuando el resultado del producto es > 10, “me llevo”.

Continúa en página siguiente >>

<< Viene de página anterior

<table>
<tr>
<td>1492
x 351
1492
7460
4476</td>
<td>El producto de la columna de las centenas es:

1492x3=4476
2x3=6
9x3=27 (me llevo 2)
4x3=12+2=14 (me llevo 1)
1x3=3+1=4</td>
</tr>
<tr>
<td>1492
x 351
1492
7460
+ 4476
523692</td>
<td>Se suman los productos parciales (puede ser de ayuda colocar 0 en los huecos de las columnas desplazadas, ya que el 0 es el neutro de la suma).

El resultado final de esta multiplicación es 523.692.</td>
</tr>
</table>

Tabla del desarrollo de una multiplicación por un número de más de una cifra

Nota

A veces, no se coloca puntuación entre las unidades de millar y las centenas. Nunca se coloca en el desarrollo de la multiplicación.

Actividades

7. Señale cuáles son las propiedades de la multiplicación de números naturales.

División

Es la operación matemática opuesta a la multiplicación y permite conocer cuántas veces un número contiene a otro. Además, y de manera práctica, es la operación matemática que hay que realizar si quiere efectuarse el reparto de una cantidad.

Los elementos que intervienen en la división son:

- **Dividendo:** corresponde a la cantidad que va a repartirse.
- **Divisor:** es el número de elementos entre los que va a repartirse.
- **Cociente:** es el resultado de la división y representa el número de elementos del dividendo que ha correspondido a cada elemento del divisor.
- **Resto:** cantidad que ya no puede repartirse de forma exacta.

Cuando se efectúa este *reparto,* pueden suceder dos cosas: que la división sea exacta o que no lo sea, es decir, que, tras asignar la misma cantidad a todos aquellos entre los que se reparte, quede un resto que no permita asignar a cada una de las partes una cantidad completa de lo que está repartiéndose.

Nota

Si la división es exacta, el resto es 0.

El signo que se utiliza para indicar la división consiste en dos puntos **(:)** centrados entre las cantidades, pero, para efectuar las divisiones, se coloca el dividendo a la izquierda del divisor, que se encuentra dentro de la **caja de división,** en la misma línea, y se deja espacio entre ambos.

Existe una forma de comprobar si la división se ha realizado correctamente y consiste en aplicar la fórmula:

$$\text{Dividendo} = \text{Divisor} \cdot \text{Cociente} + \text{Resto}$$

Para comenzar a explicar cómo se realizan las divisiones, se muestran dos operaciones simples.

$8 : 4 = 2 \rightarrow 4 \cdot 2 = 8$ $\quad$ $8 : 5 = 1 \rightarrow 5 \cdot 1 = 5$

$$\begin{array}{r|l} 8 & 4 \\ \hline 0 & 2 \end{array} \qquad \begin{array}{r|l} 8 & 5 \\ \hline 3 & 1 \end{array}$$

$8 + 0 = 8$ $\quad$ $5 + 3 = 8$

La primera de ellas es una división exacta, ya que el resto es 0, por lo que, para volver a obtener el dividendo, 8, solo hay que multiplicar el divisor, 4, por el cociente, 2.

La segunda es una división inexacta, ya que queda un resto de 3. Para obtener el dividendo, 8, hay que multiplicar el divisor, 5, por el cociente, 1, y sumarle este resto, 3.

La división es una operación que también se realiza cifra a cifra, por lo que, en cada escalón de la división, se realiza una **división parcial.**

Importante

La división no finaliza hasta que el valor del resto es 0 o un número menor que el divisor.

Se comienza la división tomándose del dividendo un grupo de números tal que cumpla la condición de formar el menor número posible que pueda dividirse por el divisor, por ejemplo:

$$\overset{\frown}{4}853 \,\underline{|\,4\quad} \qquad \overset{\frown}{37}53 \,\underline{|\,4\quad}$$

En el primer caso, como $4 = 4$, la primera cifra constituye el menor grupo divisible por 4.

En el segundo caso, como $3 < 4$, habría que tomar una cifra más; así, 37 sería el menor grupo divisible por 4.

Una vez que se tiene establecido el grupo que va a dividirse, se efectúa esta división colocando el cociente bajo la caja y el resto bajo el grupo divisor; a continuación, "se baja" la siguiente cifra del dividendo junto al resto de la primera división y vuelve a realizarse otra división parcial. En los ejemplos anteriores, las divisiones completas serían de la siguiente manera.

```
4853 |4
↓    |______
08      1
```

La primera división parcial es:

$$4 : 4 = 1$$

Para hallar el resto parcial, se multiplica el divisor por el valor obtenido en el cociente:

$$4 \cdot 1 = 4$$

Y, después, se resta del grupo del dividendo:

$$4 - 4 = 0$$

El 0 se escribe bajo el grupo que se ha dividido y se baja la cifra siguiente, 8.

Continúa en página siguiente >>

<< Viene de página anterior

La segunda división parcial es:

$$8 : 4 = 2$$

Se multiplica el divisor por el valor obtenido en el cociente:

$$4 \cdot 2 = 8$$

Y, al restar del grupo del dividendo, se obtiene de resto 0.

El 0 se escribe bajo el grupo que se ha dividido y se baja la cifra siguiente, 5.

```
4853 |4
08      12
 05
```

Se realiza la tercera división parcial:

$$5 : 4 = 1$$

para hallar el resto parcial, se multiplica el divisor por el valor obtenido en el cociente:

$$4 \cdot 1 = 4$$

y se resta el resultado del grupo del dividendo

$$5 - 4 = 1$$

El 1 se escribe bajo el grupo que se ha dividido y se baja la cifra siguiente, 3.

La cuarta división parcial es:

$$13 : 4 = 3$$

```
4853 |4
08      121
 05
  13
   1
```

Para hallar el resto parcial, se multiplica el divisor por el valor obtenido en el cociente:

$$4 \cdot 3 = 12$$

Y, luego, se resta del grupo del dividendo:

$$13 - 12 = 1$$

El 1 se escribe bajo el grupo que se ha dividido.

```
4853 |4
08      1213
 05
  13
   1
```

El resultado final de la división es 1213 y el resto es 1.

```
3753 |4
 15   9
```

La primera división parcial es:

$$37 : 4 = 9$$

Para hallar el resto parcial, se multiplica el divisor por el valor obtenido en el cociente:

$$4 \cdot 9 = 36$$

Y, entonces, se resta del grupo del dividendo:

$$37 - 36 = 1$$

El 1 se escribe bajo el grupo que se ha dividido y se baja la cifra siguiente, 5.

```
3753 |4
 15   93
  33
```

La segunda división parcial es:

$$15 : 4 = 3$$

Se multiplica el divisor por el valor obtenido en el cociente:

$$4 \cdot 3 = 12$$

A continuación, se resta del grupo del dividendo:

$$15 - 12 = 3$$

El 3 se escribe bajo el grupo que se ha dividido y se baja la cifra siguiente, 3.

```
3753 |4
 15   938
  33
   1
```

La tercera división parcial es:

$$33 : 4 = 8$$

Se multiplica el divisor por el valor obtenido en el cociente:

$$4 \cdot 8 = 32$$

Se resta del grupo del dividendo:

$$33 - 32 = 1$$

El resultado final de la división es 938 y el resto es 1,

$\overset{\frown}{48}208 \mid 23$ $022 \quad 2$	La primera división parcial es: $$48 : 23 = 2$$ Para hallar el resto parcial, se multiplica el divisor por el valor obtenido en el cociente: $$23 \cdot 2 = 46$$ Se resta del grupo del dividendo: 48 - 46 = 2 (de 6 a 8 van 2 y de 4 a 4, 0) El 02 se escribe bajo el grupo que se ha dividido y se baja la cifra siguiente, 2.
$48208 \mid 23$ $0220 \quad 20$	Como 22 < 23, no es posible realizar esta operación, por lo que habría que bajar otra cifra del dividendo y poner 0 en el denominador. La siguiente división parcial es: $$220 : 23 = 9$$ Para hallar el resto parcial, se multiplica el divisor por el valor obtenido en el cociente: $$23 \cdot 9 = 207$$ Se resta del grupo del dividendo; $$223 - 207 = 13$$ El 13 se escribe bajo el grupo que se ha dividido y se baja la cifra siguiente, 8.

Continúa en página siguiente >>

<< Viene de página anterior

48208 | 23 0220 209 138	La tercera división parcial es: 138 : 23 = 6 Se multiplica el divisor por el valor obtenido en el cociente: 23 · 6 = 138 Se resta del grupo del dividendo: 138 - 138 = 0
48208 | 23 0220 2096 138 0	El resultado final de la división es 2.096.

4. Divisibilidad de números naturales

En el apartado anterior, se ha visto que la división es una de las operaciones básicas con números naturales y también que puede ser exacta o tener un resto. Existen reglas para saber si un número es divisible por otro sin necesidad de realizar la división en sí. Estas reglas se denominan **criterios de divisibilidad.**

4.1. Múltiplos y divisores de un número. Uso de los criterios de divisibilidad

La expresión que representa una división exacta es:

Dividendo = divisor · cociente

Empleando una expresión simplificada, puede expresarse como:

$$a = b \cdot c$$

Se dice que un número *a* es divisible por otro número *b* cuando, al realizar la operación ***a* : *b*,** el resto es 0.

Definición

Número divisor
Se dice que un número natural b es divisor de otro número natural a cuando existe otro número natural c que, multiplicado por b, da como resultado a.

La divisibilidad de números naturales tiene una serie de propiedades:

- Todo número natural es divisor de sí mismo.
- Todo número natural es divisible por 1.
- Ningún número natural es divisible por 0.

La relación de divisibilidad se representa mediante una línea entre ambos miembros ***a* I *b*.**

Definición

Número natural
Se dice que un número natural a es múltiplo de otro número natural b cuando existe otro número natural c que, multiplicado por b, da como resultado a.

También aquí hay que tener en cuenta que:

- Todo número natural es múltiplo de sí mismo y de la unidad.
- El 0 es múltiplo de cualquier número, y cualquier multiplicación por 0 da como resultado 0.

Número par
Se denomina así aquel que, cuando se divide por 2, se obtiene como resto 0. En caso contrario, el número es impar.

Criterios de divisibilidad

Los criterios de divisibilidad van a permitir conocer si un número es múltiplo o si puede dividirse por otro número dado. Los criterios de divisibilidad más comunes son:

Criterio de divisibilidad por 2

Se dice que un número es divisible por 2 si la última cifra es 0 o cifra par. Son ejemplos de números múltiplos de 2: 40, 4, 326, 1024, etcétera.

Criterio de divisibilidad por 3

Se dice que un número es divisible por 3 si la suma de sus cifras es 3 o múltiplo de 3. Ejemplos de números divisibles por 3: 111, 2364, etcétera.

Criterio de divisibilidad por 4

Se dice que un número es divisible por 4 si sus dos últimas cifras son 0 o múltiplo de 4. Son números divisibles por 4: 16, 96, 500, 536, etcétera.

Criterio de divisibilidad por 5

Se dice que un número es divisible por 5 si su última cifra es 5 o es 0. Ejemplos de números divisibles por 5: 125, 405, 8000, etcétera.

Criterio de divisibilidad por 6

Se dice que un número es divisible por 6 si lo es por 2 y por 3. Ejemplos de números divisibles por 6 serían: 24, 54, 3408, etcétera.

Ejercicio práctico

Establezca si el número 2364 es múltiplo de 6.

SOLUCIÓN

Sí es múltiplo de 6 porque es par y múltiplo de 3. La suma de sus cifras es $2 + 3 + 6 + 4 = 15$, que es múltiplo de 3, ya que $1 + 5 = 6$, que también es múltiplo de 3.

Criterio de divisibilidad por 7

Se dice que un número es divisible por 7 si la diferencia entre el número sin la cifra de las unidades y el doble de las unidades es 0 o múltiplo de 7. Ejemplos: 189, 259, etcétera.

Ejercicio práctico

Deduzca si el número 259 es múltiplo de 7.

SOLUCIÓN

- El número sin las unidades: 25.
- El doble de las unidades: $2 \times 9 = 18$.
- La diferencia de $25 - 18 = 7$.

Por lo tanto, el número 259 sí es múltiplo de 7 porque cumple el criterio de divisibilidad por 7.

Criterio de divisibilidad por 8

Se dice que un número es divisible por 8 cuando sus tres últimas cifras son 0 o múltiplo de 8. Como ejemplos de números divisibles por 8 estarían: 2064, 5512, etcétera.

Criterio de divisibilidad por 9

Se dice que un número es divisible por 9 si la suma de sus cifras es múltiplo de 9. Ejemplos de números divisibles por 9: 36, 369, 5139, etcétera.

Criterio de divisibilidad por 10

Se dice que un número es divisible por 10 si termina en 0, como ejemplos de números divisibles por 10 estarían: 20, 250, 3450, etcétera.

Criterio de divisibilidad por 11

Se dice que un número es divisible por 11 si la diferencia entre la suma de las cifras que ocupan lugares pares y la suma de las cifras que ocupan lugares impares (restando siempre a la suma mayor la suma menor) da 0 o múltiplo de 11. Ejemplos de múltiplos de 11 serían: 396, 4631, 259.193, etcétera.

Ejercicio práctico

Precise si el número 259.193 es múltiplo de 11.

SOLUCIÓN

El resultado de la suma de las cifras que ocupan lugares impares es:

$$2 + 9 + 9 = 20$$

Mientras que el resultado de la suma de las cifras que ocupan lugares pares sería:

$$5 + 1 + 3 = 9$$

Por tanto, la diferencia es $20 - 9 = 11$, luego cumple el criterio.

Recuerde

Si *a* es múltiplo de *b*, *b* es divisor de *a*.

Actividades

8. Aplique los criterios de divisibilidad para decir de qué números son múltiplos los siguientes valores:

3458, 389 876, 90 009, 783, 11 822, 22 222, 12 345 y 56 065

4.2. Números primos. Números compuestos. Descomposición de números en factores primos

El número de divisores que tiene un número va a determinar si este es un número primo o si se trata de un número compuesto.

Definición

Número primo
Aquel que, únicamente, es divisible por él mismo y por la unidad.

El método que se sigue para averiguar los números primos que hay en una serie comprendida entre el número 2 y un número dado, se denomina *criba de Eratóstenes.* Consiste en ir tachando de la serie, primero, los múltiplos de 2; luego, los de 3; después, los de 5; los de 7, y así sucesivamente hasta que, en la lista, solo quedan los números primos. El proceso finaliza cuando se comprueba que el cuadrado del último número primo que se ha comprobado es menor que el último número de la serie.

Ejercicio práctico

Especifique cuáles son los números primos que hay en los números naturales del 1 al 100.

SOLUCIÓN

Se eliminan de la lista los múltiplos de 2, es decir, todos aquellos números cuya última cifra es 0 o número par.

Continúa en página siguiente >>

<< Viene de página anterior

	2	3		5		7		9		11		13		15		17		19	
21		23		25		27		29		31		33		35		37		39	
41		43		45		47		49		51		53		55		57		59	
61		63		65		67		69		71		73		75		77		79	
81		83		85		87		89		91		93		95		97		99	

Se eliminan de la lista los múltiplos de 3, o sea, aquellos números en los que la suma de sus cifras es múltiplo de 3.

	2	3		5		7				11		13				17		19	
		23		25				29		31				35		37			
41		43		45		47		49		51		53		55				59	
61				65		67				71		73		75		77		79	
		83		85				89		91				95		97			

Se eliminan de la lista los múltiplos de 5, es decir, los que terminan en 5 (ya se habían eliminado los que terminaban en 0 al aplicar el criterio de divisibilidad por 2).

	2	3		5		7				11		13				17		19	
		23						29		31						37			
41		43				47		49		51		53						59	
61						67				71		73				77		79	
		83						89		91						97			

Se eliminan de la lista los múltiplos de 7, por tanto, aquellos en los que la diferencia entre el número sin la cifra de las unidades y el doble de las unidades es 0 o múltiplo de 7.

Continúa en página siguiente >>

<< Viene de página anterior

	2	3		5		7				11		13				17		19	
		23						29		31						37			
41		43				47				51		53						59	
61						67				71		73						79	
		83						89								97			

Como 7 x 7 < 100, se confirma la búsqueda, ya que el siguiente número primo sería 11 y 11 x 11 = 121 > 100.

Sabía que...

El 1 no se considera número primo ni tampoco compuesto.

Actividades

9. Defina qué son los números primos gemelos y coprimos. Investigue sobre estas características y determínelos en los cien primeros números.

A los números naturales que no son primos se los considera **compuestos.** Reciben este nombre porque pueden expresarse como un producto de números primos.

Definición

Número compuesto

Se dice de aquel que admite otros divisores distintos a él mismo y a la unidad.

Descomposición de números en factores primos

La descomposición de números en factores primos o descomposición factorial de un número consiste en expresar dicho número como un producto de números primos. Para ello, se divide sucesivamente entre sus divisores primos, comenzando siempre por los más pequeños, hasta que se obtiene un 1 como cociente.

La descomposición en factores primos puede representarse:

- Por divisiones sucesivas.
- En forma de columna.
- Por descomposición factorial.

Seguidamente, se muestran ejemplos de descomposición en números primos expresados de las tres formas mencionadas:

- Descomposición factorial del número 18:

Por divisiones sucesivas	En forma de columna	Descomposición factorial
18 | 2 0 9 | 3 0 3 | 3 0 1	18 | 2 9 | 3 3 | 3 1 |	$18 = 2 \cdot 3 \cdot 3$

- Descomposición factorial del número 124:

Por divisiones sucesivas	En forma de columna		Descomposición factorial
144 2	144	2	
04 72 2	72	2	
0 12 36 2	36	2	
0 16 18 2	18	2	$144 = 2 \cdot 2 \cdot 2 \cdot 2 \cdot 3 \cdot 3$
0 0 9 3	9	3	
0 3 3	3	3	
0 1	1		

Como puede verse, en la descomposición factorial, puede haber un factor que se repita en múltiples ocasiones, lo cual puede llevar a error a la hora de materializar el cálculo. Por este motivo, se procede a su expresión simplificada por medio de **potencias.**

Las potencias constan de dos elementos: *base,* que es el elemento que corresponde al número que se repite, y *exponente,* que es el componente que indica el número de veces que se repite la base. La forma en la que se representan las potencias es $\textbf{base}^{\textbf{exponente}}$**.** Los números anteriores expresados en forma de potencias serían:

$$18 = 2^1 \times 3^2$$

$$144 = 2^4 \times 3^2$$

Nota

Cuando el exponente es 1, normalmente, no se representa.

Las potencias se denominan con el nombre del número que forma la base y la expresión "elevado a la..." completada con el ordinal del exponente.

Por ejemplo, 2^4 se expresa como "2 elevado a la cuarta". Los exponentes 2 y 3 se nombran de otra forma; así, 3^2 sería "3 al cuadrado" y 3^3 sería "tres al cubo".

Definición

Número ordinal
El que indica el orden o lugar que ocupa un número natural. Por ejemplo, 1 es el primero, 2 es el segundo, etcétera.

Recuerde

La descomposición factorial de un número será el producto de todos los divisores primos.

Actividades

10. Concluya cuántos cuadrados pueden formarse a partir de las casillas que forman un tablero de ajedrez.

4.3. Cálculo de múltiplos y divisores comunes a varios números

Los múltiplos de un número son los números que se obtienen al multiplicar este número por otro número natural. Cuando dos números comparten divisores, puede decirse que son múltiplos comunes de esos divisores.

En los ejemplos anteriores, se ve que 18 y 144 comparten divisores, por tanto, 18 y 144 serían múltiplos comunes de 2, 3, 6, 9 y 18.

Los divisores de un número son aquellos que se han obtenido al dividir este por otro número natural, para lo cual esta división debe ser exacta.

En los ejemplos anteriores, se ve que, tras realizar la descomposición de los números en factores primos, hay números que aparecen en las dos descomposiciones. Por tanto, puede decirse que hay números que comparten divisores; así, 18 y 144 comparten como divisores el 2 y el 3^2.

Actividades

11. Escriba los diez primeros múltiplos de 3 y de 5 y averigüe cuáles de ellos son comunes a ambos.
12. Halle los divisores de 15 y 24 y señale cuáles son los que tienen en común.

4.4. Máximo común divisor (M. C. D.) y mínimo común múltiplo (M. C. M.): procedimientos de cálculo

Estos dos conceptos se aplican en la resolución de numerosos problemas, por ello, es necesario tener claro qué representan y cómo pueden hallarse.

Máximo común divisor

Dados dos o más números que comparten divisores, puede calcularse cuál es el mayor de los divisores que tienen en común. Este número se denomina **máximo común divisor,** expresado de forma simplificada como *m. c. d.*

Existen dos formas de calcular el m. c. d. La primera de ellas es más intuitiva:

- Se calculan los divisores de los números.
- Se eligen los divisores comunes.
- Se escoge el mayor de todos los divisores comunes.

Ejercicio práctico

Calcule el m. c. d. de 36 y 120, como el mayor de los divisores comunes.

SOLUCIÓN

- Divisores de 36 = {1, 2, 3, 4, 6, 9, 12, 18 y 36}.
- Divisores de 120 = {1, 2, 3, 4, 5, 6, 8, 10, 12, 15, 20, 24, 30, 40 y 60}.
- Los divisores comunes de 36 y 120 son 1, 2, 3, 4, 6 y 12.
- El mayor de todos los divisores es 12.

Si los números son pequeños, este método es más rápido. Pero, cuando los números son más altos, puede ser más fácil calcularlo como aplicación de la factorización. En este segundo método:

- Se descomponen los números en sus factores primos.
- Se toman los factores primos comunes elevados al menor exponente.
- Se efectúa la multiplicación de dichos factores.

Ejercicio práctico

Establezca el máximo común divisor de 36 y 120 por descomposición en factores primos.

SOLUCIÓN

Se descomponen los números en factores primos:

$$\begin{array}{r|l} 36 & 2 \\ 18 & 2 \\ 9 & 3 \\ 3 & 3 \\ 1 & \end{array} \qquad \begin{array}{r|l} 120 & 2 \\ 60 & 2 \\ 30 & 2 \\ 15 & 3 \\ 5 & 5 \\ 1 & \end{array}$$

$$36 = 2^2 \cdot 3^2$$

$$120 = 2^3 \cdot 3 \cdot 5$$

Se toman los factores primos comunes con su menor exponente y se multiplican:

$$\text{m. c. d.}\ (36, 120) = 2^2 \cdot 3 = 12$$

El resultado es el mismo con cualquiera de los dos métodos, pero este último método es el más interesante para la resolución de problemas en los que intervenga el m. c. d.

Mínimo común múltiplo

Dados dos o más números que comparten múltiplos, puede hallarse cuál es el menor número que es múltiplo común a ambos. Este número se denomina **mínimo común múltiplo** y se expresa de forma simplificada como *m. c. m.*

También existen dos formas de averiguar cuál es el m. c. m., una que parte del cálculo de los múltiplos y otra como aplicación de la descomposición en factores primos.

Para aplicar el primer método:

- Se calculan múltiplos de cada uno de los números.
- Se elige el menor de todos ellos que se encuentra en todas las series de múltiplos.

Ejercicio práctico

Identifique el m. c. m. de 12 y 15 como el menor de los múltiplos comunes.

SOLUCIÓN

- Múltiplos de 12 = {12, 24, 36, 48, 60, 72, 84...}.
- Múltiplos de 15 = {15, 30, 45, 60, 75, 90...}.
- El primer número que aparece en ambas series de múltiplos es el 60.

Para calcular el m. c. m. empleando la descomposición en factores primos:

- Se realiza la descomposición factorial de los números.
- Se toman todos los factores primos, comunes y no comunes, elevados al mayor de los exponentes.
- Se efectúa la multiplicación de todos los factores.

Ejercicio práctico

Determine cuál es el mínimo común múltiplo de 12 y 15 por descomposición de factores.

SOLUCIÓN

- Se descomponen los números en factores primos, es decir, se divide el número por los distintos números primos y, después, se escribe el producto.

Continúa en página siguiente >>

<< Viene de página anterior

12	2	15	3		
6	2	5	5	$12 = 2^2 \cdot 3$
3	3	1		
1				$15 = 3 \cdot 5$

- Se toman los factores primos comunes y no comunes con su mayor exponente y se multiplican.
- El m. c. m. $(12, 15) = 2^2 \cdot 3 \cdot 5 = 60$.

Si se multiplican el m. c. d. y el m. c. m. de dos números, el número obtenido coincide con el producto de dichos números.

Ejemplo

Para los números 12 y 15:

$$\text{m. c. d. } (12, 15) = 3$$
$$\text{m. c. m. } (12, 15) = 60$$
$$(\text{m. c. d.}) \times (\text{m. c. m.}) = 3 \cdot 60 = 180$$

Por otro lado:

$$12 \cdot 15 = 180$$

Por lo tanto, si se conoce cualquiera de estos dos valores, (m. c. d. o m. c. m.), el restante puede obtenerse dividiendo el producto entre el valor conocido.

Actividades

13. Calcule el m. c. d. y el m. c. m. de 78 y 87.
14. Sabiendo que el m. c. d. de 36 y 120 es 12, halle el m. c. m.

4.5. Aplicaciones de la divisibilidad y uso del m. c. d. y del m. c. m. en la resolución de problemas asociados a situaciones cotidianas

Los conceptos de múltiplos y divisores de un número, los criterios de divisibilidad y los conceptos de m. c. d. y de m. c. m. permiten resolver numerosos problemas ya que permiten simplificar los cálculos partiendo de la base de que ambos grupos tiene factores en común. Pueden aplicarse conjuntamente en la resolución de problemas.

En la resolución de problemas, hay que tener presente:

- Los datos de los que se dispone inicialmente.
- Qué hay que averiguar con la resolución del problema (incógnitas).
- Cómo debe hacerse, es decir, los pasos a seguir para su solución, las operaciones a realizar, etcétera.
- Finalmente, hay que expresar el resultado o solución al problema.

Actividades

15. Explique cómo se sabe si, en un problema a resolver, hay que aplicar el m. c. d. o el m. c. m.

Pueden verse aplicaciones de estos conceptos en los ejercicios resueltos que se incluyen a continuación.

Ejercicio resuelto 1

Javier utiliza su vehículo para desplazarse a su trabajo de lunes a sábado, por lo que, cada lunes, echa en el depósito 30 l. de gasolina. Si el consumo de gasolina de su coche es de 5 l. cada 100 km, ¿cuántos kilómetros podrá recorrer con el combustible repostado?

Datos iniciales

Combustible disponible: 30 l.
Consumo cada 100 km: 5 l.

Incógnita

Kilómetros recorridos.

Operaciones para resolver el problema

Primero, habrá que averiguar cuántas veces el número 5 se encuentra contenido en el número 30.

Como 30 termina en 0, cumple los criterios de divisibilidad por 5, por lo que es un múltiplo exacto de este número.

El número de veces que 5 está contenido en 30 es de 30 : 5 = 6, luego podrá recorrer 6 veces 100 km.

Para hallar los kilómetros totales que pueden recorrerse, se multiplican los 100 km que pueden recorrerse con cada una de las partes obtenidas por el número de veces que pueden recorrerse 100 km:

$$100 \times 6 = 600$$

Resultado

Javier podrá recorrer 600 km con los 30 l que ha repostado.

Ejercicio resuelto 2

Un productor de naranjas ha obtenido una cosecha de 44 000 kg de este producto, que vende a una empresa que elabora zumos. Para elaborar un litro de zumo, necesita 3 kg de naranjas. La empresa elabora 13 000 l de zumo al día y, si tiene exceso de producto, lo destina a la producción de mermeladas. ¿Cuántos litros de zumo podrán producirse con estas naranjas? Justifique si son suficientes para cubrir las necesidades de un día de producción de zumos.

Datos iniciales

Naranjas disponibles: 44.000 kg.
Naranjas por litro de zumo: 3 kg.
Elaboración diaria: 13.000 l.

Incógnitas

Litros de zumo.
Kilos de naranjas para elaborar 13.000 l de zumo.
Kilos de naranjas para mermeladas.

Operaciones para resolver el problema

Para empezar, habrá que averiguar cuántos litros de zumo pueden obtenerse de 44.000 kg de naranjas. Puede averiguarse si va a ser un número exacto de litros comprobando si 44.000 es múltiplo de 3 usando los criterios de divisibilidad.

Para que un número sea múltiplo de 3, la suma de todas sus cifras debe ser múltiplo de 3, como $4 + 4 + 0 + 0 + 0 = 8$ y 8 no es múltiplo de 3, el resultado no será un número exacto.

A continuación, se divide el número de kilos de naranjas disponible entre los kilos de naranjas necesario para obtener un litro de zumo, con lo que se obtiene el número de litros que pueden producirse.

```
44000 |3
14     14666
 20
  20
   20
    2
```

Con 44.000 kg de naranjas, pueden producirse 14.666 l de zumo.

A continuación, hay que justificar que esta cantidad es mayor que la que se produce diariamente, es decir, si 14.666 > 13.000. La cifra de las decenas de millar coincide, por lo que sigue comprobándose con las cifras de las unidades de millar: como la cifra de las unidades de millar del primer término es mayor que la cifra de las unidades de millar del segundo, la cantidad que puede producirse será mayor que la que se produce.

Resultado

Podrán producirse 14.666 l de zumo, cifra que es suficiente para cubrir las necesidades de un día de producción porque la cifra de las unidades de millar de la cantidad que puede producirse es mayor que la correspondiente en la cantidad que debe producirse.

Ejercicio resuelto 3

Javier y sus hermanos han adquirido un terreno rectangular, de 90 m de ancho por 120 m de largo, que desean dividir en parcelas cuadradas del mayor tamaño posible. ¿Cuánto medirá el lado de cada parcela?

Datos iniciales

Ancho: 90 m.
Largo: 120 m.

Incógnitas

Lado de la parcela mayor.

Operaciones para resolver el problema

Las parcelas deben tener la misma dimensión de ancho que de largo y, además, debe ser un número que sea divisor de 90 y de 120, por lo que hay que calcular el m. c. d. de 90 y 120.

Primero, se realiza la descomposición factorial de 90 y de 120:

$$90 = 2 \cdot 3^2 \cdot 5$$
$$120 = 2^3 \cdot 3 \cdot 5$$

Luego, se halla el m. c. d.:

$$\text{m. c. d. } (90, 120) = 2 \cdot 3 \cdot 5 = 30$$

Resultado

Las parcelas medirán 30 m de lado.

Ejercicio resuelto 4

En la misma balda de un estante, deben apilarse cajas de dos productos diferentes unas junto a otras. Si unas cajas miden 45 cm y otras, 30 cm, ¿cuál será la altura mínima entre las baldas del estante para colocar juntas pilas de ambos tipos de cajas sin que queden huecos?

Datos iniciales

Altura caja 1: 45 cm.
Altura caja 2: 30 cm.

Incógnitas

Altura entre baldas.

Operaciones para resolver el problema

Con ambos tipos de cajas, debe alcanzarse la misma altura, luego hay que calcular el m. c. m. de 45 y 30.

Primero, se realiza la descomposición factorial de 45 y de 30:

$$45 = 3^2 \cdot 5$$
$$30 = 2 \cdot 3 \cdot 5$$
$$\text{m. c. m. } (45, 30) = 2 \cdot 3^2 \cdot 5 = 90$$

Resultado

La altura mínima entre las baldas será de 90 cm.

Ejercicio resuelto 5

En una floristería, están preparando ramos de flores que combinan rosas blancas y rojas. Disponen de 18 docenas de rosas rojas y de 12 docenas de rosas blancas. ¿Cuántos ramos podrán preparar, como máximo, si se desea que todos ellos tengan el mismo número de rosas rojas y blancas? ¿Cuántas rosas de cada color habrá en cada ramo?

Datos iniciales

Rosas rojas: 18 docenas = $18 \cdot 12 = 216$ rosas rojas.
Rosas blancas: 12 docenas = $12 \cdot 12 = 144$ rosas blancas.

Incógnitas

Mayor número de ramos con igual número de rosas de cada color.
Número de rosas de cada color en cada ramo.

Operaciones para resolver el problema

Para calcular el mayor número de ramos, hay que calcular el m. c. d. de 216 y 144, que son las rosas que hay de cada color.

Primero, se realiza la descomposición factorial de 216 y de 144:

$$216 = 2^3 \cdot 3^3$$
$$144 = 2^4 \cdot 3^2$$
$$\text{m. c. d. } (216, 144) = 2^3 \cdot 3^2 = 72$$

Para calcular el número de rosas de cada color que hay en cada uno de los ramos, debe dividirse el número de rosas entre el número de ramos:

Rosas rojas → 216 : 72 = 3
Rosas blancas → 144 : 72 = 2

Resultado

El número total de ramos de rosas será 72.
En cada uno de ellos, habrá 3 rosas rojas y 2 rosas blancas.

Ejercicio resuelto 6

El autobús que realiza el trayecto Málaga-Vélez realiza sus salidas cada 45 minutos y el que realiza el trayecto Málaga-Antequera, cada 60 minutos. Si ambos realizan su primera salida a las 8:00 h, ¿cuándo volverán a coincidir sus salidas? Calcule cuántas veces más coincidirán si la estación de autobuses cierra a las 22:00 h. Determine cuál de los dos autobuses realizará su última salida más cerca de la hora de cierre de la estación. (Dato: 1 h tiene 60 min.)

Datos iniciales

Salidas a Vélez: cada 45 min.
Salidas a Antequera: cada 60 min.

Incógnitas

Hora en la que coincidirán las salidas.

Número de coincidencias en la hora de salida.

Autobús que realizará su última salida más cerca de la hora de cierre de la estación.

Operaciones para resolver el problema

Hay que calcular el m. c. m. de 45 y 60, que es la periodicidad que hay que tomar para establecer cuándo volverán a coincidir las salidas.

Primero, se realiza la descomposición factorial de 45 y de 60:

$$45 = 3^2 \cdot 5$$
$$60 = 2^2 \cdot 3 \cdot 5$$
$$\text{m. c. m. } (45, 60) = 2^2 \cdot 3^2 \cdot 5 = 180 \text{ min}$$

Las salidas volverán a coincidir transcurridos 180 min, que corresponden a 3 h. Luego, hay que contar 3 h a partir de las 8:00 h, es decir, volverán a coincidir las salidas a las 11:00 h.

A partir de las 11:00 h, habría que volver a contar 180 min (3 h) hasta la siguiente coincidencia. Teniendo en cuenta que el cierre de la estación es a las 22:00 h, el espacio de tiempo en el que siguen circulando los autobuses es de 22 – 11 = 11 h.

En esas 11 h, los autobuses vuelven a coincidir en:

$$\begin{array}{r|l} 11 & 3 \\ \hline 2 & 3 \end{array}$$

Es decir, en tres ocasiones más: a las 14:00, a las 17:00 y a las 20:00 h.

Desde las 20:00 hasta las 22:00 h, transcurren dos horas, que equivalen a $2 \cdot 60 = 120$ min. Para calcular cuál de los dos autobuses realizará su última salida más cerca de la hora de cierre de la estación, habrá que calcular cuántas salidas más efectuará cada uno de ellos y dividir esos 120 min entre la diferencia de tiempo entre salidas.

Para el autobús de Vélez:

$$\begin{array}{r|l} 120 & 45 \\ \cline{2-2} 30 & 2 \end{array}$$

Para el autobús de Antequera:

$$\begin{array}{r|l} 120 & 60 \\ \cline{2-2} 00 & 2 \end{array}$$

El resto de la primera división es mayor que el de la segunda, que es exacta, luego el segundo autobús saldrá más tarde que el primero.

Resultado

Las salidas de los autobuses volverán a coincidir a las 11:00 h.

Sus salidas coincidirán tres veces más en el día, 4 veces en total.

El último autobús en salir es el de Antequera, cuyo último trayecto coincidirá con el horario de cierre de la estación de autobuses.

Actividades

16. Indique si existe algún número que pueda ser dividido de forma exacta por todos los números entre 1 y 10. Investigue sobre esta curiosidad matemática.

5. Números enteros

El conjunto de los números enteros se representa por la letra mayúscula **Z** y está formado por los números naturales; los opuestos a estos, que son los números negativos, y, por último, el cero:

$$Z = \{\ldots -3, -2, -1, 0, 1, 2, 3, 4, 5\ldots\}$$

Nota

Los números naturales también pueden denominarse *números positivos* en oposición a los números negativos.

5.1. Representación y comparación de números enteros

Los números enteros se representan también sobre una recta, en la que los números negativos ocupan las posiciones a la izquierda del 0 y los números positivos ocupan las posiciones a su derecha.

Cuando dos números enteros solo se diferencian en el signo, se denominan *opuestos.*

Por ejemplo, son números opuestos 2 y -2, y 8 y -8.

Cuando se representan los números enteros positivos, puede prescindirse del signo, así, +6 se representa simplemente 6.

Nota

El opuesto de 0 es él mismo y el valor absoluto de 0 es 0.

Sabía que...

Todos los números negativos son más pequeños que todos los números positivos.

Un concepto a tener en cuenta en las operaciones con números enteros es el de **valor absoluto.** El valor absoluto de un número entero es el número natural que se obtiene al suprimir el signo más (+) o el signo menos (-) de dicho número entero. Por lo tanto, el valor absoluto de un número es él mismo si es positivo y su opuesto si es negativo.

Ejemplo

El valor absoluto de -5 es 5 y el valor absoluto de +5 también es 5.

El valor absoluto de un número se representa introduciéndolo entre barras: |-5| = 5.

Cuando se comparan dos números enteros, sucede igual que con los números naturales: el que se encuentra más a la derecha es el mayor de los dos. Para indicar esta relación, se emplea el símbolo **>.**

Ejemplo

El número -4 está a la derecha del -8, luego -4 > -8.
El número 2 está a la derecha del -3, luego 2 > -3.

Por lo tanto, el número que se encuentra a la izquierda es menor. Para indicar esta relación, se emplea el número **<.**

Ejemplo

El número -8 está a la izquierda del -4, luego -8 < -4.
El número -3 se encuentra a la izquierda del 2, luego -3 < 2.

5.2. Aplicación de la regla de los signos en la multiplicación

El resultado de multiplicar dos números enteros es otro número entero cuyo valor absoluto es el producto de los valores absolutos de los números que se multiplican y cuyo signo se ajusta a la siguiente regla de signos:

- **Más por más igual a más, (+) · (+) = (+)**

$$(+3) \cdot (+4) = +12$$

- **Más por menos igual a menos, (+) · (-) = (-)**

$$(+3) \cdot (-4) = -12$$

- **Menos por más igual a menos, (-) · (+) = (-)**

$$(-3) \cdot (+4) = -12$$

- **Menos por menos igual a más, (-) · (-) = (+)**

$$(-3) \cdot (-4) = +12$$

Los números que se multiplican se denominan *factores* y el resultado de la multiplicación se denomina *producto.*

Actividades

17. Explique la razón por la que, al aplicar la regla de los signos, (-) · (-) = (+).

5.3. Operaciones básicas con números enteros

Con los números enteros, pueden realizarse las mismas operaciones básicas que con los números naturales, pero teniendo en cuenta el signo, ya que, si es negativo, el cálculo, dependiendo de la operación que se realice, presenta particularidades.

Suma de números enteros

Para sumar dos números enteros, deben seguirse las siguientes reglas:

- Cuando los **dos enteros son positivos,** el signo de la suma es positivo y el valor absoluto del resultado es la suma de los valores absolutos de los números que se suman. En definitiva, se suman sin más. Por ejemplo:

$$(+5) + (+8) = 5 + 8 = 13$$

- Cuando los **dos enteros son negativos,** el signo de la suma es negativo y el valor absoluto del resultado es la suma de los valores absolutos de los números que se suman. Por ejemplo:

$$(-3) + (-5) = -8$$

- Cuando los **dos enteros son de distinto signo,** el signo de la suma es el del número que tenga mayor valor absoluto y el valor absoluto del resultado es la resta de los valores absolutos de los números que se suman.

Ejemplo

La suma (-4) + (+7) = 3, ya que la resta de los valores absolutos es 7 – 4 = 3 y tiene signo positivo porque el sumando que tiene mayor valor absoluto es 7, que es positivo.

La suma (+2) + (-8) = -6, ya que la resta de los valores absolutos es 8 – 2 = 6 y tiene signo negativo porque el sumando que tiene mayor valor absoluto es -8, que es negativo.

Resta de números enteros

Restar dos números enteros equivale a sumar al primero el opuesto del segundo:

(-3) - (+7) = (-3) + (-7) = -10, porque -7 es el opuesto de 7.

(-4) - (-5) = (-4) + (+5) = +1, porque +5 es el opuesto de -5.

Multiplicación de números enteros

En la multiplicación de números enteros, hay que tener en cuenta dos aspectos: el valor numérico de la operación y el signo. Anteriormente, se ha explicado que el valor numérico coincide con el producto de los valores absolutos de los factores. En cuanto al signo, se ha explicado la regla de los signos aplicada a la multiplicación.

Recuerde

Si los factores que se multiplican tienen igual signo, el resultado tiene signo positivo.

Si los factores que se multiplican tienen distinto signo, el resultado es negativo.

División exacta de números enteros

Para dividir dos números enteros, se dividen los valores absolutos de los números y al resultado obtenido, se le aplica la regla de los signos, que es similar a la de la multiplicación:

- **Más entre más igual a más, (+) : (+) = (+)**

$$(+8) : (+4) = 2$$

- **Más entre menos igual a menos, (+) : (-) = (-)**

$$(+8) : (-4) = -2$$

- **Menos entre más igual a menos, (-) : (+) = (-)**

$$(-8) : (+4) = -2$$

- **Menos entre menos igual a más, (-) : (-) = (+)**

$$(-8) : (-4) = 2$$

5.4. Necesidad de los números negativos para expresar estados y cambios. Reconocimiento y conceptualización en contextos reales

Al realizar la representación de los números enteros sobre la recta, se ha visto que todos los números negativos quedan en un mismo lado y todos los positivos, en otro, a partir del valor 0.

Los números positivos se emplean para indicar cantidades disponibles, el valor 0 se utiliza para representar la ausencia de cantidad y los números negativos se emplean para representar la falta de alguna cantidad.

Los casos en los que se emplean los números negativos de forma práctica son numerosos. Un caso evidente es la representación de las temperaturas:

Cuando se dice que la temperatura en Lugo es de 15 ºC, está estableciéndose un valor positivo tomado a partir del 0 en la escala en la que se representan los grados centígrados.

Cuando se dice que la temperatura en Jaca es de -10 ºC, está constatándose la falta de temperatura a partir del valor 0.

Nota

La escala que se encuentra en los termómetros es una aplicación práctica de representación de números enteros. Existen diferentes escalas de temperatura (Celsius, Fahrenheit, etc.) y cada una representa el 0 en diferentes posiciones.

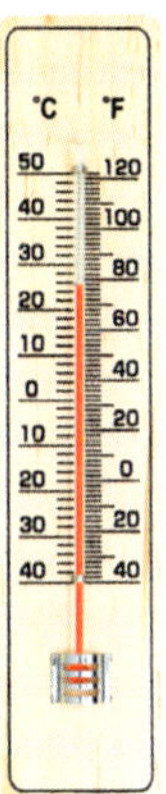

Cuando se habla de “números rojos”, también está aplicándose el concepto de número negativo, ya que refleja el hecho de que los desembolsos que se han realizado se encuentran por encima del capital del que se dispone para gastos. En esta situación, no solo no se dispone de efectivo, sino que, además, se “tiene menos que cero”.

Gráfico con números rojos

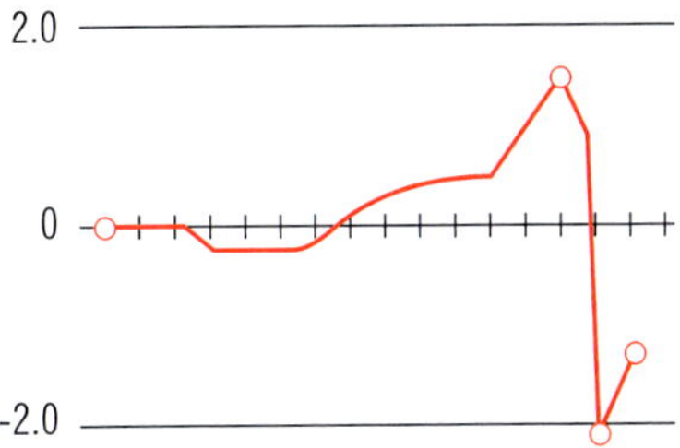

Los números negativos también se aplican a los trayectos realizados en un ascensor. En estas máquinas, el valor 0 se hace corresponder con la planta baja, los valores positivos se asignan a las plantas que se encuentran por encima de esta y los negativos, a los que se encuentran por debajo. Por lo tanto, el 0 se convierte en un punto de referencia, ya que, evidentemente, estas plantas *negativas* (normalmente, sótanos o aparcamientos) existen de manera física.

En casos como los planteados, habría que tener en cuenta los signos de los datos que se facilitan a la hora de realizar los cálculos necesarios para solucionar el problema planteado.

Aplicación práctica

En el interior de una oficina, los empleados trabajan a una temperatura de 22°. En el exterior, un termómetro situado en la calle indica que la temperatura es de -4°. Establezca el salto térmico que se produce entre ambos entornos. (El salto térmico es la diferencia de temperatura entre el interior y el exterior.)

SOLUCIÓN

La diferencia de temperatura que notarán los empleados cuando salgan a la calle será de:

$$22 - (-4) = 22 + 4 = 26^{\circ}$$

Los números negativos también se emplean cuando el resultado de una operación es un valor menor que el de partida.

Actividades

18. Busque y relacione la posición del 0 en las diferentes escalas de temperatura.

Aplicación práctica

Javier quiere comprar un coche que vale 17.000 €, pero solo tiene ahorrados 13.000. Si su banco le concede un crédito para realizar esta operación, ¿cuánto dinero tendrá si se lo compra?

SOLUCIÓN

Si se resta a la cantidad de la que dispone Javier la cantidad que debe desembolsar, el resultado es:

$$13.000 - 17.000 = -4.000\ €$$

5.5. Utilización de la jerarquía y las propiedades de las operaciones y de las reglas de uso de los paréntesis en cálculos sencillos

Cuando tiene que resolverse un cálculo con números enteros en los que intervienen varias operaciones seguidas, hay que realizarlas en un orden determinado, ya que, si se hacen en otro orden, puede llegarse a resultados distintos, que, además, sean erróneos.

Ejemplo

Suponga que hay que calcular $3 + 5 \cdot 7$

- Si, primero, se realiza la suma de 3 y 5, se obtiene 8, y, luego, se multiplica este por 7, el resultado es 56.
- Sin embargo, si, primero, se calcula el producto de 5 por 7, que es 35, y, luego, se suma 3 a este, se obtiene 38.

Los resultados no coinciden, por lo que uno de ellos es incorrecto.

Para evitar errores, se ha establecido una jerarquía en las operaciones que indica cuáles deben realizarse antes y cuáles después. La jerarquía es la siguiente:

- Resolver primero los paréntesis, desde el más interno hasta el más externo.
- A continuación, se realizan las potencias.
- Después, las multiplicaciones y divisiones.
- Por último, se realizan las sumas y las restas.

Ejercicio práctico

Comente cómo resolvería el siguiente cálculo:

$$8 - (-3) \cdot [6 - (2 - 7)]^2$$

SOLUCIÓN

- Se resuelve primero el paréntesis interno: $(2 - 7) = -5$.
- A continuación, el paréntesis externo: $[6 - (-5)] = 11$.

Continúa en página siguiente >>

<< Viene de página anterior

- Después, la potencia: $11^2 = 121$.
- A continuación, el producto $(-3) \cdot 121 = -363$.
- Por último, la resta $8 - (-363) = 371$.

Por tanto:

$$8 - (-3) \cdot [6 - (2 - 7)]^2 = 371$$

Los números enteros tienen la propiedad distributiva de la multiplicación respecto a la suma. Es decir, dados los números enteros *a, b* y *c,* se cumple que:

$$\boldsymbol{a \cdot (b + c) = a \cdot b + a \cdot c}$$

Ejemplo

El resultado de la operación $(-3) \cdot [(-2) + (-5)]$ es el mismo si se hace de las dos maneras posibles:

a. Si se efectúa primero la operación indicada entre corchetes y, luego, se multiplica el resultado por -3:

$$(-3) \cdot [(-2) + (-5)] = (-3) \cdot (-7) = 21$$

b. Si se multiplica primero por -3 cada sumando y, luego, se suman los productos:

$$(-3) \cdot [(-2) + (-5)]= (-3) \cdot (-2) + (-3) \cdot (-5) = 21$$

Puede verse que el orden que se sigue para realizar las operaciones es: primero, los paréntesis; luego, las multiplicaciones y, por último, las sumas.

19. En el mercado ecológico, ha comprado: 2 docenas de huevos a 6 € cada una, 5 quesos artesanos a 15 € la pieza, 4 bolsas de un kilo de arroz integral a 4 €/k, 2 bolsitas de té orgánico a 5 € cada una y 5 mallas de naranjas de 3 k a 4 €/k. Señale cuál es el importe total de la compra.

5.6. Utilización de la calculadora para operar con números enteros

La calculadora es un instrumento de cálculo presente en todos los entornos, como instrumento en sí, integrada en relojes y teléfonos móviles y, cómo no, entre los accesorios de los ordenadores. Facilita los cálculos en los que intervienen cantidades grandes, pero, al mismo tiempo, ha contribuido a que cada vez se realicen mentalmente menos operaciones que deberían poder realizarse sin dificultad.

Existen diversos tipos de calculadoras capaces de realizar funciones específicas, pero, en su versión más simple, permiten realizar las operaciones básicas, suma, resta, multiplicación y división, sin más que pulsar la tecla en la que aparece el signo correspondiente a dicha operación.

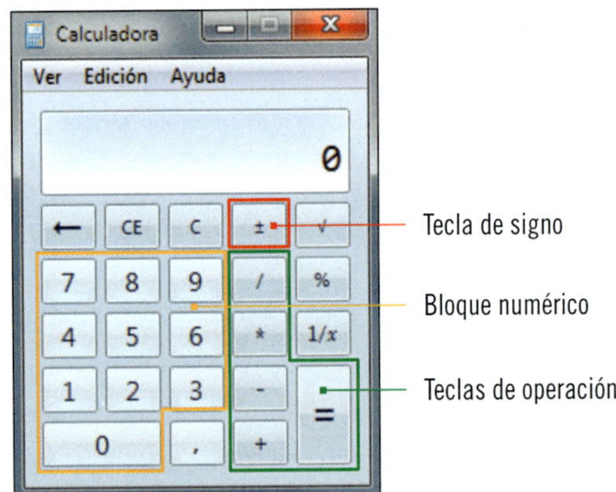

Imagen de una calculadora, en la que se han señalado los diferentes bloques que se emplean en los cálculos simples con números enteros.

En el uso de la calculadora para realizar las operaciones matemáticas básicas, la introducción de los valores se realiza siguiendo el orden en el que aparecen en el planteamiento: primero, las cifras por orden de posición, de mayor a menor (por ejemplo, en un número de tres cifras: centenas, decenas y, finalmente, unidades); luego, el signo de la operación; después, la otra cifra también por orden, y, finalmente, el signo **=** para que aparezca el resultado en la pantalla.

Nota

Hay que tener mucho cuidado con las calculadoras, ya que algunas respetan la jerarquía de las operaciones y otras no, por lo que es recomendable comprobarlo con algún ejemplo calculando previamente el resultado a mano para saber si la calculadora respeta o no dicha jerarquía.

Cuando se realizan operaciones con números enteros, pueden suceder dos cosas: que el número sea positivo o que sea negativo. Si el número es positivo, la introducción de las cifras es como se ha descrito, pero, si el número es negativo, hay que indicar esta circunstancia pulsando la tecla en la que aparece el signo **+/-** antes de la cantidad que tiene signo negativo.

Nota

En algunas calculadoras, hay que pulsar la tecla +/- después de la cantidad a la que corresponde el signo (-).

20. Utilice la calculadora para realizar las operaciones siguientes:

(-48) + (-43) y (-48) - (-43)

Si dispone de varias, practique con todas ellas —también la del ordenador o el móvil— y compruebe si la introducción del signo +/- debe realizarse antes o después de los valores numéricos.

6. Fracciones y decimales en entornos cotidianos

Ambos conceptos se manejan día a día en los más diversos ámbitos: las horas se fraccionan en media o en cuartos, se pide una porción (fracción) de tarta para merendar, el ordenador ofrece un resultado en 0,4 s, etc. En general, siempre que se tiene un todo y se divide en partes más pequeñas, está aplicándose el concepto de **fracción** y, siempre que se divide una cantidad y el resultado que se obtiene no es un valor exacto, el de **decimal.**

6.1. Decimales en entornos cotidianos. Operaciones con números decimales

Un número decimal es una expresión con varias cifras separadas por una coma. Las cifras situadas a la izquierda de la coma constituyen la **parte entera** y las cifras situadas a la derecha de la coma, la **parte decimal.**

El número decimal 3,25 representa 3 unidades y 25 centésimas de unidad. Se lee “tres coma veinticinco”. Representaría, entre otras, la fracción 325/100.

Los números que se encuentran a la derecha de la coma decimal también tienen valor posicional, que corresponde, según su posición a la derecha de la coma, a los que se indican a continuación.

Décimas	Centésimas	Milésimas
0,1 unidad	0,01 unidad	0,001 unidad

Ejemplo

El número 5,4 tiene 5 unidades y 4 décimas, es decir, 5 unidades en la parte entera más 4/10 en la parte decimal.

El número 23,89 tiene 2 decenas, 3 unidades, 8 décimas y 9 centésimas, es decir, 20 + 3 unidades en la parte entera más 8/10 + 9/100 en la parte decimal.

Las operaciones básicas son las mismas que con números enteros y el único problema que puede presentarse es cómo se sitúa la coma.

Actividades

21. Aunque, en este manual, se emplea la coma como símbolo de notación decimal, indique si puede emplearse algún otro símbolo o no emplear símbolo alguno.

En las sumas y las restas, el procedimiento es el mismo: se sitúan los términos que van a sumarse o restarse uno debajo de otro, haciendo coincidir las comas (así, cada número ocupará la posición correcta), y se realiza la operación.

Para que todas las cantidades tengan el mismo número de decimales, pueden añadirse ceros a la derecha de los que tengan menos. Por ejemplo:

$$\begin{array}{r} {\scriptstyle 1}\quad\; \\ 137,28 \\ +\; 54,90 \\ \hline 192,18 \end{array} \qquad \begin{array}{r} 137,28 \\ -\; 54,90 \\ \hline 82,38 \end{array}$$

Importante

No hay que olvidarse de poner la coma en el resultado de la operación.

Cuando se trata de sumar o restar números con parte decimal con números enteros, el procedimiento es el mismo.

La suma de un número entero con un número decimal es un número decimal cuya parte entera es la suma de los valores a la izquierda de la coma y la parte decimal es la misma que tiene el sumando decimal. Por ejemplo:

$$\begin{array}{r} 35 \\ +\; 28,45 \\ \hline 63,45 \end{array}$$

En la resta de un número entero y un número decimal, si el número decimal es el minuendo, el resultado es un número decimal cuya parte entera es la diferencia de los valores a la izquierda de la coma y la parte decimal es la misma que tiene el minuendo. Por ejemplo:

$$\begin{array}{r} 35,45 \\ -\; 28 \\ \hline 07,45 \end{array}$$

Si el número decimal es el sustraendo, se coloca una coma y ceros en el minuendo y se resta la parte decimal del minuendo a estos ceros. Por ejemplo:

```
   35,00
 - 28,45
 -------
   06,55
```

En la multiplicación de números decimales, el resultado es un número decimal. En este caso, no es necesario alinear las comas, ya que la operación se realiza como si no hubiera decimales y, luego, la coma se coloca en el resultado con tantos decimales como haya en total entre los números que se multiplican.

Por ejemplo:

```
     11,23        54,3        150
 x     2,4    x     23    x   0,5
 ---------    --------    -------
     4492        1629         750
    2246        1086         000
 ---------    --------    -------
    26,952      1248,9      075,0
```

El primero de los ejemplos muestra el caso general.

En el segundo, puede verse la multiplicación de un número decimal por un número entero.

El tercer ejemplo presenta dos particularidades: el número decimal es menor que la unidad y el número entero termina en 0. La primera es responsable de que la cantidad final obtenida sea menor que la inicial 75 > 150. Y, por la segunda, como el número de ceros es igual al de decimales, el resultado es un número entero.

Recuerde

Cuando se multiplica un número decimal por un número terminado en ceros, si el número de decimales es igual al número de ceros, el resultado será un número entero.

En la división de números decimales, también hay que tener en cuenta si los decimales se encuentran en el numerador, en el denominador o en ambos términos.

Si el numerador es un número decimal y el denominador es un número entero, la división se realiza prescindiendo de la coma, como si se tratara de números naturales, pero, luego, cuando se ha terminado la división, se coloca la coma decimal en el cociente y se separan tantos números como decimales tenga el cociente. Por ejemplo:

Dividir 36,6 entre 2:

```
36,6 |_2____
16     18,3
 06
  0
```

Si el numerador es un número entero y el denominador es un número decimal, se añaden al numerador tantos ceros como decimales tenga el denominador y se realiza la división prescindiendo de la coma. Por ejemplo:

Dividir 59 entre 2,36:

```
5900 |_236__
1380   25
 000
```

Nota

Los ceros que se añaden equivalen a multiplicar ambos términos por 10 o por sus múltiplos, ya que el resultado no varía (por ejemplo, 3,2 = 32 : 10 = 320 : 100 = 3200 : 1000, etcétera).

Si el numerador y el denominador son números decimales, se elimina la parte decimal del denominador, para lo cual se desplaza la coma en el numerador y el denominador tantas posiciones como cifras decimales tenga el denominador. Por ejemplo:

Dividir 54,28 entre 17,1:

```
542,8 | 171
      └─────
0298    3,1
  127
```

Para obtener una mayor precisión, pueden calcularse más decimales añadiendo más ceros a continuación de los decimales del numerador. Por ejemplo:

Dividir 54,28 entre 17,1 con tres decimales:

```
542,800 | 171
        └─────
0298      3,174
  1270
   0730
    046
```

Una práctica común cuando se realizan operaciones con números decimales es aplicar el **redondeo** a los resultados obtenidos. Consiste en eliminar decimales de la cantidad final obtenida cuando estos no se consideran significativos. Para ello, si la cifra decimal a la que quiere redondearse es un 5 o superior, se redondea al alza y, si es menor que 5, se deja la misma cifra.

Ejemplo

El número 5.465,4733:

- En el redondeo a tres cifras decimales, sería: 5 465,473.
- En el redondeo a dos cifras decimales, sería: 5 465,47.
- En el redondeo a una cifra decimal, sería: 5 465,5.

El número 25,889:

- En el redondeo a dos cifras decimales, sería: 25,89.
- En el redondeo a una cifra decimal, sería: 25,9.
- En el redondeo sin decimales, sería: 26.

Actividades

22. Se demuestra matemáticamente que 1 = 0,9999999... Averigüe por qué es correcta esta igualdad.

6.2. Significados y usos de las fracciones en la vida real

En la vida cotidiana, aparecen situaciones que no pueden expresarse únicamente mediante números enteros. Esto ocurre cuando quieren expresarse cantidades menores a la unidad de medida como, por ejemplo, un cuarto de kilo de carne o tres cuartos de litro de leche, etc. Para representar estas cantidades, se utilizan las fracciones.

Si se considera un objeto o unidad, por ejemplo, un listón de madera, se divide en cinco partes iguales y se toman dos trozos, la parte tomada puede representarse por 2/5, que es una fracción que se lee "dos quintos".

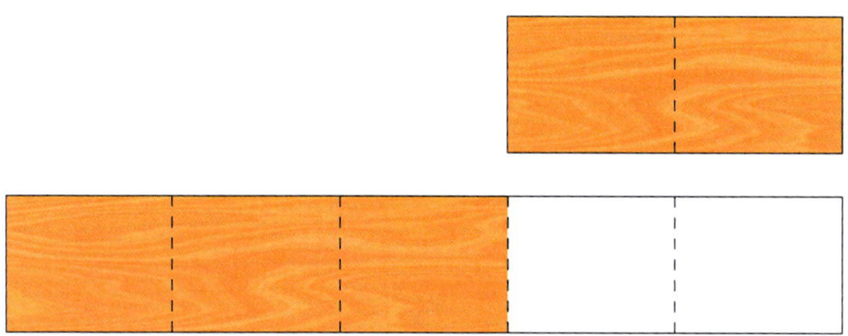

Una fracción es una expresión matemática que indica una división no realizada de un número entero *a* entre otro número entero *b*, que se representa de la forma ***a/b.***

El número *b* se llama **denominador** e indica el número de partes en que se ha dividido un objeto o unidad. El denominador no puede ser 0. El número *a* se llama **numerador** e indica el número de partes que se toman de aquellas en las que se ha dividido el objeto o unidad.

En las fracciones, no hay ningún problema en que el numerador sea mayor que el denominador. Por ejemplo, la fracción 7/5 representaría a siete partes del tamaño que resultarían de dividir la unidad de medida de algo en cinco partes iguales. A estas fracciones, se las denomina *fracciones impropias.*

También se utiliza a veces, aunque no es muy usual, otra forma de representar estas fracciones impropias, que consiste en expresar estos números por la parte entera seguida de una fracción que representa la parte decimal. Los números así obtenidos se denominan *números mixtos.*

La forma de deducir estas expresiones es fácil, tan solo hay que separar el numerador de la fracción en dos sumandos, uno de los cuales es el múltiplo del denominador inmediatamente inferior al numerador de la fracción.

La expresión de un número mixto es la siguiente:

$$a\frac{b}{c} \quad \text{y equivale a} \quad a + \frac{b}{c}$$

Por ejemplo:

$\frac{7}{5}$ se puede representar por $1\frac{2}{5}$; Para ello,

efectuar la división $\begin{array}{r|l} 7 & 5 \\ \hline 2 & 1 \end{array} \Rightarrow \frac{7}{5} = 1\frac{2}{5}$

$\frac{23}{4}$ se puede representar por $5\frac{3}{4}$

Las fracciones pueden ser positivas o negativas dependiendo del signo de los números que la forman. Para saber el signo de la fracción, se aplica la regla de signos de la división de números enteros, ya que, como se ha visto, una fracción representa a una división. Normalmente, se consideran positivos los términos de la fracción y se coloca el signo de la fracción delante. Por ejemplo:

$$\frac{-2}{5} = -\frac{2}{5} \; ; \; \frac{3}{-4} = -\frac{3}{4} \; ; \; \frac{-5}{-11} = \frac{5}{11}$$

Nota

Cualquier número entero puede representarse por una fracción. La más sencilla de todas sería aquella que tiene como numerador el propio número y como denominador la unidad. Por ejemplo, 4 sería 4/1.

A veces, hay que medir cantidades que no pueden expresarse con números enteros únicamente, para lo cual pueden usarse las fracciones. Sin embargo, como se usa un código de numeración de diez cifras, conviene dividir la unidad en diez partes iguales y cada parte, en otras diez y, así, sucesivamente.

Si se divide una unidad en 10 partes iguales, cada parte será de la unidad, y se le llama "una décima".

$$\frac{1}{10}$$

Si se divide cada décima en diez partes, cada parte será de la unidad y se le llama "una centésima".

$$\frac{1}{100}$$

Si se sigue dividiendo obtendría:

$$\frac{1}{1.000}, \frac{1}{10.000}, \text{ etc.,}$$

que se denominan respectivamente "milésima", "diezmilésima", etc.

Se llaman *fracciones decimales* las fracciones cuyo denominador es una potencia de 10 (10, 100, 1000, 10 000, etcétera). Por ejemplo:

$\frac{6}{10}$ se nombra seis décimas;

$\frac{32}{100}$ se nombra treinta y dos centésimas; etc.

Como, a veces, las fracciones pueden resultar incómodas, se expresan mediante los **números decimales,** que son otra forma de escribir las fracciones decimales.

Ejemplo

La fracción 1/4 representa la misma cantidad que el número decimal 0,25.

La fracción 3/4 representa la misma cantidad que el número decimal 0,75.

Actividades

23. Observe en su entorno la presencia de cantidades que representan fracciones de un todo, como, por ejemplo, en envases o en la naturaleza.
24. Averigüe cómo podrían representarse las fracciones de manera gráfica sobre una recta.
25. Si, para celebrar una fiesta de cumpleaños, compra tartas de chocolate y de moca y, de cada una, obtiene 12 trozos, calcule cuántas tartas tendrá que comprar para que cada uno de los 30 invitados pueda probarlas teniendo en cuenta que 9 repetirán tarta de chocolate y a otros 4 no les gusta la de moca.

6.3. Fracciones equivalentes. Simplificación y amplificación de fracciones; identificación y obtención de fracciones equivalentes

Se dice que dos fracciones son **equivalentes** si tienen el mismo signo y una de ellas puede obtenerse multiplicando o dividiendo el numerador y el denominador de la otra fracción por un mismo número.

Cuando el numerador y el denominador de la fracción se multiplica por un mismo número, se obtiene una amplificación de la fracción, y cuando se dividen por el mismo número, una simplificación.

Se comprueba que dos fracciones son equivalentes si son iguales los productos cruzados (numerador de una por el denominador de la otra y viceversa).

Las fracciones:

$$\frac{3}{5} \text{ y } \frac{9}{15}$$

son equivalentes porque tienen el mismo signo (positivo en este caso) y la segunda se obtiene de multiplicar el numerador y el denominador de la primera por 3.

Puede comprobarse que son equivalentes haciendo los productos cruzados:

$$3 \cdot 15 = 45$$

$$5 \cdot 9 = 45$$

Por lo tanto, son equivalentes.

Se dice que una fracción es *irreducible* si no hay otra equivalente con términos más pequeños. En las fracciones irreducibles, el numerador y el denominador son primos entre sí.

Ejemplo

De las dos fracciones del ejemplo anterior:

$\frac{3}{5}$ sería irreducible, pero $\frac{9}{15}$ no lo sería.

Simplificar una fracción es encontrar otra equivalente que sea irreducible. La **simplificación** se realiza dividiendo el numerador y el denominador entre el mismo número, que debe ser un divisor común a ambos y distinto de 1. Si se realiza con todos los divisores comunes, se llega a una fracción irreducible.

Para simplificar la fracción en un solo paso, el número por el que hay que dividir el numerador y el denominador debe ser el máximo común divisor de ambos.

Ejercicio práctico

Halle la fracción irreducible equivalente a:

$$\frac{36}{120}$$

Continúa en página siguiente >>

<< Viene de página anterior

SOLUCIÓN

Se descomponen ambos números en factores primos y se calcula su máximo común divisor:

$$36 = 2^2 \cdot 3^2$$
$$120 = 2^2 \cdot 3 \cdot 5$$
$$\text{m. c. d. } (36, 120) = 2^2 \cdot 3 = 12$$

Como 36 : 12 = 3 y 120 : 12 = 10, la fracción irreducible de la anterior es:

$$\frac{3}{10}$$

6.4. Reducción de fracciones a común denominador. Comparación de fracciones

Cuando se tiene una serie de números fraccionarios, establecer una ordenación en función de su mayor o menor valor puede parecer algo más complicado que en los números naturales o enteros. Sin embargo, no lo es si se tiene en cuenta que:

- En una serie de fracciones en las que todas tienen el mismo denominador, el orden se establecerá ordenando las fracciones según el valor de los numeradores, ya que será mayor la que tenga mayor numerador y menor la que tenga menor numerador.

$$\frac{1}{9} < \frac{3}{9} < \frac{6}{9} < \frac{9}{9}$$

- Cuando, en una serie de fracciones, todas tiene el mismo numerador, será mayor la que tenga menor denominador.

$$\frac{5}{5} > \frac{5}{4} > \frac{5}{3} > \frac{5}{2} > \frac{5}{1}$$

- Cuando las fracciones tienen distinto numerador y denominador, se reducen a común denominador y, seguidamente, se comparan como en el primer caso.

Nota

El mínimo común múltiplo de los denominadores de una serie de fracciones se denomina *mínimo común denominador.*

Para reducir fracciones a común denominador:

- Se halla el mínimo común múltiplo de los denominadores.
- Se calculan las fracciones equivalentes que tengan en el denominador el mínimo común múltiplo que se ha calculado.

Ejercicio práctico

Compare las fracciones:

$$\frac{3}{5}, \frac{7}{3} \text{ y } \frac{8}{9}$$

Continúa en página siguiente >>

<< Viene de página anterior

SOLUCIÓN

Se halla el m. c. m. de los denominadores:

$$\text{m. c. m. } (5, 3, 9) = 5 \cdot 3^2 = 45$$

Se calculan las fracciones equivalentes:

- La fracción equivalente a $\frac{3}{5}$ es: $\left.\begin{cases} 45 : 5 = 9 \\ 9 \cdot 3 = 27 \end{cases}\right\} \frac{27}{45}$

- La fracción equivalente a $\frac{7}{3}$ es: $\left.\begin{cases} 45 : 3 = 15 \\ 15 \cdot 7 = 105 \end{cases}\right\} \frac{105}{45}$

- La fracción equivalente a $\frac{8}{9}$ es: $\left.\begin{cases} 45 : 9 = 5 \\ 5 \cdot 8 = 40 \end{cases}\right\} \frac{40}{45}$

Se comparan las fracciones equivalentes:

$$\frac{27}{45} < \frac{40}{45} < \frac{105}{45}$$

6.5. Operaciones con fracciones: suma, resta, producto y cociente

Las operaciones básicas con números fraccionarios son también suma, resta, multiplicación y división, sin embargo, en este caso, habrá que tener en cuenta que, dependiendo del denominador y de la operación, la forma de proceder será distinta. A continuación, se verá cómo proceder en cada caso.

Suma y resta

Si las fracciones tienen el mismo denominador, el resultado de la suma es otra fracción con el mismo denominador y con el numerador igual a la suma de los numeradores de las fracciones que intervienen en la operación. Por ejemplo:

$$\frac{4}{5}+\frac{12}{5}+\frac{3}{5}=\frac{4+12+3}{5}=\frac{19}{5}$$

$$\frac{2}{3}+\left(-\frac{7}{3}\right)=-\frac{5}{3}$$

Si las fracciones no tienen el mismo denominador, es necesario encontrar fracciones equivalentes a ellas con el mismo denominador. Este denominador de las fracciones equivalentes será el mínimo común múltiplo de los denominadores de las fracciones dadas.

Para hallar el numerador de una fracción equivalente a una dada, cuando se conoce el denominador de dicha fracción equivalente, lo que se hace es dividir el nuevo denominador por el antiguo y el número obtenido se multiplica por el numerador antiguo. El resultado es el nuevo numerador.

Ejemplo

$\frac{3}{5}+\left(-\frac{7}{10}\right)+\frac{3}{4}$ el denominador común será m.c.m. (5, 10, 4) = 20.

Para hallar una fracción equivalente a $\frac{3}{5}$ cuyo denominador es 20, divido

Continúa en página siguiente >>

<< Viene de página anterior

$20 : 5 = 4$ y multiplico $4 \cdot 3 = 12$, que será el nuevo numerador.

Por tanto, la fracción equivalente a $\frac{3}{5}$ es $\frac{12}{20}$

Haciendo los mismo para las otras:

$$(20 : 10) \cdot (-7) = -14, \text{ luego } \left(-\frac{7}{10}\right) = \left(-\frac{14}{20}\right)$$

$$(20 : 5) \cdot 3 = 15, \text{ luego } \frac{3}{4} = \frac{15}{20};$$

Sustituyendo queda:

$$\frac{3}{5} + \left(-\frac{7}{10}\right) + \frac{3}{4} = \frac{12}{20} + \left(-\frac{14}{20}\right) + \frac{15}{20} = \frac{12 - 14 + 15}{20} = \frac{13}{20}$$

La resta se realiza igual que la suma y teniendo en cuenta que restar una fracción es lo mismo que sumar su fracción opuesta. Por ejemplo:

$$\frac{5}{7} - \frac{3}{4} = \frac{5}{7} + \left(-\frac{3}{4}\right)$$

$$-\frac{4}{3} - \left(-\frac{7}{8}\right) = -\frac{4}{3} + \frac{7}{8}$$

Multiplicación (o producto)

El producto de dos o más fracciones es otra fracción cuyo numerador es el producto de los numeradores y cuyo denominador es el producto de los denominadores de las fracciones dadas.

El signo viene dado por la misma regla de signos igual que en los números enteros. La fracción resultante se simplifica si se puede. Por ejemplo:

$$\frac{2}{3} \cdot \frac{3}{5} = \frac{2 \cdot 3}{3 \cdot 5} = \frac{6}{15} = \frac{2}{5}$$

$$\frac{3}{8} \cdot \left(-\frac{4}{9}\right) = \frac{3 \cdot (-4)}{8 \cdot 9} = \frac{-12}{72} = -\frac{1}{6}$$

División

Dividir una fracción —que será el dividendo— por otra fracción —que será el divisor— es equivalente a multiplicar el dividendo por la fracción inversa del divisor.

Nota

La fracción inversa de una dada es la resultante de intercambiar el numerador y el denominador.

Por ejemplo:

$$\frac{5}{3} : \left(-\frac{10}{9}\right) = \frac{5}{3} \cdot \left(-\frac{9}{10}\right) = \frac{5 \cdot (-9)}{3 \cdot 10} = \frac{-45}{30} = -\frac{3}{2}$$

También existe una regla sencilla que consiste en multiplicar en cruz de la siguiente forma: el numerador de la fracción resultante de la división es el producto del numerador del dividendo por el denominador del divisor y el denominador de la fracción resultante es el producto del denominador del dividendo por el numerador del divisor. Por ejemplo:

$$\frac{4}{3} : \frac{7}{5} = \frac{4 \cdot 5}{3 \cdot 7} = \frac{20}{21}$$

26. Busque información sobre el papiro de Ahmes y estudie los problemas que sobre fracciones recogió en él este escriba alrededor del año 1650 a. de C.

6.6. Relaciones entre fracciones y decimales

Como se ha visto, fracciones y números decimales pueden ser expresiones de un mismo número, por lo que es interesante conocer cómo pueden escribirse fracciones en forma de números decimales y estos en forma de fracciones.

Paso de fracción a número decimal

Para escribir una fracción como un número decimal, hay que dividir el numerador de la fracción entre el denominador. Si, al dividir, el resto es 0, el número decimal obtenido es un entero o un número decimal limitado (tiene un número limitado de cifras decimales).

Si, en la división, nunca se obtiene resto 0 y llega un momento en que, en la parte decimal, empieza a repetirse una misma secuencia de cifras, se dice que el número decimal es periódico. La cifra o grupo de cifras que se repite se llama **periodo.** El periodo se representa colocando sobre él un pequeño arco, como se muestra en los ejemplos.

2 ⌊3 20 0,666... 20 20 ...	40 ⌊11 070 3,6363... 040 270 ...	5 ⌊6 50 0,833... 20 20 ...
$\frac{2}{3} = 0,\overset{\frown}{6}$	$\frac{40}{11} = 3,\overset{\frown}{63}$	$\frac{5}{6} = 0,8\overset{\frown}{3}$

Si todas las cifras de la parte decimal forman parte del periodo, el número se denomina *número decimal periódico puro.* Si algunas de las cifras de la parte decimal no forman parte del periodo, el número se denomina *número decimal periódico mixto.* Las cifras de la parte decimal que no pertenecen al periodo se llaman *anteperiodo.*

Así, en el ejemplo anterior, 0,6 y 3,63 son periódicos puros, mientras que 0,83 es periódico mixto y su antiperiodo es 8.

Actividades

27. Investigue sobre la expresión decimal que corresponde a la fracción 100/9801.
28. Encuentre el número decimal que corresponde a la fracción 11/13.

Paso de número decimal a fracción

Si el número decimal es limitado, se pone en el numerador el número entero que resulta de quitarle la coma y en el denominador un 1 seguido de tantos ceros como cifras decimales tenga el número. Por ejemplo:

$$2,25 = \frac{225}{100}, \text{ cuya fracción equivalente irreducible es } \frac{9}{4}$$

Si el número decimal es periódico puro, el numerador es la resta del número entero que resulta de quitar la coma al número decimal (periodo incluido) menos el número formado por la parte entera. El denominador es el número formado por tantos nueves como cifras tenga el periodo.

Por ejemplo:

$$2,\widehat{6} = \frac{26-2}{9} = \frac{24}{9} = \frac{8}{3}$$

$$0,\widehat{63} = \frac{63-0}{99} = \frac{63}{99} = \frac{7}{11}$$

Si el número decimal es periódico mixto, el numerador es la resta del número entero que resulta de quitar la coma al número decimal (periodo incluido) menos el número formado por la parte entera y el anteperiodo. El denominador es el número formado por tantos nueves como cifras tenga el periodo seguido de tantos ceros como cifras tenga el anteperiodo. Por ejemplo:

$$0,8\widehat{3} = \frac{83-8}{90} = \frac{75}{90} = \frac{5}{6}$$

$$3,25\widehat{3} = \frac{3.253-325}{900} = \frac{2.928}{900} = \frac{244}{75}$$

Actividades

29. Averigüe si todas las fracciones pueden expresarse en forma de número decimal periódico.
30. Escriba en forma de fracción el número decimal 1,3452.

7. Porcentajes

Los porcentajes forman parte del día a día, por ejemplo, cuando, en la televisión, se dice que un 40 % (cuarenta por ciento) de los votantes votó a tal partido político o, en una noticia, se afirma que un 5 % (cinco por ciento) de la población de tal país es analfabeta, etcétera.

Los **tantos por ciento** suelen ser los porcentajes más comunes, pero no son los únicos, ya que también son expresiones frecuentes **tantos por mil** o **tantos por uno.**

Ejemplo

Se publica que el índice de natalidad anual de una región es del 7 ‰ (siete por mil). Esto significa que, cada año, nacen 7 personas por cada mil habitantes de esa región.

Existen, pues, varios tipos de porcentajes: tanto por ciento, tanto por mil, tanto por millón, tanto por uno, etc. Los más frecuentes y algunas aplicaciones típicas se verán en los siguientes apartados.

Actividades

31. El *share* es un porcentaje muy nombrado en los medios televisivos, indague qué es y cómo se calcula.

7.1. Cálculo mental y escrito con porcentajes habituales

Un porcentaje es siempre una razón (o cociente) entre magnitudes directamente proporcionales. Unos porcentajes son más fáciles de calcular que otros porque son más intuitivos y se usan frecuentemente. Otros requieren de un poco más de cálculo, pero, en cualquiera de los casos, la regla que se aplica es la misma: se multiplica el porcentaje por el número y se divide entre 100.

Aplicación práctica

Javier ha comprado una motocicleta valorada en 3500 €, pero le exigen que entregue un 30 % de esta cantidad para poder retirarla de la tienda, ¿a cuánto asciende este primer pago?

SOLUCIÓN

$$3.500 \cdot \frac{30}{100} = 1.050$$

Javier debe entregar 1050 € si quiere retirar su moto nueva.

Tanto por ciento

Es una razón de lo que corresponde de una determinada magnitud con relación a cien partes de otra. Se expresa con el símbolo **a%** y se lee "a por ciento".

Ejemplo

Si el 30 % de los habitantes de una ciudad posee teléfono móvil, quiere decir que 30 de cada 100 habitantes tiene teléfono móvil. Una magnitud sería "N.º de habitantes con teléfono móvil" y la otra "N.º de habitantes total". Esto puede expresarse también como:

$$\frac{\text{Nº de habitantes con teléfono móvil}}{\text{Nº total de habitantes de la ciudad}} = \frac{30}{100}$$

Pueden plantearse diversos tipos de cálculos en relación con los porcentajes:

- **Conocer el todo, el % y desconocer la parte.** Por ejemplo, si la ciudad del ejemplo anterior tiene 250.000 habitantes, ¿cuántos tienen teléfono móvil? Llamando *x* al número de habitantes que posee teléfono móvil y sustituyendo en la igualdad anterior:

$$\frac{x}{250.000} = \frac{30}{100} \Rightarrow x = \frac{30 \cdot 250.000}{100} = 75.000 \text{ habitantes con móvil}$$

- **Conocer el %, la parte y desconocer el todo.** Por ejemplo, el 25 % de los habitantes de una ciudad tiene una segunda vivienda y esto corresponde a 50.000 personas, ¿cuántos habitantes tiene la ciudad?
  Representando, esta vez, con *x* el número de habitantes de la ciudad, la relación quedaría:

$$\frac{25}{100} = \frac{50.000}{x} \Rightarrow x = \frac{50.000 \cdot 100}{25} = 200.000 \text{ habitantes}$$

- **Conocer la parte, el todo y desconocer el %.** Por ejemplo, si en una ciudad de 250.000 habitantes, 40.000 viven en pisos de alquiler, ¿cuál es el tanto por ciento de personas que vive de alquiler?
  Llamando *x* al tanto por ciento de personas que vive de alquiler, la igualdad queda:

$$\frac{\text{N° de habitantes que viven de alquiler}}{\text{N° total de habitantes de la ciudad}} = \frac{x}{100} \Rightarrow \frac{40.000}{250.000} = \frac{x}{100}$$

Despejando x, queda:

$$x = \frac{40.000 \cdot 100}{250.000} = 16$$

Por tanto, vive de alquiler el 16 % de los habitantes.

Actividades

32. Si, partiendo de una cantidad de 100, se le quita un % cualquiera y, luego, vuelve a sumársele el mismo %, establezca si volverá a tenerse 100.

Tanto por mil

Es una razón de lo que corresponde de una determinada magnitud con relación a mil partes de la otra. Se expresa con el símbolo **a‰** y se lee "por mil".

Ejemplo

En una ciudad, se ha convocado una conferencia informativa sobre los peligros del cambio climático, a la que ha acudido el 30 ‰ de la población, lo que significa que 30 de cada 1.000 habitantes ha asistido a dicha conferencia. Esto puede expresarse también como:

$$\frac{\text{Nº de habitantes que ha asistido a dicha conferencia}}{\text{Nº total de habitantes de la ciudad}} = \frac{30}{1.000}$$

En una localidad de 20.000 habitantes, 350 se apellidan Pascual, ¿qué tanto por mil representan? Planteando una igualdad en la que x represente este tanto por mil, queda:

$$\frac{20.000}{350} = \frac{1.000}{x} \Rightarrow x = \frac{350 \cdot 1.000}{20.000} = 17{,}5\ ‰$$

Es decir, el 17,5 ‰ de los habitantes se apellida Pascual.

Tanto por uno

Es una razón de lo que corresponde de una determinada magnitud con relación a una unidad de la otra. Suele expresarse por **a. p. u.** y se lee "a por unidad".

Para calcular el tanto por uno de una magnitud con respecto a otra, solamente, hay que dividir un valor de la primera entre el valor correspondiente de la segunda.

Ejemplo

En una población de 50.000 habitantes, 20.000 tienen el cabello negro. Calcular el tanto por uno.

Se divide:

$$\frac{20.000}{50.000} = 0{,}4$$

O sea, el 0,4 por uno de los habitantes tiene el cabello negro.

El tanto por uno, aunque menos usual que el tanto por ciento, resulta bastante útil, ya que, para calcular el valor de una magnitud, dado el valor de la otra, tan solo hay que multiplicar el valor dado por el tanto por uno.

Aplicación práctica

En una ciudad de 450.000 habitantes, el 0,15 p. u. tiene menos de 18 años, entonces, ¿cuántas personas hay menores de 18 años?

SOLUCIÓN

Solo hay que multiplicar $0{,}15 \cdot 450.000$, lo que da como resultado que hay 67.500 personas menores de 18 años.

Para conocer el tanto por uno equivalente a un tanto por ciento o a la inversa, se divide o se multiplica por 100 respectivamente. Por ejemplo:

- El 35 % equivale al 0,35 p. u.
- El 0,125 p. u. equivale al 12,5 %.

De esta forma, si quiere calcularse el 35 % de una cantidad como, por ejemplo, 25.000, solo hay que multiplicar la cantidad por su equivalente en tanto por uno, que es 0,35; con lo que se obtiene que el 35 % de 25.000 es: $0{,}35 \cdot 25.000 = 8.750$.

Actividades

33. Explique por qué el tanto por ciento es un número entero y el tanto por uno es un número decimal.

Aplicaciones prácticas del cálculo de porcentajes

De manera práctica, los porcentajes se emplean para calcular qué parte del total de los elementos con los que se cuenta responden a una cuestión que se plantea respecto a ellos.

Los casos que se proponen a continuación representan ejemplos cotidianos del empleo de cálculo con porcentajes.

Ejemplo resuelto 1: cálculos de porcentajes sobre gastos

Una familia contabiliza los gastos mensuales y obtiene el siguiente resultado:

- En vivienda (alquiler o pago de hipoteca): 280 €.
- En alimentación: 300 €.
- En transporte: 60 €.
- En ocio: 120 €.
- En electricidad, agua, gas y teléfono: 130 €.

- En vestido: 90 €.
- Otros conceptos: 60 €.

La familia tiene unos ingresos de 1.200 € mensuales. Lo que no gasta se ahorra. Calcular:

a. Tanto por ciento del gasto que se invierte en alimentación.
b. Tanto por ciento de los ingresos que se ahorra.

SOLUCIÓN

a. El gasto total es:

$$280 + 300 + 60 + 120 + 130 + 90 + 60 = 1.040 \text{ €}$$

El gasto en alimentación es de 300 €. Llamando x al tanto por ciento de gasto en alimentación, se obtiene:

$$\frac{\text{€ Alimentación}}{\text{€ Gasto global}} = \frac{300}{1.040} = \frac{x}{100} \Rightarrow x = \frac{300 \cdot 100}{1.040} = 28,85$$

Es decir, se invierte en alimentación el **28,85 %** del gasto total.

b. El ahorro es la diferencia entre los ingresos y el gasto:

$$1.200 - 1.040 = 160$$

Llamando ahora *y* al tanto por ciento de los ingresos que se ahorra, da como resultado:

$$\frac{\text{€ Ahorro}}{\text{€ Ingresos}} = \frac{160}{1.200} = \frac{y}{100} \Rightarrow y = \frac{160 \cdot 100}{1.200} = 13,33$$

Es decir, se ahorra un **13,33%** de los ingresos.

Ejemplo resuelto 2: tanto por ciento de un tanto por ciento

Una familia gasta un 70 % de sus ingresos y el 30 % de los gastos son en alimentación, ¿qué tanto por ciento representa el gasto en alimentación con respecto a los ingresos de la familia?

Solución

El tanto por ciento que se pide será el producto de los dos tantos por ciento:

$$\frac{70}{100} \cdot \frac{30}{100} = \frac{2.100}{10.000} = \frac{21}{100}$$

El gasto en alimentación representa el **21 %** de los ingresos.

7.2. Aumentos y disminuciones porcentuales

Ambos cálculos van a permitir averiguar el montante final de una cantidad tras aplicarle un porcentaje.

Aumento porcentual

Es un cálculo mediante el cual, partiendo de la cantidad inicial de un determinado elemento, se llega a otra cantidad mayor del dicho elemento, que excede a la de partida en la cuantía que corresponde al porcentaje aplicado. Es muy habitual que los precios se incrementen debido a impuestos, intereses por pago aplazado, etc. Un ejemplo muy típico es el IVA, que es diferente dependiendo del tipo de producto.

Así, por un artículo cuyo precio es 100 €, afectado por el 21 % de IVA, tendrían que pagarse 121 €.

La proporción sería:

$$\frac{\text{Precio con IVA}}{\text{Precio sin IVA}} = \frac{121}{100}$$

Nota

En el cálculo del IVA, es más importante comprender cómo se aplica este porcentaje que los valores porcentuales, los llamados *tipos,* que se aplican, ya que estos cambian (por ejemplo, del 16 al 18 y, luego, al 21), cambian los productos sobre los que se aplican (por ejemplo, los servicios de peluquería, que pasaron de un tipo del 10 a uno del 21), etcétera.

Los siguientes ejemplos corresponden a la aplicación de este concepto.

Ejemplo resuelto 1

El precio sin IVA de una bicicleta es de 110 €, ¿cuánto costará aplicándole un IVA del 21%?

Solución

Llamando *x* al precio con IVA y planteando la igualdad correspondiente, se obtiene:

$$\frac{x}{110} = \frac{121}{100} \Rightarrow x = \frac{121 \cdot 110}{100} = \mathbf{133{,}1\ €}$$

Sabía que...

Aplicando el tanto por uno, que, en este caso, sería 1,21, resultan más fáciles los cálculos anteriores, ya que tan solo hay que multiplicar el precio sin IVA por 1,21 para calcular el precio con IVA o dividir el precio con IVA por 1,21 para calcular el precio sin IVA.

Ejemplo resuelto 2

Si, por un libro, se pagan 15 € (incluyendo el 4% de IVA), ¿cuál es su precio sin IVA?

Solución

Llamando ahora *x* al precio sin IVA, se plantea la igualdad, pero teniendo en cuenta que, al ser el IVA el 4 %, habrá que poner 104 en lugar de 121.

$$\frac{15}{x} = \frac{104}{100} \Rightarrow x = \frac{15 \cdot 100}{104} = \mathbf{14{,}42\ €}$$

Disminución porcentual

Es un cálculo mediante el cual, a partir de la cantidad inicial de determinado elemento, se obtiene una cantidad menor del mismo elemento, que supone una merma en dicha cantidad de partida equivalente al porcentaje aplicado. Los descuentos aplicados en los precios de venta suponen una disminución porcentual. Los siguientes ejemplos son una muestra de aplicación de este concepto.

Ejemplo resuelto 1

Un traje tiene un precio de 130 € y, en las rebajas, lo ponen a 106,6 €, ¿qué tanto por ciento de descuento le han hecho?

Solución

El descuento será:

$$\text{Precio inicial - precio final = descuento}$$
$$130 - 106{,}6 = 23{,}4\ €$$

Llamando *x* al tanto por ciento de descuento y planteando la igualdad correspondiente, se obtiene:

$$\frac{€\ \text{Descuento}}{€\ \text{Inicial}} = \frac{23{,}4}{130} = \frac{x}{100} \Rightarrow x = \frac{23{,}4 \cdot 100}{130} = 18$$

Luego el descuento es del **18 %.**

Ejemplo resuelto 2

Si un artículo rebajado cuesta 60 € y su etiqueta dice que le han realizado un descuento del 25 %, ¿cuál era su precio original?

Solución

Si el descuento es del 25 %, quiere decir que se paga el 75 % del importe.

Llamando *x* al tanto por ciento de descuento y planteando la igualdad correspondiente, se obtiene:

$$\frac{\text{Precio Final}}{\text{Precio Inicial}} = \frac{60}{x} = \frac{75}{100} \Rightarrow x = \frac{60 \cdot 100}{75} = \mathbf{80\ €}$$

Importante

Cuando se conoce el precio de un producto y quiere saberse en cuánto se queda después de aplicarle un porcentaje de descuento, puede calcularse primero la cuantía del descuento y, después, restárselo al precio original. Sin embargo, resulta mucho más rápido multiplicar el precio original por 1 menos el descuento expresado en tanto por uno.

Ejemplo resuelto 3

Una prenda de vestir vale 89 €, ¿cuánto hay que pagar por ella si, por pago en efectivo, se aplica un descuento del 8 %?

Solución

Una forma de calcularlo sería obtener el 8 % de 89 €, que es:

$$0,08 \cdot 89 = 7,12 \text{ €}$$

Y restárselo al precio original, que da como resultado:

$$89 - 7,12 = 81,88 \text{ €}$$

Sin embargo, puede hacerse más rápidamente empleando la expresión:

$$89 \cdot (1 - 0,08) = 89 \cdot 0,92 = \mathbf{81,88 \text{ €}}$$

7.3. Identificación y utilización en situaciones de la vida cotidiana de magnitudes directamente proporcionales

En la vida cotidiana, existen muchos pares de magnitudes que guardan entre sí una cierta relación.

Ejemplo

1. Mientras más carne se compre, más ha de pagarse por ella.
2. Cuanto más veloz vaya un automóvil, menos tiempo se tardará en llegar a un lugar determinado, etcétera.

Una gran parte de estos pares de magnitudes, guardan entre sí una relación de proporcionalidad.

Ejemplo

Si 1 kg de carne cuesta 6 €, 3 kg de carne cuestan 18 €. Es decir, al triplicar la cantidad de carne, se triplica también el precio.

Este tipo de proporcionalidad se denomina **directa,** pero la proporcionalidad también puede ser **inversa.**

Ejemplo

Si se duplica la velocidad del automóvil, el tiempo invertido en recorrer una distancia se reduce a la mitad.

Identificación de magnitudes directamente proporcionales

Dos magnitudes son directamente proporcionales cuando ambas aumentan o disminuyen en la misma proporción. Así, si una se duplica, la otra también y, si una se reduce a una tercera parte, la otra también, etcétera.

Ejemplo

En la siguiente tabla, se representan algunos valores de la pareja de magnitudes "Número de objetos" e "Importe" de estos. A cada valor de una magnitud, le corresponde un valor de la otra magnitud.

N.º de objetos	1	2	3	4	5
Importe (€)	25	50	75	100	125

Se observa que, si se multiplica un valor de una de las magnitudes por un número, el valor correspondiente de la otra magnitud queda multiplicado por el mismo número. Así, al multiplicar el valor 1 de la magnitud "Número de objetos" por 5, se observa que, en la magnitud "Importe", se pasa de 25 a 125 y, en efecto, $125 = 25 \cdot 5$.

También se observa que, si se dividen dos cantidades correspondientes de las dos magnitudes, se obtiene siempre la misma razón. En efecto:

$$\frac{25}{1} = \frac{50}{2} = \frac{75}{3} = \frac{100}{4} = \frac{125}{5} = \ldots = 25$$

Por tanto, puede decirse también que dos magnitudes son directamente proporcionales si el cociente entre pares de valores correspondientes es una razón constante. Esta razón se denomina *constante de proporcionalidad.*

La relación entre dos magnitudes directamente proporcionales A y B puede expresarse por la ecuación $\boldsymbol{y = k \cdot x}$, en la que x e y son dos cantidades correspondientes a las magnitudes A y B respectivamente y k, la constante de proporcionalidad de A a B.

Se llama **proporción** a una igualdad entre dos razones iguales:

$$\frac{a}{b} = \frac{c}{d}$$

Los números *a* y *d* se denominan *extremos* y los números *b* y *c* se llaman *medios de la proporción.* El motivo de estas denominaciones es que, si se escribe la proporción de la forma $\boldsymbol{a : b = c : d}$, *a* y *d* quedan en los extremos, mientras que *b* y *c* quedan en medio.

En una proporción, se cumple que el producto de los medios es igual al producto de los extremos:

$$a \cdot d = b \cdot c$$

Ejemplo

En el ejemplo anterior, una de las proporciones que puede establecerse sería:

$$\frac{50}{2} = \frac{125}{5}$$

Continúa en página siguiente >>

<< Viene de página anterior

En esta proporción, 50 y 5 serían los extremos, mientras que 2 y 125 serían los medios. En efecto, se cumple que:

$$50 \cdot 5 = 125 \cdot 2 = 250$$

Sabía que...

Existen ocho formas diferentes de expresar una proporción y todas ellas son equivalentes. Cuatro son las que se obtienen cuando cada uno de los números traslada su posición siguiendo el sentido horario. Y otras cuatro, cuando lo hacen en sentido antihorario.

Ejemplo

Las ocho formas en las que puede expresarse la proporción

$$\frac{2}{4} = \frac{3}{6}$$

son:

Sentido horario:

$$\left(\frac{2}{4} = \frac{3}{6}\right) \dashrightarrow \left(\frac{4}{6} = \frac{2}{3}\right) \dashrightarrow \left(\frac{6}{3} = \frac{4}{2}\right) \dashrightarrow \left(\frac{3}{2} = \frac{6}{4}\right)$$

Continúa en página siguiente >>

<< Viene de página anterior

Sentido antihorario:

$$\frac{3}{6} = \frac{2}{4} \dashrightarrow \frac{2}{3} = \frac{4}{6} \dashrightarrow \frac{4}{2} = \frac{6}{3} \dashrightarrow \frac{6}{4} = \frac{3}{2}$$

Efectivamente, en todas ellas, se cumple que el producto de los medios es igual al de los extremos.

Regla de tres simple directa

Una aplicación de la proporción es la que permite que, conocidos tres de los números que intervienen en ella, pueda calcularse fácilmente el cuarto.

El método para calcular el valor de una magnitud, conocidos el valor correspondiente al de otra magnitud directamente proporcional y otros dos valores correspondientes entre sí de ambas magnitudes, se llama **regla de tres simple directa.**

Para resolver la regla de tres, pueden utilizarse los siguientes criterios:

- Un término medio es igual al producto de los extremos dividido por el otro medio.
- Un término extremo es igual al producto de los medios dividido por el otro extremo.

Ejercicio práctico

Calcule cuánto cuestan 7 objetos sabiendo que 2 objetos cuestan 50 €.

SOLUCIÓN

Se designa por la letra x al importe de los 7 objetos y se plantea la proporción:

$$\frac{50}{2} = \frac{x}{7}$$

Como x es un término medio, su valor, según los criterios antes enunciados, será igual al producto de los extremos dividido por el otro término medio. Es decir:

$$x = \frac{50 \cdot 7}{2} = \mathbf{175\ €}$$

Otra forma de resolver la regla de tres directa es representando los datos según el siguiente esquema:

$$\begin{array}{lcr} 2 \text{ objetos} & \longrightarrow & 50\ € \\ 7 \text{ objetos} & \longrightarrow & x\ € \end{array}$$

Para despejar x, se realizan las operaciones que representa el siguiente esquema:

$$\left.\begin{array}{lcr} 2 \text{ objetos} & \xleftarrow{(:)} & 50\ € \\ 7 \text{ objetos} & \nearrow_{(\cdot)} & x\ € \end{array}\right\} x = \frac{7 \cdot 50}{2} = \mathbf{175\ €}$$

Identificación de magnitudes inversamente proporcionales

Dos magnitudes son inversamente proporcionales cuando, si la primera aumenta, la segunda disminuye y, si la primera disminuye, la segunda aumenta, y, además, lo hacen en la misma proporción. Por ejemplo, si una se duplica, la otra se reduce a la mitad; si una se reduce a una tercera parte, la otra se aumenta al triple; etcétera.

Ejemplo

Velocidad de un vehículo (km/h)	30	60	80	90	120
Tiempo para realizar un recorrido (h)	24	12	9	8	6

En la tabla, se representan algunos valores de la pareja de magnitudes "Velocidad de un vehículo" y "Tiempo invertido en recorrer un cierto trayecto". A cada valor de una magnitud, le corresponde un valor de la otra magnitud.

Se observa que, si se multiplica un valor de una de las magnitudes por un número, el valor correspondiente de la otra magnitud queda dividido por el mismo número. Así, al multiplicar el valor 30 de la magnitud "Velocidad del vehículo" por 4, que es 120, la magnitud "Tiempo invertido" pasa de 24 a 6 y, en efecto, $6 = 24 : 4$.

Se observa también que, al multiplicar un valor de una magnitud por el valor correspondiente de la otra, siempre se obtiene el mismo valor, 720, que, en este caso, representa la distancia recorrida. En efecto:

$$30 \cdot 24 = 720$$
$$60 \cdot 12 = 720$$
$$80 \cdot 9 = 720$$
$$90 \cdot 8 = 720$$
$$120 \cdot 6 = 720$$

Puede decirse también que dos magnitudes son inversamente proporcionales si el producto de pares de valores correspondientes es constante. Esta constante se denomina **constante de proporcionalidad.** La relación entre dos magnitudes inversamente proporcionales A y B puede expresarse por la ecuación $x \cdot y = k$, en la que *x* e *y* son dos cantidades correspondientes a las magnitudes A y B respectivamente y *k*, la constante de proporcionalidad.

Regla de tres simple inversa

Partiendo de que el producto de valores correspondientes a dos magnitudes inversamente proporcionales es siempre la misma cantidad, puede establecerse un método para calcular el valor de una magnitud, conocidos el valor correspondiente al de otra magnitud inversamente proporcional y otros dos valores correspondientes entre sí de ambas magnitudes. Este método se llama *regla de tres simple inversa.*

Aplicación práctica

Siguiendo con el ejemplo anterior, suponga que quiere saberse cuánto tiempo invertirá el vehículo en recorrer una distancia circulando a una velocidad de 72 km/h sabiendo que invierte un tiempo de 12 h circulando a 60 hm/h.

SOLUCIÓN

Se plantea la igualdad, en la que se designa el tiempo invertido con la letra x:

$$72 \cdot x = 60 \cdot 12$$

Despejando x:

$$x = \frac{60 \cdot 12}{72} = \mathbf{10\ horas}$$

Continúa en página siguiente >>

<< Viene de página anterior

Otra forma de resolver la regla de tres inversa es representando los datos según el siguiente esquema:

60 km/hora ⟶ 12 horas
72 km/hora ⟶ x horas

Para despejar x, se realizan las operaciones que representa el siguiente esquema:

60 km/hora ⟶ (·) 12 horas
72 km/hora ⟵ (:) x horas

$$x = \frac{60 \cdot 12}{72} = \mathbf{10\ horas}$$

7.4. Aplicación a la resolución de problemas en los que intervenga la proporcionalidad directa. Repartos directamente proporcionales

La regla de tres permite resolver de una forma más intuitiva los problemas sin necesidad de plantear las fracciones que representan los porcentajes y, en una ampliación de su uso, realizar el cálculo de repartos directamente proporcionales.

Actividades

34. Vuelva sobre el papiro de Ahmes y estudie, en este caso, los problemas sobre el reparto proporcional.

Resolución de problemas mediante proporcionalidad directa

Los ejemplos que se han calculado aplicando el tanto por ciento y el tanto por mil se resolverían de la siguiente forma aplicando la proporcionalidad directa.

Ejemplo resuelto1

En una ciudad de 250.000 habitantes, el 30 % tiene teléfono móvil, ¿cuántos tienen teléfono móvil?

Solución

Planteando una regla de tres directa:

$$\left.\begin{array}{lcr} 250.000 \text{ habitantes} & \longrightarrow & 100\ \% \\ x \quad \text{habitantes} & \longrightarrow & 30\ \% \end{array}\right\} x = \frac{30 \cdot 250.000}{100} = 75.000$$

Son **75.000** los habitantes que tienen móvil.

Ejemplo resuelto 2

El 25 % de los habitantes de una ciudad tiene una segunda vivienda y esto corresponde a 50.000 personas, ¿cuántos habitantes tiene la ciudad?

Solución

El planteamiento mediante una regla de tres directa corresponde al siguiente esquema:

$$\left.\begin{array}{lcr} 50.000 \text{ habitantes} & \longrightarrow & 25\ \% \\ x \quad \text{habitantes} & \longrightarrow & 100\ \% \end{array}\right\} x = \frac{50.000 \cdot 100}{25} = \mathbf{200.000}$$

Resultado que coincide con el calculado aplicando porcentajes.

Ejemplo resuelto 3

En una ciudad, se ha convocado una conferencia informativa sobre los peligros del cambio climático, a la que han acudido 350 personas de las 20.000 que viven en la ciudad, ¿qué tanto por mil ha acudido a dicha conferencia?

Solución

Esto puede expresarse mediante una regla de tres directa como:

$$\left.\begin{array}{l} 20.000 \longrightarrow 1.000\ ‰ \\ 350 \longrightarrow x\ ‰ \end{array}\right\} x = \frac{350 \cdot 1.000}{20.000} = 17,5\ ‰$$

Luego, ha acudido un **17,5 ‰.**

Reparto directamente proporcional

Antes de entrar a estudiar los repartos proporcionales, es conveniente detenerse para conocer una **propiedad de las igualdades de fracciones:**

Si dos o más fracciones son iguales entre sí, la fracción cuyo numerador es igual a la suma de los numeradores y cuyo denominador es igual a la suma de los denominadores es también igual a las anteriores. Por ejemplo:

$$\frac{35}{5} = \frac{21}{3} = 7 \longrightarrow \frac{35+21}{5+3} = \frac{56}{8} = 7$$

El reparto directamente proporcional consiste en repartir una cantidad en varias partes de forma que el valor asignado a cada una sea directamente proporcional a otra magnitud que caracteriza a cada una de dichas partes. Los siguientes ejemplos aclararán este concepto.

Ejemplo resuelto 1

Una asociación ha reunido 3.000 € para ayudar a tres familias del barrio. Quiere repartirlos de forma que la cantidad que asigne a cada familia sea directamente proporcional al número de hijos que tiene cada una. Si el número de hijos de estas familias es 2, 3 y 5, ¿cuánto corresponderá a cada una?

Solución

Llamando *x, y* y *z* a las cantidades que se llevarán las familias de 2, 3 y 5 hijos respectivamente, su suma será:

$$x + y + z = 3.000$$

Teniendo en cuenta que, entre dos magnitudes directamente proporcionales, los cocientes entre pares de valores correspondientes son iguales entre sí y la propiedad de las igualdades de fracciones, puede ponerse que:

$$\frac{x}{2} = \frac{y}{3} = \frac{z}{5} = \frac{x + y + z}{2 + 3 + 5} = \frac{3.000}{10} = 300$$

De aquí, pueden obtenerse tres igualdades que pueden resolverse por separado:

$$\frac{x}{2} = 300 \Rightarrow x = 300 \cdot 2 = 600 \text{ €}$$

$$\frac{y}{3} = 300 \Rightarrow y = 300 \cdot 3 = 900 \text{ €}$$

$$\frac{z}{5} = 300 \Rightarrow z = 300 \cdot 5 = 1.500 \text{ €}$$

Así, la familia con dos hijos recibirá 600 €, la familia con tres hijos recibirá 900 € y la familia con 5 hijos, 1.500 €.

Ejemplo resuelto 2

Javier y su hermana Marta compraron una finca por 12.000 €. Javier aportó 5.000 € y Marta, 7.000 €. Al cabo de unos años, venden la finca por 18.000 €, ¿cuánto le corresponde a cada uno? El reparto ha de hacerse de forma que quien puso más reciba más.

Solución

Llamando *x* a la cantidad que recibirá Javier e *y* a la que recibirá Marta y aplicando las mismas propiedades que en el ejemplo anterior, se obtiene:

$$\frac{x}{5.000} = \frac{y}{7.000} = \frac{x + y}{5.000 + 7.000} = \frac{18.000}{12.000} = 1{,}5$$

Planteando las igualdades y resolviendo:

$$\frac{x}{5.000} = 1{,}5 \Rightarrow x = 5.000 \cdot 1{,}5 = 7.500\ €$$

$$\frac{y}{7.000} = 1{,}5 \Rightarrow y = 7.000 \cdot 1{,}5 = 10.500\ €$$

A Javier, le corresponden **7.500 €** y a Marta **10.500 €.**

Ejemplo resuelto 3

En el almacén de distribución de Javier, el precio de un collar para perro es 4 €, pero, comprando 120 unidades de dicho producto, realizan un descuento de 28 €. En otro almacén, el de Marcos, el precio también es de 4 €, pero, por la compra de 215 unidades, el descuento es de 45 €, ¿en qué almacén es mayor el descuento?

SOLUCIÓN

En el almacén de Javier, el importe total de las 120 unidades sería:

$$120 \cdot 4 = 480\ €$$

Como el descuento es de 28 €, el tanto por ciento equivalente es:

$$\begin{array}{lcl} \text{Importe} & & \% \\ 480 & \longrightarrow & 100 \\ 28 & \longrightarrow & x \end{array} \Bigg\} \; x = \frac{28 \cdot 100}{480} = \mathbf{5{,}8\widehat{3}\ \%}$$

El importe total en el almacén de Marcos sería:

$$215 \cdot 4 = 860\ €.$$

Como el descuento es de 45 €, el tanto por ciento que aplica es:

$$\begin{array}{lcl} \text{Importe} & & \% \\ 860 & \longrightarrow & 100 \\ 45 & \longrightarrow & x \end{array} \Bigg\} \; x = \frac{45 \cdot 100}{860} = \mathbf{5{,}23\ \%}$$

Por tanto, es mayor el descuento del almacén de Javier.

Reparto inversamente proporcional

Consiste en repartir una cantidad en varias partes de forma que el valor asignado a cada una sea inversamente proporcional a otra magnitud que caracteriza a cada una de dichas partes.

Ejemplo resuelto

El premio a repartir entre los tres finalistas de un concurso es de 6.000 €. La cuantía que recibirán debe ser inversamente proporcional a los números que representan la clasificación de cada uno de ellos (al primero, debe corresponderle más que al segundo y, a este, más que al tercero).

Solución

Teniendo en cuenta que *x, y* y *z* son las cantidades que recibirán los clasificados 1, 2 y 3 respectivamente, su suma será $x + y + z =$ 6.000 €.

Hay que tener en cuenta que, si las cantidades *x, y* y *z* deben ser inversamente proporcionales a los números 1, 2 y 3, serán, respectivamente, directamente proporcionales a sus inversos:

$$\frac{1}{1}, \frac{1}{2} \text{ y } \frac{1}{3}$$

Aplicando el mismo método que para el reparto directamente proporcional, puede ponerse:

$$\frac{x}{\frac{1}{1}} = \frac{y}{\frac{1}{2}} = \frac{z}{\frac{1}{3}} = \frac{x+y+z}{\frac{1}{1}+\frac{1}{2}+\frac{1}{3}} = \frac{6.000}{\frac{11}{6}} = \frac{6.000 \cdot 6}{11} = 3.272{,}73$$

Ahora, se calculan las incógnitas *x, y* y *z* planteando las tres igualdades por separado:

$$\frac{x}{\frac{1}{1}} = 3.272{,}73 \Rightarrow \mathbf{x = 3.272{,}73\ €}$$

$$\frac{y}{\frac{1}{2}} = \text{Sabiendo que: } \frac{y}{\frac{1}{2}} = \frac{y}{1} : \frac{1}{2} = \frac{2y}{1} = 2y \Rightarrow$$

$$\Rightarrow 2y = 3.272{,}73 \Rightarrow y = \frac{3.272{,}73}{2} \mathbf{= 1.636{,}36\ €}$$

$$\frac{z}{\frac{1}{3}} = 3.272{,}73 \text{ Resolvemos como sigue:}$$

$$\frac{7}{\frac{1}{3}} = \frac{7}{1} : \frac{1}{3} = \frac{37}{1} = 37 \Rightarrow 3z = 3.272{,}73 \Rightarrow$$

$$\Rightarrow z = \frac{3.272{,}73}{3} = \mathbf{1.090{,}91\ €}$$

8. Utilización de la calculadora

Continuando con lo visto anteriormente sobre el uso de la calculadora para realizar operaciones de cálculo, en este apartado, se ampliará su explicación con aquellas teclas que permiten realizar operaciones básicas con números decimales, fracciones, el cálculo de porcentajes, etcétera.

Importante

La calculadora es únicamente un medio para obtener exactitud en las operaciones de cálculo numérico, pero, en la resolución de problemas, es igual o más importante su correcto planteamiento.

8.1. Instrucciones de manejo de la calculadora estándar

Una calculadora estándar, como la vista anteriormente, permite la introducción de números decimales haciendo uso de la tecla que presenta impreso un puntito **(.)** o una coma **(,)**. Se teclean los números correspondientes a la parte entera de la cifra, la tecla de puntuación y los correspondientes a la parte decimal.

Recuerde

En las calculadoras, los signos que separan los millares de las unidades del grupo siguiente por valor de posición no se introducen.

En muchas calculadoras, puede encontrarse la tecla **1/x.** Esta tecla va a permitir emplear el inverso de un número en los cálculos evitando que haya que mecanizar todos los términos que intervienen en la operación.

Nota

La tecla 1/x devuelve directamente un número decimal.

Ejemplo

Si, en el cálculo, aparece la fracción 1/5, no hay que teclear 1 : 5 = para obtener el resultado 0,2, ya que, simplemente, con introducir 5 y, luego, pulsar la tecla 1/x, la calculadora devuelve en pantalla 0,2 sin necesidad de pulsar el signo (=).

Para el cálculo de porcentajes, las calculadoras disponen de una tecla en la que aparece el símbolo **%.** La forma de operar con esta tecla es: se introduce la cifra que corresponde al tanto por ciento que quiere aplicarse; luego, se pulsa el signo **×;** después, la cifra que corresponde a la cantidad a la que quiere calculársele el tanto por ciento, y, por último, la tecla con el símbolo **%.**

Nota

En algunas calculadoras, también es posible encontrar la tecla ‰, que permite el cálculo del tanto por mil.

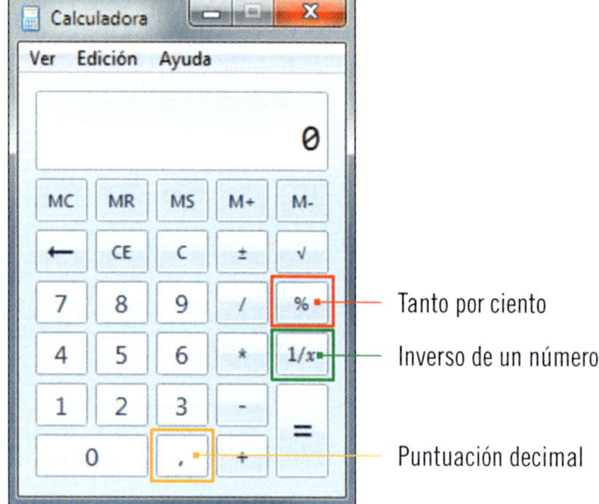

Imagen de una calculadora en la que se han señalado las diferentes teclas estudiadas

8.2. Empleo de la calculadora como un instrumento para resolver operaciones

Otras operaciones requieren el uso de una calculadora científica. Este tipo de calculadoras incluye funciones adicionales en un bloque anexo al que se emplea para realizar las operaciones estándar. Con estas teclas, pueden realizarse operaciones como el cálculo de potencias. Normalmente, para elevar un número al cuadrado o al cubo, existen teclas diferenciadas (**x^2** y **x^3**), pero, para cualquier otra potencia, se emplea la tecla **x^y,** donde la *x* representa la base e *y* el exponente al que quiere elevarse. Para el cálculo de potencias, se teclea la cifra que corresponde a la base; luego, se pulsa la tecla **x^y,** y, finalmente, se introduce la cifra que corresponde al exponente. Después, la pantalla devuelve el resultado de la operación de forma directa.

Actividades

35. Calcule 5^2 de más de una forma y con ayuda de la calculadora científica.
36. Obtenga el resultado de 3^3 de más de una forma y con ayuda de la calculadora científica.

En las **calculadoras científicas** hay otras teclas de mucha utilidad. Son las que corresponden a los **paréntesis.** Antes, se ha explicado que hay que tener en cuenta la jerarquía de las operaciones al realizar los cálculos y que hay calculadoras que la respetaban y otras que no. Esto sucede cuando no se emplean los paréntesis.

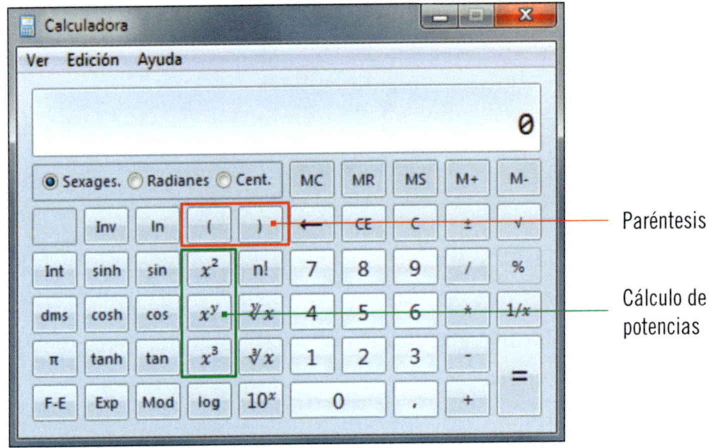

Calculadora científica

Cuando, en una calculadora, se usan los paréntesis, esta realizará primero la operación contenida en ellos y, luego, seguirá aplicando la jerarquía establecida. Si las operaciones se mecanizan en el orden en el que aparecen, se simplifican los cálculos y se evitan errores.

Ejemplo

Para resolver el cálculo $8 - (-3) \cdot [6 - (2 - 7)]^2$ de un ejemplo anterior, solo hay que teclear los términos en el orden en el que van apareciendo, teniendo en cuenta que, en el paréntesis de (-3), el signo +/- se introduce tras el 3, pero antes de cerrar el paréntesis. Si se realiza de forma correcta, tras llegar al final de la introducción de valores, con la tecla x^2, el resultado será 371, que coincide con el calculado de forma manual.

9. Resumen

Los números son los elementos que se emplean para expresar cantidades y, con ellos, pueden realizarse operaciones matemáticas.

El sistema numérico decimal cuenta con diez dígitos (0, 1, 2, 3, 4, 5, 6, 7, 8 y 9), con los que pueden formarse todas las cantidades, ya que cada uno tiene, además del valor propio, un valor de posición.

Los números naturales comprenden el conjunto de números desde el 1 hasta el infinito. Cada número tiene un valor que es una unidad mayor que el que se encuentra a su izquierda. Con los números, se realizan las operaciones aritméticas: suma, resta, multiplicación y división.

Aplicando diversos criterios de divisibilidad, puede saberse si un número es divisible por otro. Un número es primo si solo es divisible por sí mismo y la unidad. Un número es compuesto si admite otros divisores. Puede encontrarse la combinación de números primos que, multiplicados entre sí, vayan a dar ese número. La descomposición en factores es el paso previo al cálculo de los múltiplos y divisores comunes a varios números.

El máximo común divisor es el mayor de los divisores que tienen en común dos números. El mínimo común múltiplo es el menor número que es múltiplo común a ambos. Estos conceptos permiten resolver numerosos problemas, ya que permiten simplificar los cálculos partiendo de que ambos grupos tiene factores en común.

Los números enteros son el conjunto formado por los números naturales, sus opuestos y el cero. Contiene tanto números positivos como negativos. Prescindiendo del signo, se obtiene el valor absoluto.

En las operaciones matemáticas con números enteros, hay que tener en cuenta el signo y que hay establecida una jerarquía para evitar errores: resolver primero los paréntesis, desde el más interno hasta el más externo; a continuación, se realizan las potencias; después, las multiplicaciones y divisiones, y, por último, se realizan las sumas y las restas.

Siempre que se tiene un todo y se divide en partes más pequeñas, está aplicándose el concepto de fracción y, siempre que se divide una cantidad y el resultado que se obtiene no es un valor exacto, el de decimal.

Un número decimal es una expresión con varias cifras separadas por una coma. Tanto los números que se encuentran a la izquierda (parte entera) como a la derecha (parte decimal) de la coma decimal tienen valor posicional. Las operaciones básicas son las mismas que con números enteros y el único problema que puede presentarse es cómo se sitúa la coma.

Una fracción es una expresión matemática que indica una división no realizada de un número entero *a* entre otro número entero *b,* que se representa de la forma *a*/*b*. Las fracciones cuyo denominador es una potencia de 10 se llaman **fracciones decimales.** Las operaciones básicas con números fraccionarios son también suma, resta, multiplicación y división.

Fracciones y números decimales pueden ser expresiones de un mismo número.

Un porcentaje es siempre una razón (o cociente) entre magnitudes directamente proporcionales. El más habitual es el tanto por ciento. Se emplean para calcular qué parte del total de los elementos con los que se cuenta responden a una cuestión que se plantea respecto a ellos.

Muchos pares de magnitudes guardan entre sí una cierta relación de proporcionalidad. Dos magnitudes son directamente proporcionales cuando ambas aumentan o disminuyen en la misma proporción. Dos magnitudes son inversamente proporcionales cuando, si la primera aumenta, la segunda disminuye y viceversa, además, lo hacen en la misma proporción.

Numerosos problemas se resuelven por aplicación de la regla de tres simple directa y de la regla de tres simple inversa.

Un instrumento muy útil en la resolución de problemas numéricos es la calculadora, aunque es necesario conocer la forma de operar, el orden en el que deben introducirse las operaciones, el uso de paréntesis y las teclas que pueden aparecer para realizar determinadas operaciones concretas.

Ejercicios de repaso y autoevaluación

1. **Calcular las siguientes expresiones numéricas:**

   a. $-2 \cdot 5 - 3[-4 + 5 - 2(3 - 6)^2 + 8] \cdot 2 - 1$

   b. $7 - [2 \cdot (2 - 5)^3 \cdot (-8) + 34 \cdot 2^2 - 5(-7)] - 2^2 : 4$

   c. $\left(\frac{2}{3} - \frac{1}{4}\right) \cdot \frac{1}{5} + \frac{4}{3}$

   d. $-\frac{2}{3} \cdot \frac{5}{6} + \frac{4}{3} : \frac{2}{9} + \frac{7}{3}$

   e. $6 - \frac{3}{4} : \frac{9}{2} - 2\left(2 - \frac{3}{5}\right)$

2. **A una reserva de la vida salvaje van a llegar 240 impalas y 9 leones. Las jaulas en las que se transportan deben ser iguales y lo más grandes posible, y todas deben transportar el mismo número de animales ¿Cuántos animales deben ir en cada jaula, si se pretende que los leones no se coman a los impalas? ¿Cuántas jaulas serán necesarias? (se tomarán las precauciones necesarias para que ni los leones ni los impalas se ataquen dentro de su jaula).**

   ____

   ____

   ____

   ____

3. **Tres obreros realizaron la tercera, la cuarta y la quinta parte de una obra respectivamente ¿Qué parte de la obra han terminado? ¿Cuánta obra queda por hacer?**

   ____

   ____

   ____

   ____

4. **Realizar las siguientes operaciones:**

   a. $20\,\frac{3}{4} + 27\,\frac{2}{3}$

   b. $3\,\frac{2}{5} - 2\,\frac{7}{8}$

   c. $10\,\frac{3}{4} - 2\,\frac{2}{5}$

5. **Tres trabajadores realizan la descarga de un camión de frutas. El primero descarga 45 cajas, el segundo 20 y el tercero 35. Por todo el trabajo han cobrado 150 €. Deciden repartirlo de forma proporcional al trabajo que ha hecho cada uno ¿Cuánto le corresponde cobrar a cada uno?**

6. **Por dos coches de segunda mano con cilindradas de 1.500 cc y de 1.900 cc respectivamente se pagó 4.760 €. En el momento de la compra, el primero tenía dos años y medio y el segundo cuatro años. Se pide:**

   a. **¿Cuánto se pagó por cada uno si el precio se estableció proporcionalmente a la cilindrada de cada vehículo?**
   b. **¿Y si se estableció en proporción inversa a la antigüedad del coche? (cc significa centímetros cúbicos e indica la capacidad de los cilindros del motor del vehículo).**

7. Una receta de cocina nos especifica los siguientes ingredientes para 4 personas:

   - 300 g de harina.
   - 2 huevos.
   - 250 g de mantequilla.
   - 200 g de azúcar.
   - 1kg de manzanas.

   Calcular los ingredientes necesarios para elaborar este producto para 10 personas.

8. Un depósito de agua para riego de unos jardines tiene agua para 40 días si se riega durante 3 horas diarias ¿Cuánto durará el agua si se riega 4 horas diarias?

9. Tres amigos instalan un taller de reparación de motocicletas y comprueban que un determinado mes han hecho en caja la cantidad de 6.000 €. Saben que el 20 % de los ingresos son para pagar impuestos, el 37 % es para pagar las piezas y productos que emplean en las reparaciones, el 5 % es para pagar gastos de luz y agua. También deciden reservar 250 € para amortizar máquinas, arreglar averías, etc. El resto se reparte como beneficio. Se pide:

   a. Si todos trabajan las mismas horas en el taller, ¿cuánto debe cobrar cada uno?
   b. Si uno trabaja en el taller 8 horas diarias, otro 6 y otro 5, ¿cuánto debe cobrar cada uno?

10. Un cliente compra en un comercio de ropa varias prendas: una camisa de 48 €, un jersey de 75 € y unos pantalones de 90 €. En la camisa le hacen un descuento del 20 %, en el jersey del 12 % y en los pantalones del 5 %. Además, por comprar con la tarjeta familiar de dicho comercio, le hacen un descuento adicional del 2 % sobre lo que tiene que abonar. Se pide:

    a. ¿Cuánto tiene que pagar?
    b. ¿Si consideramos que los precios anteriores no tienen aplicado el IVA, y que éste es del 21 %, cuanto tiene que pagar entonces?

Capítulo 7

Utilización de las medidas para la resolución de problemas

Contenido

1. Introducción

Cualquier concepto que pueda medirse requiere una unidad de medida, de forma que los resultados obtenidos puedan ser interpretados del mismo modo por todos los que tengan acceso a ellos. Es imprescindible conocer las unidades de medida, sus equivalencias y su jerarquía para poder comunicar e interpretar adecuadamente los datos que se transmiten y evitar los errores que se producirían si cada uno siguiera su propio criterio de medida.

Lo mismo sucede con el valor de las cosas. Desde el momento en que un determinado grupo de población (generalmente, un país, aunque no es algo estricto) establece una unidad monetaria como referencia para fijar el precio de lo que se compra o vende en su área de influencia, y esa moneda no es la misma que la de otro grupo, es necesario e imprescindible, si es que estos dos grupos quieren intercambiar sus productos, que se establezca un parámetro de comparación de ambas unidades monetarias; así, podrá decidirse si el intercambio es beneficioso o no.

En este capítulo, se conocerán las unidades monetarias que más influyen en nuestra actividad comercial tanto a nivel interno, como es el euro, como en las transacciones exteriores, que suelen realizarse en dólares.

También se verán las diferentes unidades de medida que se usan para expresar las mediciones de longitud, superficie y volumen, cuándo es conveniente aplicar cada una de ellas y cuál es su uso práctico.

2. Unidades monetarias

Mucha de la información que se capta a lo largo del día hace referencia al precio de las cosas. Los precios expresan la cantidad de moneda que se intercambia para obtener una prestación o bien.

La moneda oficial que, en cada país, se toma como patrón y a partir de la cual pueden establecerse otras unidades más pequeñas recibe el nombre de *unidad monetaria.*

La unidad monetaria en España, como en muchos otros países de la Unión Europea, es el **euro,** aunque no es esta la única moneda que se emplea en Europa.

Ejemplo

En el Reino Unido, la unidad monetaria es la libra esterlina y, en Suecia, lo es la corona sueca.

Fuera de la Unión Europea, casi todos los países tienen su propia unidad monetaria diferente a la del resto, aunque también es cierto que hay países que comparten unidad monetaria y otros que tienen o han tenido más de una unidad monetaria.

Ejemplo

El dólar USA es la unidad monetaria de los Estados Unidos, sin embargo, otros países, como Ecuador o El Salvador, han convertido al dólar estadounidense en su moneda oficial.

En España, antes de adoptar el euro como moneda oficial, la unidad monetaria era la peseta. En el periodo de transición de una unidad monetaria a otra, coexistían ambas y podía utilizarse indistintamente cualquiera de ellas en las transacciones empleando la equivalencia de 1 € = 166,386 pts.

Panamá usa como monedas tanto el dólar USA como el balboa panameño.

Actividades

1. Investigue qué países de la Unión Europea tienen el euro como moneda oficial y si hay otros países ajenos a ella, europeos o no, en los que también sea el euro su moneda oficial.

2.1. Identificación y comparación del euro y el dólar

En este apartado, se tratarán las dos monedas que más importancia pueden tener en las transacciones comerciales: el euro, por ser la moneda oficial, y el dólar, por la importancia que tiene en el comercio exterior.

El euro

Como se ha explicado, la moneda oficial en España y en la mayoría de los países de la Unión Europea es el euro. Para simplificar su escritura, se emplea el símbolo **€** escrito detrás de la cantidad a la que acompaña. Como el valor del patrón euro es muy elevado en relación con el precio de determinados productos, por ejemplo, un caramelo, es necesario establecer particiones de este que ayuden a fijar los precios de los objetos cuyo valor no llega a ser un número entero de euros. Así, el euro se divide en cien partes, cada una de las cuales recibe el nombre de **céntimo.** Las cantidades con las que se expresan los valores de estos precios son números decimales.

Ejemplo

Son precios decimales 1,99 € una tableta de chocolate, 2,47 € el kilo de manzanas, 0,06 euros (6 céntimos) el minuto en una tarifa telefónica, etcétera.

Sabía que...

Los precios como 4,99 €, 99,95 €, etc., reciben el nombre de *precios psicológicos,* ya que, según el análisis del comportamiento de los consumidores, estos se decantan por precios impares antes que por valores redondeados y, además, aceptan mejor los precios terminados en 9, 5 y 0, por ese orden.

La unidad monetaria tiene su representación física en forma de moneda de 1 €. Aparte de la moneda de un euro, existen otras seis que corresponden a divisores de esta cantidad —las monedas de 1, 2, 5, 10, 20 y 50 ¢— y una que corresponde a un múltiplo de ella, la moneda de 2 €.

Reversos de la moneda de euro, de su múltiplo y sus divisores

Importante

Cent es el nombre que se emplea para denominar la moneda cuyo valor corresponde a una centésima parte del euro, y ¢ es su símbolo.

Y siete billetes, con cantidades múltiplos del euro, con valores de 5, 10, 20, 50, 100, 200 y 500 €.

Múltiplos del euro en billete

Actividades

2. Compruebe con una lista de la compra lo que supondría el redondeo al alza de los precios de los productos para evitar los céntimos "de vuelta".

El dólar

Como ya se ha comentado, es la unidad monetaria de los Estados Unidos de Norteamérica, aunque también hay otros países que lo han adoptado como su moneda oficial. El símbolo con el que se representa es **$,** pero, al contrario que el euro, se escribe delante de la cantidad a la que acompaña.

Al igual que el euro, su valor es muy elevado en relación con determinados artículos, por eso, se establece también su división en unidades más pequeñas. El dólar se divide en cien partes que reciben el nombre de **centavo.**

Además de la moneda de $ 1, existen monedas de 0,01, 0,05, 0,10, 0,20 y $ 0,50. Estas monedas de menos de un dólar se designan con un nombre propio.

Moneda	Nombre propio
1 centavo	*penny*
5 centavos	*nickel*
10 centavos	*dime*
25 centavos	*quarter*
50 centavos	*half dollar*

Monedas de dólar y sus divisores

Aplicación práctica

Si se suman los valores de 5 *pennies,* 2 *nickels* y 1 *dime,* ¿qué valor se obtiene?

SOLUCIÓN

Teniendo en cuenta que 5 *pennies* = 5 centavos, 2 *nickels* = 10 centavos y 1 *dime* = 10 centavos, el valor total de estas monedas es de 25 centavos, que corresponde a 1 *quarter.*

También existen billetes tanto de un dólar, como de múltiplos de 2, 5, 10, 20, 50 y $ 100.

Múltiplos del dólar en billete

Recuerde

La unidad monetaria en España es el euro y, a partir de él, se establecen los céntimos de euro, cuyo valor es 1/100 del valor del euro.

La unidad monetaria de los EE. UU. es el dólar y, a partir de él, se establecen los centavos, cuyo valor es de 1/100 del valor del dólar.

Comparación entre el euro y el dólar

La moneda facilita el intercambio, pero, como no hay unanimidad en ellas y no hay una moneda específica para el comercio exterior, cuando se realizan intercambios comerciales con países que tienen otra moneda diferente, es necesario elegir una referencia para el cambio. La unidad monetaria que se use como referencia para este cambio debe ser una que posea amplia difusión y aceptación. En la actualidad, la moneda más utilizada es el **dólar estadounidense,** aunque, en determinados momentos, se han usado otras monedas, como la libra esterlina o incluso el euro.

Pero, además de una moneda de referencia, también hay que establecer un valor que fije la equivalencia entre ellas. El valor que permite la comparación de una moneda con respecto a otra recibe el nombre de **paridad** o **tipo de cambio.**

En esta comparación, puede suceder que el valor de ambas sea equivalente, lo cual es improbable, o que una tenga más valor que otra. La moneda que, en un momento dado, tiene más valor respecto a otra recibe el nombre de *fuerte.* Cuando el valor de una moneda aumenta respecto al de otra, se dice que se ha producido una *apreciación* de esta moneda, sin embargo, cuando baja, se dice que se ha producido una *depreciación.*

Ejemplo

Si, en un momento determinado, el cambio entre el euro y el dólar está establecido en $ 1 = 1,50 € y pasa a estar en $ 1 = 0,99 €, se ha producido una apreciación del dólar respecto al euro y una depreciación del euro respecto al dólar.

Una aplicación, quizá, más cercana del cambio de moneda lo supone el cambio de moneda que se efectúa cuando se viaja al extranjero. Si se viaja a Londres, a Nueva York o a Tokio, es lógico que se necesiten libras esterlinas, de dólares o de yenes, y, por tanto, habrá que *comprar* esas monedas con euros.

Sabía que...

La compra o venta de moneda extranjera se realiza en establecimientos autorizados para ello, que aplican comisiones al realizar esta transacción. En este caso, los tipos de cambio son meramente informativos.

2.2. Conversión de moneda

Establecer un tipo de cambio entre dos unidades monetarias permite conocer el equivalente de una cantidad expresada en una de ellas a la otra.

El valor del tipo de cambio lo marca el mercado. Ya se ha dicho que, en el comercio exterior, las compras se realizan usando una moneda que ofrezca confianza, por eso, quienes tengan otra moneda diferente necesitarán tener cantidades de esa moneda *de confianza* para comprar en el mercado exterior y, en reciprocidad, si alguien quiere vender sus productos en estos mercados exteriores, exigirá el pago en esa moneda *de confianza* y no en la del país de quien compra. Por eso, el dinero también se *compra* y se *vende* y, en función del que haya en el mercado, aumentará o disminuirá su valor respecto a otras monedas.

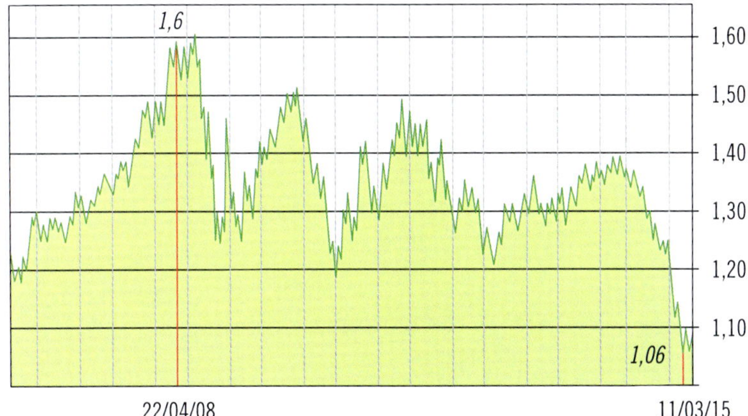

La conversión de moneda permite conocer la equivalencia de una cantidad de dinero expresada en una unidad monetaria a otra cantidad expresada en otra unidad monetaria diferente aplicando el valor del tipo de cambio.

Para realizar dicha conversión, puede aplicarse una regla de tres simple o puede multiplicarse directamente la cantidad por el tipo de cambio.

Nota

Dado que los tipos de cambio están sometidos a continuas fluctuaciones, en los ejemplos que se proponen, se emplean tipos de cambio ficticios que no se corresponden al valor en ninguna fecha concreta.

Aplicación práctica

El tipo de cambio entre el euro y el dólar se establece en 1 € = $ 1,26, ¿cuántos dólares serán 50 €?

SOLUCIÓN

Empleando una regla de tres, el cálculo sería:

$$1\text{ €} \longrightarrow \$\ 1{,}26$$

$$50\text{ €} \longrightarrow \$\ x$$

$$\left.\begin{array}{l} 1\text{ €} \xleftarrow{(:)} \$\ 1{,}26 \\ 50\text{ €} \xrightarrow{(\cdot)} \$\ x \end{array}\right\} x = \frac{50 \cdot 1{,}26}{1} = \mathbf{\$\ 63}$$

Por el segundo método, solo habría que multiplicar 50 por el valor en dólares del euro:

$$50 \cdot 1{,}26 = \mathbf{\$\ 63}$$

Aplicación práctica

El tipo de cambio entre el euro y el dólar se establece en 1 € = $ 1,47, ¿cuántos euros son $ 90?

SOLUCIÓN

En esta ocasión, la regla de tres se establecería de la siguiente forma:

$$1\ € \longrightarrow \$\ 1{,}47$$

$$x\ € \longrightarrow \$\ 90$$

$$\left.\begin{array}{l} 1\ € \xrightarrow{(:)} \$\ 1{,}47 \\ x\ € \xleftarrow{(\cdot)} \$\ 90 \end{array}\right\} x = \frac{90 \cdot 1}{1{,}47} = \mathbf{61{,}22\ €}$$

Por el segundo método, el resultado se obtendría dividiendo 90 por el valor en dólares del euro:

$$\frac{90}{1{,}47} = \mathbf{61{,}22\ €}$$

También podría hallarse el inverso del tipo de cambio y multiplicarlo por la cantidad en dólares:

$$\frac{1}{1{,}47} = 0{,}68$$

$$0{,}68 \cdot 90 = \mathbf{61{,}22\ €}$$

Una aplicación particular en la conversión de moneda es el cambio de esta a dólares como paso intermedio para conseguir moneda de otro país aprovechando los diferentes tipos de cambio entre ellas.

Ejercicio resuelto

Javier y Mario viajaron a Japón en un momento en el que los tipos de cambio eran los siguientes (¥ es el símbolo con el que se representa el yen, que es la moneda oficial de Japón):

- 1 € = $ 1,57.
- 1 € = 131,19 ¥.
- $ 1 = 119,22 ¥.

Decidieron cambiar 100 € a yenes para hacer frente a los primeros gastos que les surgieran cuando llegaran a Japón, (taxi, metro, etc.). Javier decidió cambiar sus 100 € a dólares para, luego, cambiar la cantidad obtenida a yenes. Mario, en cambio, decidió cambiar directamente los euros a yenes.

Teniendo en cuenta los tipos de cambio que se aplicaron, ¿cuál de los dos ha conseguido mayor cantidad de yenes y cuál ha sido la diferencia?

Solución

En el caso de Javier, hay que calcular primeramente cuántos dólares ha obtenido a cambio de los 100 €, con el tipo de cambio establecido entre el euro y el dólar, y, luego, calcular los yenes que ha obtenido al cambiar los euros, con el tipo de cambio establecido entre el dólar y el yen.

Cambio de euro a dólar:

$$100\ € \cdot 1{,}57\ \$/€ = \$\ 157$$

Cambio de dólares a yenes:

$$\$\ 157 \cdot 119{,}22\ ¥/\$ = \mathbf{18.717{,}54\ ¥}$$

En el caso de Mario, hay que calcular directamente los yenes aplicando el tipo de cambio entre el euro y el yen. Multiplicando, se obtiene:

$$100\ € \cdot 131{,}19\ ¥/€ = \mathbf{13.119\ ¥}$$

Por lo tanto, Javier ha conseguido más yenes, exactamente, obtuvo 18.717,54 – 13.119 **= 5.598,54 ¥** más que Mario.

Sabía que...

Existen numerosas páginas web dedicadas a la conversión de moneda, como, por ejemplo:

- https://conversormoneda.com
- http://www.cambio-euro.es
- http://es.coinmill.com

Actividades

3. Localice un conversor de moneda (puede que lo tenga en su teléfono móvil) y calcule el importe en dólares de alguna compra que haya realizado en euros.

3. El sistema métrico decimal

Hay cosas que pueden medirse numéricamente y otras que no. Todo aquello que puede medirse numéricamente se denomina **magnitud.**

Ejemplo

Son magnitudes: longitud, tiempo, temperatura, etcétera.

No son magnitudes: la belleza, la sensación de calor, el sueño, etcétera.

Cuando algo puede medirse numéricamente, es necesario establecer una referencia para saber la cantidad que se tiene. Esa cantidad que se toma como referencia recibe el nombre de *unidad de medida,* y *medir* es "comparar cualquier magnitud con la unidad de medida".

La forma de comparar más básica es la que toma el cuerpo humano como referencia. Así, las primeras unidades de medida eran las que hacían referencia al pie, al palmo, al codo, etc., e incluso tenían sus múltiplos y submúltiplos.

Ejemplo

Antiguamente, 1 vara equivalía a 3 pies y este, a su vez, contenía 12 pulgadas.

Pero es evidente que estas medidas no son homogéneas y que variaban no solo de un país a otro, sino incluso de una región o zona geográfica a otra.

Ejemplo

Las medidas de la vara castellana y la de la aragonesa eran distintas. La vara castellana medía 835 mm y la aragonesa 772 mm.

Por otra parte, en Bélgica, la vara era una unidad de superficie y no de longitud.

Por eso y dado que los patrones que se tomaban como unidad de medida no eran homogéneos, cuando los intercambios comerciales en Europa se hicieron más importantes, surgió la necesidad de establecer un sistema de medidas universal que todos interpretaran de la misma forma; así, surgió el **sistema métrico decimal.**

Sabía que...

El sistema métrico decimal surgió en Francia tras la Revolución francesa y está basado en las propiedades de objetos de la naturaleza, como el tamaño de la Tierra —que se tomó como referencia para establecer la unidad de longitud—, y en relaciones sencillas entre unidades. Toma su nombre de la unidad de longitud: el metro.

El sistema métrico de decimal es un sistema de unidades que tiene el metro como unidad principal y en el que los múltiplos y divisores de las unidades de medida son múltiplos o divisores de 10.

3.1. Medidas de longitud. El metro, múltiplos y submúltiplos

La unidad de longitud es el **metro (m).** Sin embargo, no siempre resulta útil utilizar esta unidad, pues existen longitudes muy grandes o muy pequeñas para las que no es práctico su empleo. Cuando hay que medir longitudes muy grandes, se usan los *múltiplos* y, cuando hay que medir longitudes muy pequeñas, se utilizan los *submúltiplos.*

Múltiplos	Símbolo	Metros	Submúltiplos	Símbolo	Metros
Kilómetro	km	1.000	Decímetro	dm	0,1
Hectómetro	hm	100	Centímetro	cm	0,01
Decámetro	dam	10	Milímetro	mm	0,001

Cada unidad contiene diez veces a la inmediatamente inferior.

Sabía que...

Para medir distancias entre los planetas, se emplea como unidad de medida la unidad astronómica (ua), que equivale a 150.000.000 km, que es la distancia entre la Tierra y el Sol. Para medir distancias entre galaxias, se emplea el año luz, que corresponde a la distancia que se recorrería si se viajara a la velocidad de la luz (300.000 km/s) en un año y equivale a 9.461.000.000.000 metros.

Para medir distancias microscópicas, se utiliza la micra, que equivale a 0,000001 metros.

Cambios de unidades de longitud

Para recordar la cantidad por la que hay que multiplicar o dividir para cambiar una medida de una unidad a otra, se construye una escalera como la de la figura siguiente.

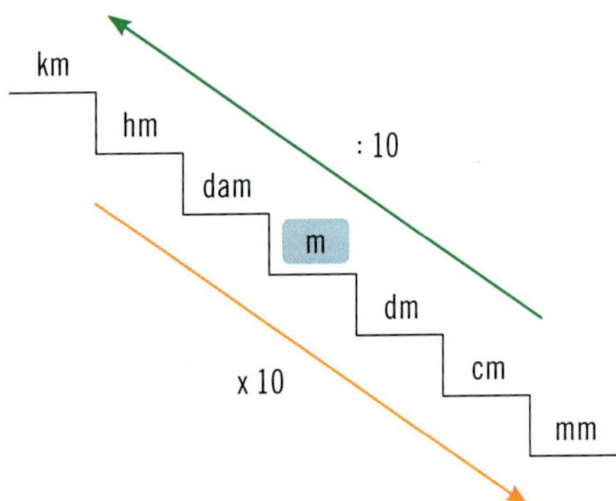

Si se tiene una medida en una unidad y quiere expresarse en otra unidad más baja en la escalera, hay que multiplicarla por la cifra formada por un 1 seguido de tantos **0** como escalones haya que bajar, o desplazar la coma decimal un lugar a la derecha.

Si se tiene una medida en una unidad y quiere expresarse en otra unidad más alta en la escalera, hay que dividirla por la cifra formada por un 1 seguido de tantos **0** como escalones haya que subir, o desplazar la coma decimal un lugar hacia la izquierda.

Ejemplo

1. Expresar 28 m en centímetros: como de metros a centímetros hay que bajar dos escalones, se multiplica por 100. Es decir:

   28 m = 2.800 cm

2. Expresar 28 m en kilómetros: como de metros a kilómetros hay que subir tres escalones, se divide por 1.000. Es decir:

   28 m = 0,028 km

3. Expresar 87 mm en centímetros: como de milímetros a centímetros hay que subir un escalón, se divide por 10. Es decir:

   87 mm = 8,7 cm

4. Expresar 18,3 m en decímetros: como de metros a decímetros hay que bajar un escalón, es equivalente a multiplicar por 10, por lo que se desplaza la coma decimal un lugar a la derecha. Es decir:

   18,3 m = 183 dm

5. Expresar 575,5 cm en metros: como de centímetros a metros hay que subir dos escalones, se divide por 10, lo que equivale a desplazar la coma decimal dos lugares hacia la izquierda. Es decir:

   575,5 cm = 5,755 m

Para realizar las operaciones de suma y resta de medidas, estas deben estar en la misma unidad.

Actividades

4. Mida diversos objetos cotidianos, como el tablero de una mesa, la longitud de una cama o la pantalla de un ordenador o un móvil, usando su palmo, pie, pulgada, etc., según convenga; luego, traslade las medidas que ha tomado sobre un metro o un flexómetro y anote el resultado. Seguidamente, mida directamente los objetos anteriores con el metro o el flexómetro y compare los resultados obtenidos.

Aplicación práctica

Para decorar el patio del colegio, se dispone de 6,8 dam de guirnaldas rojas, 70,34 m de guirnaldas azules y 153 dm de guirnaldas blancas, ¿cuántos centímetros de guirnaldas hay en total?

Si el patio mide 15 m de largo, ¿cuántas tiras de guirnaldas podrán ponerse independientemente del color?

Si se quiere que, en todas las tiras, haya la misma cantidad de rojo, azul y blanco, ¿cuánto medirá cada trozo de cada color en cada una de las tiras?

SOLUCIÓN

Para calcular la cantidad total, primero, hay que hallar el equivalente en centímetros de lo que mide cada una de las guirnaldas, ya que, si no, no puede sumarse.

- Rojas → 6,8 · 1.000 = 6.800 cm.
- Azules → 70,34 · 100 = 7.034 cm.
- Blancas → 153 · 10 =1.530 cm.
- Total → 6.800 + 7.034 + 1.530 **= 15.364 cm**

Para saber cuántas tiras de guirnaldas podrán ponerse, como el patio mide 15 m, hay que calcular cuál es el equivalente en metros de la cantidad de guirnaldas de la que se dispone,

Continúa en página siguiente >>

<< Viene de página anterior

antes de calcular el número de tiras que podrán colocarse. Para ello, se divide la cantidad en centímetros entre 100 cm que hay en un metro, y se obtiene que:

$$15.364 \text{ cm} = 153{,}64 \text{ m}$$

Luego, se divide la cantidad de metros de guirnaldas entre la longitud en metros del patio:

$$153{,}64 : 15 = 10{,}24$$

Es decir, podrán colocarse **10 tiras** de guirnaldas completas y quedará un resto de 3,64 m.

Para determinar cuánto medirá cada trozo de cada color en cada una de las tiras, habrá que calcularlo mediante una regla de tres. En este caso, se opera en centímetros, ya que es una unidad en la que se han calculado las medidas de las guirnaldas de los tres colores:

$$\left.\begin{array}{r} 1.530 \text{ cm blanco} \longrightarrow 15.364 \\ x \longrightarrow 15.000 \end{array}\right\} x = \frac{1.530 \cdot 15.000}{15.364} = 1.493 \text{ cm}$$

$$\left.\begin{array}{r} 7.034 \text{ cm rojo} \longrightarrow 15.364 \\ x \longrightarrow 15.000 \end{array}\right\} x = \frac{7.034 \cdot 15.000}{15.364} = 6.867 \text{ cm}$$

$$\left.\begin{array}{r} 6.800 \text{ cm azul} \longrightarrow 15.364 \\ x \longrightarrow 15.000 \end{array}\right\} x = \frac{6.800 \cdot 15.000}{15.364} = 6.638 \text{ cm}$$

Si se suman las tres cantidades, se obtiene:

$$1.493 + 6.867 + 6.638 = 14.998 \text{ cm}$$

Aproximadamente, 15.000 cm, que corresponden a los 15 m de longitud del patio (las diferencias corresponden a los decimales que se han descartado al despejar x).

A la hora de elegir la unidad de medida, hay que tener en cuenta las dimensiones del objeto a medir. No sería adecuado elegir el milímetro para medir la longitud de una pista de atletismo o la distancia entre Madrid y Barcelona, ni tampoco lo sería el kilómetro para medir el tamaño de una cría de ratón.

Números complejos e incomplejos

Cuando un número se expresa en distintas unidades de la misma clase, recibe el nombre de *complejo*. Cuando un número se expresa en una misma unidad, recibe el nombre de *incomplejo* o *simple*.

Números complejos: 3 km 5 hm 4 dm 9 m, 12 km 3 hm 4 dam, etcétera.

Números incomplejos: 248 m, 1.534,23 km, etcétera.

Para pasar de un número complejo a un número incomplejo, hay que cambiar cada una de las unidades que aparecen en las unidades en las que quiere tenerse el resultado final.

Ejemplo

Expresar 10 hm 5 dam 5 m en centímetros:

- 10 hm = 10 · 10.000 = 1.000.000 cm.
- 5 dam = 5 · 1.000 = 5.000 cm.
- 5 m = 5 · 100 = 500 cm.

Por lo tanto, 10 hm 5 dam 5 m = 1.005.500 cm.

Para pasar de un número incomplejo a otro complejo, si el cambio es una unidad menor a otra mayor, hay que dividir por la unidad seguida de tantos ceros como escalones haya de separación y, si hay que pasar de unidades mayores a unidades menores, hay que multiplicar por la unidad seguida de tantos ceros como escalones de separación haya.

Ejemplo

1. Expresar 846 cm como un número complejo:

   846 : 100 → 8 m (los mm son menores que los m).
   46 : 10 → 4 dm (los mm son menores que los dm).
   6 → 6 cm.

   Por lo tanto, 846 cm = 8 m 46 dm 6 cm.

2. Expresar 1.415 km como un número complejo:

   1.415 – 1 = 0,415 km.
   0,414 × 1.000 = 415 m.

Por lo tanto, 1.415 km = 1 km 415 m.

3.2. Medidas de superficie. El metro cuadrado

Se define la *superficie* de un cuerpo como "la extensión que presenta en dos dimensiones: ancho y largo"; por ello, las unidades de superficie se basan en cuadrados con lados iguales a alguna unidad de longitud.

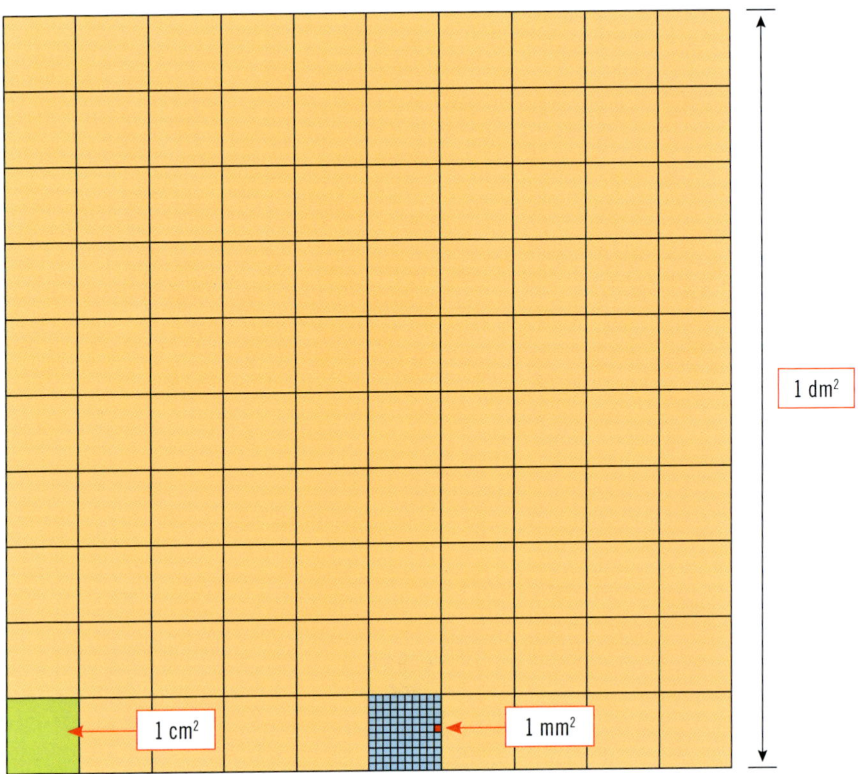

En el sistema métrico decimal, la unidad de superficie fundamental es el **metro cuadrado (m^2),** que es igual al área de un cuadrado de un metro de lado.

Sin embargo, no siempre resulta útil utilizar esta unidad, pues existen superficies muy grandes o muy pequeñas para las que no es práctico su empleo. Cuando hay que medir superficies muy grandes se usan los múltiplos.

Múltiplos	Símbolo	Metros cuadrados
Kilómetro cuadrado	km^2	1.000.000
Hectómetro cuadrado	hm^2	10.000
Decámetro cuadrado	dam^2	100

Y, cuando hay que medir superficies muy pequeñas, se utilizan los submúltiplos.

Submúltiplos	Símbolo	Metros cuadrados
Decímetro cuadrado	dm^2	0,01
Centímetro cuadrado	cm^2	0,0001
Milímetro cuadrado	mm^2	0,000001

Cada unidad contiene cien veces la unidad inmediatamente inferior.

Cambios de unidades de superficie

Para recordar la cantidad por la que hay que multiplicar o dividir para cambiar una medida de una unidad a otra, se construye una escalera como la de la figura que se muestra a continuación.

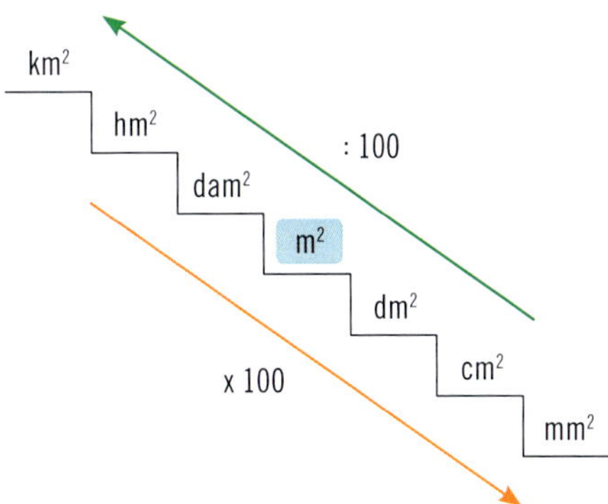

Si se tiene una medida en una unidad y quiere expresarse en otra unidad más baja en la escalera, tiene que multiplicarse por la cifra formada por un 1 seguido por **dos 0** por cada escalón que haya que bajar, o desplazar la coma decimal dos lugares a la derecha por cada escalón.

Si se tiene una medida en una unidad y quiere expresarse en otra unidad más alta en la escalera, tiene que dividirse por la cifra formada por un 1 seguido por **dos 0** por cada escalón que haya que subir, o desplazar la coma decimal dos lugares a la izquierda por cada escalón.

Ejemplo

1. Expresar 8 m^2 en centímetros cuadrados: como de metros cuadrados a centímetros cuadrados hay que bajar dos escalones, se multiplica por 10.000. Por lo tanto, queda:

$$8 \text{ m}^2 = 80.000 \text{ cm}^2$$

2. Expresar 5 m^2 en hectómetros cuadrados: como de metros cuadrados a hectómetro cuadrado hay que subir dos escalones, hay que dividir por 10.000. Por lo tanto, queda:

$$5 \text{ m}^2 = 0{,}0005 \text{ hm}^2$$

3. Expresar 870 mm^2 en centímetros cuadrados: como de milímetros cuadrados a centímetros cuadrados hay que subir un escalón, se divide por 100. Por lo tanto, queda:

$$870 \text{ mm}^2 = 8{,}7 \text{ cm}^2$$

4. Expresar 15,56 dam^2 en kilómetros cuadrados: como de decámetros cuadrados a kilómetros cuadrados hay que subir dos escalones, se divide por 10.000, por lo que se desplaza la coma decimal cuatro lugares a la izquierda. Por lo tanto, queda:

$$15{,}56 \text{ dam}^2 = 0{,}001556 \text{ km}^2$$

5. Expresar 0,03 dam^2 en metros cuadrados: como de decámetros cuadrados a metros cuadrados hay que bajar un escalón, hay que multiplicar por 100, por lo que se desplaza la coma decimal dos lugares a la derecha. Por lo tanto, queda:

$$0{,}03 \text{ dam}^2 = 3 \text{ m}^2$$

Aplicación práctica

Para enlosar una habitación de 17,92 m² de planta, se han empleado 112 baldosas cuadradas. ¿Cuántos centímetros mide de lado cada baldosa?

SOLUCIÓN

El primer paso, ya que piden la solución en centímetros, es expresar la superficie de la habitación en centímetros cuadrados. Como de metros cuadrados a centímetros cuadrados hay dos escalones, se multiplica por 10.000 o se desplaza la coma decimal cuatro posiciones a la derecha:

$$17{,}92 \text{ m}^2 = 179.200 \text{ cm}^2$$

Ahora, hay que dividir la superficie total entre el número de baldosas para averiguar la superficie de cada baldosa:

$$179.200 : 112 = 1.600 \text{ cm}^2$$

Como la baldosa es cuadrada, significa que los dos lados tienen la misma longitud, luego $1.600 = l \cdot l = l^2$. Para hallar la longitud (l) de un lado, habrá que calcular la raíz cuadrada de la superficie total. Con ayuda de la calculadora, se resuelve la raíz cuadrada de 1600, con lo que se obtiene que cada baldosa mide de lado **40 cm.**

Cuando se miden extensiones en el medio agrario, en el campo, las medidas de superficie reciben otras denominaciones. Así, se emplea la **hectárea (ha)** como equivalente al hectómetro cuadrado, el **área (a)** como equivalente al decámetro cuadrado y la **centiárea (ca)** como equivalente al metro cuadrado.

Recuerde

$1 \text{ ha} = 1 \text{ hm}^2 = 10.000 \text{ m}^2$
$1 \text{ a} = 1 \text{ dam}^2 = 100 \text{ m}^2$
$1 \text{ ca} = 1 \text{ m}^2$

Aplicación práctica

Según el Instituto Geográfico Nacional, la mayor de las islas del archipiélago canario es Tenerife, con 2.034,38 km². La isla habitada de menor tamaño es La Graciosa, en el archipiélago Chinijo, al norte de Lanzarote, cuya superficie es de 2.745 ha. ¿Cuántas veces podría contener Tenerife a La Graciosa?

SOLUCIÓN

El número de veces que la isla menor está contenida en la mayor se halla dividiendo la superficie de la isla mayor entre la de la isla menor. Pero, para ello, ambas superficies deben de expresarse en la misma unidad de medida. En este caso, para evitar operar con decimales, puede expresarse la superficie de la isla mayor en las unidades de la menor. Para ello, se multiplica por 100 (equivalente a desplazar la coma dos unidades a la derecha), ya que solo hay un escalón entre ambas medidas.

$$2.034{,}38 \text{ km}^2 = 203.400 \text{ hm}^2 = 203.400 \text{ ha}$$

La superficie de La Graciosa es de:

$$2.745 \text{ ha} = 2.745 \text{ hm}^2$$

Dividiendo ambas cantidades, se obtiene:

$$203.400 : 2.745 = \mathbf{73{,}86}$$

Por lo tanto, Tenerife es 73,86 veces mayor que La Graciosa.

Números complejos e incomplejos

Cuando quiere convertirse un número complejo de superficie en un número incomplejo de orden inferior, tienen que escribirse las cifras de los órdenes sucesivos dejando dos lugares para cada orden y completando los huecos que resulten con ceros.

Ejemplo

Expresar 40 km^2 3 dam^2 15 m^2 en metros cuadrados:

km^2 → 40.
hm^2 → 00 (se completa el orden con 00).
dam^2 → 03 (se completa el orden con 0).
m^2 → 15.

Por lo tanto, 40 km^2 3 dam^2 15 m^2 = 40.000.315 m^2.

Si quiere convertirse un número incomplejo de superficie en complejo, tienen que separarse las cifras de dos en dos a partir de la coma a uno y otro lado de ella, y ha de acompañarse cada grupo de la denominación correspondiente a su orden.

Ejemplo

Expresar 20.827,153 m^2 como número complejo en centímetros cuadrados: para lo que hay que separar en grupos de dos y completar los órdenes a ambos lados de la coma:

02 08 27, 15 30

Es decir:

02 hm^2.
08 dam^2.
27 m^2.
15 dm^2.
30 cm^2.

Por tanto, 20.827,153 m^2 = 2 hm^2 8 dam^2 27 m^2 15 dm^2 30 cm^2.

Actividades

5. Averigüe cuál es la superficie del planeta Tierra y, luego, sabiendo que los océanos ocupan sus 3/4 partes, calcule la superficie cubierta de agua y la que ocupa la tierra firme.

3.3. Medidas de volumen. El metro cúbico

La extensión que presenta un cuerpo en tres dimensiones: ancho, largo y alto se conoce como *volumen.* Las unidades de volumen se basan en cubos con aristas iguales a alguna unidad de longitud.

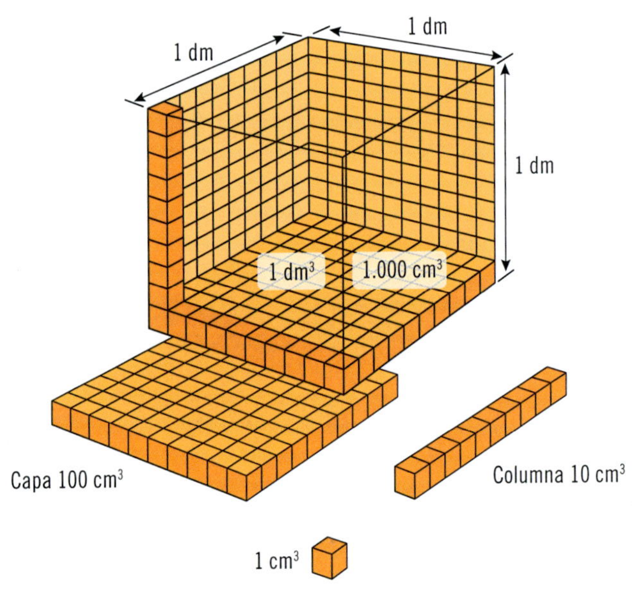

En la imagen anterior, puede verse un cubo en el que la longitud de su lado es de 1 dm, por tanto, su volumen es 1 dm³.

Cada una de sus dimensiones puede dividirse en 10 capas, cada una de las cuales tendrá 100 cm^3, luego 1 dm^3 = 1.000 cm^3. Cada centímetro cúbico puede dividirse en mil partes o milímetros cúbicos.

En el sistema métrico decimal, la unidad de volumen fundamental es el **metro cúbico (m^3),** que es igual al volumen de un cubo con aristas de un metro de longitud.

Sin embargo, no siempre resulta útil utilizar esta unidad, pues existen volúmenes muy grandes o muy pequeños para los que no es práctico su empleo. Cuando tienen que medirse volúmenes muy grandes, se usan los múltiplos.

Múltiplos	**Símbolo**	**Metros cúbicos**
Kilómetro cúbico	km^3	1.000.000
Hectómetro cúbico	hm^3	10.000
Decámetro cúbico	dam^3	100

Y, cuando tienen que medirse volúmenes muy pequeños, los submúltiplos.

Submúltiplos	**Símbolo**	**Metros cúbico**
Decímetro cúbico	dm^3	0,01
Centímetro cúbico	cm^3	0,0001
Milímetro cúbico	mm^3	0,000001

Cada unidad contiene mil veces a la unidad inmediatamente inferior.

Cambios de unidades de volumen

Para recordar la cantidad por la que hay que multiplicar o dividir para cambiar una medida de una unidad a otra, se construye una escalera como la de la figura siguiente.

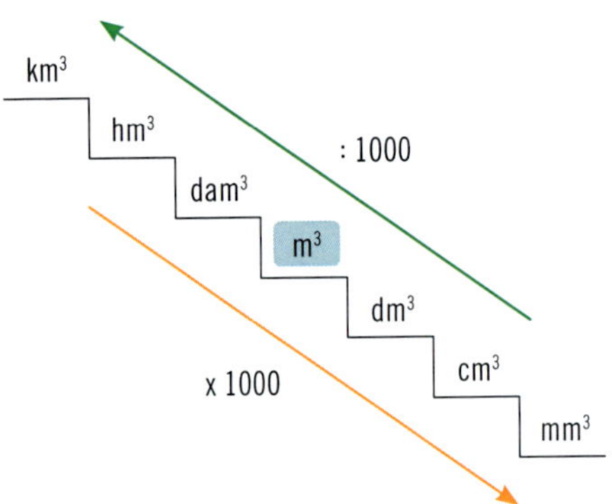

Si se tiene una medida en una unidad y quiere expresarse en otra unidad más baja en la escalera, hay que multiplicarla por la cifra formada por un 1 seguido por **tres 0** por cada escalón que haya que bajar.

Si se tiene una medida en una unidad y quiere expresarse en otra unidad más alta en la escalera, hay que dividirla por la cifra formada por un 1 seguido por **tres 0** por cada escalón que haya que subir.

Ejemplo

1. Expresar 5 m^3 en centímetros cúbicos: como de metros cúbicos a centímetros cúbicos hay que bajar dos escalones, se multiplica por 1.000.000. Es decir:

$$5\ m^3 = 5.000.000\ cm^3$$

Continúa en página siguiente >>

<< Viene de página anterior

2. Expresar 7 m^3 en hectómetros cúbicos: como de metros cúbicos a hectómetros cúbicos hay que subir dos escalones, se divide por 1.000.000. Es decir:

$$7 \text{ m}^3 = 0{,}000007 \text{ hm}^3$$

3. Expresar 1.430 mm^3 en centímetros cúbicos: como de milímetros cúbicos a centímetros cúbicos hay que subir un escalón, se divide por 1.000. Es decir:

$$1.430 \text{ mm}^3 = 1{,}43 \text{ cm}^3$$

Aplicación práctica

Quiere construirse un pilar cúbico de 1 m de lado con bloques cúbicos de 1 dm de lado, ¿cuántos bloques serán necesarios?

SOLUCIÓN

El pilar será similar al que hay en la imagen al comienzo del apartado, pero formado por bloques de 1dm de lado. El volumen de cada bloque será 1 dm^3.

El bloque estará formado por capas de bloques, y cada capa estará formada por filas y columnas de bloques. Como el lado del pilar mide 1 m, habrá que calcular primero cuántos bloques de 10 dm son necesarios para conseguir esta longitud. Como solo hay un escalón, hay que poner 10 bloques seguidos para tener una fila de 1 m.

Para formar una capa, habrá que poner 10 filas de bloques, luego cada capa tendrá $10 \cdot 10 = 100$ bloques.

Como hay que montar 10 capas de bloques para alcanzar una altura de 1 m, el total de bloques utilizados para construir el pilar será 10 · 100 **= 1.000 bloques.**

Números complejos e incomplejos

Cuando quiere convertirse un número complejo de volumen en un número incomplejo de orden inferior, tienen que escribirse las cifras de los órdenes sucesivos dejando tres lugares para cada orden y completando los huecos que resulten con ceros.

Ejemplo

Expresar 3 dam³ 4 dm³ 2 cm³ en metros cúbicos:

$dam^3 \rightarrow 3.$
$m^3 \rightarrow 000$ (se completa el orden con 000).
$dm^3 \rightarrow 004$ (se completa el orden con 00).
$cm^3 \rightarrow 002$ (se completa el orden con 00).

Por lo tanto, $3\ dam^3\ 4\ dm^3\ 2\ cm^3 = 3.000{,}004002\ m^3$.

Si quiere convertirse un número incomplejo de volumen en uno complejo, tienen que separarse las cifras de tres en tres a partir de la coma a uno y otro lado de ella, y ha de acompañarse cada grupo de la denominación correspondiente a su orden.

Actividades

6. Averigüe el volumen de agua de los océanos de la Tierra y expréselo en forma de número complejo.

Ejemplo

Expresar 32.000.017,028 dm^3 como número complejo en decímetros cúbicos: para ello, hay que separar en grupos de tres y completar los órdenes a ambos lados de la coma:

32 000 017 028

032 hm^3.
000 dam^3.
017 m^3.
028 dm^3.

Por lo tanto, 32.000.017,028 dm^3 = 32 hm^3 17 m^3 28 dm^3.

Unidades de capacidad y masa, y relación entre estas y las unidades de volumen

Aunque, en este capítulo, se ha hecho hincapié en las medidas de longitud, superficie y volumen, existen otras magnitudes que también pueden medirse, como la capacidad y la masa.

Se ha definido el volumen como la extensión que ocupa un cuerpo en el espacio. Si ese cuerpo estuviera vacío, podría contener otra cosa en su interior. Ese vacío se llama *capacidad* y también es una magnitud medible. La unidad de capacidad es el **litro (l)** y tiene múltiplos, que son las unidades mayores que el litro, y submúltiplos, que son las unidades menores a él.

Múltiplos	Símbolo	Litros	Submúltiplos	Símbolo	Litros
Kilolitro	kl	1.000	Decilitro	dl	0,1
Hectolitro	hl	100	Centilitro	cl	0,01
Decalitro	dal	10	Mililitro	ml	0,001

Como se observa, cada unidad de capacidad es 10 veces mayor que la unidad inmediatamente inferior y 10 veces menor que la unidad inmediatamente superior, por lo que la forma de proceder para cambiar de una a otra es la misma que se emplea con las unidades de longitud. La escalera que se construyera para las unidades de capacidad sería como la de la figura que se muestra a continuación.

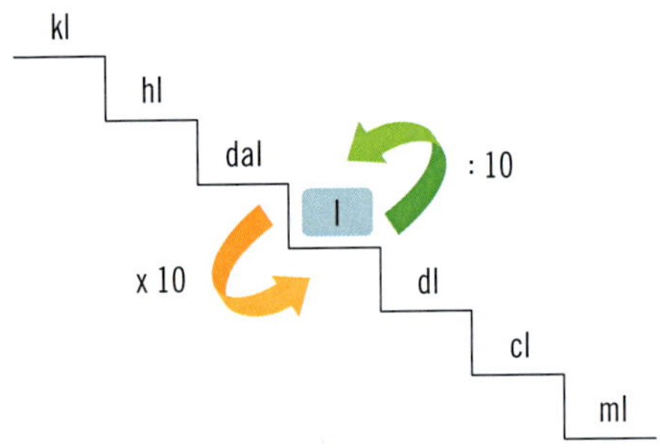

Ejemplo

1. Expresar 5 dl en decalitros: como de decilitros a decalitros hay que subir dos escalones, se divide por 100. Es decir:

   5 dl = 0,05 dal

2. Expresar 1,65 kl en litros: como de kilolitros a litros hay que bajar tres escalones, se multiplica por 1.000. Es decir:

   1,65 kl = 1.650 l

Aplicación práctica

En una licorería, se compran 15,2 hl de vino para venderlo a granel. Venden 70 l y el resto se distribuye entre 5 toneles iguales. ¿Cuántos decalitros se han echado en cada tonel?

SOLUCIÓN

El primer paso es expresar todas las capacidades en la misma unidad. En este caso, van a expresarse en decalitros, ya que es la unidad en la que van a llenarse los toneles:

- 15,2 hl = 152 dal (se baja un escalón).
- 70 l = 7 dal (se sube un escalón).

Lo que hay que echar en los toneles es la cantidad de vino que queda tras la venta, por lo que hay que restar ambas cantidades:

$$152 - 7 = 145 \text{ dal}$$

Ahora, solo hay que efectuar una división para calcular los decalitros que se han echado en cada tonel:

$$145 : 5 = \mathbf{29\ dal}$$

También podría hacerse expresando los hectolitros en litros o viceversa y, tras operar, expresar el resultado en decalitros.

Sabía que...

Muchas veces, se emplean como medida de capacidad objetos cotidianos, como una cucharilla de postre o un vasito de yogur. Es conveniente conocer las capacidades de estos objetos:

- 1 cucharilla de postre = 5 ml.
- 1 vasito de yogur = 125 ml.
- 20 gotas son aproximadamente 1 ml.

La *masa* es la medida de la cantidad de materia que hay en un objeto. La unidad en la que se mide la masa es el **kilogramo (kg),** aunque el sistema de múltiplos y submúltiplos se establece a partir del **gramo (g).**

Múltiplos	Símbolo	Gramos	Submúltiplos	Símbolo	Gramos
Kilogramo	kg	1.000	Decigramo	dg	0,1
Hectogramo	hg	100	Centigramo	cg	0,01
Decagramo	dag	10	Miligramo	mg	0,001

Cada unidad de masa es 10 veces mayor que la unidad inmediatamente inferior y 10 veces menor que la unidad inmediatamente superior y, para cambiar de una a otra, se procede de la misma forma que se emplea con las unidades de longitud y capacidad. Para las unidades de masa, se construiría una escalera como la de la figura siguiente.

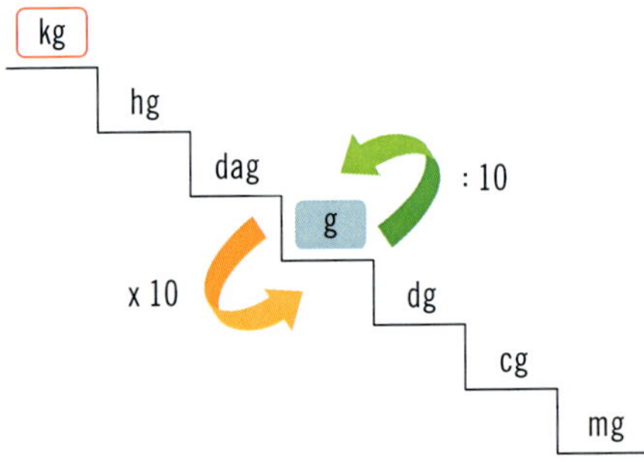

Hay otras unidades de masa que también son muy usadas, ya que el kilogramo resulta una unidad demasiado pequeña. Son la **tonelada (t)** y el **quintal (q).**

1 t = 1.000 kg
1 q = 100 kg

Ejemplo

1. Expresar 50 kg en gramos: como de kilogramos a gramos hay que bajar tres escalones, se multiplica por 1.000. Es decir:

$$50 \text{ kg} = 50.000 \text{ g}$$

2. Expresar 3.845 mg en kilogramos: como de miligramos a kilogramos hay que subir seis escalones, se divide por 1.000.000. Es decir:

$$3.845 \text{ mg} = 0{,}003845 \text{ kg}$$

3. Expresar 3 q en kilogramos: en este caso, hay que multiplicar por 100. Sería como si se bajaran dos escalones más en la escalera (que no aparecen). Es decir:

$$3 \text{ q} = 300 \text{ kg}$$

4. Expresar 450.000 g en toneladas: sería como si se subieran tres escalones hasta llegar a los kilogramos y, una vez ahí, se subieran tres escalones más en la escalera (que no aparecen), ya que de kilogramos a toneladas hay que dividir por 1.000. En total, habría que dividir por 1.000.000. Es decir:

$$450.000 \text{ g} = 0{,}45 \text{ t}$$

Aplicación práctica

Una receta de carne para seis personas dice que se necesitan 1,250 kg de carne. Si, al cocinarla, merma un 15 %, ¿cuántos gramos tendrá cada ración?

SOLUCIÓN

1. En primer lugar, habrá que calcular cuál será la cantidad de carne a repartir una vez cocinada. La merma es del 15 %, lo que significa que el trozo final tendrá 100 – 15 = 85, es decir, el 85 % del inicial. Así, la carne cocinada será:

$$1{,}250 \cdot 0{,}85 = 1{,}625 \text{ kg}$$

Continúa en página siguiente >>

<< Viene de página anterior

2. Como las raciones se dan en gramos, hay que expresar 1,0625 kg en gramos, para lo cual se multiplica por 1.000, al haber tres escalones:

$$1{,}0625 \cdot 1.000 = 1.062{,}5 \text{ g}$$

3. Esta es la cantidad que hay que repartir entre los seis comensales, por tanto, cada ración tendrá:

$$1.062{,}5 : 6 = 177{,}08 \text{ g}$$

Nota

Aunque, a veces, se utilizan como sinónimos, la masa y el peso son cosas distintas, ya que el peso es la fuerza con la que un cuerpo es atraído por la fuerza de la gravedad y, por tanto, depende de su masa.

Al colocar en una balanza una masa para pesar y las pesas para equilibrarla, ambos objetos estarán sometidos a la gravedad, pero, al ser un factor común a ambos lados de la igualdad, matemáticamente, podría eliminarse.

Como se ha visto, existe una relación entre el volumen y la capacidad. Entre sus unidades, la más importante es la que existe entre el decímetro cúbico y el litro: se comprueba de forma experimental que, si, en un recipiente lleno de agua hasta el punto de rebose, se introduce un cuerpo cúbico de 1 dm de lado (1 dm^3 de volumen), se derramará 1 l de agua.

Equivalencia entre el litro y el decímetro cúbico

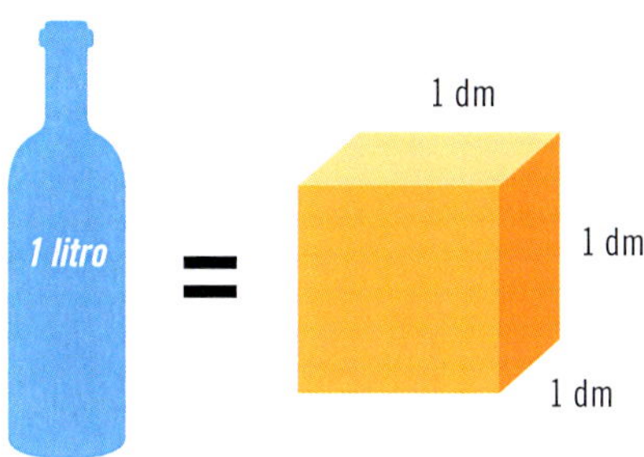

Recuerde

Un cubo que mida 1 dm^3 de lado (volumen) puede contener 1 l de agua (capacidad).

En grandes recipientes para contener agua, como los embalses, las balsas de riego, etc., el litro es una unidad de medida demasiado pequeña, por lo que no suele usarse como unidad para expresar su capacidad, sino que suele emplearse el hectómetro cúbico.

La relación entre el volumen y la masa viene establecida porque 1 cm^3 de agua pura a 4 ºC pesa 1 g.

Nota

Por tanto, 1 kg es la masa que tiene el agua pura que cabe en un recipiente de 1 dm^3 de volumen.

Equivalencia entre litro, kilogramo y decímetro cúbico

Por tanto, dado que:

$$1\ \text{l} = 1\ \text{dm}^3$$
$$1\ \text{kg} = 1\ \text{dm}^3$$

Las equivalencias resultantes entre las unidades de volumen, capacidad y masa son las que se recogen en la siguiente tabla.

Volumen	Capacidad	Masa
1 m^3	1kl	1 t
1 dm^3	1 l	1 kg
1 cm^3	1ml	1 g

Nota

Es frecuente encontrar los centímetros cúbicos escritos como cc. La equivalencia es la misma: 1 cc = 1 ml.

Ejemplo

1. Expresar 25,5 m^3 en litros: primeramente, hay que calcular los decímetros cúbicos. Como de metros cúbicos a decímetros cúbicos hay que bajar un escalón, se multiplica por 1.000. Es decir:

$$25{,}5 \text{ m}^3 = 25.500 \text{ dm}^3$$

   Como 1 dm^3 = 1 l, entonces:

$$25{,}5 \text{ m}^3 = 25.500 \text{ l}$$

2. Expresar 1,5 l en centímetros cúbicos: primeramente, se expresan los litros en decímetros cúbicos. Es decir:

$$1{,}5 \text{ l} = 1{,}5 \text{ dm}^3$$

   A continuación, se expresan los decímetros cúbicos en centímetros cúbicos. Como de decímetros cúbicos a centímetros cúbicos hay que bajar un escalón, se multiplica por 1.000. Es decir

$$1{,}5 \text{ l} = 1.500 \text{ cm}^3$$

3. Expresar 6,25 dm^3 en litros: como decímetros cúbicos y litros son unidades equivalentes, se obtiene que:

$$6{,}25 \text{ dm}^3 = 6{,}25 \text{ l}$$

4. Expresar 5 hm^3 en toneladas: primeramente, hay que calcular los metros cúbicos. Como de hectómetro cúbicos a metro cúbicos hay dos escalones, hay que multiplicar por 1.000.000. Es decir:

$$5 \text{ hm}^3 = 5.000.000 \text{ m}^3$$

   Como 1 m^3 = 1 t, entonces:

$$5 \text{ hm}^3 = 5.000.000 \text{ t}$$

Continúa en página siguiente >>

<< Viene de página anterior

5. Expresar 38 l en gramos: como litros y kilogramos son unidades equivalentes, se obtiene que:

$$38 \text{ l} = 38 \text{ kg}$$

Como de kilogramos a gramos hay que bajar tres escalones, se multiplica por 1.000, con lo cual se obtiene que:

$$38 \text{ l} = 38.000 \text{ g}$$

Aplicación práctica

Javier tiene una vivienda ecosostenible. En ella, el agua de la lluvia que se recoge en los tejados se almacena en un depósito para ser utilizada posteriormente en el baño, riego de plantas, etc. La superficie de los tejados es de 60 m² y la capacidad del depósito es de 5 m³. ¿Cuántos metros cuadrados se recogerán un día de lluvia en el que hayan caído 30 l/m²?

Si el depósito tenía acumulados 3.080 l, ¿cuánto más podrá acumular hasta estar completamente lleno?

Si se extrae agua del depósito a un ritmo de 6 dal y 1 l/min, ¿cuánto tardará en vaciarse la mitad del agua acumulada?

SOLUCIÓN

Puesto que, durante la lluvia, en cada metro cuadrado de tejado, caen 30 l, el total de agua recogida se obtiene multiplicando la superficie del tejado por el agua que cae:

$$30 \cdot 60 = 1.800 \text{ l}$$

Puesto que el depósito ya tenía acumulados 3.080 l, el total de agua que tendrá tras la lluvia será de:

$$3.080 + 1.800 = 4.880 \text{ l}$$

Continúa en página siguiente >>

<< Viene de página anterior

La capacidad del depósito es de 5 m³, pero hay que calcularla en litros, para lo cual, primeramente, se halla el equivalente entre metros cúbicos y decímetros cúbicos. Como de metros cúbicos a decímetros cúbicos hay que bajar un escalón, se multiplica por 1.000. Es decir:

$$5 \text{ m}^3 = 5.000 \text{ dm}^3$$

Como $1 \text{ dm}^3 = 1$ l, entonces:

$$5 \text{ m}^3 = 5.000 \text{ l}$$

La cantidad de agua que puede acumularse es la diferencia entre la capacidad del depósito y la cantidad de agua acumulada:

$$5.000 - 4.880 = \mathbf{120\ l}$$

Cada minuto, se extraen 6 dal y 1 l, que, expresados en litros, serían:

$$6 \text{ dal} = 6 \cdot 10 = 60$$
$$1 \text{ l} = 1$$
$$6 \text{ dal } 1 \text{ l} = 61 \text{ l/min}$$

Tiene que vaciarse la mitad del agua acumulada, esto es:

$$4.880 : 2 = 2.440 \text{ l}$$

El tiempo de vaciado se obtendrá dividiendo la cantidad de agua que tiene que vaciarse por la cantidad de agua que se vacía cada minuto, así:

$$2.440 : 61 = \mathbf{40\ minutos}$$

---

4. Resumen

La unidad monetaria en España, como en otros países de su entorno, es el euro (€), el cual, al ser demasiado grande para determinadas compras, se fracciona en 100 céntimos. Se ha visto que, de manera física, se encuentra en forma de monedas de 1, 2, 5, 10, 20 y 50 ¢ y de 1 y 2 € y de billetes de 5, 10, 20, 50, 100, 200 y 500 €.

El dólar ($) es una unitaria monetaria de gran importancia en las transacciones comerciales con el exterior. El dólar se fracciona en 100 centavos y puede encontrarse en forma de monedas de 1, 5, 10, 20 y 50 centavos de dólar y de billetes de 1, 2, 5, 10, 20, 50 y $ 100.

Entre el euro y el dólar, se establece un factor de conversión de moneda que recibe el nombre de *paridad* o *tipo de cambio,* que cambia continuamente y que permite hallar la equivalencia entre cantidades expresadas en diferentes unidades monetarias. Esta conversión es necesaria para poder realizar transacciones comerciales satisfactorias.

También, para realizar transacciones comerciales en las que quienes compraban y vendían realizaban una misma interpretación de las medidas, surgió la necesidad de establecer un sistema de medidas homogéneo y universal. El sistema métrico decimal fue el elegido.

Este sistema toma su nombre de la unidad de longitud, que es el metro, pero, además de la longitud, también incluye como magnitudes la superficie y el volumen y define sus unidades: el metro cuadrado para la superficie y el metro cúbico para el volumen.

Todas estas unidades tiene múltiplos para representar cantidades mayores y submúltiplos para representar cantidades menores y se pasa de una a otra multiplicando o dividiendo por 10 en el caso de las unidades de longitud, por 100 para las unidades de superficie y por 1.000 para las unidades de volumen. Las cantidades pueden expresarse en forma de número complejo si se expresan en diferentes unidades e incomplejos si se expresan en una sola unidad. Pero, para operar con las diferentes magnitudes, estas deben encontrarse en la misma unidad.

El sistema métrico decimal incluye también como magnitudes la capacidad y la masa y el litro y el kilogramo son sus unidades. Existe una equivalencia entre las unidades de volumen, capacidad y masa, ya que un cuerpo de 1 dm^3 de volumen sumergido en agua desaloja 1 l de esta, que corresponde a 1 kg de masa.

Es importante elegir siempre la unidad de medida apropiada a la cantidad a medir, de forma que no se elija una unidad muy pequeña para una cantidad muy grande o, al contrario, una unidad muy grande para una dimensión muy pequeña.

Ejercicios de repaso y autoevaluación

1. Si se aplica un tipo de cambio de 1 € = $ 1,36, determine cuál sería el billete americano que más se aproximaría en el cambio al de la moneda de 2 € por defecto y por exceso.

2. Realice los siguientes cambios de unidades de longitud:

    a. Expresar en centímetros las siguientes medidas: 3,5 m, 40 dm, 387 mm, 2 km, 9 mm y 2,3 dam.
    b. Expresar en milímetros las siguientes medidas: 48 cm, 3,7 cm, 2 dm, 3 m y 1,3 dam.
    c. Expresar en metros las siguientes medidas: 72 cm, 3 dam, 96 mm y 3,5 hm.

3. La casa de Javier se encuentra a 2,35 km 4,75 dam 18,3 m de su trabajo y la de Marcos, a 22 hm 34,2 dam 30.130 cm. Averigüe cuál de los dos vive más cerca.

4. Ejecute los siguientes cambios de unidades de superficie:

   a. Expresar en centímetros cuadrados las siguientes medidas: 3,5 m^2, 40 dm^2, 387 mm^2, 0,02 m^2 y 90 mm^2.
   b. Expresar en milímetros cuadrados las siguientes medidas: 48 cm^2, 3,7 cm^2, 0,02 dm^2 y 0,001 m^2.
   c. Expresar en metros cuadrados las siguientes medidas: 7.300 cm^2, 3 dam^2, 960.000 mm^2 y 350 dm^2.

5. Establezca cuál es el valor de una finca si su superficie es de 1,5 ha 150 a 146,5 ca y el metro cuadrado se vende a 18 €.

6. Efectúe los siguientes cambios de unidades de volumen:

   a. Expresar en centímetros cúbicos las siguientes medidas: 0,5m^3, 40 dm^3, 3870 mm^3 y 0,012 m^3.
   b. Expresar en milímetros cúbicos las siguientes medidas: 4,6 cm^3, 0,07 cm^3 y 0,00205 dm^3.
   c. Expresar en metro cúbico las siguientes medidas: 78.000 cm^3, 3 dam^3, 96.040 dm^3 y 2 hm^3.
   d. Expresar en decímetros cúbicos las siguientes medidas: 1,03 m^3, 1.600 cm^3, 0,8 m^3 y 750 cm^3.

7. **Desarrolle los siguientes cambios de unidades de volumen:**

   a. **Expresar en metros cúbicos las siguientes medidas: 150 l, 1,7 hl, 11.467,5 cl, 75.000 ml y 800 dl.**
   b. **Expresar en litros las siguientes medidas: 1,3 m^3, 750 cm^3, 40 dm^3 y 1.000 cm^3.**

8. **Calcule el volumen de un depósito cuyos lados miden 40 cm de ancho, 65 cm de largo y 1 m de alto. Exprese dicho volumen en metros cúbicos, en decímetros cúbicos, en centímetros cúbicos y en litros.**

9. **El depósito anterior se llena de agua con una cantidad desconocida de agua y, para saber la cantidad que hay, se mete una varilla numerada hasta el fondo. Al sacarla, se observa que se ha mojado hasta una altura de 64 cm, deduzca cuántos litros de agua hay en el depósito.**

10. Lleve a cabo los siguientes cambios de unidades de masa:

  a. Expresar en gramos las siguientes medidas: 4,6 hg, 4.250 mg, 3,7 kg y 340 cg.
  b. Expresar en kilogramos las siguientes medidas: 0,5 t, 15 hg y 3.800 g.
  c. Expresar en toneladas las siguientes medidas: 7.500 kg y 85.000 g.

Capítulo 8

Aplicación de la geometría en la resolución de problemas

Contenido

1. Introducción

Que los objetos ocupan una parte del espacio es algo evidente y que todo el mundo acepta, ya que lo vive en el día a día; su representación sobre una superficie plana, también. Pero, desde la antigüedad, el hombre ha tenido necesidad de encontrar la forma de explicar los objetos como medio para poder reproducirlos. Encontrar una fórmula o una regla matemática que exprese una figura es algo más abstracto, por no decir, directamente, complicado, y ese es el objeto de la geometría.

La geometría es la parte de las matemáticas que se encarga del estudio de las propiedades y de las medidas de las figuras en un plano o en el espacio. A la geometría pueden dársele diferentes enfoques, pero, en este capítulo, se tratará el estudio de la geometría plana, que estudia las figuras en dos dimensiones, y de la geometría espacial, que estudia las figuras en tres dimensiones.

2. Elementos básicos de la geometría del plano

La geometría plana permite el estudio de las figuras en dos dimensiones, ya que todos sus puntos se encuentran en un mismo plano. Antes de llegar a lo que es un plano, es necesario tener claros los conceptos de *punto* y de *recta.*

Todo el mundo tiene idea de lo que es un punto. Cuando se escribe, se emplea el punto al final de una frase y es, además, un operador matemático en la multiplicación. Pero, en geometría, el punto adquiere otro significado: el **punto** es el objeto geométrico más simple a partir del cual se obtienen otros objetos geométricos. El punto es el objeto que se emplea para indicar una posición y, aunque se representa por un pequeño círculo, en realidad, no tiene dimensiones (no tiene longitud, ni volumen, etc.). Para representarlo, se emplean las letras en mayúscula (A, B, C, etc.).

Puntos

Sabía que...

El número de puntos es infinito.

Con dos puntos, puede definirse una **recta.** Es algo intuitivo: cuando se tienen dos puntos y, de forma refleja, se pasa la vista de uno a otro, se traza un camino que los une, una recta. La recta es un objeto geométrico que tiene una dimensión: **longitud.** Para representar las rectas se emplean letras minúsculas (*r, s, t,* etc.).

Rectas

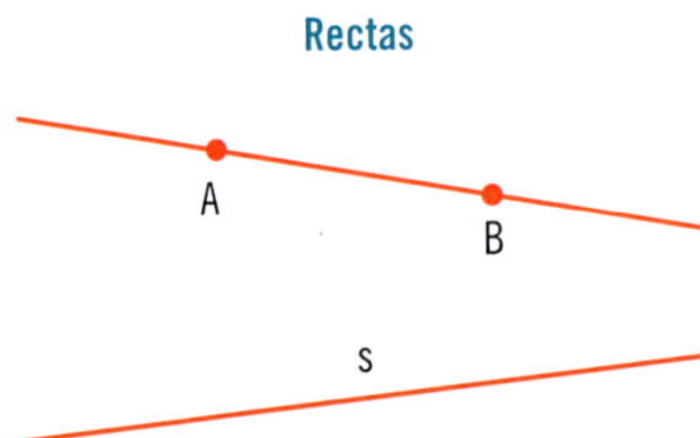

Con tres puntos que no se encuentren alineados, se define un **plano.** Tomando dos de los puntos, se determina una recta, pero, si, luego, quiere incorporarse el tercero, se realiza un barrido visual que determina un área. Esa área sería un plano. Un plano es un lugar geométrico que tiene dos dimensiones: **longitud** y **anchura.** Para representarlo se emplean letras en caracteres griegos (α, β, γ, etc.).

Planos

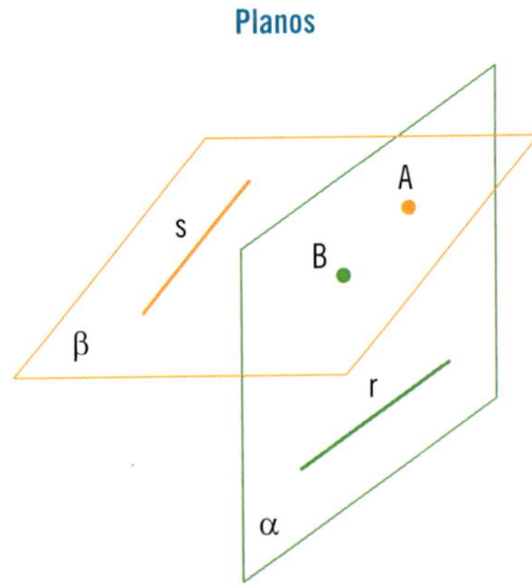

Una *línea* recta también puede definirse como "el conjunto de puntos que se encuentran situados en la intersección de dos planos".

2.1. Líneas, segmentos y ángulos

Una vez conocidos los elementos básicos de la geometría, es necesario, para empezar a trabajar con ellos, profundizar un poco más en su conocimiento y aprender las relaciones que se establecen entre ellos, a fin de darles utilidad.

Líneas y segmentos

Una **línea** es una sucesión continua e infinita de puntos. Esto significa que las líneas no tienen principio ni fin. Cuando los puntos que forman una línea siguen la misma dirección, la línea se llama *línea recta* y, si la dirección de los puntos va variando de forma paulatina, se llama *línea curva.*

Ejemplo

Serían líneas rectas las que se trazaran siguiendo el contorno de un plano recto, como una caja de zapatos o un libro.

Serían líneas curvas las que se trazaran siguiendo el contorno de un plato redondo, como una botella de refresco.

Cuando dos líneas rectas se cruzan en un punto, se denominan *secantes* y el punto en el que se cruzan recibe el nombre de punto de *intersección;* las líneas que no se cruzan se denominan *paralelas* y, si son la misma línea o si tienen todos sus puntos en común, se llaman *coincidentes.*

Rectas secantes, paralelas y coincidentes

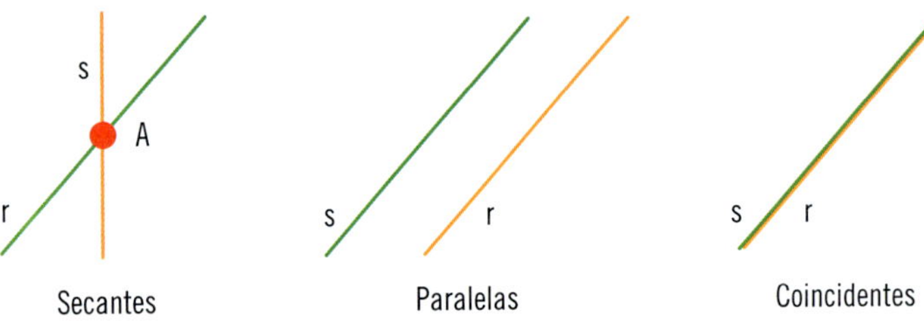

Nota

Las líneas secantes tienen un punto en común. Las líneas paralelas no tienen ningún punto en común.

Ejemplo

En la siguiente imagen, los planos α y β darían lugar al cortarse a la línea r, los planos β y γ darían lugar a la línea s, y los planos α y γ, a la línea t. Las líneas r, s y t serían coincidentes.

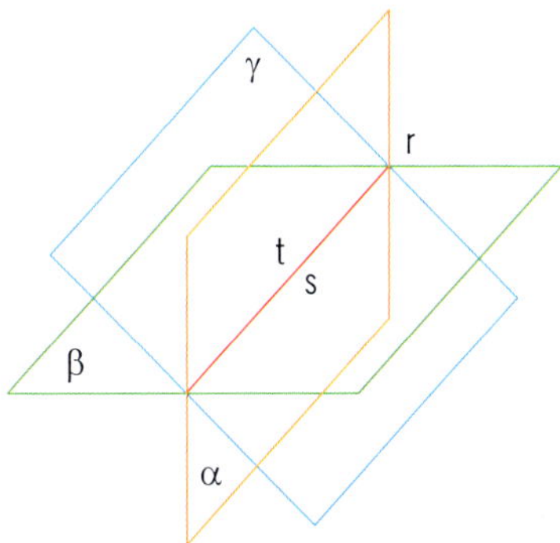

Aunque las líneas sean infinitas, es posible acotar partes de ellas, es decir, poner límites que permitan considerar solo una parte del total:

- Si se elige un punto de una línea, el trozo de esta que puede recorrerse en cualquiera de las dos sentidos a partir de él se denominan *semirrecta.* El punto a partir del cual se establece la semirrecta se denomina *origen de la semirrecta.* Por tanto, la semirrecta tiene origen, pero no fin.
- Si se eligen dos puntos de una línea, la porción de línea que se encuentra entre ellos se denomina *segmento.* Los dos puntos que limitan un segmento se denominan *extremos.*

Los segmentos se representan por las letras de los puntos que los limitan con un trazo encima.

Ejemplo

El segmento entre los puntos A y B se nombra como AB.

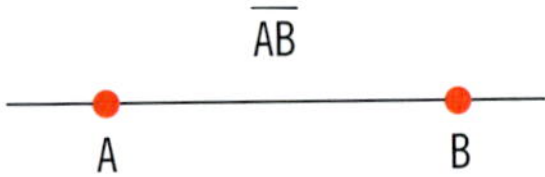

Si un segmento empieza donde acaba el anterior y, así, sucesivamente, se dice que son segmentos *concatenados* o que forman una *línea poligonal.*

Si los segmentos concatenados están todos sobre una línea recta se denominan segmentos *consecutivos.*

Segmentos concatenados y consecutivos

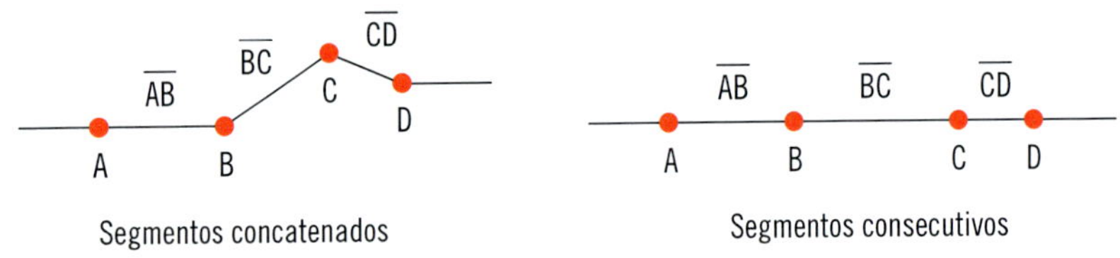

Segmentos concatenados

Segmentos consecutivos

Ejercicio práctico

En la siguiente imagen, deduzca si son concatenados todos los segmentos que aparecen.

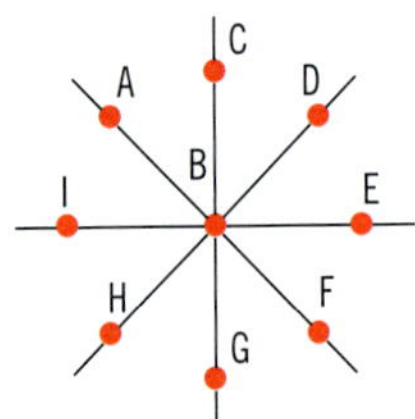

Continúa en página siguiente >>

<< Viene de página anterior

SOLUCIÓN

No lo serían puesto que, aunque el punto final de un segmento es el origen del siguiente, por ejemplo, el punto B es el final del segmento AB y, a la vez, el origen del segmento BC, el punto C no sería el origen de otro segmento. Así, en todos los segmentos, el punto B es el final o el comienzo, pero el resto de los puntos son solo final o inicio.

Con los segmentos, pueden realizarse diferentes operaciones:

- La **suma de segmentos** consiste en obtener un segmento cuyo origen es el origen de uno de los segmentos y el final es el final del otro segmento (los segmentos serían concatenados). El segmento resultante tiene como longitud la suma de las longitudes de los segmentos componentes.
- La **diferencia de segmentos** consiste en obtener un segmento cuyo origen es el final del segmento de menor longitud y el final es el punto final del segmento de mayor longitud. El segmento resultante tiene como longitud la diferencia de las longitudes de los segmentos componentes.
- El **producto de un segmento por un número** consiste en obtener un segmento mayor repitiendo el segmento de origen el número de veces que indica el número. La longitud de este segmento es la del segmento de origen multiplicada por el número de veces que se repite.
- La **división de un segmento entre un número** es otro segmento, de forma que, si se multiplica por el número en el que se divide, da el segmento de partida. La longitud de este segmento es la del original dividida entre el número.

Operaciones con segmentos	
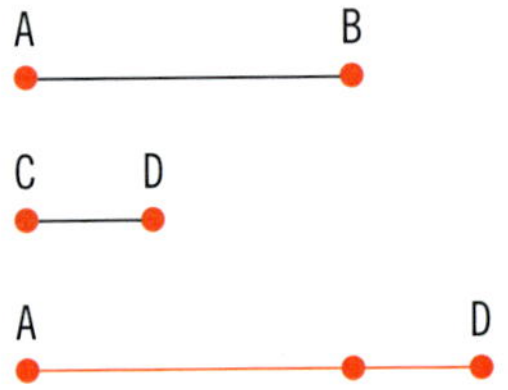 A B / C D / A D	Suma de segmentos: $AB + CD = AD$
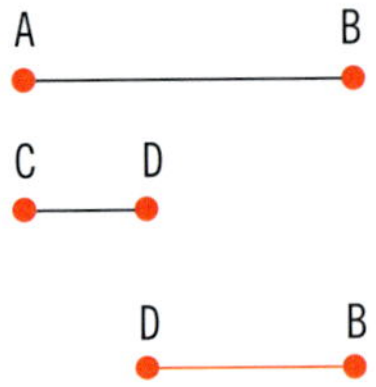 A B / C D / D B	Resta de segmentos: $AB - CD = DB$
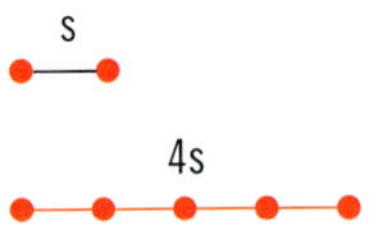 s / 4s	Multiplicación por un número: $s \cdot 4 = 4s$
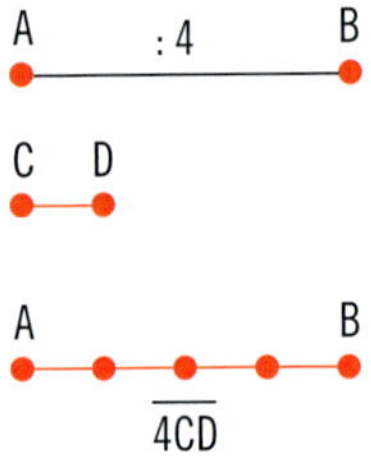 A :4 B / C D / A B, $\overline{4CD}$	División por un número: $AB : 4 = CD$ Comprobación: $CD \cdot 4 = AB$

La magnitud que caracteriza un segmento es su longitud y puede medirse. La medida se realizará empleando objetos adecuados para la toma de medidas asignando un valor numérico a esta —como una regla graduada, un calibre, un micrómetro o una cinta de agrimensor— u objetos que permitan la toma de medidas por comparación, como un compás.

Ángulos

Un **ángulo** es la porción de plano limitada por dos semirrectas que tienen su origen en un mismo punto. Este punto se llama *vértice* del ángulo y a las semirrectas, *lados*.

Los ángulos se designan dándole un nombre al vértice o mediante tres letras que representan el vértice y dos puntos, uno sobre cada lado del ángulo. Así, el ángulo de la siguiente figura puede designarse por $\hat{O}$ o por $\widehat{AOB}$.

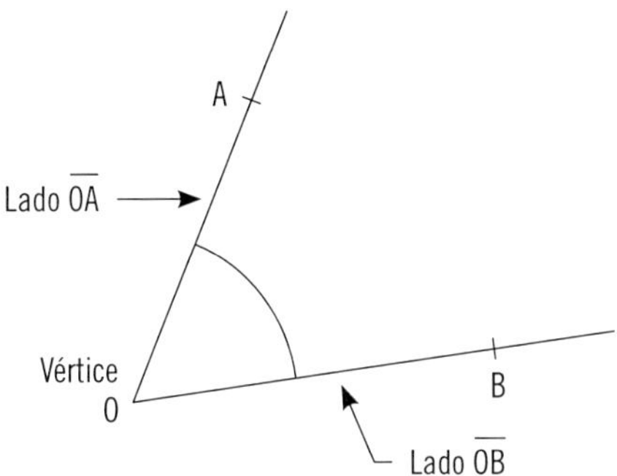

Tipos de ángulos

Los ángulos son diferentes según la posición de las semirrectas que los delimitan y, por ello, reciben diferentes nombres.

Un ángulo **nulo** es aquel en el que las dos semirrectas que forman el ángulo coinciden.

Un ángulo es **llano** cuando sus lados son semirrectas opuestas.

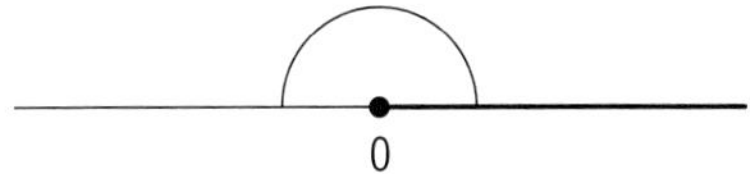

Un ángulo de mayor amplitud que uno llano es un ángulo **cóncavo.**

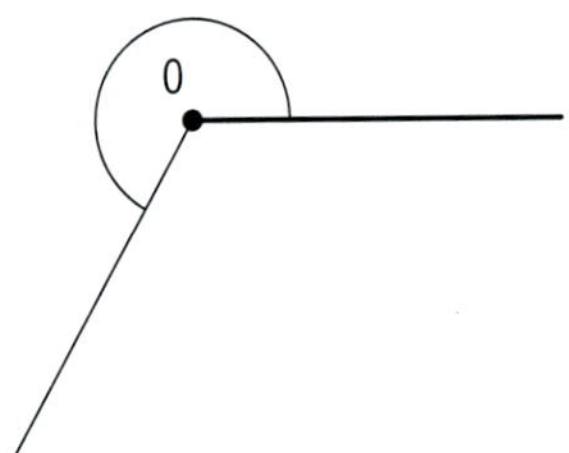

Cuando, en un ángulo cóncavo, las dos semirrectas coinciden, se obtiene un ángulo **completo.**

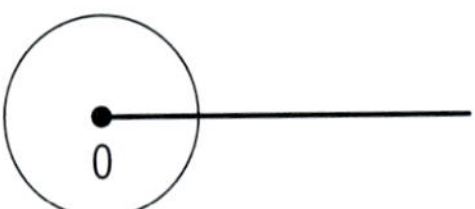

Un ángulo de menor amplitud que uno llano es un ángulo **convexo.**

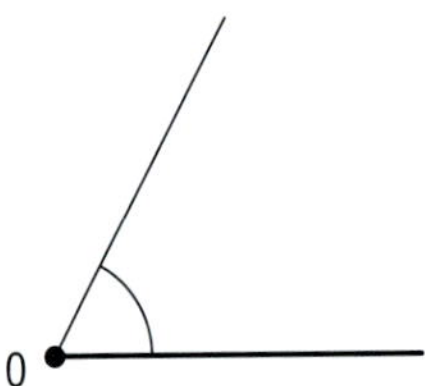

Dentro de los ángulos convexos, pueden distinguir los siguientes tipos:

- Un ángulo **recto** es la mitad de un ángulo llano.

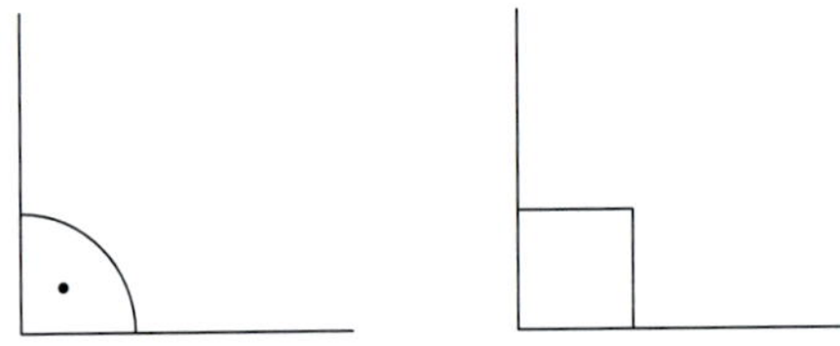

- Un ángulo **agudo** es un ángulo de menor amplitud que uno recto.

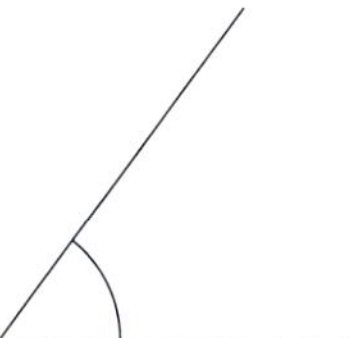

- Un ángulo **obtuso** es un ángulo de mayor amplitud que uno recto.

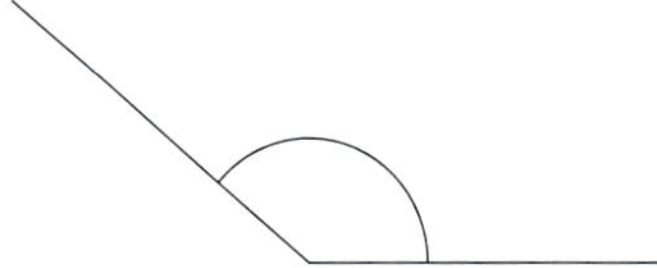

Actividades

1. Identifique los tipos de ángulos que aparecen en la siguiente imagen.

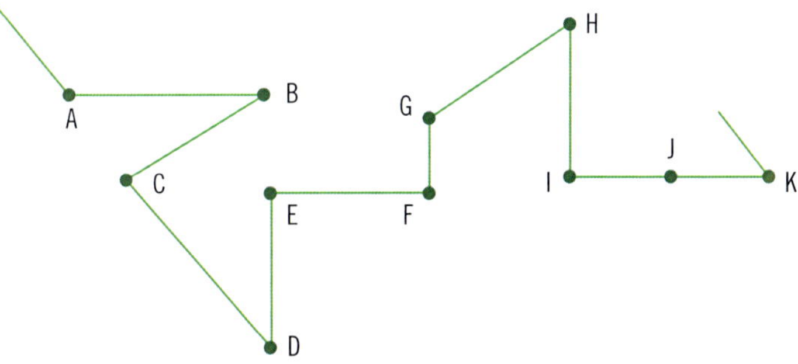

La posición en la que se encuentran unos ángulos respecto a otros también es una forma de diferenciarlos. Si hay varios ángulos que comparten el mismo vértice, habrá que designarlos por otras letras para distinguirlos, por ejemplo, $\hat{a}$, $\hat{b}$, etc.

Son ángulos **consecutivos** aquellos que tienen un lado común y el vértice.

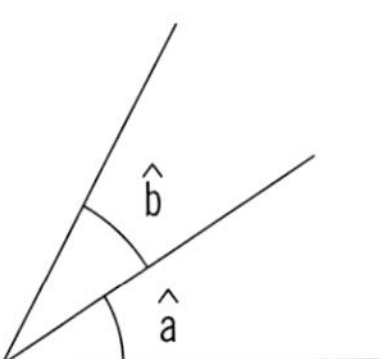

Si los lados no comunes de dos ángulos consecutivos son semirrectas opuestas, son ángulos **adyacentes.**

Aquellos dos ángulos en los que los lados de uno son la prolongación de los lados del otro son ángulos **opuestos por el vértice.**

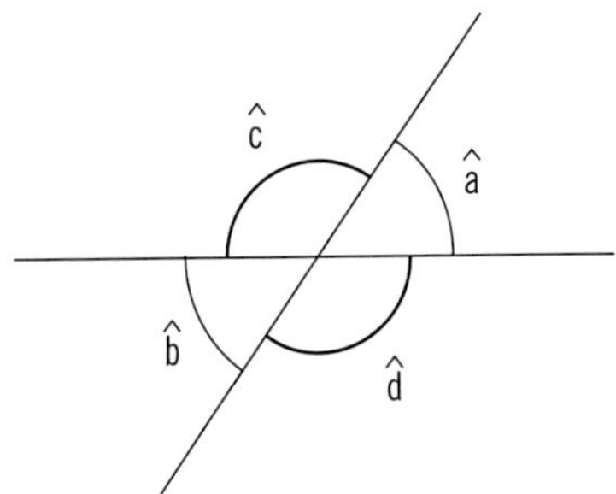

Nota

Los ángulos opuestos por el vértice $\hat{a}$ y $\hat{b}$ son iguales y también lo son los ángulos opuestos $\hat{c}$ y $\hat{d}$.

Los ángulos también pueden sumarse y, según sea el ángulo resultante, reciben distintos nombres.

Si forman un ángulo recto, son ángulos **complementarios.**

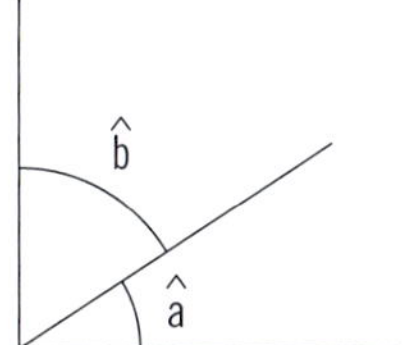

Si dos ángulos consecutivos forman un ángulo llano, son ángulos **suplementarios.**

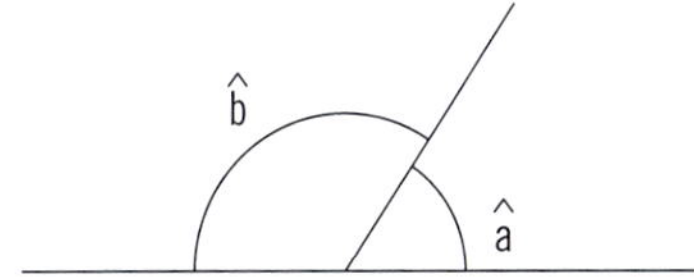

Nota

Todos los ángulos adyacentes son ángulos suplementarios, pero no todos los ángulos suplementarios son ángulos adyacentes, como se verá al estudiar los triángulos.

Una vez que se conocen los tipos de ángulos, es posible definir algunos tipos de rectas en función de los ángulos que las relacionan

Las **rectas perpendiculares** son las que, cuando se cortan, forman ángulos rectos. Los cuatro ángulos son iguales.

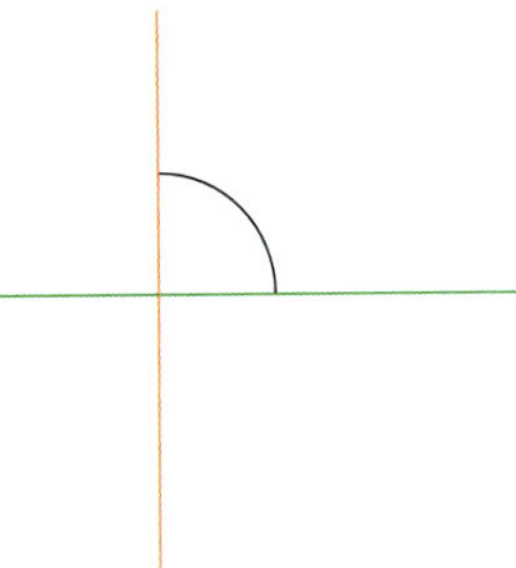

Cuando la recta perpendicular a un segmento es la que pasa por su punto medio, es la **mediatriz de un segmento** y tiene la propiedad de que cualquiera de sus puntos está a la misma distancia de ambos extremos del segmento.

Mediatriz

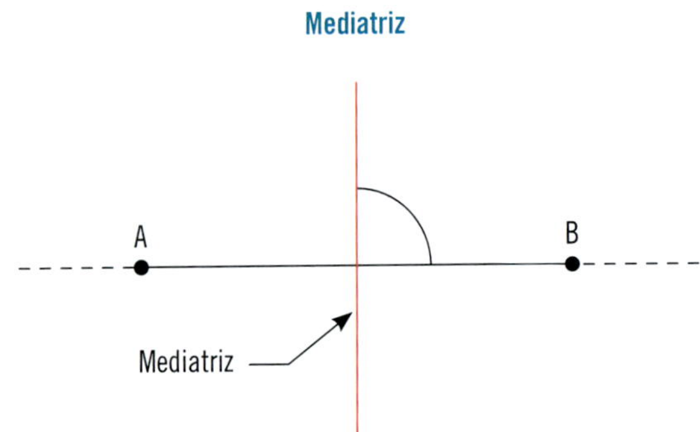

Actividades

2. Compruebe, en las siguientes imágenes, las distancias de los puntos X, de la recta r, e Y, de la recta s, a los extremos de los segmentos AB y CD respectivamente e indique seguidamente cuál de ellas es una mediatriz.

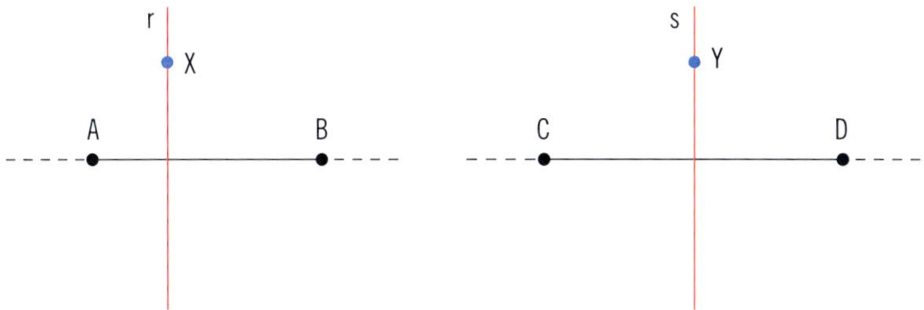

La recta que divide el ángulo en dos ángulos iguales es la **bisectriz.** Cualquier punto de la bisectriz, está a la misma distancia de ambos lados del ángulo.

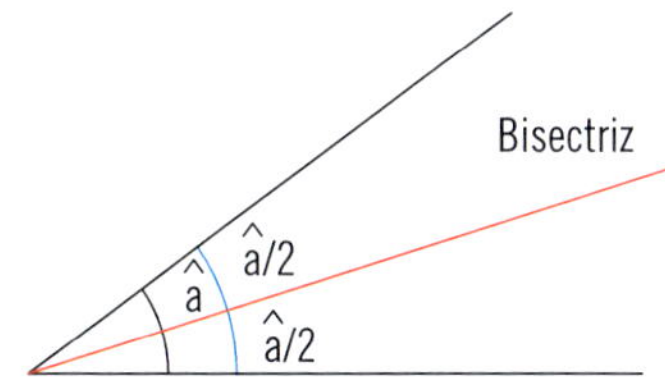

En dos rectas secantes, pueden trazarse dos bisectrices distintas.

Ejercicio práctico

Observe las rectas perpendiculares r y s que aparecen en la siguiente imagen y determine si son opuestas por el vértice. ¿Qué particularidad presentan los ángulos y las bisectrices?

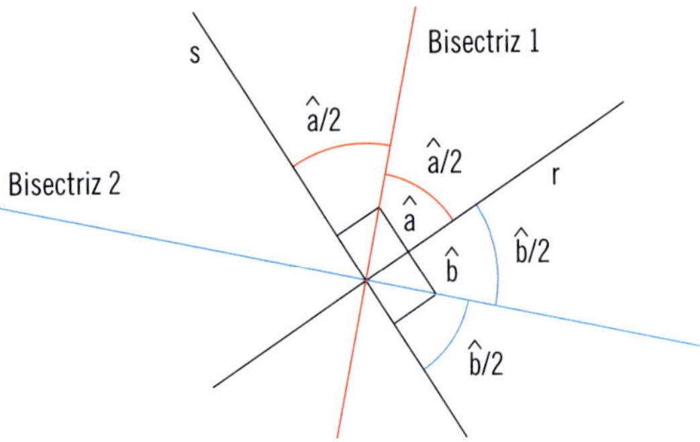

SOLUCIÓN

Sí lo son, ya que las rectas perpendiculares son un tipo especial de rectas secantes en el que los cuatro ángulos que se forman son iguales.

Los ángulos son rectos; así, valor del ángulo â y del ángulo b̂ son iguales. Las bisectrices 1 y 2 darían también como resultados ángulos iguales y de valor igual a la mitad del ángulo recto, â/2. Así, â/2 = b̂/2.

2.2. Medida y operaciones con ángulos

La magnitud que caracteriza a un ángulo es su **amplitud,** y se mide en **grados.** Los grados se representan con el símbolo ° y las unidades más utilizadas son los **grados sexagesimales.** Se llaman *sexagesimales* porque, para obtener las unidades inferiores, se dividen en sesenta partes.

Definición

Grado sexagesimal

Un grado sexagesimal es la noventava parte de un ángulo recto.

$$1° = \frac{1}{90}$$

A partir de esta definición, puede establecerse cuántos grados tienen los ángulos vistos hasta ahora:

- Un ángulo recto mide 90°.
- Un ángulo llano mide 180°.
- Un ángulo nulo mide 0°.
- Un ángulo completo mide 360°.
- Un ángulo convexo mide entre 0 y 180°.
- Un ángulo cóncavo mide entre 180 y 360°
- Un ángulo agudo mide entre 0 y 90°.
- Un ángulo obtuso mide entre 90 y 180°.

Actividades

3. Investigue la forma de trazar una recta perpendicular a otra dada y cómo trazar la bisectriz de un ángulo.

Para medir ángulos o para dibujarlos, se emplea un **transportador de ángulos.** Es un instrumento, generalmente, con forma de semicírculo (aunque también los hay con forma de círculo completo), que lleva marcado en su borde exterior una escala en grados, desde 0 hasta 180º sexagesimales, y tiene una marca en la parte central. Para medir un ángulo, se hace coincidir la marca central con el origen del ángulo a medir (o a trazar) y el valor de 0º se sitúa sobre uno de los lados del ángulo. El otro lado del ángulo coincidirá con una marca del borde externo del transportador, que corresponde a la amplitud en grados del ángulo. La precisión de medida que puede alcanzarse con un transportador es aproximadamente de medio grado.

Transportador de ángulos

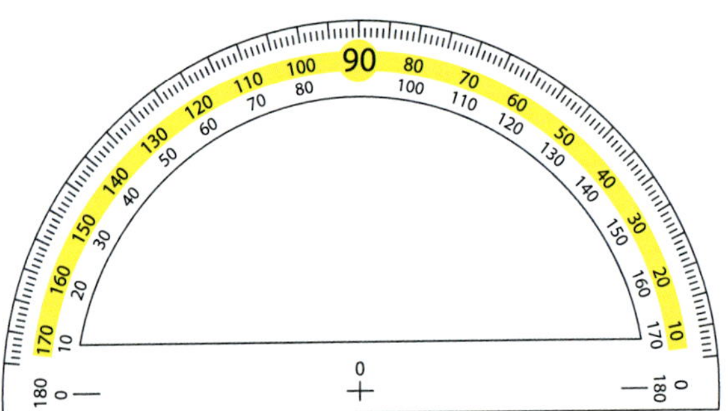

Ejemplo

¿Cuáles son las medidas de los siguientes ángulos?

a) â = 45º.

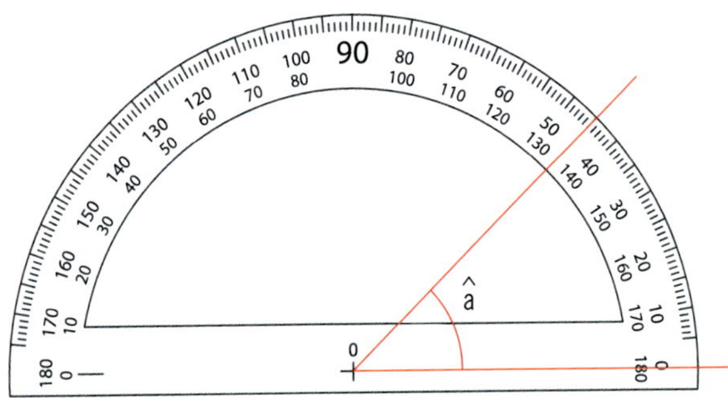

Continúa en página siguiente >>

<< Viene de página anterior

b) $\hat{o} = 17^{o}$ y $\hat{c} = 163^{o}$.

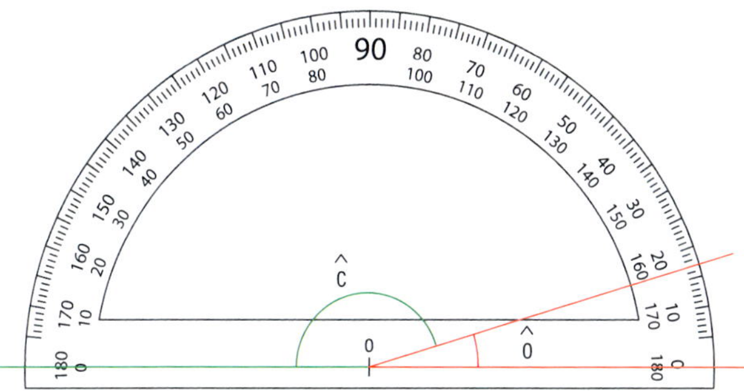

c) $\hat{e} = 44^{o}$.

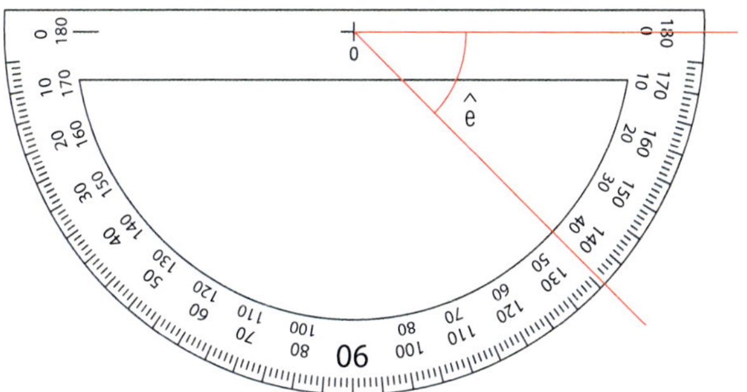

Como se ha indicado, los grados sexagesimales se dividen en sesenta partes para obtener unidades inferiores. Estas unidades son el **minuto,** que se representa con un índice **(')** en la parte superior derecha del valor numérico en minutos, y el **segundo,** que se representa con dos índices **('')** en la parte superior derecha del valor numérico en segundos.

Definición

Minuto
Un minuto (1') es la sesentava parte de un grado.

$$1' = \frac{1}{60}$$

Por lo que, 1° = 60'.

Segundo
Un segundo (1") es la sesentava parte de un minuto.

$$1'' = \frac{1}{60}$$

Por lo que, 1' = 60".

Los grados, igual que otras magnitudes, pueden expresarse en **forma compleja,** utilizando números enteros y varias unidades (grados, minutos y segundos) para expresar la medida del ángulo, pero también puede usarse la **forma decimal** o **incompleja,** que utiliza números decimales y una única unidad para designar las medidas de los ángulos.

Para pasar de unas unidades a otras, habrá que multiplicar o dividir por 60 en cada escalón que se suba o se baje, como se ve en la imagen que se muestra a continuación.

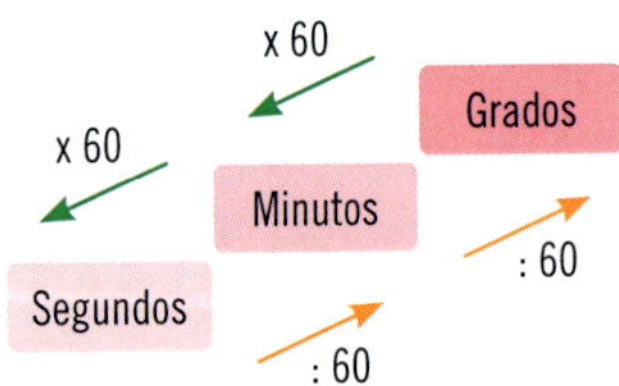

Podrá, así, pasarse del ángulo expresado en forma decimal a su expresión en forma compleja multiplicando o dividiendo y sumando los valores obtenidos a las unidades que ya aparecen en la expresión del ángulo:

- Para pasar un ángulo dado en forma compleja a su equivalente en forma decimal, hay que multiplicar o dividir por 60 para obtener el valor en la unidad deseada y sumar el valor obtenido al que aparece en el número complejo.
- Para pasar un ángulo dado en forma decimal a su equivalente en forma compleja, hay que convertirlo en la unidad inmediatamente superior dividiendo el valor numérico por 60. El cociente corresponderá al valor numérico expresado en la unidad superior y el resto de la división quedará en la unidad del numerador.

Si el ángulo en forma decimal está en segundos, habrá que realizar dos divisiones hasta llegar al valor en grados.

Si el cociente es un valor menor de 60, no podrá pasarse a una unidad superior.

Recuerde

Cuando la amplitud de un ángulo no es un número exacto de grados se utilizan minutos y segundos para expresar la parte de la medida que es menor que un grado.

Ejercicio práctico

Teniendo un ángulo 12° 25' 15" expresado en forma compleja, ¿cuál será su expresión en grados, en forma decimal?

Continúa en página siguiente >>

<< Viene de página anterior

SOLUCIÓN

Primero, hay que dividir los segundos entre 60 para pasarlos a minutos:

$$15'' : 60 = 0{,}25'$$

(0,25 serían décimas de minutos, ya que están expresándose en forma decimal.)

A continuación, hay que sumar este resultado a los segundos que aparecen en la forma compleja:

$$25'\ 15'' = 25' + 0{,}25' = 25{,}25'$$

Seguidamente, hay que dividir los minutos entre 60 para pasarlos a grados:

$$25{,}25' : 60 = 0{,}421^{\circ}$$

(0,421 serían décimas de grados, ya que están expresándose en forma decimal.)

Y sumar el valor obtenido a los grados iniciales:

$$12^{\circ} + 0{,}421^{\circ} = 12{,}421^{\circ}$$

Por tanto:

$$12^{\circ}\ 25'\ 15'' = 12{,}421^{\circ}$$

Ejercicio práctico

Dado el ángulo 35º 28' 12", ¿cuál será su expresión en forma decimal y en minutos?

SOLUCIÓN

Primero, hay que dividir los segundos entre 60 para pasarlos a minutos:

$$12'' : 60 = 0{,}2'$$

Continúa en página siguiente >>

<< Viene de página anterior

A continuación, hay que multiplicar los grados por 60 para pasarlos a minutos:

$$35 \cdot 60 = 2.100'$$

Finalmente, hay que sumar los minutos obtenidos con los que aparecen en la expresión compleja:

$$2.100 + 28 + 0,2 = 2.128,2'$$

Así:

$$35^{o}\ 28'\ 12'' = 2.128,2'$$

Puede comprobarse si la operación es correcta transformando los 2.128,2' en un número complejo de grados. Primeramente, se multiplican los decimales por 60 para pasarlos a segundos:

$$0,2' \times 60 = 12''$$

A continuación, se divide la parte entera entre 60 para obtener los grados y los minutos:

```
2128 |60
 328  35
  28
```

El cociente de la división corresponde a los grados y el resto corresponde al valor en el que están las unidades del numerador, esto es, minutos.

Ordenando todas las unidades obtenidas, el resultado sería:

$$2.128,2' = 35^{o}\ 28'\ 12''$$

Es decir, el número complejo inicial.

Ejercicio práctico

Halle la forma compleja que corresponde al ángulo 18,76°.

SOLUCIÓN

Primero, hay que multiplicar la parte decimal por 60 para pasarla a minutos:

$$0{,}76 \cdot 60 = 45{,}6'$$

Y, a continuación, multiplicar la parte decimal de los minutos por 60 para pasarla a segundos:

$$0{,}6 \cdot 60 = 36''$$

Por tanto:

$$18{,}76^\circ = 18^\circ\ 45'\ 36''$$

Importante

De realizar las divisiones con una calculadora, los decimales que se obtuvieran deberían volver a multiplicarse por 60 para expresarlos en la unidad correspondiente porque, si no, seguirían estando en la forma decimal del ángulo.

Así, en el apartado 2 de la aplicación práctica sobre el ángulo 35° 28' 12", con la calculadora, se obtiene que 2.128 : 60 = 35,47, pero 0,47 estaría en forma decimal, por lo que, para pasarlo a minutos, habría que multiplicarlo por 60 y el resultado sería $0{,}47 \cdot 60 = 28{,}2$, que, nuevamente, tendría una parte decimal, 0,2, que, si se multiplica por 60, daría los 12'.

Actividades

4. Observe un reloj de agujas y estime cuál es la amplitud de los ángulos que barre cada hora.
5. Identifique también las horas que se encuentran en los ángulos nulo, recto, llano y completo tomando como centro de un transportador el punto en el que se unen las agujas del reloj y colocando la marca de 0° coincidiendo con las 0 h.

Operaciones con ángulos

Con los ángulos, es posible operar de forma gráfica y numérica. Si dos ángulos comparten uno de sus lados y su vértice, es posible hallar otro ángulo que corresponda a su suma o a su diferencia. También es posible hallar un ángulo cuya magnitud sea múltiplo o divisor de otro dado. A continuación, se verá cómo operar con los ángulos.

Suma de ángulos

Sumar dos o más ángulos consecutivos es hallar un ángulo cuya amplitud es igual a la suma de las amplitudes de los ángulos.

De forma gráfica, la suma de dos ángulos se representaría como se ve en la siguiente figura.

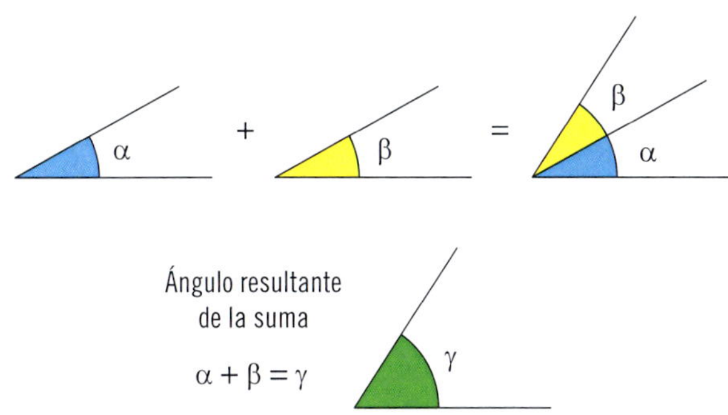

De forma numérica, para sumar dos ángulos expresados en forma compleja, se suman por separado los grados, los minutos y los segundos. Si el número de minutos o de segundos supera los 60, entonces, se busca la forma equivalente de expresar esta cantidad utilizando la unidad superior, de forma que en ningún caso se superen los 60.

Ejercicio práctico

Obtenga el ángulo resultante de sumar 20º 15' 26" + 35º 14' 18".

SOLUCIÓN

$$\begin{array}{rrrr} & 20° & 15' & 26'' \\ + & 35° & 14' & 18'' \\ \hline & 55° & 29' & 44'' \end{array}$$

En esta suma, ni los minutos ni los segundos sobrepasan la cantidad de 60, por lo que la expresión resultante es válida.

Ejercicio práctico

Calcule el ángulo resultante de sumar 30º 45' 37" + 26º 23' 42".

SOLUCIÓN

$$\begin{array}{rrrr} & 30° & 45' & 37'' \\ + & 26° & 23' & 42'' \\ \hline & 56° & 68' & 79'' \end{array}$$

Continúa en página siguiente >>

<< Viene de página anterior

En esta suma, tanto 68' como 79" son superiores a 60, por lo que hay que buscar expresiones equivalentes.

Para los segundos:

$$\begin{array}{r|l} 79 & 60 \\ \cline{2-2} 19 & 1 \end{array}$$

Luego 79" = 1' 19".

Para los minutos:

$$\begin{array}{r|l} 68 & 60 \\ \cline{2-2} 08 & 1 \end{array}$$

Luego 68' = 1° 8'.

Por lo que 56° 68' 79" será igual a la suma siguiente:

$$\begin{array}{rrrr} & 56^\circ & 00' & 00'' \\ & 1^\circ & 8' & 00'' \\ + & & 1' & 19'' \\ \hline & 57^\circ & 9' & 19'' \end{array}$$

Resta de ángulos

Restar dos ángulos es hallar otro ángulo cuya magnitud es la diferencia entre las magnitudes del mayor y el menor. De forma gráfica, se representaría cómo se muestra en la figura siguiente.

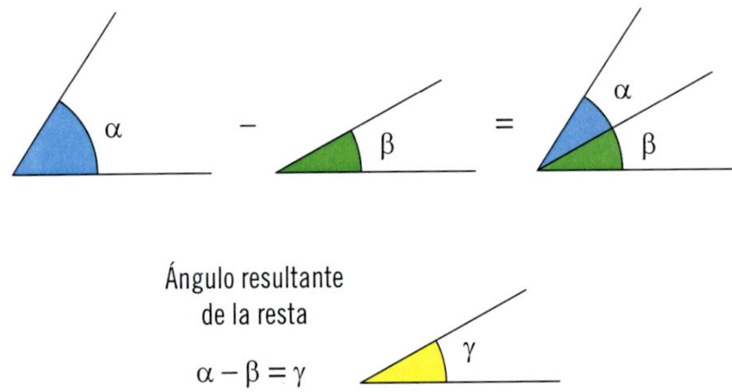

Ángulo resultante de la resta

$\alpha - \beta = \gamma$

Numéricamente, se restarán por separado las distintas unidades (grados, minutos y segundos). En los casos en los que las cantidades de minutos y segundos del ángulo que se resta (sustraendo) sean inferiores a las del ángulo del que se resta (minuendo), no hay problema.

Ejercicio práctico

Determine el ángulo resultante de restar 25º 42' 13" - 12º 25' 7".

SOLUCIÓN

$$\begin{array}{rrrr} & 25^\circ & 42' & 13'' \\ - & 12^\circ & 25' & 7'' \\ \hline & 13^\circ & 17' & 6'' \end{array}$$

Sin embargo, si no es así, lo que hay que hacer es expresar una unidad mayor en función de otra menor, es decir, se resta 1 al número de grados y se suma 60 al número de minutos o se resta 1 al número de minutos y se suma 60 al número de segundos.

Ejercicio práctico

Indique el ángulo resultante de restar 35º 15' 30" - 20º 25' 10".

SOLUCIÓN

Como 15' < 25', se pasa 1º del primer miembro de la resta a 60':

$$35^{\circ} = 34^{\circ}\,60'$$

Y se suman a los que figuran en el número complejo:

$$15' + 60' = 75'$$

Con lo que queda:

$$\begin{array}{rrrr} & 34^{\circ} & 75' & 30'' \\ - & 20^{\circ} & 25' & 10'' \\ \hline & 14^{\circ} & 50' & 20'' \end{array}$$

Ejercicio práctico

Encuentre el ángulo resultante de restar 56º 20' 30" - 40º 35' 50".

SOLUCIÓN

Al ser 20' < 35', se pasa 1º a 60':

$$56^{\circ} = 55^{\circ}\,60'$$
$$20' + 60' = 80'$$

Y, al ser 30" < 50", se pasa 1' a 60":

$$80' = 79'\,60''$$
$$30'' + 60'' = 90''$$

Continúa en página siguiente >>

<< Viene de página anterior

Con lo que queda:

$$56^\circ\, 20'\, 30'' = 55^\circ\, 80'\, 30'' = 55^\circ\, 79'\, 90''$$

Ahora, ya pueden restarse:

$$\begin{array}{rrrr} & 55^\circ & 79' & 90'' \\ - & 40^\circ & 35' & 50'' \\ \hline & 15^\circ & 44' & 40'' \end{array}$$

Cálculo del ángulo suplementario de uno dado

Sabiendo que dos ángulos son suplementarios cuando suman uno llano, o sea, 180º, para calcular el suplementario de un ángulo dado, tan solo hay que restárselo a 180º. Si el ángulo dado tiene minutos y segundos, hay que buscar una expresión compleja del ángulo 180º en la que también aparezcan estas unidades, expresando 1º como 60' y 1' como 60". Es decir, se expresan 180º como 179º 60' o como 179º 59' 60".

Ejercicio práctico

Halle el ángulo suplementario de 45º 30' 20".

SOLUCIÓN

$$\begin{array}{rrrr} & 179^\circ & 59' & 60'' \\ - & 45^\circ & 30' & 20'' \\ \hline & 134^\circ & 29' & 40'' \end{array}$$

Cálculo del ángulo complementario de uno dado

Dos ángulos son complementarios cuando suman uno recto, o sea, 90º. Para calcular el ángulo complementario de uno dado, se le resta a 90º, expresando si es preciso 90º como 89º 60' o como 89º 59' 60".

Ejercicio práctico

Obtenga el ángulo complementario de 40º 25'.

SOLUCIÓN

$$\begin{array}{r} 89^\circ\ 60' \\ -\ 40^\circ\ 25' \\ \hline 39^\circ\ 35' \end{array}$$

Multiplicación de un ángulo por un número

Cuando se multiplica un ángulo por un número, se obtiene otro ángulo cuya amplitud corresponde a la suma de tantos ángulos iguales al de partida como indique el número. Se representaría como se refleja en la imagen que se muestra a continuación.

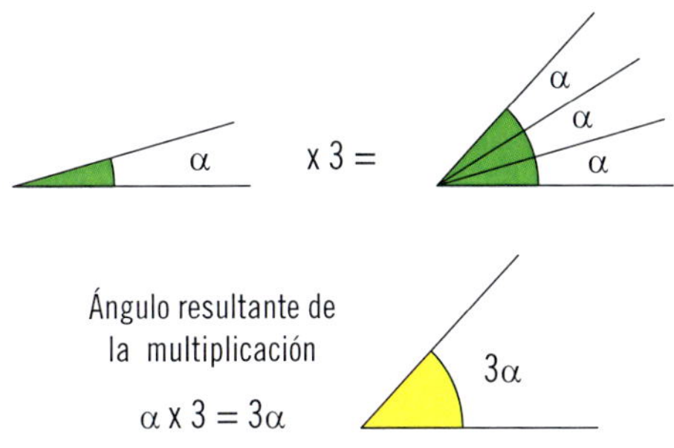

Para hallar el valor numérico, hay que multiplicar cada unidad del ángulo por el número por separado y, después, si los minutos pasan de 60, se expresan en grados y minutos y, si los segundos pasan de 60, se expresan en minutos y segundos.

Ejercicio práctico

Determine cuál será el resultado de multiplicar el ángulo 15° 45' 10" por el número 7.

SOLUCIÓN

$$\begin{array}{rrrr} & 15^\circ & 45' & 10'' \\ \times & & & 7 \\ \hline & 105^\circ & 315' & 70'' \end{array}$$

Ya que:

$$15^\circ \cdot 7 = 105^\circ$$
$$45' \cdot 7 = 315'$$
$$10'' \cdot 7 = 70''$$

Como $70 > 60$, hay que expresarlos en minutos y segundos. Para lo cual, se divide 70 por 60 sin decimales y el resto de la división serán segundos:

$$\begin{array}{r|l} 70 & 60 \\ \cline{2-2} 10 & 1 \end{array}$$

O sea, $70'' = 1'\ 10''$.

El minuto resultante se suma a los minutos de la multiplicación:

$$315' + 1' = 316'$$

Continúa en página siguiente >>

<< Viene de página anterior

El siguiente paso es pasar los minutos a grados, para ello, se dividen los 315' entre 60:

$$\begin{array}{r|l} 316 & 60 \\ \cline{2-2} 16 & 5 \end{array}$$

Por tanto:

$$316' = 5^\circ\ 16'$$

Por último, se suman los grados:

$$105^\circ + 5^\circ = 110^\circ$$

Y el resultado final es:

$$15^\circ\ 45'\ 10'' \times 7 = 110^\circ\ 16'\ 10''$$

División de un ángulo entre un número

Dividir un ángulo entre un número consiste en hallar otro ángulo tal que, si se multiplica por ese número, dé como resultado el ángulo de partida.

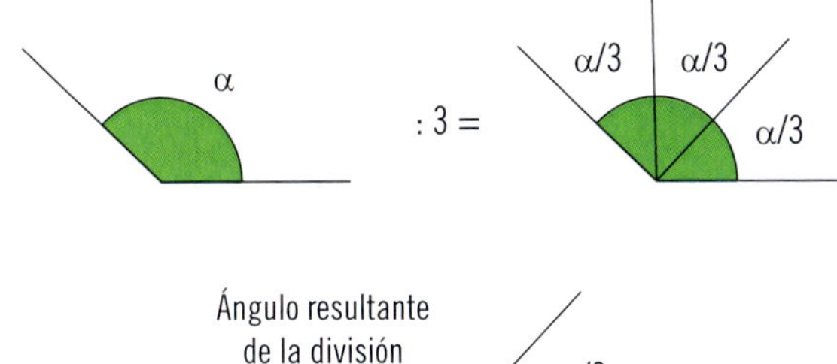

Par hallar el valor numérico de la división, debe dividirse cada tipo de unidad (primero, grados; después, minutos, y, por último, segundos) entre 60. El valor que aparece en el cociente corresponde al de la unidad que está dividiéndose y el resto de la división se convierte a la unidad inmediatamente inferior.

Ejercicio práctico

Averigüe el resultado de dividir el ángulo 47º 28' 15" por el número 3.

```
47°   28'  15" | 3
17     +↓   |  15° 49' 25"
  2°=120'   |
     148' :3 |
      28' + ↓
        1'=60"
           75" :3
           15"
            0
```

SOLUCIÓN

Paso a paso, sería:

- Se dividen los grados por 3 y el resto obtenido se pasa a minutos:

$$47^{\circ} : 3 = 15^{\circ}, \text{ resto} = 2^{\circ}$$
$$2^{\circ} \cdot 60 = 120'$$

- Se suman los minutos:

$$120' + 28' = 148'$$

Continúa en página siguiente >>

<< Viene de página anterior

- Se dividen los minutos por 3 y el resto obtenido se pasa a segundos:

$$148' : 3 = 49', \text{ resto} = 1'$$

$$1' \cdot 60 = 60''$$

- Se suman los segundos:

$$60'' + 15'' = 75''$$

- Se dividen los segundos por 3:

$$75'' : 3 = 25'', \text{ resto} = 0^{\circ}$$

Por tanto:

$$47^{\circ}\ 28'\ 15'' : 3 = 15^{\circ}\ 49'\ 25''$$

Actividades

6. Indique cuántos ángulos de 45° hay en la esfera de un reloj.

3. Coordenadas cartesianas

Para poder localizar o situar objetos sobre un plano, se necesita un sistema de referencia, el cual está formado por un **punto** sobre dicho plano, que se denomina *origen,* y por **dos ejes perpendiculares** incluidos en el plano y que se cortan en dicho punto.

Ejemplo

María está explicando por teléfono a Marcos el lugar exacto de una pared en el que tiene que colocar un clavo para colgar un cuadro. Las indicaciones que le da son: "Toma como referencia la esquina inferior izquierda de la pared. A partir de ahí, mide 180 cm hacia la derecha y 200 cm hacia arriba". Así, se ha utilizado un sistema de referencia que tiene su origen en la esquina inferior izquierda de la pared, tiene un eje horizontal —que es la intersección de la pared con el suelo— y tiene un eje vertical —que es la intersección pared con pared, en el lado izquierdo.

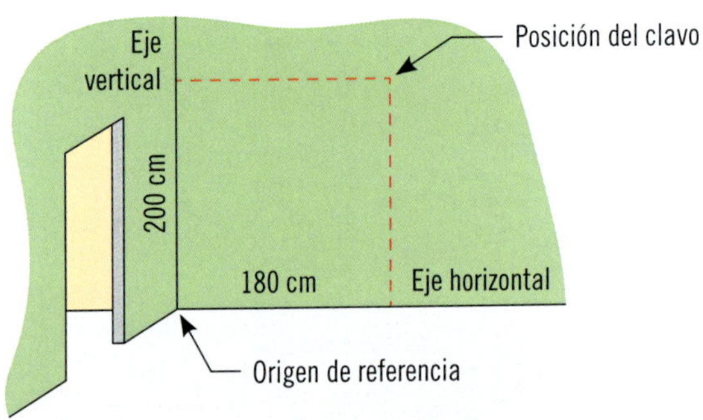

Cada punto de la pared podría designarse por dos datos: su distancia al origen en la dirección horizontal y su distancia al origen en la dirección vertical.

El punto del ejemplo anterior sería (180, 200). Estos dos datos constituyen un par ordenado. A ningún otro punto de la pared le corresponde el mismo par ordenado.

Otro ejemplo muy sencillo en el que se utiliza un sistema de referencia y pares ordenados es el juego Hundir la flota. En este juego, la numeración dada a filas y columnas constituye el sistema de referencia. Cada casilla en la que puede situarse un barco viene identificada por el número de la columna y el número de la fila a las que pertenece la casilla, que constituyen un par ordenado. Así, la casilla en la que se sitúa el barco en la figura se designa por el par ordenado (b, 5).

Continúa en página siguiente >>

<< Viene de página anterior

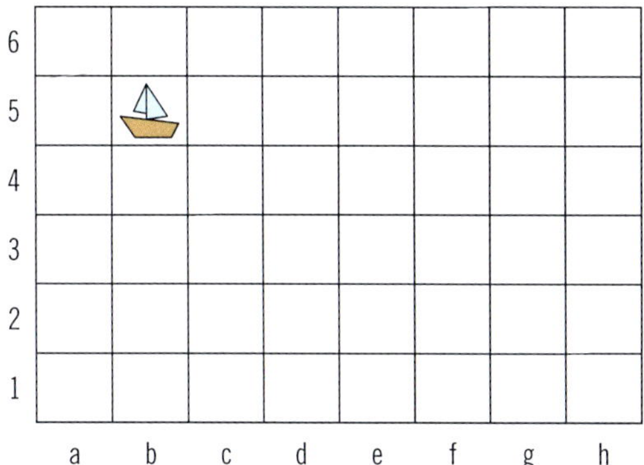

También existen sistemas de referencia para situar puntos en el espacio (tres dimensiones) que están formados por un punto y tres ejes que se cortan en dicho punto. Estos sistemas no son objeto de estudio en este manual.

3.1. Representación en ejes de coordenadas: abscisas y ordenadas

Los sistemas de referencia más habituales son los **sistemas de coordenadas cartesianas.** El sistema de coordenadas cartesianas en el plano está formado por un **punto,** que se denomina *origen de coordenadas,* y **dos ejes perpendiculares** entre sí (o sea, que se cortan formando un ángulo de 90º) que se cortan en dicho punto. El eje horizontal se denomina *eje de abscisas* y el vertical, *eje de ordenadas.* El eje horizontal suele denominarse también *eje X* y el vertical, *eje Y.* El diagrama formado por ambos ejes se conoce como *ejes cartesianos* o *ejes de coordenadas.*

En estos sistemas, los pares ordenados están formados por números. Cada punto se designa por un **par ordenado** en la forma ***(x, y),*** que se denominan *coordenadas cartesianas.* La coordenada *x* del par ordenado se denomina *abscisa* y la coordenada *y* se denomina *ordenada.* El origen de coordenadas se designa por las coordenadas **(0,0).**

En el eje X, los números positivos se representan desde el origen de coordenadas hacia la derecha y los negativos, hacia la izquierda. En el eje Y, los números positivos se representan hacia arriba y los negativos, hacia abajo.

El plano queda dividido por los ejes cartesianos en cuatro partes, cada una de las cuales recibe el nombre de *cuadrante.* Cada uno de ellos se caracteriza por los signos de las coordenadas:

- En el primer cuadrante, los signos son (+, +).
- En el segundo cuadrante, los signos son (-, +).
- En el tercer cuadrante, los signos son (-, -).
- En el cuarto cuadrante, los signos son (-, +).

Nota

La numeración de los cuadrantes se realiza en sentido antihorario.

Actividades

7. Si se sitúa el origen de un sistema de coordenadas en el punto donde se unen las agujas de un reloj, señale en qué cuadrante quedarán las siguientes horas:

12, 18, 3, 20, 22, 9, 7 y 5

Para representar un punto en un diagrama de ejes cartesianos, basta con trazar una línea vertical por el punto del eje X determinado por su coordenada *x* y una línea horizontal por el punto de eje Y determinado por su coordenada *y.* Donde se corten ambas líneas, estará situado el punto dado. En la figura siguiente, se representan varios puntos.

Ejes de coordenadas

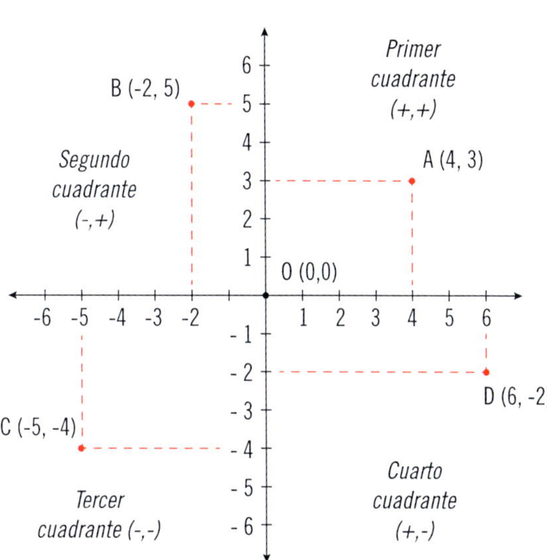

Observando los ejes de coordenadas, se ve que:

- Los puntos que están situados en el eje de las abscisas (X) tienen su ordenada *(y)* igual a 0.
- Los puntos que están situados en el eje de las ordenadas (Y) tienen su abscisa *(x)* igual a 0.
- Los puntos que están situados en una línea paralela al eje de las ordenadas (Y) tienen la misma abscisa *(x).*
- Los puntos que están situados en una línea paralela al eje de las abscisas (X) tienen la misma ordenada *(y).*

Actividades

8. Deduzca qué figura se esconde tras los siguientes puntos:

(-8, 0), (-3, -1), (-7, 1), (-4, -2), (6, 1), (-5, 1), (5, -2), (-3, 3), (4, 3), (3, -2), (6, -1), (4, -2), (2, -1), (5, -2), (-6, -1) y (-8,-1)

Relación entre grados sexagesimales y sistemas de coordenadas

Un ejemplo del uso de los ángulos en el sistema sexagesimal lo constituyen las **coordenadas geográficas.** Cada punto en la superficie de la Tierra tiene asignadas unas coordenadas geográficas, dadas en grados sexagesimales, denominadas *latitud* y *longitud.*

Para comprender qué es la latitud y qué es la longitud, puede considerarse que el eje de la Tierra (una recta que pasa por sus polos) está contenido en un plano que la divide en dos mitades. Perpendicular a este plano por la parte más ancha de la Tierra (el ecuador), se traza otro plano perpendicular al anterior.

- La **latitud** es la distancia que hay desde un punto en la superficie de la Tierra al ecuador.
- La **longitud** es la distancia que existe desde un punto en la superficie de la Tierra al primer meridiano.

Importante

Existe más de un plano que contiene el eje de la Tierra. Cada uno de estos planos se denomina *meridiano.* Sin embargo, uno de estos meridianos se ha tomado como meridiano de referencia. Es el meridiano de Greenwich, que recibe también el nombre de *primer meridiano.*

A partir del punto en el que se cruzan, se establecen la latitud y la longitud. Así pues, la latitud y la longitud son los ángulos medidos desde el centro de la Tierra hasta un punto en la superficie.

Para expresar la latitud, se consideran los grados desde el ecuador (0°) a cada uno de los polos (90°), indicando N o S según el punto se encuentre por encima o por debajo del ecuador. Para expresar la longitud, se consideran los grados según se encuentren a la izquierda o a la derecha del primer meridiano. Como este meridiano cruza con el ecuador en dos puntos, E y O o W se consideran 180° partiendo desde Greenwich.

Latitud y longitud

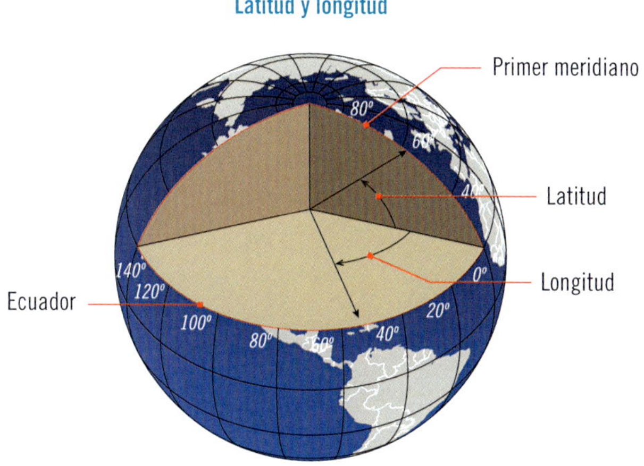

Por tratarse de grados sexagesimales, los valores de los ángulos se expresan en grados, minutos y segundos. Así pues, las coordenadas de algunos puntos son las que se muestran en la tabla siguiente.

Municipio	Latitud	Longitud
Madrid	40° 24' 59" N	3° 42' 09" O
A Coruña	43° 21' 57" N	8° 25' 17" O
Maó	39° 51' 17" N	4° 12' 56" E

Continúa en página siguiente >>

<< Viene de página anterior

Municipio	Latitud	Longitud
Buenos Aires	34° 52' 59" S	58° 22' 55" O
Sídney	33° 52' 10" S	151° 12' 30" E
Pekín	39° 54' 18" N	116° 23' 29" E

La Tierra es un sistema tridimensional y, por tanto, las coordenadas geográficas corresponden a las que tendría un punto en la superficie de ese sistema. Pero, para realizar una representación en dos dimensiones, como la que le correspondería a un mapa, hay que realizar una **proyección** de la superficie de la Tierra sobre un plano. Así, a cada ubicación, le correspondería un punto, que se representaría en un sistema de coordenadas cartesianas, por sus coordenadas *(x, y)*. A partir del punto de intersección de los ejes cartesianos (que se define como *(0,0)*), se establecen el eje horizontal X, que representa el Este y el Oeste, y el eje vertical Y, que representa el Norte y el Sur.

Latitud y longitud en la proyección plana de la Tierra

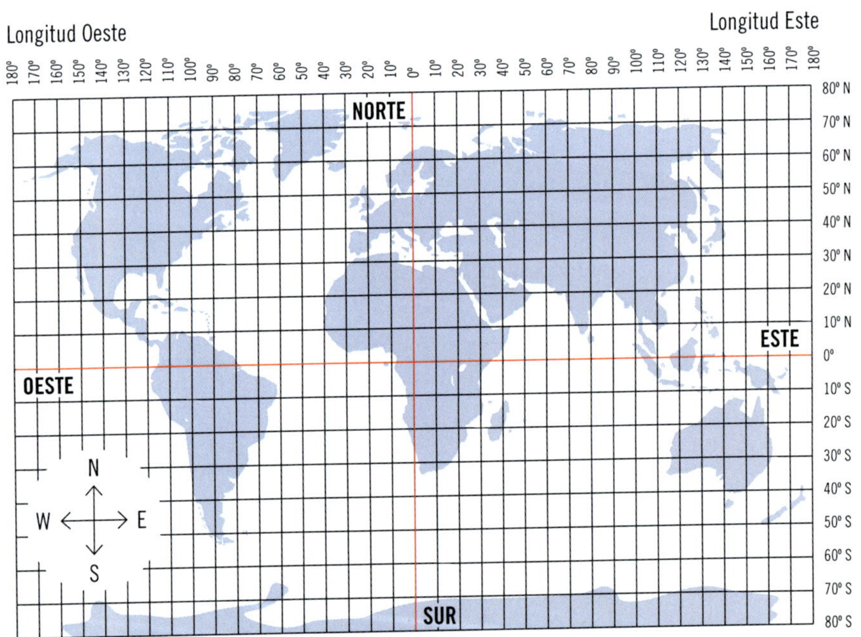

Nota

El proceso de transformar las coordenadas geográficas del esferoide (forma que tiene la Tierra) en coordenadas planas para representar una parte de la superficie en dos dimensiones se conoce como *proyección* y es el campo de estudio tradicional de la ciencia cartográfica.

Actividades

9. Los puntos marcados en el siguiente mapa corresponden a importantes ciudades. Señale sus coordenadas e investigue a cuál corresponden.

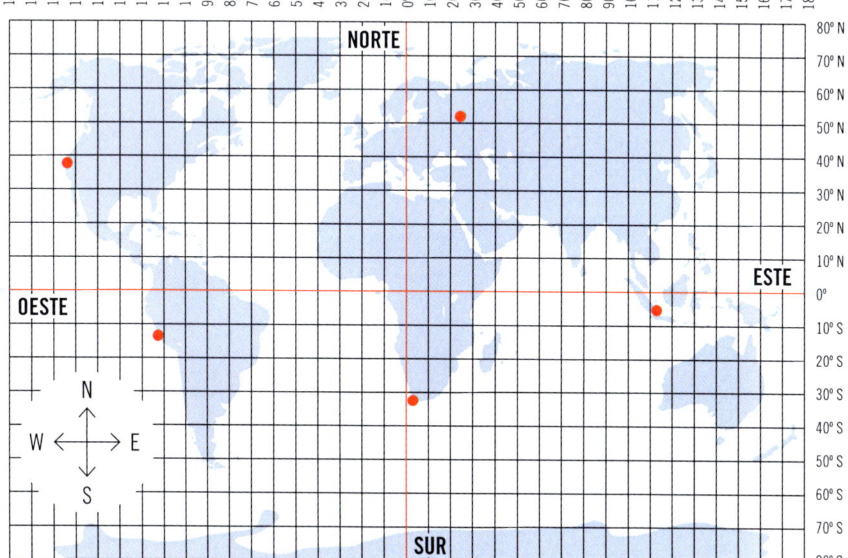

En mapas que se corresponden con representaciones parciales, las ubicaciones se identifican mediante las coordenadas *(x, y)* en una cuadrícula, con el origen en el centro de la cuadrícula. Cada posición tiene dos valores de referencia respecto a esa ubicación central —uno especifica su posición horizontal y el otro, su posición vertical— que permiten establecer las posiciones relativas respecto a ese punto.

4. Polígonos

Cuando varias líneas rectas se unen de forma que el final de una coincide con el comienzo de la siguiente, se obtiene una **línea poligonal.** Esta línea poligonal puede ser abierta (si el final de la última línea no coincide con el inicio de la primera) o cerrada (si el final de la última línea coincide con el origen de la primera).

Línea poligonal abierta

Línea poligonal cerrada

Una línea poligonal cerrada abarca una porción limitada del plano. Y un **polígono** es la porción de plano delimitada por una línea poligonal cerrada.

En los polígonos, se distinguen los siguientes elementos:

- **Vértices:** son cada uno de los puntos en los que concurren los extremos de los segmentos que forman la línea poligonal.
- **Lados:** son cada uno de los segmentos que forman la línea poligonal.
- **Diagonales:** son los segmentos que unen dos vértices no consecutivos.
- **Ángulos interiores:** son cada uno de los ángulos formados por lados consecutivos.
- **Ángulos exteriores:** son aquellos formados por un lado y la prolongación del lado consecutivo.
- **Perímetro:** es la suma de las longitudes de todos los lados del polígono.

- **Área:** es la medida de la superficie del plano que ocupa el polígono.

Elementos del polígono

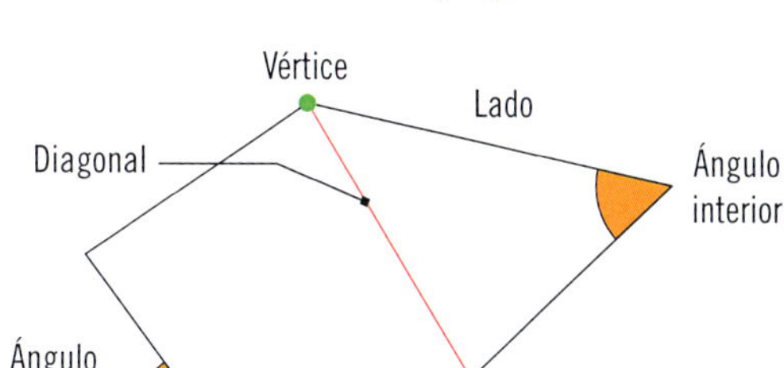

Definición

Polígonos semejantes
Aquellos cuyos lados homólogos son proporcionales y sus ángulos son iguales.

Los polígonos pueden clasificarse atendiendo a diversos criterios:

1. **Según su número de lados,** se denominan *triángulo* (3 lados), *cuadrilátero* (4 lados), *pentágono* (5 lados), *hexágono* (6 lados), *heptágono* (7 lados), *octógono* (8 lados), *eneágono* (9 lados) y *decágono* (10 lados). A partir de diez lados, se designa diciendo polígono de *n* lados, siendo *n* el número de lados (ejemplo: pentadecágono: 15 lados (penta = 5 + deca = 10).

Diferentes polígonos según su número de lados

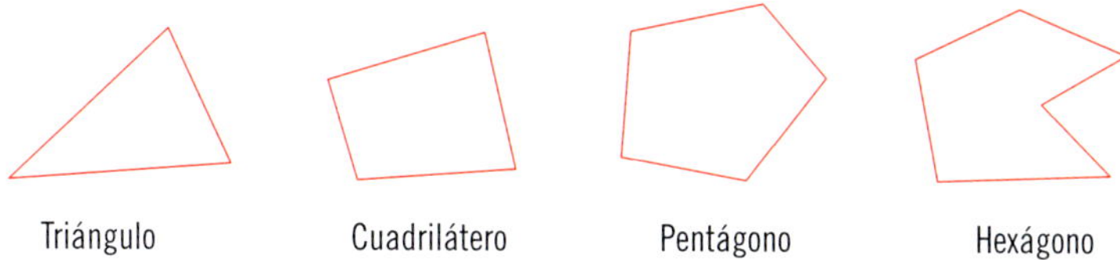

2. **Según su forma,** los polígonos pueden ser:

- **Equiláteros:** si tienen todos sus lados iguales.
- **Equiángulos:** si tienen todos sus ángulos interiores iguales.
- **Regulares:** si tienen todos sus lados y todos sus ángulos iguales.
- **Irregulares:** si no tienen ni todos sus lados iguales ni todos sus ángulos iguales.

Diferentes polígonos según su forma

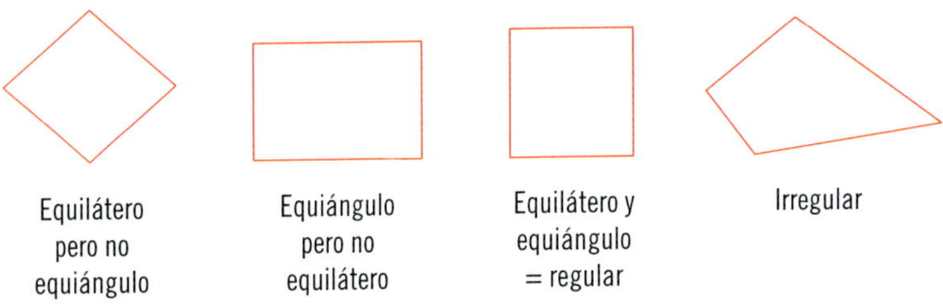

3. **Según sus ángulos,** los polígonos pueden ser:

- **Convexos:** si todos sus ángulos interiores son convexos.
- **Cóncavos:** si tienen al menos un ángulo cóncavo.

Diferentes polígonos según sus ángulos

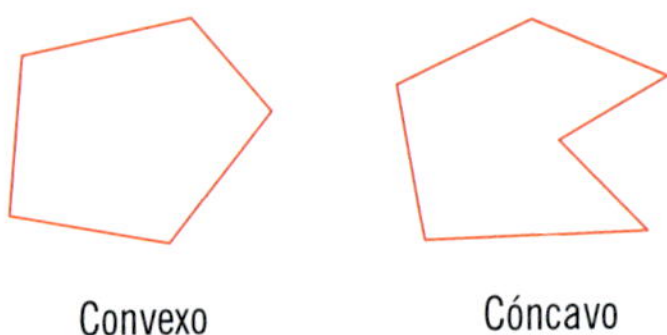

Actividades

10. Describa cómo son los siguientes polígonos. Por ejemplo:

Cuadrilátero, equilátero, equiángulo y convexo.

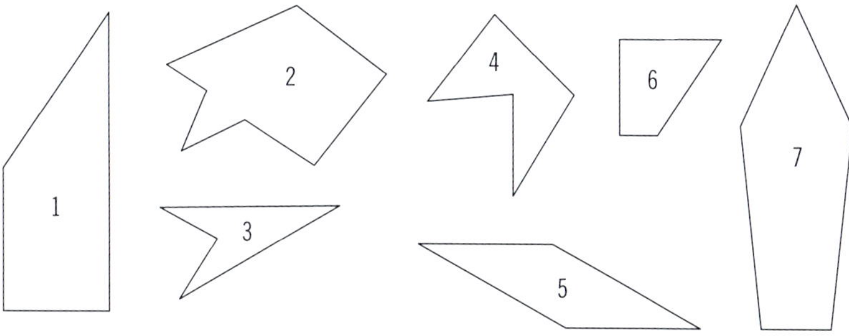

11. Identifique formas poligonales en su entorno e descubra de qué polígono se trata (por ejemplo, señales de tráfico, pasos de cebra, etcétera).

En los polígonos regulares, pueden definirse nuevos elementos, como los que se indican en la figura siguiente.

- **Centro:** es el punto interior del polígono que está a la misma distancia de todos los vértices.
- **Radio:** es la distancia del centro a cualquiera de los vértices.
- **Apotema:** es el segmento perpendicular desde el centro a cualquiera de los lados. También puede definirse como el segmento que une el centro con el punto medio de cada uno de los lados del polígono.
- **Ángulo central:** es el ángulo formado por dos radios consecutivos. La suma de todos los ángulos centrales es 360°.

Otros elementos de los polígonos

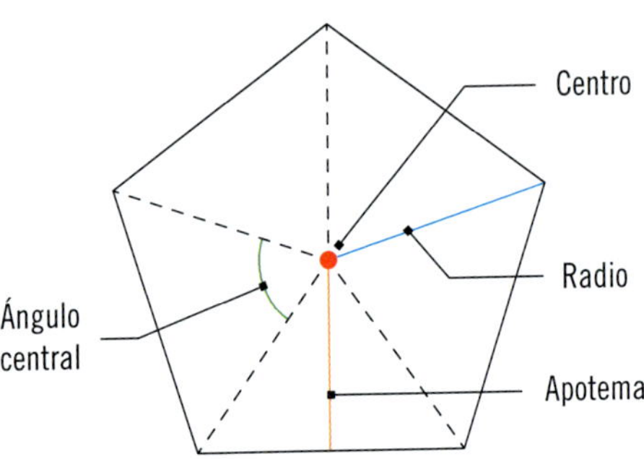

4.1. Propiedades y relaciones

Existe una relación entre el número de lados de un polígono y la suma de sus ángulos interiores, y es que: la suma de todos los ángulos interiores de un polígono convexo de *n* lados es:

$$(n - 2) \cdot 180^\circ$$

Ejemplo

Los ángulos interiores de un triángulo suman:

$$(3 - 2) \cdot 180^\circ = 180^\circ$$

Los de un cuadrilátero:

$$(4 - 2) \cdot 180^\circ = 360^\circ$$

Y los de un pentágono:

$$(5 - 2) \cdot 180^\circ = 540^\circ$$

Esto es así porque, si, en cualquiera de los polígonos vistos, se trazan todas las diagonales posibles desde uno cualquiera de sus vértices, se obtendrá un número de triángulos igual al número de lados del polígono menos 2 y, como la suma de los ángulos interiores de un triángulo es 180°, el número total de grados se obtendría multiplicando el número de triángulos por 180°.

Como consecuencia, puede obtenerse una fórmula que dé el valor de los ángulos interiores de un polígono regular en función del número de lados:

$$\text{Ángulo interior} = \frac{(n-2)\cdot 180^\circ}{n}$$

Ejemplo

Los ángulos interiores de diferentes polígonos regulares son:

- Cuadrado: ángulo interior = 360° / 4 = 90°.
- Pentágono: ángulo interior = 540° / 5 = 108°.
- Hexágono: ángulo interior = 720° / 6 = 120°.

Sabía que...

El rectángulo es un caso especial, ya que, aunque no es un polígono regular, al ser sus lados paralelos 2 a 2, sus ángulos interiores también tienen 90°.

En los polígonos regulares, los ángulos exteriores son los suplementarios a los ángulos interiores. Para su cálculo, se aplica la fórmula:

Ángulo exterior = 180º - ángulo interior

Ejemplo

Los ángulos exteriores de diferentes polígonos regulares son:

- Cuadrado: ángulo exterior = 180º - 90º = 90º.
- Pentágono: ángulo exterior = 180º - 108º = 72º.
- Hexágono: ángulo exterior = 180º - 120º = 60º.

Dado que, en los polígonos regulares, la suma de todos los ángulos centrales suma 360º, para hallar el ángulo central de un polígono regular de *n* lados, se aplica la fórmula:

Ángulo central = 360º/*n*

Ejemplo

Los ángulos centrales de diferentes polígonos regulares son:

- Cuadrado: ángulo central = 360º / 4 = 90º
- Pentágono: ángulo central = 360º /5 = 72º
- Hexágono: ángulo central = 360º / 6 = 60º

Nota

En polígonos irregulares, los ángulos interiores y el ángulo central se determinan con un transportador de ángulos.

Los diferentes polígonos también tienen propiedades concretas.

Actividades

12. Dibuje una recta de 4 cm de longitud y, usando esta y un transportador de ángulos, trace diferentes polígonos inscritos en una circunferencia.

Triángulos

Los vértices de los triángulos suelen nombrarse por letras mayúsculas y los lados, por la letra minúscula de su vértice opuesto. El triángulo se nombra por las tres letras con las que se hayan designado sus vértices con un triangulito encima.

Por ejemplo:

En los triángulos, pueden definirse, además de los elementos ya vistos, la base, la altura y la mediana:

- **Base** de un triángulo: es cualquiera de sus lados.

- **Altura** de un triángulo: es el segmento que va desde un vértice hasta el lado opuesto o la prolongación de este, siendo perpendicular a él.
- **Mediana** de un triángulo: es el segmento que une un vértice con el punto medio del lado opuesto.

Un triángulo tiene tres bases, tres alturas y tres medianas.

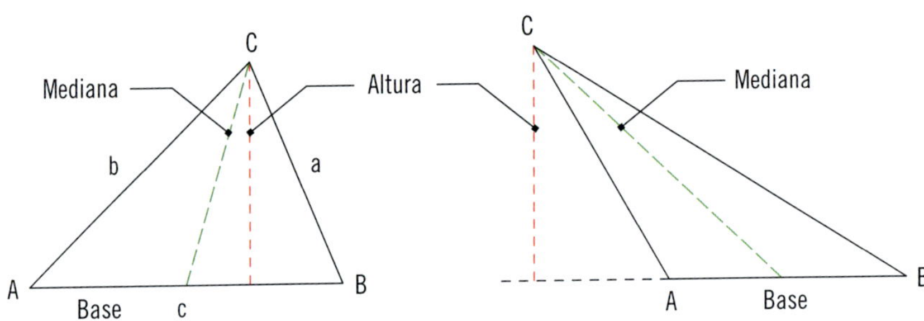

Se dice que dos triángulos son iguales si tienen todos sus lados y ángulos iguales, es decir, al superponerlos, coinciden.

Los elementos que es preciso conocer para que un triángulo quede totalmente definido (no haya ningún triángulo diferente que tenga estos mismos elementos) son alguna de las siguientes tres combinaciones de elementos:

- Sus tres lados.
- Dos lados y el ángulo comprendido entre ellos.
- Un lado y sus ángulos adyacentes.

Por ello, también puede decirse que dos triángulos son iguales si cumplen alguno de los siguientes criterios de igualdad:

- Tienen iguales sus tres lados uno a uno.
- Tienen iguales dos lados y el ángulo comprendido entre ellos.
- Tienen iguales un lado y sus dos ángulos adyacentes.

Clasificación de los triángulos

Los triángulos se clasifican atendiendo a dos criterios:

1. Según la **longitud de sus lados,** los triángulos pueden ser:

- **Equiláteros:** tienen sus tres lados iguales.
- **Isósceles:** tienen dos lados iguales y uno desigual.
- **Escalenos:** tienen los tres lados desiguales.

Clasificación de los triángulos según la posición de los lados

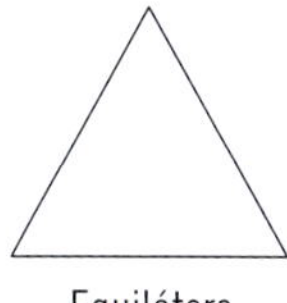
Equilátero

Isósceles

Escaleno

2. Atendiendo a la **amplitud de sus ángulos,** pueden ser:

- **Rectángulos:** tienen un ángulo recto.
- **Obtusángulos:** tienen un ángulo obtuso.
- **Acutángulos:** tienen los tres ángulos agudos.

Clasificación de los triángulos según la amplitud de sus ángulos

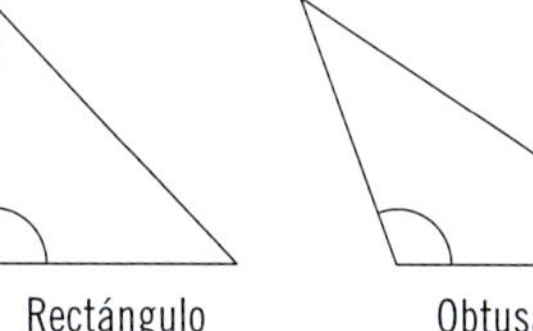
Rectángulo   Obtusángulo

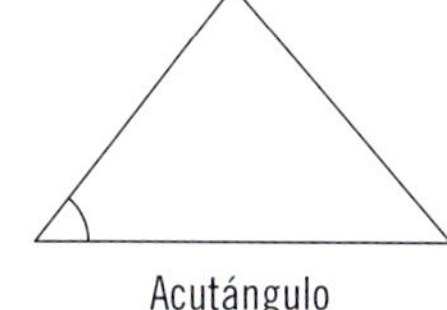
Acutángulo

Puntos notables de un triángulo

Los puntos notables de un triángulo son el circuncentro, el incentro, el ortocentro y el baricentro.

El **circuncentro** es el punto donde se cortan las tres mediatrices de los lados del triángulo. Con centro en el circuncentro y, como radio, la distancia desde el centro hasta cualquiera de los vértices, puede trazarse una circunferencia que pase por los tres vértices del triángulo, llamada *circunferencia circunscrita.*

Circuncentro

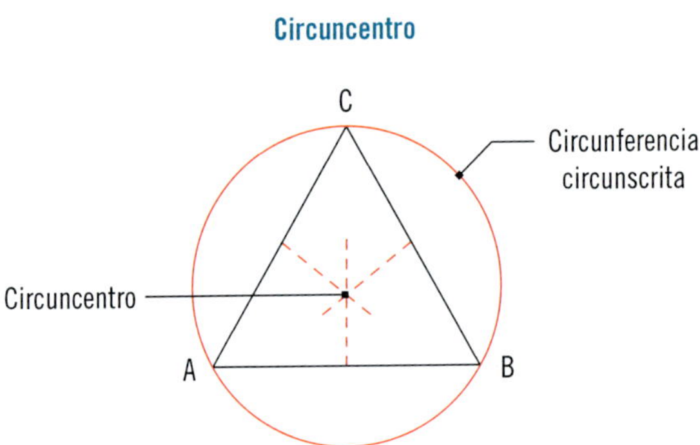

El **incentro** es el punto donde se cortan las bisectrices de los tres ángulos de un triángulo. Con centro en el incentro y, como radio, la distancia desde el centro hasta cualquiera de los lados, puede trazarse una circunferencia que es tangente a los tres lados del triángulo, llamada *circunferencia inscrita.*

Incentro

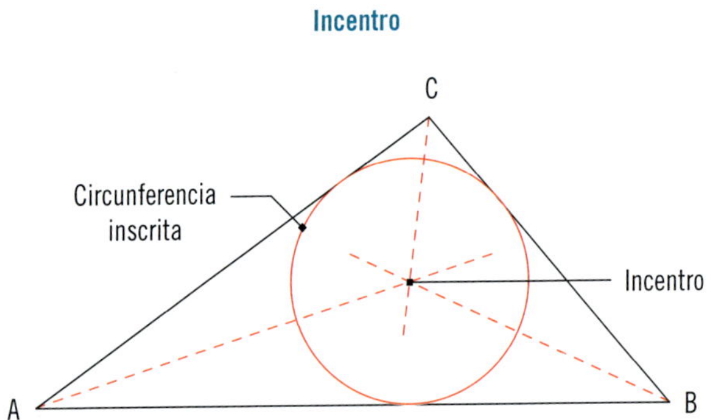

El **ortocentro** es el punto donde se cortan las tres alturas de un triángulo. Puede estar dentro o fuera del triángulo (como ocurre en los triángulos obtusángulos).

El **baricentro** es el punto donde se cortan las tres medianas de un triángulo. El baricentro dista de cada vértice 2/3 de la longitud de la mediana respectiva y 1/3 de dicha distancia del lado opuesto a dicho vértice.

Ortocentro y baricentro

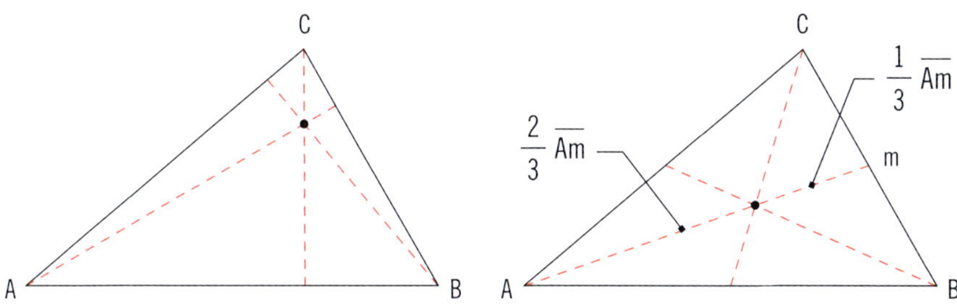

El baricentro es el centro de gravedad de un triángulo; si se colgara un triángulo de una cuerda por ese punto, se mantendría horizontal.

Semejanza de triángulos

Como polígonos que son, dos triángulos son semejantes cuando sus lados son proporcionales y sus ángulos son iguales.

Sin embargo, no será necesario conocer todos los elementos de dos triángulos para saber si son semejantes, basta con tener en cuenta los siguientes criterios de semejanza:

- Dos triángulos son semejantes si sus lados homólogos son proporcionales.
- Dos triángulos son semejantes si tienen dos ángulos iguales.
- Dos triángulos son semejantes si tienen dos lados proporcionales y el ángulo comprendido entre ellos es igual.

Semejanza de triángulos

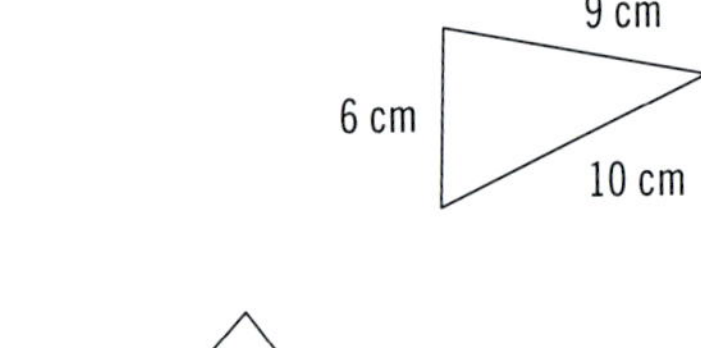

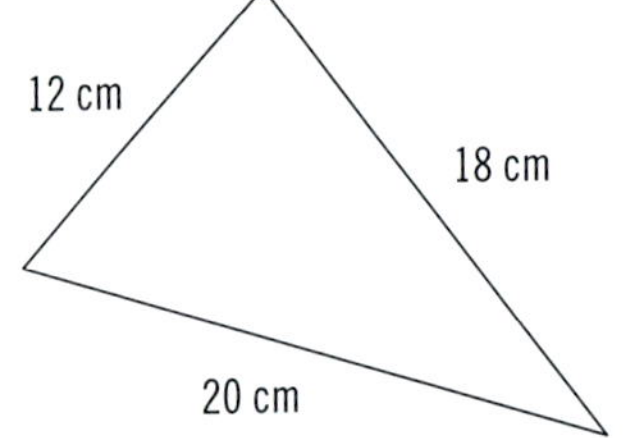

Estos triángulos son semejantes pues tienen los tres lados proporcionales (los lados del 2º triángulo son el doble que los del 1er triángulo)

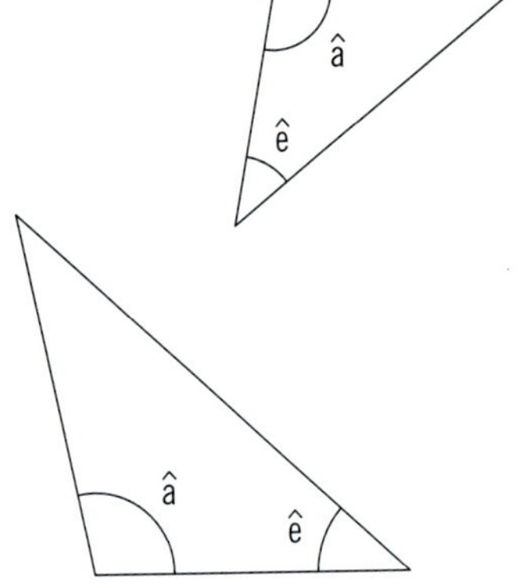

Estos triángulos son semejantes pues tienen dos ángulos iguales

Sabía que...

En el caso de los triángulos, es muy fácil obtener un triángulo semejante a uno dado sin más que trazar una paralela a uno de los lados que corte a los otros dos lados o a sus prolongaciones. Esto se debe al teorema de Tales. Así:

Continúa en página siguiente >>

<< Viene de página anterior

Dado el triángulo $\widehat{ABC}$, los triángulos $\widehat{ADE}$ y $\widehat{AFG}$ son semejantes entre sí.

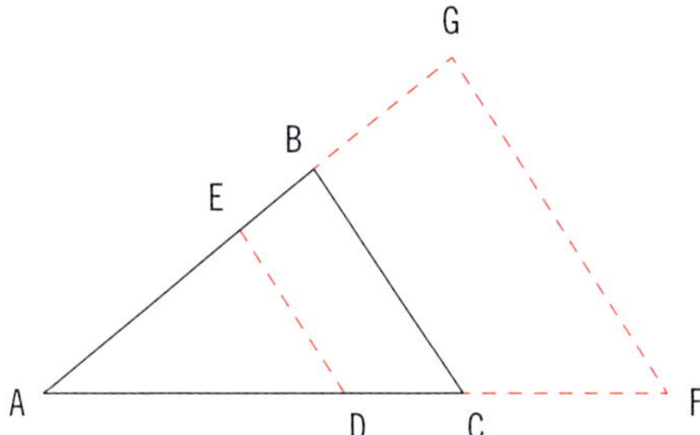

Triángulos rectángulos

Como ya se ha dicho, son aquellos que tienen un ángulo recto.

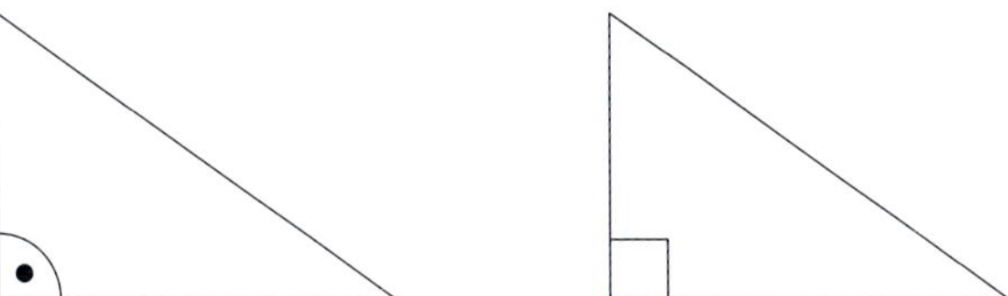

Los lados que forman el ángulo recto se denominan *catetos* y el opuesto, *hipotenusa,* que es, a su vez, el lado de mayor longitud.

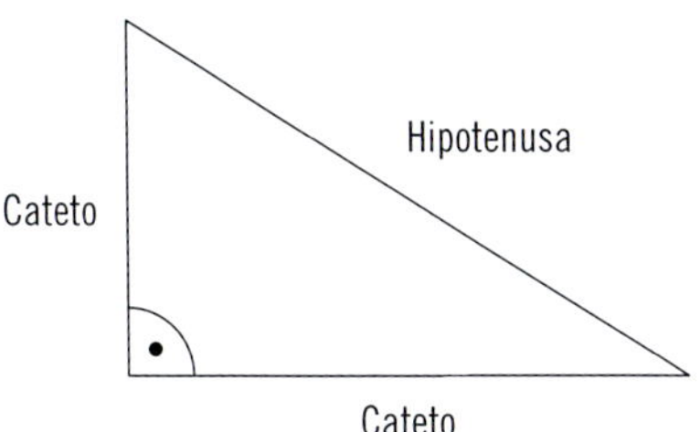

Las propiedades de los triángulos rectángulos son las siguientes:

- En un triángulo rectángulo, los dos ángulos agudos suman 90°. Por tanto, si, en un triángulo, los tres ángulos suman 180° y tiene un ángulo recto (90°), los otros dos ángulos sumarán:

$$180^\circ - 90^\circ = 90^\circ$$

- Dos triángulos rectángulos son semejantes si tienen uno de los ángulos agudos iguales o si tienen dos lados homólogos proporcionales.
- La altura correspondiente a la hipotenusa de un triángulo rectángulo divide a este en otros dos triángulos rectángulos semejantes al primero.

Ejemplo

Los triángulos $\widehat{ACB}$, $\widehat{ABD}$ y $\widehat{CBD}$ de la figura son semejantes entre sí.

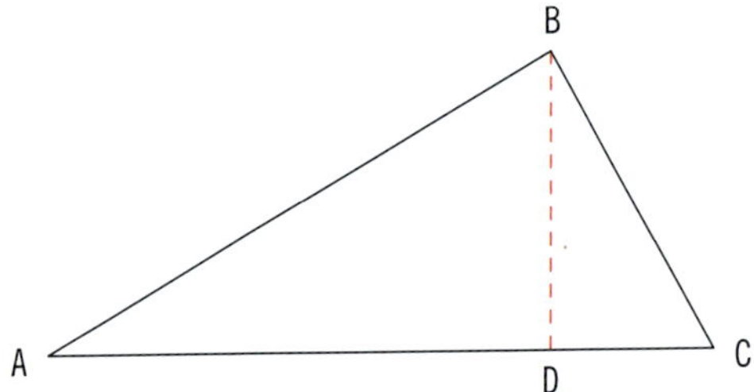

El teorema de Pitágoras

Este teorema relaciona entre sí la hipotenusa y los catetos de un triángulo rectángulo.

Definición

Teorema de Pitágoras
En todo triángulo rectángulo, se cumple que su hipotenusa al cuadrado es igual a la suma de los cuadrados de los catetos.

Si se denomina *a* a la hipotenusa y *b* y *c* a los catetos, la expresión matemática del teorema quedaría de la forma:

$$a^2 = b^2 + c^2$$

Este teorema permite calcular el tercer lado de un triángulo rectángulo conocidos los otros dos. Para ello, se despeja de la fórmula anterior. Las expresiones quedan de la siguiente forma:

$$a = \sqrt{b^2 + c^2} \qquad b = \sqrt{a^2 - c^2} \qquad c = \sqrt{a^2 - b^2}$$

Aplicación práctica

En el diseño de un zapato, con el tacón en cuña, de 12 cm de altura, la longitud del pie es de 37 cm. ¿Cuánto mide la suela?

SOLUCIÓN

Puede representarse el tacón como un triángulo rectángulo en el que se desconoce uno de los lados: la suela, que se representa por la letra b.

Continúa en página siguiente >>

<< Viene de página anterior

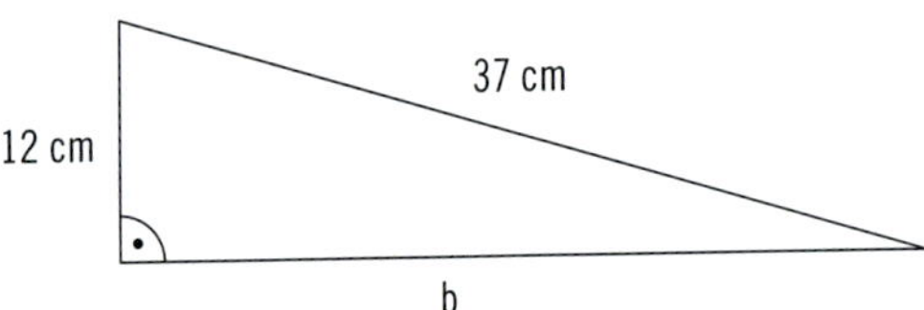

Se conoce que el valor de la hipotenusa es 37 cm y que el de uno de los catetos es 12 cm. Para calcular el otro cateto, se aplica la fórmula:

$$b = \sqrt{a^2 - c^2} = \sqrt{37^2 - 12^2} = \sqrt{1.369 - 144} = \sqrt{1.225} = \mathbf{35\ cm}$$

Aplicación práctica

En un catálogo, aparece un modelo de teléfono en el que la parte en la que está el teclado mide 15 cm y la parte posterior mide 8 cm. Ambas se unen formando un ángulo recto. ¿Cuánto ocupará el teléfono cuando se coloque sobre una mesa de escritorio?

SOLUCIÓN

Puede representarse el teléfono como un triángulo rectángulo, como se muestra en la siguiente imagen.

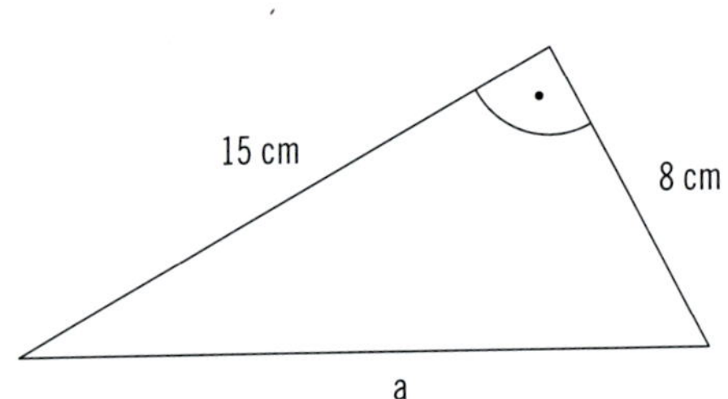

Continúa en página siguiente >>

<< Viene de página anterior

Los catetos son de 15 cm y de 8 cm. Hay que calcular la hipotenusa aplicando la fórmula correspondiente:

$$a = \sqrt{b^2 + c^2} = \sqrt{15^2 + 8^2} = \sqrt{225 + 64} = \sqrt{289} = \mathbf{17\ cm}$$

Imagen 77, Fórmula infeiror de la pág. 27, del manual Matemáticas 3, Tema 11 ap. 3.5

Es importante conocer y emplear bien el teorema de Pitágoras, pues es muy útil para el cálculo de longitudes y de áreas.

Recuerde

El teorema de Pitágoras es válido solo para triángulos rectángulos, sin embargo, en numerosas ocasiones, pueden encontrarse triángulos rectángulos en otras figuras geométricas.

Aplicación práctica

Marta va a instalar colectores solares, para disponer de agua caliente sanitaria, sobre una terraza de su casa. La terraza mide 4 m de ancho y Marta quiere saber cuánto va a perder al colocar los paneles. Los paneles miden 2 m de altura, y el técnico le dice que va a colocarlos con una inclinación tal que la vertical desde la parte superior del panel hasta el suelo medirá 1 m. ¿Cuál será la parte del suelo de la terraza que quede libre si el panel mide 7 cm?

Continúa en página siguiente >>

<< Viene de página anterior

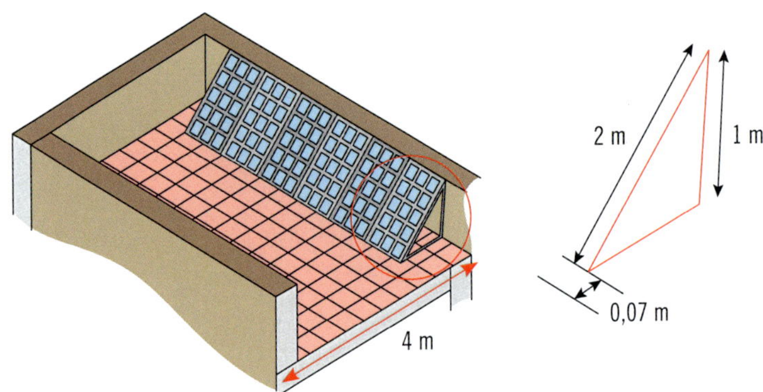

SOLUCIÓN

Los paneles colocados inclinados forman un triángulo rectángulo en el que la longitud del panel correspondería a la hipotenusa, la vertical desde el borde del panel hasta el suelo correspondería a un cateto y la distancia desde el borde inferior del panel hasta esa vertical, que corresponde a la distancia que el panel ocupa sobre el suelo de la terraza, sería el otro cateto.

Como, en este triángulo, se conocen la hipotenusa y uno de los catetos, hay que aplicar la fórmula:

$$b = \sqrt{a^2 - c^2}$$

Donde a = 2 m y c = 1 m. Sustituyendo los valores, se obtiene:

$$b = \sqrt{a^2 - c^2} = \sqrt{2^2 - 1^2} = \sqrt{4 - 1} = \sqrt{3} = 1{,}73 \text{ m}$$

La parte de la terraza que queda libre es la que se obtiene al restar, a la anchura total de la terraza, la parte ocupada por el panel, que corresponde con la parte que queda detrás más el ancho del panel.

Suelo disponible = 4 – (1,73 + 0,07) = **2,20 m**

Actividades

13. Cuando el Sol incide en el extremo superior de un ciprés de 8 m de altura, este proyecta sobre el suelo una sombra de 12 m. Investigue qué teoremas habría que aplicar para calcular a qué distancia del ciprés debe colocarse una persona para que el final de su sombra coincida con la del ciprés, y aplíquelos al caso de una persona que mida 1,90 m.

Cuadriláteros

Un cuadrilátero es un polígono de cuatro lados. Cuando los lados son paralelos dos a dos, se llaman *paralelogramos.* En los paralelogramos:

- Los lados opuestos son iguales.
- Los ángulos opuestos también son iguales y, además, los ángulos consecutivos son complementarios.
- Sus diagonales se cortan en el punto medio.

Son tipos de paralelogramos el **cuadrado** o el **rectángulo.**

Si es un paralelogramo que tiene sus ángulos y lados iguales dos a dos, es un **romboide.**

Cuando un paralelogramo tiene sus cuatro lados iguales y sus ángulos iguales dos a dos, pero las diagonales se cruzan formando ángulos rectos, es un **rombo.**

Un **trapecio** es un cuadrilátero que solo tiene paralelos dos de sus lados. Los lados paralelos se llaman *bases* (base mayor y base menor) y la longitud del segmento perpendicular desde uno de sus vértices al lado paralelo opuesto o prolongación de este se llama *altura* del trapecio.

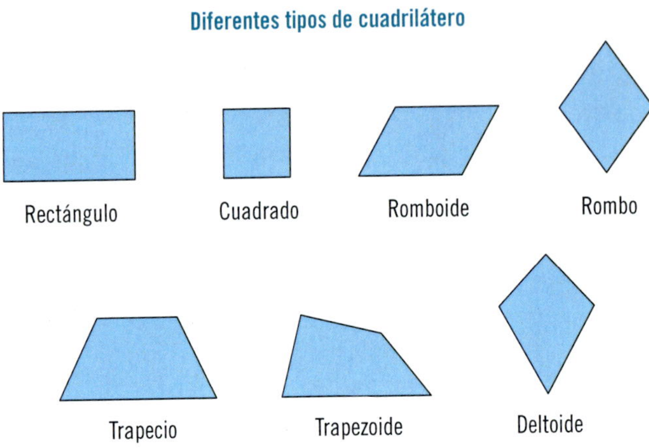

Hay diferentes tipos de trapecios:

- **Trapecio rectángulo:** es el que tiene dos ángulos rectos.
- **Trapecio isósceles:** es el que tiene iguales los lados que no son paralelos.
- **Trapecio escaleno:** es el que no tiene ningún lado igual ni ningún ángulo recto.

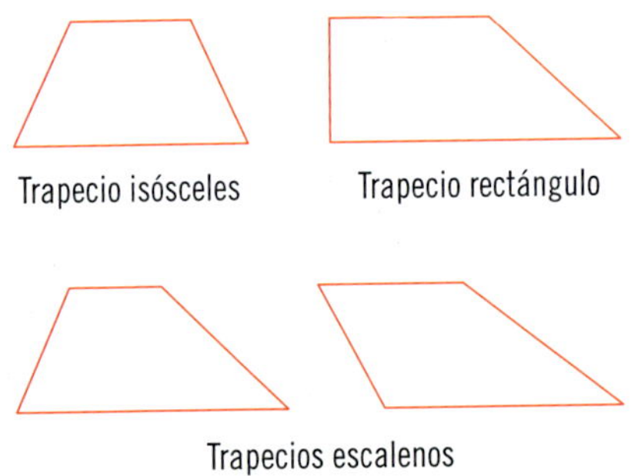

Un **trapezoide** es un cuadrilátero en el que los lados opuestos no son paralelos. Un tipo de trapezoide es el **deltoide,** que tiene sus lados contiguos iguales dos a dos y un par de ángulos contiguos iguales. Sus diagonales se cortan en ángulo recto.

4.2. Significado y cálculo de perímetros y áreas

Un trozo de plano delimitado por una línea cerrada constituye una figura plana. En relación con estas figuras planas se pueden definir y calcular su perímetro y su área.

Perímetro

Se denomina *perímetro* de una figura plana a "la longitud de la línea cerrada que la delimita".

Como, en los polígonos, esta línea cerrada es, además, poligonal (formada por segmentos concatenados), un polígono es un caso particular de figura plana.

El perímetro de un polígono es la suma de las longitudes de todos sus lados.

Aplicación práctica

En la clase de manualidades, una de las actividades va a consistir en construir un caleidoscopio de seis caras, en el que estas forman un hexágono regular. Se ha pedido a cada niño que aporte su espejo, que, posteriormente, será llevado a cortar y biselar. Si cada lado del caleidoscopio va a medir 2 cm, ¿cuál será la longitud mínima del espejo para poder obtener las seis caras del caleidoscopio?

SOLUCIÓN

Puesto que todas las caras del caleidoscopio van a obtenerse de la misma pieza de espejo, este debe tener una longitud como mínimo igual a la suma de la longitud de todas estas caras. Como va a tener forma de hexágono regular, el número de caras es igual al número de lados del hexágono, que es 6. Por tanto, coincide con el perímetro del hexágono.

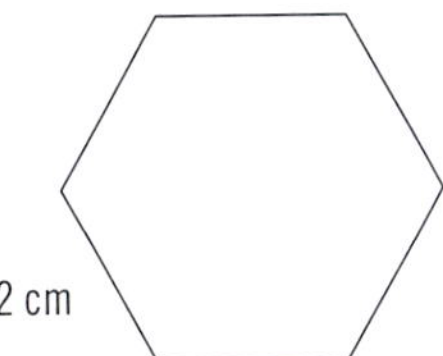

Continúa en página siguiente >>

<< Viene de página anterior

Así, la longitud mínima del espejo será:

$$6 \cdot 2 = \mathbf{12\ cm}$$

Aplicación práctica

Para evitar que los niños pequeños puedan acercarse libremente a una piscina como la de la figura, sus propietarios van a colocar una cerca alrededor. ¿Cuál será la longitud de dicha cerca?

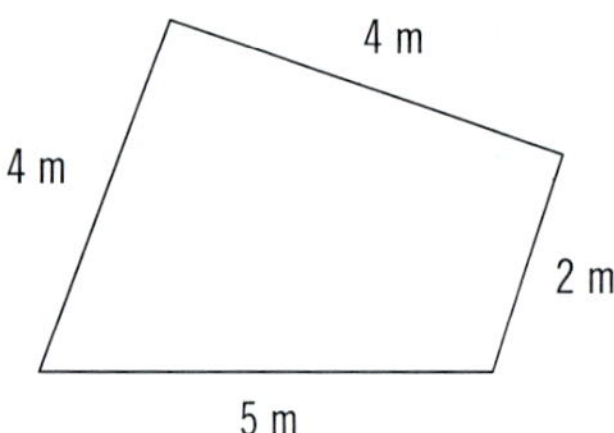

SOLUCIÓN

La longitud de la cerca coincide con el perímetro de la piscina. Como la piscina tiene forma de cuadrilátero irregular, el perímetro de un cuadrilátero se calcula sumando todos sus lados:

$$4 + 4 + 2 + 5 = \mathbf{15\ m}$$

Área

Una superficie es una extensión en la que solo se consideran dos dimensiones. Las superficies pueden ser planas (como en las figuras planas), curvas, cilíndricas, esféricas, etc. En este apartado, se tratan las superficies planas.

Se denomina *área* de una superficie a "la medida de la extensión o tamaño de dicha superficie".

Nota

No debe confundirse este concepto con la unidad de superficie también llamada *área* que equivale a 100 m^2.

Recuerde

Las unidades de superficie se basan en cuadrados con lados iguales a alguna unidad de longitud. En el sistema métrico decimal, la unidad de superficie fundamental es el metro cuadrado (m^2), que es igual al área de un cuadrado de un metro de lado. Existen múltiplos para medir superficies muy grandes y submúltiplos para medir superficies muy pequeñas.

En la siguiente tabla, se muestran las fórmulas que permiten calcular las áreas de los polígonos más usados.

Polígono	Figura	Área
Rectángulo	a b	$A = b \cdot a$

Continúa en página siguiente >>

<< Viene de página anterior

Polígono	Figura	Área
Cuadrado	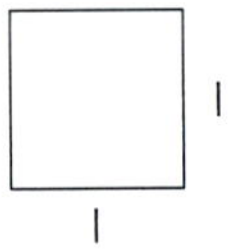 l, l	$A = l \cdot l = l^2$
Romboide	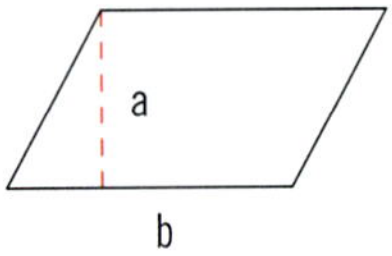 a, b	$A = b \cdot a$
Rombo	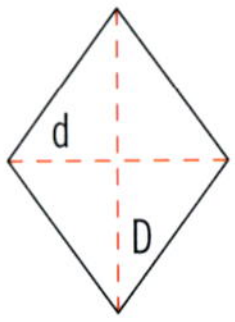 d, D	$A = \frac{D \cdot d}{2}$
Triángulo	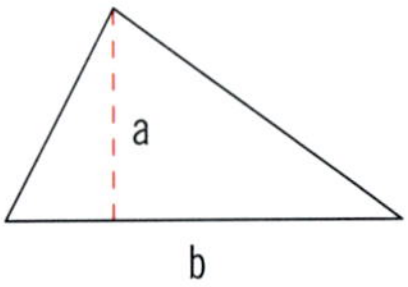 a, b	$A = \frac{b \cdot a}{2}$
Trapecio	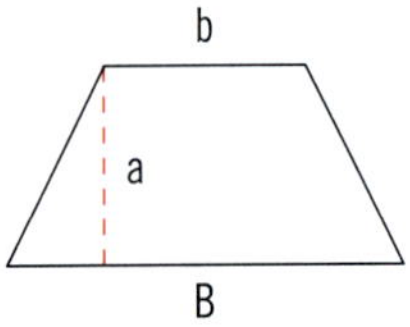 b, a, B	$A = \frac{(B + b) \cdot a}{2}$
Polígono regular de n lados	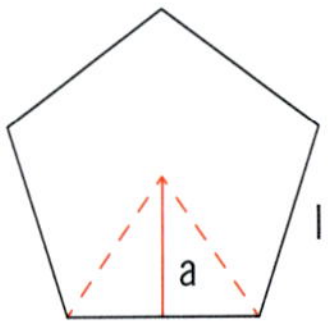 a, l	$A = \frac{P \cdot a}{2}$ $A = \frac{n \cdot l \cdot a}{2}$

Actividades

14. Busque información sobre cómo realizar un *tangram* y construya uno. Cuando lo tenga, forme todos los cuadrados posibles utilizando diferentes combinaciones de piezas y determine sus respectivos perímetros y áreas.

Área de cualquier polígono

Para calcular el área de un polígono cualquiera, por irregular que sea, basta con descomponerlo en otros polígonos más sencillos cuyas áreas sean más fáciles de calcular para, después, sumar estas áreas.

Cuando el polígono se divide en triángulos, el método es la **triangulación.** Puede triangularse trazando las diagonales de uno de sus vértices.

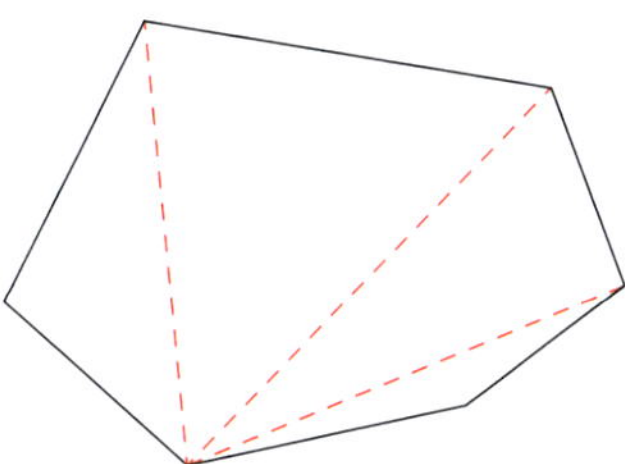

También puede elegirse un punto interior del polígono y unirlo con todos los vértices.

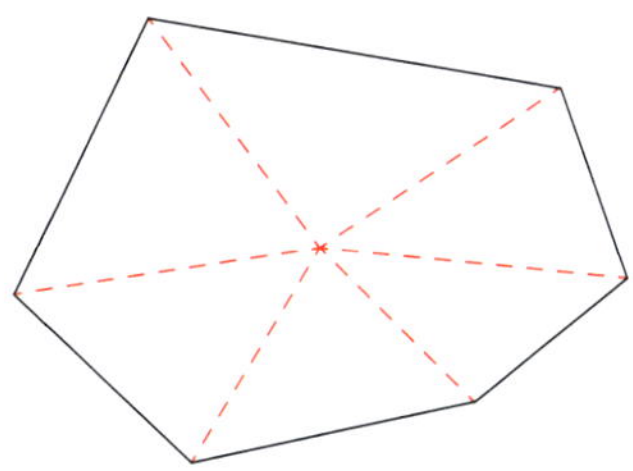

Otro método de descomposición consiste en elegir convenientemente una de las diagonales del polígono y trazar desde todos los vértices segmentos perpendiculares a dicha diagonal, con lo que el polígono queda dividido en triángulos, rectángulos, cuadrados y trapecios. El área total será igual a la suma de las áreas.

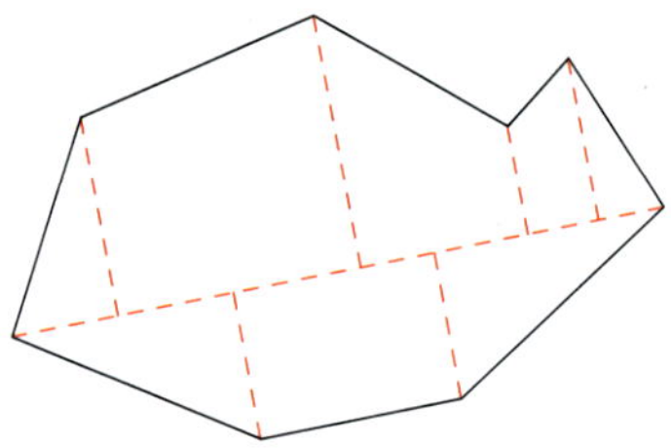

También puede calcularse el área de un polígono por la diferencia de áreas de otros más sencillos.

Aplicación práctica

En una lámpara tipo Tiffanys, uno de los cristales de color tiene la forma que muestra la siguiente imagen. ¿Cuál será la superficie de este cristal?

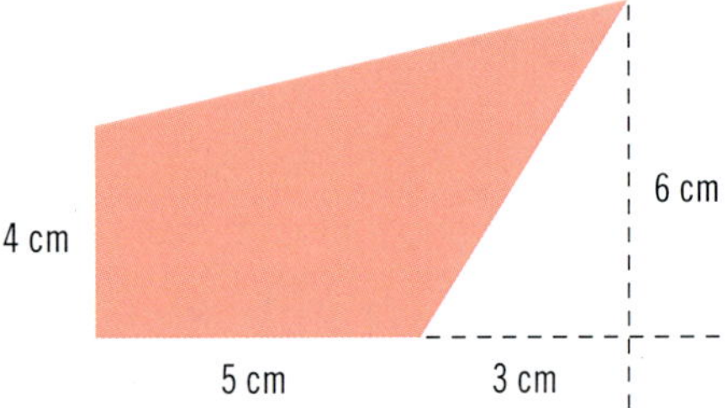

SOLUCIÓN

La pieza tiene forma poligonal, por lo que su superficie puede calcularse por la diferencia de áreas de polígonos más sencillos. Se señalan los vértices con letras para poder identificar los polígonos.

Continúa en página siguiente >>

<< Viene de página anterior

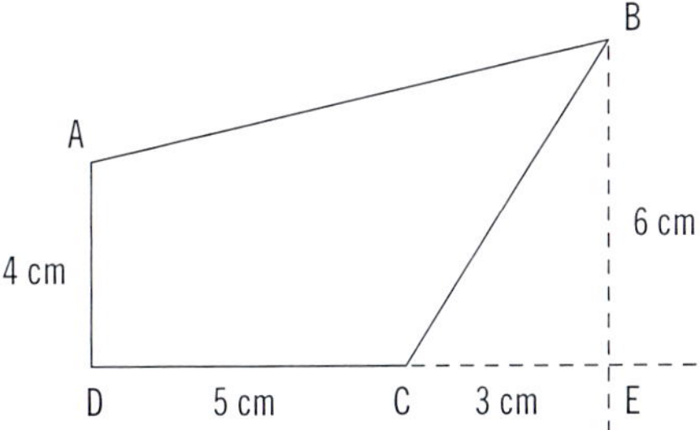

El polígono que quiere calcularse es ABCD. Su área puede calcularse restando al área del trapecio ABED el área del triángulo rectángulo BEC.

$$\text{Área de } \mathbf{ABED} = \frac{(B + b) \cdot h}{2} = \frac{(6 + 4) \cdot 8}{2} = 40 \text{ cm}^2$$

$$\text{Área de } \mathbf{BEC} = \frac{h \cdot b}{2} = \frac{6 \cdot 3}{2} = 9 \text{ cm}^2$$

$$\text{Área de } \mathbf{ABCD} = 40 - 9 = \mathbf{31\ cm^2}$$

Actividades

15. Estudie sobre un plano de su vivienda cuál es realmente su superficie útil. Si tiene un techo abuhardillado, calcule la superficie por la que podrá desplazarse sin chocar con el techo una persona que mida 1,85 m.

Aplicación práctica

Marta está diseñando un jardín para su casa de campo y ha trazado el siguiente esquema, en el que ha reflejado las dimensiones de los elementos que conoce. ¿Cuáles serán las áreas que ocupan los parterres de flores rosas, amarillas y de arbusto verde? ¿Cuál será el área del estanque central? ¿Y cuánto ocuparán los caminos?

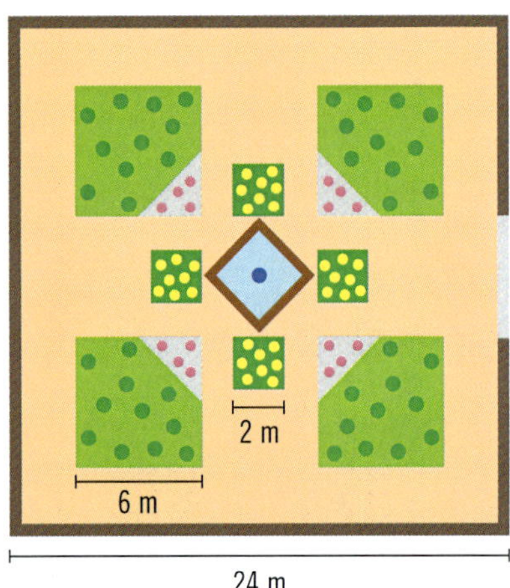

SOLUCIÓN

Los parterres de flores amarillas tienen forma cuadrada con l = 2 m, por tanto, su área será la de un cuadrado:

$$A = l \cdot l = l^2 = 2^2 = 4 \text{ m}^2$$

Como hay 4 parterres de flores amarillos, el área total será la suma de las áreas individuales o, lo que es lo mismo, 4 veces el área de uno de los parterres de flores amarillas:

$$Atam = 4 \cdot 4 = 16 \text{ m}^2$$

Los parterres de flores rosas tienen forma de triángulo rectángulo, que, además, es isósceles, en el que cada uno de los catetos tiene como longitud la mitad del lado del parterre de arbusto verde, esto es, 3 m. Como la fórmula del área de un triángulo, es:

Continúa en página siguiente >>

<< Viene de página anterior

$$A = \frac{b \cdot a}{2} = \frac{b \cdot b}{2} = \frac{b^2}{2} = \frac{3^2}{2} = \frac{9}{2} = 4{,}5\ m^2$$

Como hay 4 parterres de flores rosas, el área total será 4 veces el área de uno de los parterres:

$$Atros = 4 \cdot 4{,}5 = 18\ m^2$$

Los parterres de arbusto verde son cuadrados, a los que les falta un sector triangular. Por tanto, el área podrá calcularse por diferencia de las dos áreas. Si todo el parterre fuera de arbusto verde, su área sería la de un cuadrado de 6 m de lado. Así:

$$A = l \cdot l = l^2 = 6^2 = 36\ m^2$$

Ahora, habría que restarle el triángulo rectángulo del parterre de flores rosas:

$$A' = 36 - 4{,}5 = 31{,}5\ m^2$$

Y multiplicarlo por 4, que es el número de parterres de arbusto verde, con lo cual:

$$Atver = 4 \cdot 31{,}5 = 126\ m^2$$

La disposición y dimensiones de los parterres permiten obtener los datos necesarios para calcular la superficie del estanque. Las diagonales del estanque entre los parterres de flores amarillas miden 6 m. Este único dato permite calcular el área del estanque central, ya que su forma es cuadrada. La forma más sencilla de hacerlo es aplicar el teorema de Pitágoras. La diagonal del estanque es también la hipotenusa de un triángulo rectángulo. Llamando l al lado del triángulo, se obtiene:

$$6^2 = l^2 + l^2 = 2\ l^2$$

Por otra parte, el área de un cuadrado es $A = l \cdot l = l^2$

Por lo tanto, de la primera igualdad, puede obtenerse directamente el valor del área:

$$6^2 = l^2 + l^2 = 2 \cdot l^2 = 2 \cdot A \rightarrow A = 6^2/2 = 36/2 = 18\ m^2$$

Continúa en página siguiente >>

<< Viene de página anterior

También podría haberse calculado el área del estanque hallando el área de un triángulo rectángulo e isósceles que tuviera por lado la mitad de la diagonal, 3 m, y multiplicando ese resultado por 4, que son los triángulos rectángulos iguales en los que las dos diagonales dividen a un cuadrado.

La forma más sencilla de calcular la superficie que ocupan los caminos es restar, a la superficie total del jardín, la superficie que ocupan los parterres y el estanque.

El jardín tiene forma cuadrada de 24 m de lado, luego su área es:

$$A = 24 \cdot 24 = 576 \text{ m}^2$$

La superficie que ocupan parterres y estanque es la suma de las superficies de cada uno de ellos:

$$A' = 16 + 18 + 126 + 18 = 178 \text{ m}^2$$

Luego la diferencia de ambas es:

$$Acam = A - A' = 576 - 178 = \mathbf{398\ m^2}$$

5. La circunferencia y el círculo

Se denomina *circunferencia* a una "línea curva cerrada y plana en la que todos los puntos que la forman se encuentran a la misma distancia de otro punto llamado *centro*".

La superficie plana delimitada por una circunferencia se denomina **círculo.**

Sabía que...

Si va aumentándose el número de lados de un polígono regular, la longitud de los lados va haciéndose cada vez más pequeña. Si se aumentara el número de lados de manera infinita y de forma que cada lado tuviera de longitud solo un punto, se obtendría una circunferencia.

La circunferencia y el círculo comparten los siguientes elementos:

- **Centro:** punto que está a la misma distancia de todos los puntos de la circunferencia.
- **Radio:** segmento desde el centro del círculo hasta un punto cualquiera de la circunferencia.

Nota

Para trazar una circunferencia sobre papel, puede utilizarse un compás. Una de las puntas se coloca en el punto central de la circunferencia y la apertura de los brazos del compás determina su radio. Al girar el compás sobre sí mismo, el brazo desplazado irá trazando sobre el papel una figura en la que todos los puntos se encuentran a la misma distancia del centro.

Pero, además, en la circunferencia, pueden definirse los siguientes elementos:

- **Cuerda:** segmento que une dos puntos cualesquiera de la circunferencia.
- **Diámetro:** cuerda que pasa por el centro del círculo y que termina por ambos lados en la circunferencia.
- **Arco de circunferencia:** es cada parte de la circunferencia limitada por dos puntos que delimitan una cuerda.
- **Semicircunferencia:** cada uno de los arcos de circunferencia limitados por el diámetro.

Elementos de la circunferencia

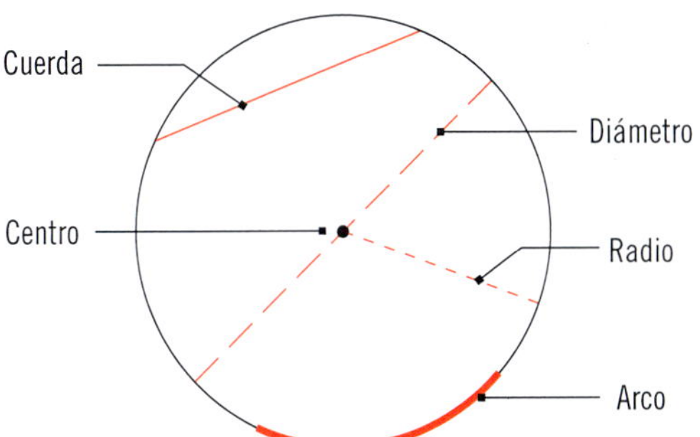

Los elementos que pueden definirse en el círculo son:

- **Sector circular:** parte del círculo comprendida entre dos radios y la circunferencia que lo limita.
- **Segmento circular:** parte del círculo comprendida entre un segmento circular y la circunferencia.
- **Semicírculo:** es el segmento circular en el que el segmento que lo limita es el diámetro.
- **Zona circular:** parte del círculo comprendida entre dos cuerdas.
- **Corona circular:** parte del círculo comprendida entre dos círculos concéntricos.
- **Trapecio circular:** parte de una corona circular comprendida entre dos radios.

Elementos del círculo

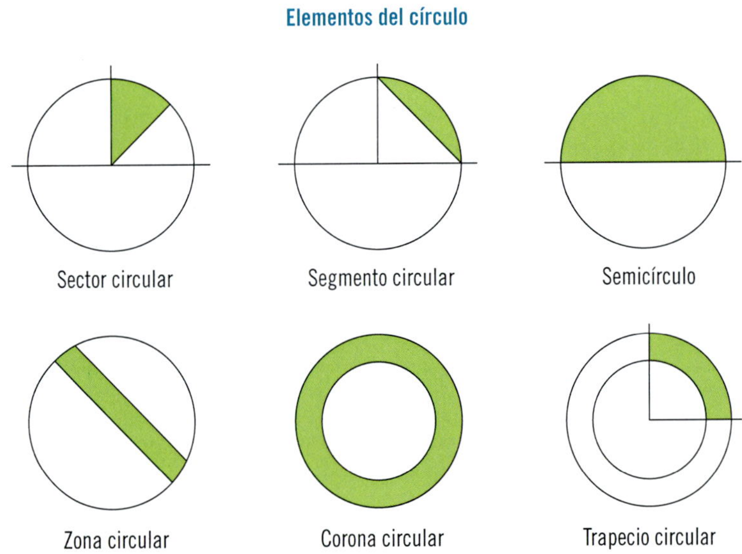

5.1. Significado del número pi. Relación entre el diámetro y la longitud de la circunferencia

El número **pi,** que se representa por la letra griega **π,** es un número decimal e irracional, es decir, que tiene un número infinito de decimales que no son periódicos, que se emplea no solo en cálculos matemáticos, sino también en física y astronomía.

Su valor viene determinándose desde la antigüedad, ya que, al ser un número con infinitos decimales, el valor de la parte decimal va calculándose y se amplía el número de decimales conocidos en función de la evolución de la técnica.

En geometría, expresa la relación que existe entre la longitud de la circunferencia y su diámetro.

Una forma intuitiva de conocer cuál es la longitud de la circunferencia consiste en hacer rodar sobre una superficie plana un objeto circular, en cuyo borde se habrá marcado un punto para conocer el origen. Se observa que la longitud que recorre el objeto hasta que el punto marcado vuelve a coincidir con la superficie plana es algo mayor que tres veces el diámetro del objeto. Y este valor se repite con todos los objetos circulares, sea cual sea su diámetro. El valor del número que expresa esa relación entre el diámetro y la longitud de la circunferencia se acota a dos decimales como:

$$\pi = 3{,}14$$

Relación entre la longitud de una circunferencia y su diámetro

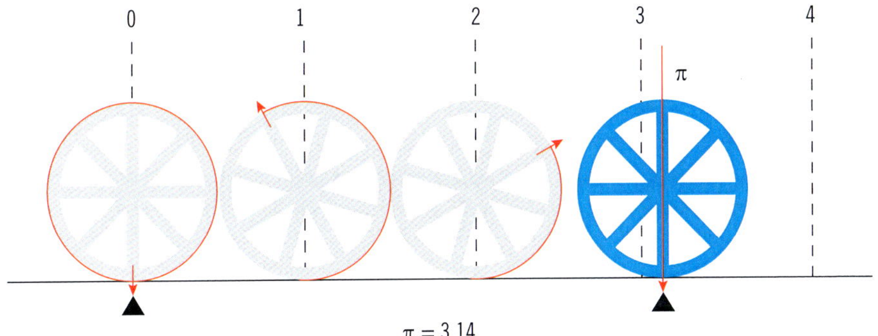

$\pi = 3{,}14$

Actividades

16. Busque información sobre el número de decimales que tiene pi y cómo se determinan.

5.2. Cálculo de la longitud de la circunferencia

El perímetro de un círculo, también llamado *longitud de la circunferencia,* es **2 · π ·** ***r*** o, lo que es lo mismo, **π · D,** donde *r* es el radio del círculo y D es el diámetro.

Recuerde

π es una constante, que se lee "pi", y vale 3,141592... Se conocen millones de decimales, aunque suele aproximarse tan solo a dos decimales, o sea, en estos cálculos, se tomará siempre el valor de 3,14.

Aplicación práctica

Marta tiene una moneda antigua con la que quiere hacer un llavero para regalárselo a su padre. Para ello, el platero va a ponerle alrededor un borde de plata, en el que podrá soldarse una cadena con el aro para las llaves. ¿Cuál será la longitud de la pieza de plata con la que rodeará la moneda si esta tiene 3 cm de radio?

Continúa en página siguiente >>

<< Viene de página anterior

SOLUCIÓN

La moneda tiene forma de círculo y la pieza con la que el platero debe construir el borde debe recorrerlo y rodearlo completamente, por lo tanto, debe tener la longitud de su perímetro. Así que hay que aplicar la fórmula que permite calcular el perímetro del círculo.

$$\text{Perímetro} = 2 \cdot \pi \cdot 3 = 2 \cdot 3{,}14 \cdot 3 = \mathbf{18{,}84\ cm}$$

Conocida la expresión del perímetro del círculo, resulta fácil calcular la longitud de un arco de circunferencia, ya que la razón entre la longitud del arco de circunferencia y el perímetro será la misma que entre el ángulo que limita el arco y el ángulo completo (360°) que corresponde a toda la circunferencia.

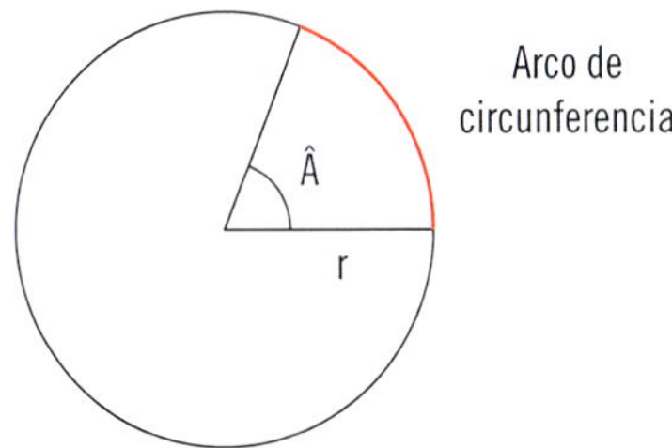

Se establece entonces la siguiente proporción:

$$\frac{\text{Longitud del arco}}{\text{Perímetro}} = \frac{\hat{A}}{360^\circ}$$

Donde Â es el ángulo que limita el arco.

Sustituyendo el perímetro por $2 \times \pi \times r$ y despejando la longitud del arco, se obtiene:

$$\text{Longitud del arco} = \frac{(\hat{A} \cdot 2 \cdot \pi \cdot r)}{360^\circ}$$

5.3. Cálculo del área del círculo

Si se supone que un círculo es un polígono de infinitos lados, puede aplicarse la fórmula de cálculo del área de un polígono de *n* lados para calcular su área, sabiendo que el perímetro del círculo es $P = 2 \times \pi \times r$ y que, en un círculo, la apotema es el radio, *r*.

Sustituyendo estos valores, se obtiene:

$$A = \frac{(P \cdot a)}{2} = \frac{2 \cdot \pi \cdot r \cdot r}{2} = \pi \cdot r^2$$

De la fórmula, se deduce que el área del círculo es π por el radio al cuadrado.

La razón entre el área del sector circular y el área de todo el círculo será la misma que entre el ángulo que limita el sector y el ángulo completo (360°) que corresponde a todo el círculo.

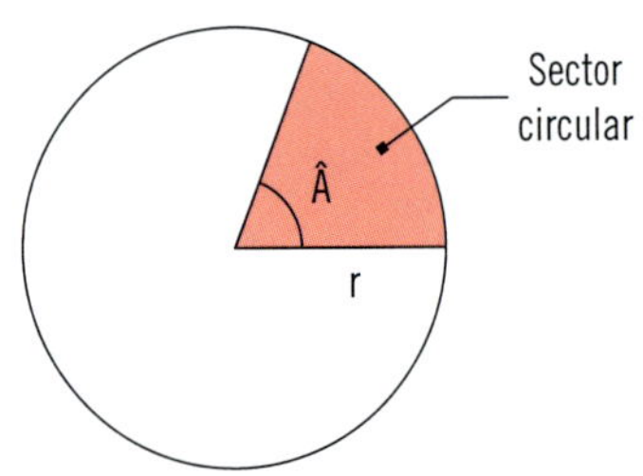

$$\frac{\text{Área del sector}}{\text{Área del círculo}} = \frac{\hat{A}}{360°}$$

Donde Â es el ángulo que limita el sector.

Sustituyendo el área del círculo por $\pi \times r^2$ y despejando el área del sector circular, se obtiene:

$$\text{Área del sector} = \frac{(\hat{A} \cdot \pi \cdot r^2)}{360°}$$

Actividades

17. Si se sabe que, de una tarta de 30 · 20 cm, pueden obtenerse 12 porciones, ¿cuál será el arco del sector correspondiente a cada porción de la tarta circular de igual área?

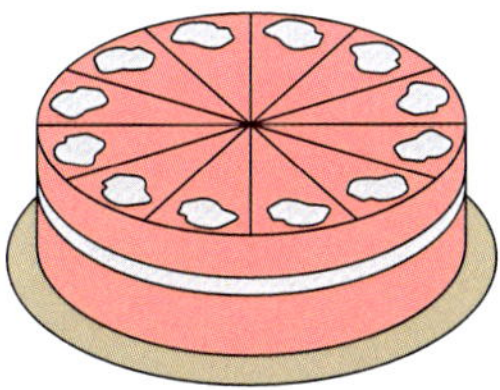

El área de una corona circular se calcula como la diferencia entre las áreas de las circunferencias entre las que se establece, restando al área de la circunferencia de mayor radio el área de la circunferencia de menor radio. Si R es el radio de la circunferencia mayor y r es el radio de la circunferencia menor, se expresará como:

$$A = \pi \cdot R^2 - \pi \cdot r^2 = \pi \cdot (R^2 - r^2)$$

El área de un trapecio circular se calculará como la diferencia de las áreas de los sectores circulares en la circunferencia mayor, de radio R, y en la circunferencia menor, de radio *r:*

$$\text{Área} = \frac{\hat{A} \cdot \pi \cdot (R^2 - r^2)}{360°}$$

El área de un segmento circular es la diferencia entre el área de un sector circular y el área del triángulo cuyos vértices son los extremos del segmento y el centro del círculo.

Ejercicio práctico

Determine el área que queda entre un hexágono de lado l = 8 cm y la circunferencia inscrita en él.

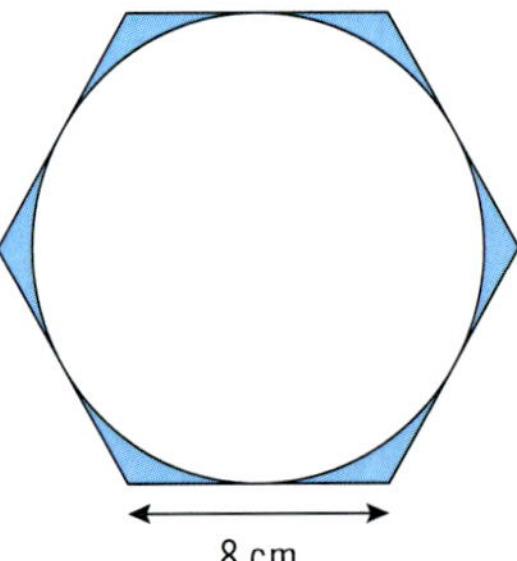

SOLUCIÓN

El área que hay que calcular es la diferencia entre el área del hexágono y la del círculo inscrito en él. Se calcula el área del círculo limitado por la circunferencia, ya que la circunferencia no podría restarse del área del hexágono por tener diferentes magnitudes.

$$A = Ah - Ac$$

Continúa en página siguiente >>

<< Viene de página anterior

Siendo A = área buscada, Ah = área del hexágono y Ac = área del círculo.

Para calcular el la superficie del hexágono, se aplica la fórmula que permite hallar el área en un polígono regular de n lados:

$$Ah = \frac{P \cdot a}{2} = \frac{n \cdot l \cdot a}{2}$$

Para este hexágono, n = 6, l = 8 cm, y habría que calcular la apotema, que sería la línea que va desde el centro de la figura al centro de uno de sus lados. La apotema coincidiría con uno de los catetos del triángulo rectángulo que se forma con uno de los radios del polígono, que sería la hipotenusa de dicho triángulo, y la mitad del lado al que es perpendicular la apotema, que sería el otro cateto.

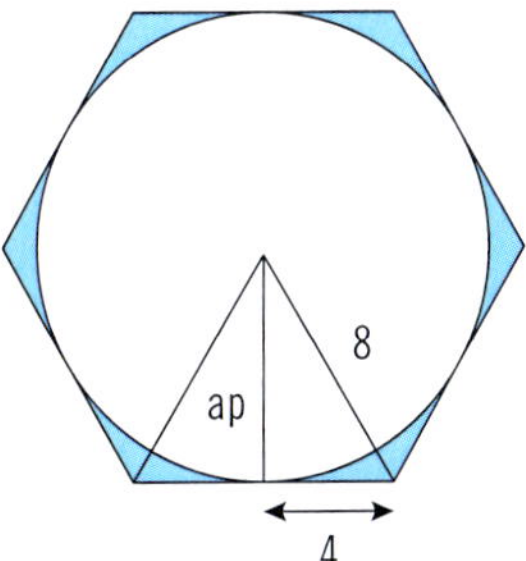

Para calcularla, se emplearía el teorema de Pitágoras:

$$l^2 = ap^2 + (l/2)^2 \rightarrow ap^2 = l^2 - (l/2)^2 = 8^2 - 4^2 = 64 - 16 = 48$$

$$ap = \sqrt{48} = 6{,}93 \text{ cm}$$

Sustituyendo en la fórmula, se obtiene:

$$Ah = \frac{6 \cdot 8 \cdot 6{,}93}{2} = 166{,}27 \text{ cm}^2$$

Continúa en página siguiente >>

<< Viene de página anterior

Pero, además, la apotema coincidirá con el radio del círculo. Luego el área del círculo será:

$$Ac = \pi \cdot r^2 = \pi \cdot ap^2 = \pi \cdot 48 = 150{,}72 \text{ cm}^2$$

Donde el valor de π se ha tomado con dos decimales (3,14).

Por tanto, el valor del área pedida será:

$$A = Ah - Ac = 166{,}27 - 150{,}72 = \mathbf{15{,}55\ cm^2}$$

Actividades

18. En las pinturas cubistas, las diferentes figuras se obtienen por la combinación de diferentes superficies geométricas. Observe varias de estas pinturas, elija una de ellas, identifique las superficies geométricas que aparecen y las operaciones de adición y sustracción que hay que realizar para que las superficies geométricas se conviertan en objetos identificables. Luego, intente obtener su superficie total por la combinación de las superficies geométricas dibujadas.

6. Cuerpos geométricos: prismas y pirámides

La geometría espacial se encarga del estudio de los cuerpos de tres dimensiones (longitud, anchura y altura). Todo cuerpo que ocupa un espacio está delimitado por superficies, que pueden ser planas o curvas.

Cualquier porción de espacio limitada por superficies es un *cuerpo geométrico.*

- Si las superficies son planas, el cuerpo geométrico se denomina *poliedro.* Son poliedros los **prismas** y las **pirámides.**

- Si las superficies son curvas, se denomina *cuerpo redondo.* Son cuerpos redondos la **esfera,** el **cilindro** y el **cono.**

Definición

Geometría espacial
Parte de la geometría que considera las figuras cuyos puntos no están todos en un mismo plano.

A continuación, se verán solo los poliedros, pues el estudio de los cuerpos redondos se deja para otra obra.

Una buena parte de los objetos creados por el hombre son poliedros, es decir, están delimitados por superficies planas. En los poliedros, se distinguen los siguientes elementos:

- **Caras:** son los polígonos que delimitan el poliedro (como mínimo, cuatro).
- **Vértices:** cada uno de los vértices de las caras.
- **Aristas:** cada uno de los lados de las caras.
- **Diagonales:** segmentos que unen vértices que están en distintas caras.

Elementos del poliedro

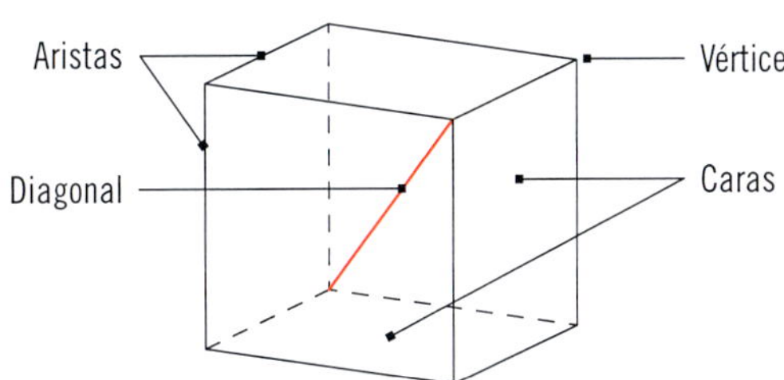

En los poliedros, se cumple la **fórmula de Euler,** que establece que, si se suman el número de caras (C) y el número de vértices (V) de un poliedro, se obtiene el número de aristas (A) más 2. Es decir:

$$C + V = A + 2$$

O, lo que es igual:

$$C + V - A = 2$$

Ejemplo

En el poliedro de la figura anterior, el número de caras es 6, el número de vértices es 8 y el número de aristas es 12.

Luego 6 (C) + 8 (V) = 12 (A) + 2.

Cuando, en un poliedro, todas sus caras son polígonos regulares iguales entre sí y, en cada vértice, concurren el mismo número de polígonos, recibe el nombre de *poliedro regular.*

Sabía que...

Los poliedros regulares reciben también el nombre de *sólidos platónicos.*

Existen cinco tipos de poliedros regulares, que son:

- **Tetraedro:** cuatro caras que son triángulos equiláteros. Sus ángulos interiores miden 60°.
- **Cubo o hexaedro:** seis caras que son cuadrados. Sus ángulos interiores miden 90°.
- **Octaedro:** ocho caras que son triángulos equiláteros. Sus ángulos interiores miden 60°.
- **Dodecaedro:** doce caras que son pentágonos regulares. Sus ángulos interiores miden 108°.
- **Icosaedro:** veinte caras que son triángulos equiláteros. Sus ángulos interiores miden 60°.

Poliedros regulares

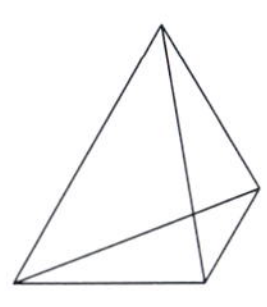

Tetraedro

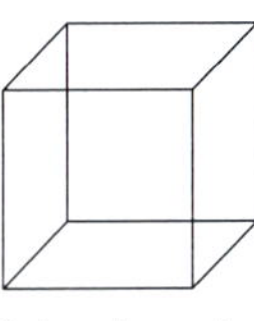
Cubo o hexaedro

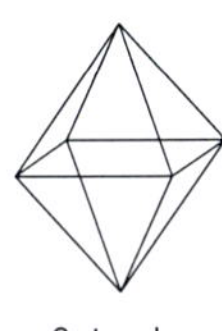
Octaedro

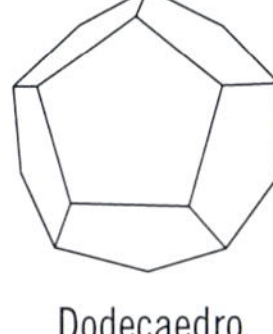
Dodecaedro

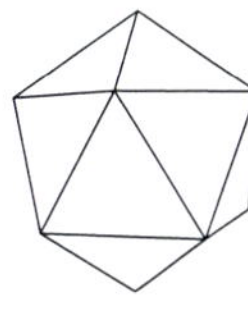
Icosaedro

El tetraedro, el octaedro y el icosaedro se construyen a partir de triángulos equiláteros. El hexaedro, a partir de cuadrados, y el dodecaedro, a partir de pentágonos.

Para que se forme un poliedro regular, debe cumplirse que la suma de los ángulos que convergen en un vértice sea menos de 360°, ya que, si fuera igual a 360°, se formaría una figura plana en forma de mosaico: Se tiene, pues:

- Tetraedro: $3 \cdot 60^\circ = 180^\circ < 360^\circ$
- Cubo: $3 \cdot 90^\circ = 270^\circ < 360^\circ$
- Octaedro: $4 \cdot 60^\circ = 240^\circ < 360^\circ$
- Dodecaedro: $3 \cdot 108^\circ = 324^\circ < 360^\circ$
- Icosaedro: $5 \cdot 60^\circ = 300^\circ < 360^\circ$

Ejemplo

Cubo: $3 \cdot 90^\circ = 270^\circ < 360^\circ$

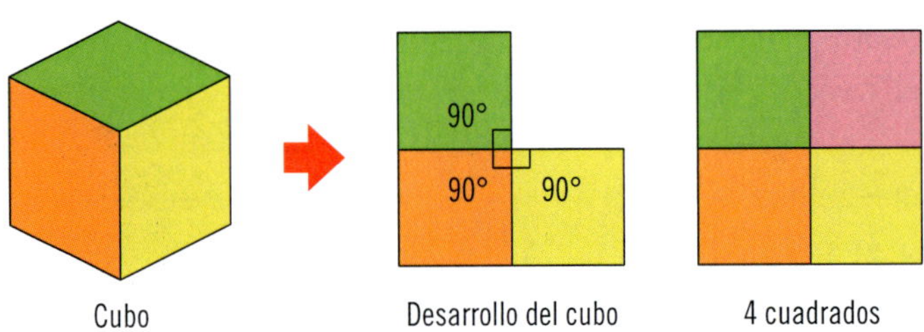

Cubo — Desarrollo del cubo — 4 cuadrados

El **área** de un cuerpo geométrico es la medida de la superficie que lo delimita. Se mide en unidades de superficie.

El **volumen** de un cuerpo geométrico es la medida del espacio que ocupa. Se mide en unidades de volumen.

El área y el volumen de cualquier cuerpo geométrico pueden obtenerse por la unión o sustracción de las áreas y volúmenes de los cuerpos geométricos principales. Solo hay que descomponer el cuerpo geométrico, calcular las áreas y volúmenes por separado y, luego, sumar o restar.

Actividades

19. Observe los diferentes poliedros regulares y realice su desarrollo.

6.1. Cálculo del área y volumen del prisma

Un **prisma** es un poliedro que tiene dos caras iguales paralelas, que se denominan *bases,* y el resto de sus caras son paralelogramos, y se denominan *caras laterales.*

La distancia entre ambas bases se denomina *altura* del prisma.

Los prismas pueden clasificarse atendiendo a diversos criterios:

- **Según la forma del polígono de sus bases:** pueden ser prismas triangulares, cuadrangulares, hexagonales, etcétera.
- **Según la forma de sus caras laterales:** si todas son rectángulos o cuadrados, se denominan *prismas rectos* y, si alguna es un rombo o romboide, se denominan *prismas oblicuos.*
- Si, además de ser rectos, sus bases son polígonos regulares, se denominan *prismas regulares.*
- Los prismas cuyas bases son paralelogramos y sus caras laterales son paralelas dos a dos se denominan *paralelepípedos.*

En un prisma regular, cualquier sección a cualquier altura es regular, es decir, una forma con lados de igual longitud.

Prismas

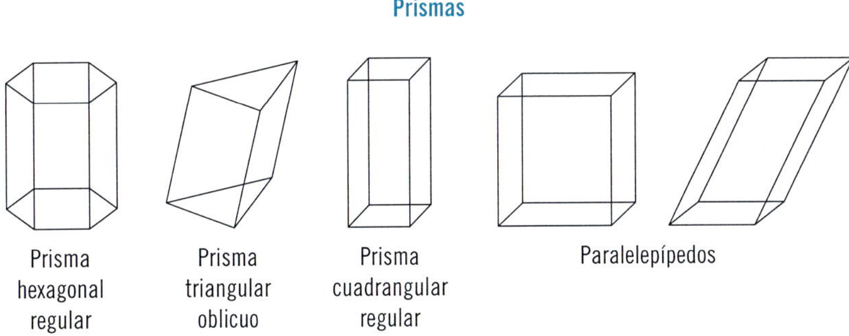

Nota

Un cubo también es un prisma porque todas las secciones que se obtienen a lo largo de su longitud son un cuadrado.

Cálculo del área

El **área total (A_T)** de un prisma es igual a la suma de su área lateral más el área de sus bases. Llamando **(A_L)** el área lateral y **(A_B)** el área de una base, se obtiene:

$$A_T = A_L + 2A_B$$

En un prisma recto, el área lateral, A_L, es igual al producto del perímetro de su base P, por la altura del prisma, *h*. Es decir:

$$A_L = P \cdot h$$

Y el área de la base dependerá del tipo de polígono del que se trate. Normalmente, son polígonos regulares, por lo que podrá usarse la expresión vista para este tipo de polígonos:

$$A_B = \frac{P \cdot a}{2}$$

Siendo P el perímetro y *a* la apotema del polígono que constituye la base.

Ejercicio práctico

Establezca el área total de un prisma pentagonal regular cuya altura es 12 cm, el pentágono de su base tiene de lado 2,9 cm y su apotema es de 2 cm.

SOLUCIÓN

La representación del prisma en la forma desarrollada será:

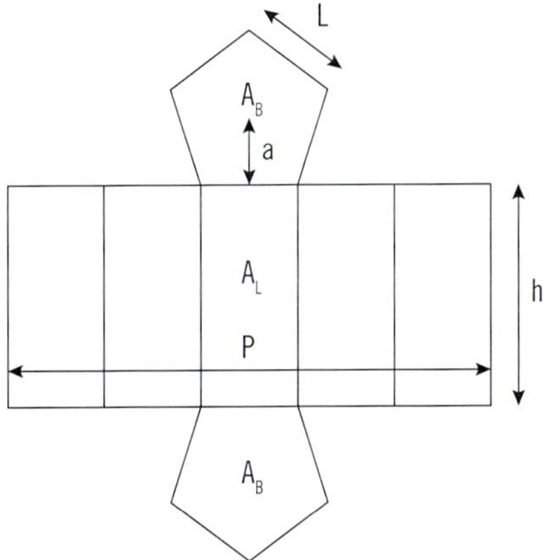

El perímetro de la base es:

$$P = 5 \cdot L = 5 \cdot 2{,}9 = 14{,}5 \text{ cm}$$

El área lateral es:

$$A_L = P \cdot h = 14{,}5 \cdot 12 = 174 \text{ cm}^2$$

El área de una base es:

$$A_B = \frac{P \cdot a}{2} = \frac{14{,}5 \cdot 2}{2} = 14{,}5 \text{ cm}^2$$

El área total es:

$$A_T = A_L + 2A_B = 174 + 14{,}5 = 203 \text{ cm}^2$$

Cálculo del volumen

El volumen de un prisma, tanto si es recto como si es oblicuo, es igual al producto de su base por la altura:

$$V = A_B \cdot h$$

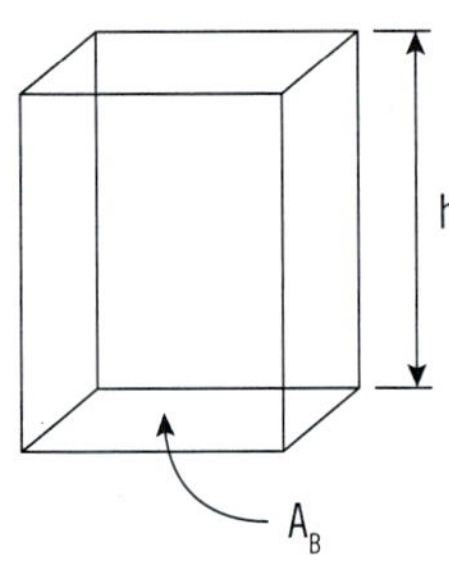

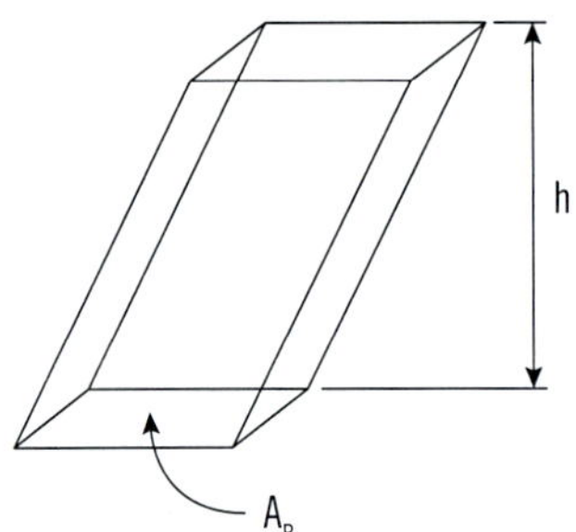

Aplicación práctica

Calcule el volumen de agua que podrá contener un florero que tiene la forma de un prisma cuya base es un rectángulo de lados de 5 y 7 cm y cuya altura es de 12 cm.

Continúa en página siguiente >>

<< Viene de página anterior

SOLUCIÓN

Para identificar cada dimensión con los lados del prisma, se realiza el siguiente dibujo:

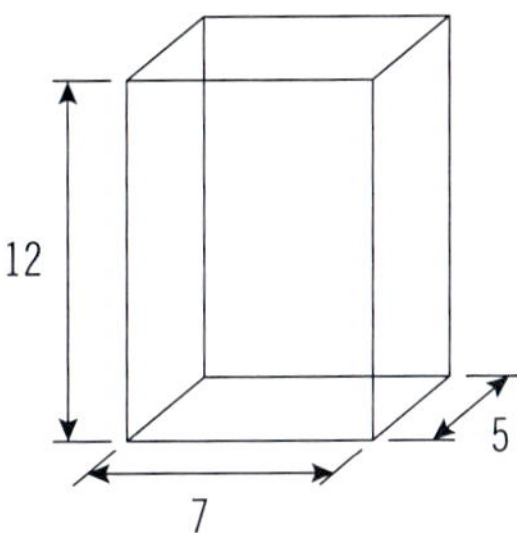

El área de la base es:

$$A_B = 5 \cdot 7 = 35 \text{ cm}^2$$

El volumen es:

$$V = A_B \cdot h = 35 \cdot 12 = \mathbf{420\ cm^3}$$

Actividades

20. Diseñe un molde cuadrado para una tarta de tres chocolates de forma que, en cada capa, haya la misma cantidad de chocolate. Otra condición que debe cumplir el molde es que, al corte, cada capa envuelva a la interior, tanto lateralmente como por la parte superior, con el mismo espesor.

Aplicación práctica

Identifique el volumen de un prisma cuya base tiene la forma de la figura que se muestra a continuación (medidas están expresadas en centímetros).

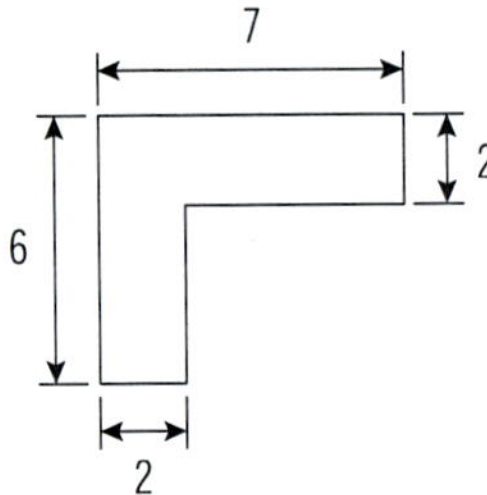

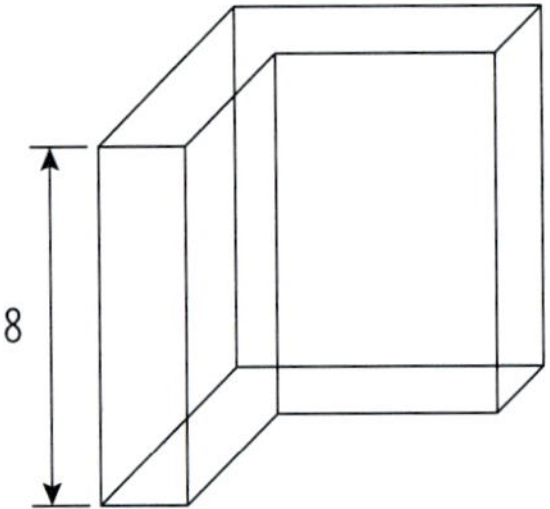

SOLUCIÓN

Para calcular el área de la base, se divide en dos rectángulos, como se muestra en la figura. Dicha área será:

$$A_B = 6 \cdot 2 + 5 \cdot 2 = 22 \text{ cm}^2$$

Como la altura es 8 cm, el volumen es:

$$V = A_B \cdot h = 22 \cdot 8 = \mathbf{176\ cm^3}$$

6.2. Cálculo del área y volumen de la pirámide

Una **pirámide** es un poliedro cuya base es un polígono y sus caras laterales son triángulos que concurren en un vértice.

La **altura** de la pirámide es la distancia en línea recta desde su vértice hasta el plano que contiene su base.

La pirámide se denomina *recta* si todas sus caras laterales son triángulos isósceles y la altura corta al polígono que forma la base en su punto central, y se denomina *oblicua* si alguna de sus caras laterales es un triángulo escaleno y la altura no corta a la base en el centro del polígono.

La pirámide se denomina *regular* si, además de ser recta, su base es un polígono regular.

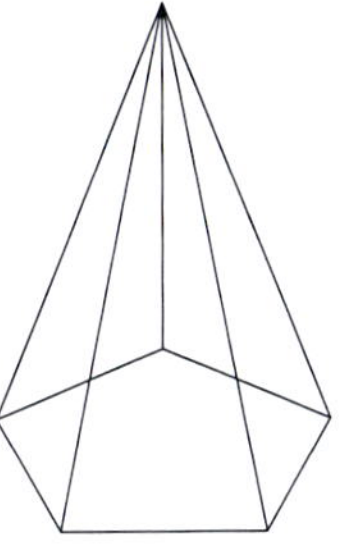
Pirámide regular

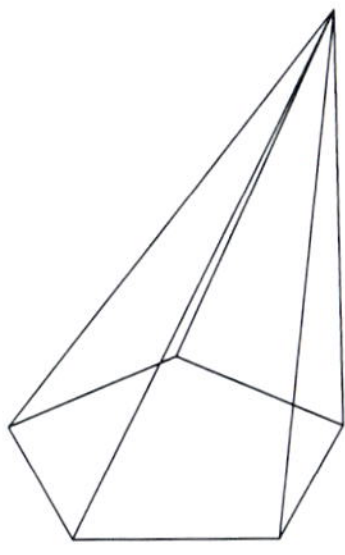
Pirámide oblicua

Según el número de lados del polígono que forma su base, las pirámides se denominan *pirámide de base triangular, pirámide de base cuadrangular, pirámide de base pentagonal,* etc., en función de si su base es un triángulo, un cuadrado o un pentágono.

Si se corta una pirámide por un plano paralelo a su base, se obtiene un poliedro denominado *tronco de pirámide.* Ese poliedro tiene dos bases paralelas semejantes, ya que corresponden al mismo tipo de polígono, pero con distinta longitud del lado, y tantas caras laterales en forma de trapecio regular como lados tenga el polígono que forma la base. La parte de la pirámide que queda separada por el plano de corte se denomina *pirámide deficiente.*

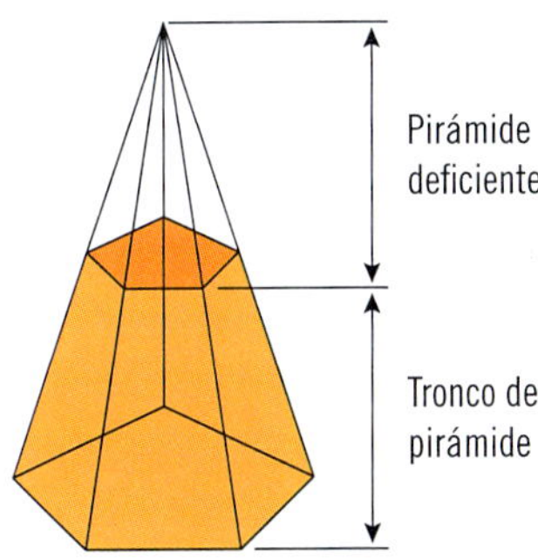

Área de la pirámide

En las pirámides, el área total es la suma del área lateral y la de la base, que, en los casos de estos cuerpos geométricos, solo hay una.

$$A_T = A_L + A_B$$

En las pirámides, las caras laterales son triángulos. Si la pirámide es regular, estos triángulos son isósceles e iguales entre sí.

Aplicación práctica

En un bote de témpera, se especifica que, con su contenido, puede cubrirse una superficie de 100 cm². Deduzca si será suficiente dicho contenido para pintar completamente la pirámide de la figura (medidas están expresadas en centímetros).

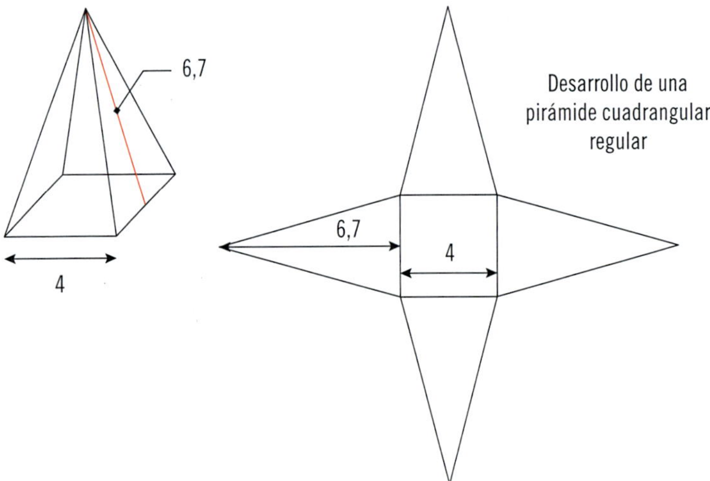

SOLUCIÓN

Es necesario conocer cuál es el área de la pirámide para saber si es mayor o menor que la superficie indicada en el bote. Así que se aplica la fórmula correspondiente:

Continúa en página siguiente >>

<< Viene de página anterior

$$A_T = A_L + A_B$$

El área lateral está formada por triángulos. Cada triángulo de los que forman la superficie lateral tiene un área de:

$$A = \frac{4 \cdot 6{,}7}{2} = 13{,}4 \text{ cm}^2$$

El área lateral total será de:

$$A_L = 4 \cdot 13{,}4 = 53{,}6 \text{ cm}^2$$

El área de la base es un cuadrado:

$$A_B = 4 \cdot 4 = 16 \text{ cm}^2$$

El área total de la pirámide es:

$$A_T = 53{,}6 + 16 = \mathbf{69{,}6\ cm^2}$$

Como el área obtenida es menor que 100 cm², podrá pintarse completamente la pirámide con un solo bote de témpera.

El área de un tronco de pirámide es la suma de las áreas de su base mayor y su base menor más el área lateral, que se calculará sumando tantas áreas de trapecios regulares como caras tengan las bases.

$$A_T = A_{BM} + A_{bm} + A_L$$

Donde A_T es el área total del tronco de pirámide, A_{BM} es el área de la base mayor, A_{bm} es el área de la base menor y A_L es el área lateral, que corresponde a la suma de *n* áreas de trapecio.

Aplicación práctica

El molde de la figura va a forrarse con obleas y, una vez relleno, se tapará con otra oblea. ¿Cuánta oblea será necesaria? (Las dimensiones del molde se dan en centímetros.)

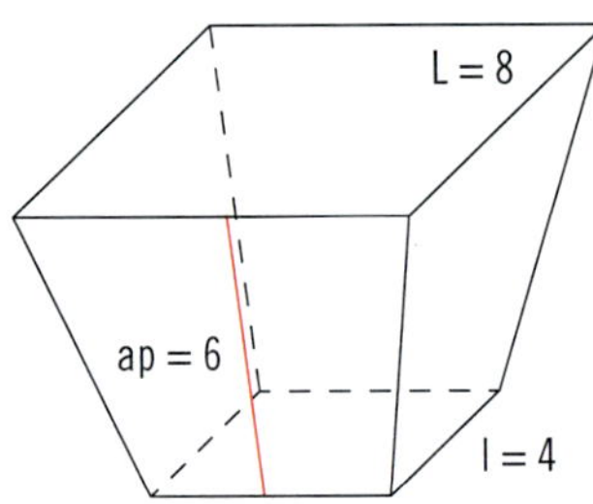

SOLUCIÓN

El molde tiene forma de tronco de pirámide de base cuadrada, por lo que la cantidad de oblea necesaria para forrarlo coincide con el área de dicho tronco de cono, ya que también se necesita una capa de oblea para taparlo, cuya área es la de la cara superior del molde.

$$A_T = A_{BM} + A_{bm} + A_L$$

$$A_{BM} = L^2 = 8^2 = 64 \text{ cm}^2$$

$$A_{bm} = l^2 = 4^2 = 16 \text{ cm}^2$$

$$A_L = n \cdot \frac{(B + b) \cdot a}{2} = 4 \cdot \frac{(8 + 4) \cdot 6}{2} = 4 \cdot 36 = 144 \text{ cm}^2$$

$$A_T = 64 + 16 + 144 = \mathbf{224\ cm^2}$$

Volumen de la pirámide

La expresión que permite calcular el volumen de una pirámide es:

$$V = \frac{1}{3} \cdot A_B \cdot h$$

Donde A_B es el área de la base y *h* es la altura desde el plano de la base al vértice de la pirámide.

Aplicación práctica

En un colegio, van a celebrar una fiesta de la primavera, en la que los niños se lanzarán pinturas de colores. La cantidad de pintura que se dará a cada niño es la que cabe dentro de una pirámide como la que, anteriormente, se ha pintado con témpera. ¿Cuánta pintura se entrega a cada niño?

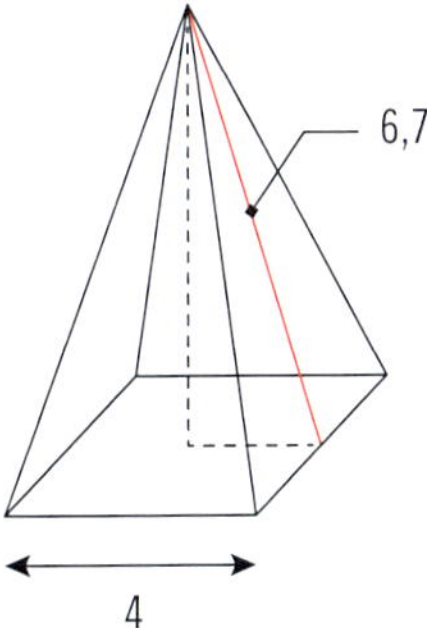

SOLUCIÓN

La cantidad de pintura es la que cabe en la pirámide, por lo tanto, hay que calcular su volumen aplicando la fórmula correspondiente.

Para calcular la altura de la pirámide, hay que considerar el triángulo rectángulo que se representa en la figura y aplicar el teorema de Pitágoras:

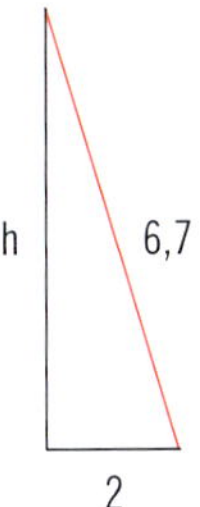

Continúa en página siguiente >>

<< Viene de página anterior

$$h^2 + 2^2 = 6{,}7^2 \Rightarrow h = \sqrt{44{,}9 - 4} = 6{,}4 \text{ cm}$$

$$A_B = 4 \cdot 4 = 16 \text{ cm}^2$$

$$V = \frac{1}{3} \cdot A_B \cdot h = \frac{1}{3} \cdot 16 \cdot 6{,}4 = \mathbf{34{,}13\ cm^3}$$

Partiendo de que un tronco de pirámide es una pirámide a la que le falta otra más pequeña (la pirámide deficiente), el cálculo de su volumen consistirá en restar, al volumen de la pirámide completa, el volumen de la pirámide deficiente (la que le falta).

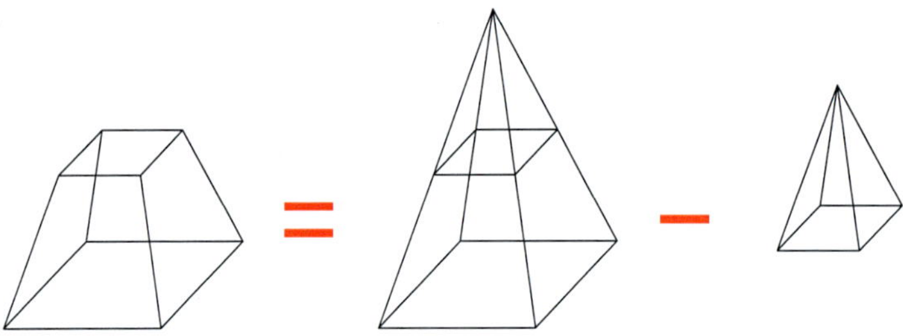

Aplicación práctica

Para llenar 40 moldes que tienen forma de tronco de pirámide, como el de la figura (medidas en centímetros), considere si será suficiente con un bote de 2.000 cm³ de crema pastelera.

Continúa en página siguiente >>

<< Viene de página anterior

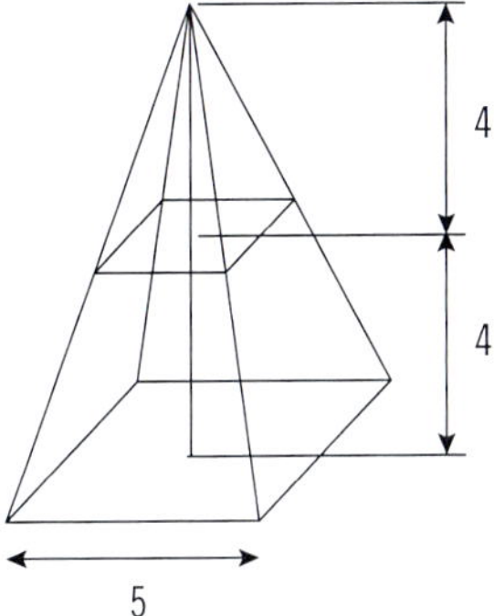

SOLUCIÓN

Hay que calcular el volumen que puede contener cada molde para, luego, calcular la cantidad necesaria para llenar 40 moldes. Para ello, se aplica la fórmula correspondiente.

La altura de la pirámide completa sería 8 y el volumen:

$$V = \frac{1}{3} \cdot A_{B1} \cdot h_1 = \frac{1}{3} \cdot 5^2 \cdot 8 = 66{,}67 \text{ cm}^3$$

Para hallar el volumen del tronco de la pirámide, se restaría a este valor el volumen de la pirámide deficiente, de la cual, de momento, solo se conoce su altura. Para saber su volumen, necesitaría conocerse cuánto mide su base.

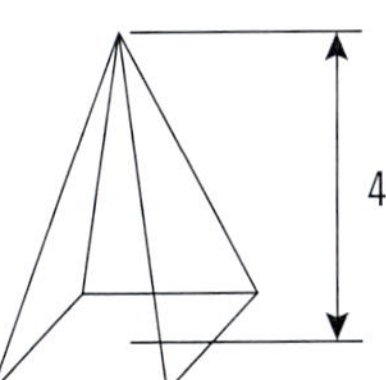

Si se corta la pirámide completa por un plano vertical que pase por su vértice, se obtienen los triángulos rectángulos:

$$\widehat{vac} \text{ y } \widehat{vbd}$$

Continúa en página siguiente >>

<< Viene de página anterior

que se muestran en las figuras adjuntas.

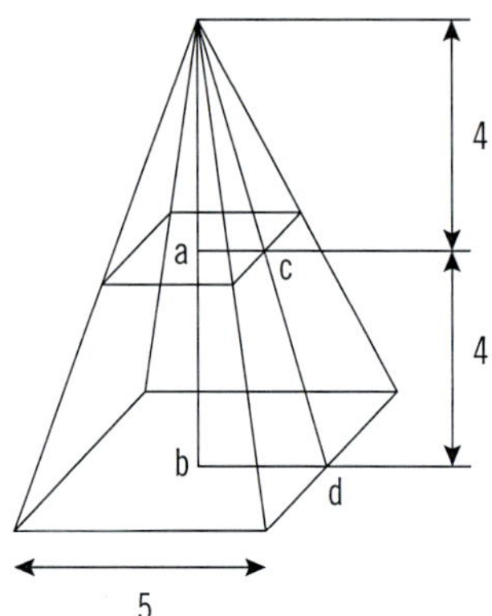

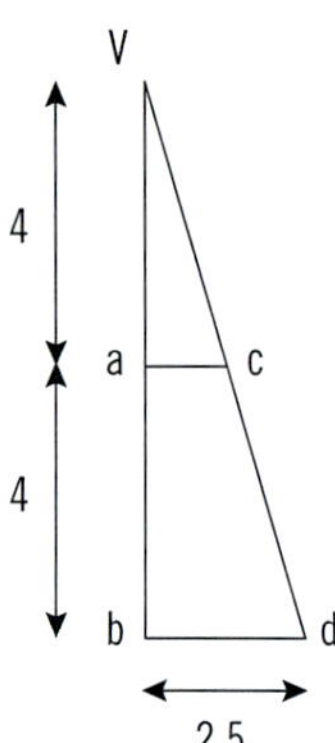

Los triángulos $\widehat{vbd}$ y $\widehat{vac}$ son semejantes, ya que tienen sus ángulos iguales, por lo que sus lados son proporcionales. Puede establecerse la siguiente proporción:

$$\frac{\overline{va}}{\overline{vb}} = \frac{\overline{ac}}{\overline{bd}} \Rightarrow \overline{ac} = \frac{\overline{va} \cdot \overline{bd}}{\overline{vb}} = \frac{4 \cdot 2{,}5}{8} = 1{,}25 \text{ cm}$$

Por lo que el lado del cuadrado que constituye la base de la pirámide pequeña es 2 · 1,25 = 2,5 cm.

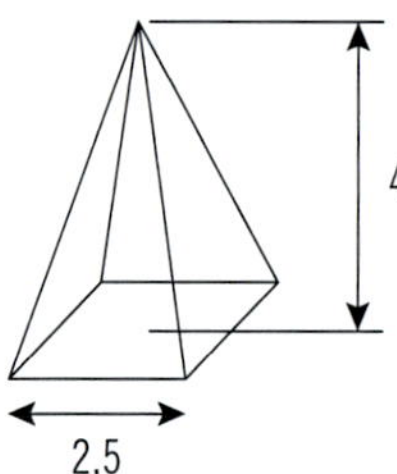

El volumen de la pirámide pequeña será:

Continúa en página siguiente >>

<< Viene de página anterior

$$V_2 = \frac{1}{3} \cdot A_{B2} \cdot h_2 = \frac{1}{3} \cdot 2{,}5^2 \cdot 4 = 8{,}33 \text{ cm}^3$$

El volumen del tronco de pirámide es:

$$V = V_1 - V_2 = 66{,}67 - 8{,}33 = 58{,}34 \text{ cm}^3$$

Para llenar 40 moldes, hay que multiplicar ese volumen por 40:

$$40 \times 58{,}34 = 2.333{,}6 \text{ cm}^3$$

Como el bote tiene 2000 cm², no será suficiente y solo podrán llenarse por completo:

$$2000 : 58{,}34 = 34{,}34 \text{ cm}^2$$

Es decir, 34 moldes y sobrará un poco.

6.3. Comparación del volumen del prisma con la pirámide de igual base y altura

Suponiendo que se tiene un depósito en forma de prisma regular de base cuadrada, de área A y altura *h.* Si tiene que llenarse dicho depósito con el agua contenida en pirámides de igual base y altura que el prisma, se observa que será necesario el contenido de tres de estas pirámides para llenar el prisma.

Si se comparan las fórmulas que permiten obtener el volumen de un prisma y el de una pirámide, se obtiene:

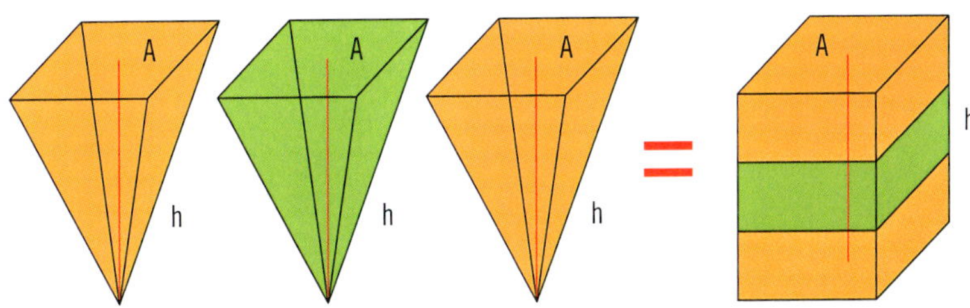

Es decir, el volumen de un prisma es tres veces el de la pirámide de igual base y altura o el volumen de la pirámide es 1/3 del área del prisma correspondiente.

$$\left.\begin{array}{l} V_{pr} = A_B \cdot h \\ \\ V_{pi} = \dfrac{1}{3} \cdot A_B \cdot h \end{array}\right\} \begin{array}{l} \dfrac{V_{pr}}{V_{pi}} = \dfrac{A_B \cdot h}{\dfrac{1}{3} \cdot A_B \cdot h} = 3 \\ \\ \dfrac{V_{pi}}{V_{pr}} = \dfrac{\dfrac{1}{3} \cdot A_B \cdot h}{A_B \cdot h} = \dfrac{1}{3} \end{array}$$

7. Resolución de problemas geométricos que impliquen la estimación y el cálculo de longitudes, superficies y volúmenes

En la resolución de problemas, es importante identificar la relación que existe entre la realidad y la geometría teórica, ya que, si pueden aplicarse conceptos geométricos, se simplificarán de los cálculos a realizar.

Ejemplo

Si tiene que construirse un cercado alrededor de una granja, la longitud total de la cerca corresponderá con el perímetro de la granja y se expresará en unidades de longitud.

Si quiere construirse una carpa, será necesaria una cantidad en metros cuadrados de toldo equivalente a la superficie a cubrir.

Si quiere llenarse una piscina, el volumen en metros cúbicos de agua será el equivalente al volumen del vaso (el interior de la piscina) a llenar.

Todos estos ejemplos implican aplicar conceptos geométricos, así que es importante establecer una correcta relación entre la incógnita que se plantea y el objeto geométrico que tiene que aplicarse para resolverla.

Ejemplo

En una cristalería, tienen que cortar un cristal para una mesa redonda: hay que calcular la longitud de la circunferencia de radio igual al de la mesa.

Si se trata del vidrio para una ventana, hay que conocer el largo y el alto.

Si el precio se calcula por metros cuadrados de vidrio, habrá que calcular las superficies aplicando la fórmula geométrica correspondiente para calcular el área de un círculo y para calcular un área rectangular.

Es importante también tener presentes las unidades en las que se dan los datos y las que se obtienen al realizar los cálculos geométricos. Hay que comprobar que existe la relación correcta entre el resultado obtenido y el que tiene que obtenerse según la fórmula aplicada.

Ejemplo

Si hay que calcular la altura de una pirámide y, para ello se aplica el teorema de Pitágoras, la distancia obtenida estará en metros y no en metros cuadrados.

Casi siempre es de utilidad realizar un dibujo esquemático que represente lo que quiere calcularse y en el que se incluyan los datos correspondientes a los valores conocidos. Esto también ayudará a elegir los conceptos geométricos que tienen que aplicarse.

Ejemplo

Tiene que calcularse la superficie útil que hay en una habitación. Para ello, se realiza un dibujo esquemático que represente la planta, la posición de los pilares que ocupan parte de su superficie y otros elementos, como puertas o ventanas, en los que es necesario dejar espacio para su apertura.

8. Empleo de herramientas informáticas para construir y simular relaciones entre elementos geométricos

Son muchas las aplicaciones y programas informáticos que emplean los conceptos tratados por la geometría: todos aquellos en los que se usen coordenadas y/o elementos geométricos para mostrar información o para trasladarla a una máquina herramienta.

No sería posible emplear programas de diseño gráfico, tornos, fresadoras u otras máquinas CNC, ni el uso de un GPS, sin aplicación de la geometría.

En los **programas de diseño gráfico,** es evidente cómo, a partir de figuras geométricas simples, se obtienen elementos que representan la realidad. Por ejemplo, *AutoCAD, ArchiCAD, Revit,* etc. Estos programas se emplean para la realización de planos de edificios y disponen de menús en los que pueden elegirse los diferentes objetos geométricos simples (puntos, líneas, arcos, cuadrados, círculos, objetos en 3D, etc.) para obtener otros más complicados —para que sean ellos los que realicen internamente las operaciones de adición, sustracción y transformación de superficies y volúmenes— y situarlos en el plano mediante la introducción de coordenadas.

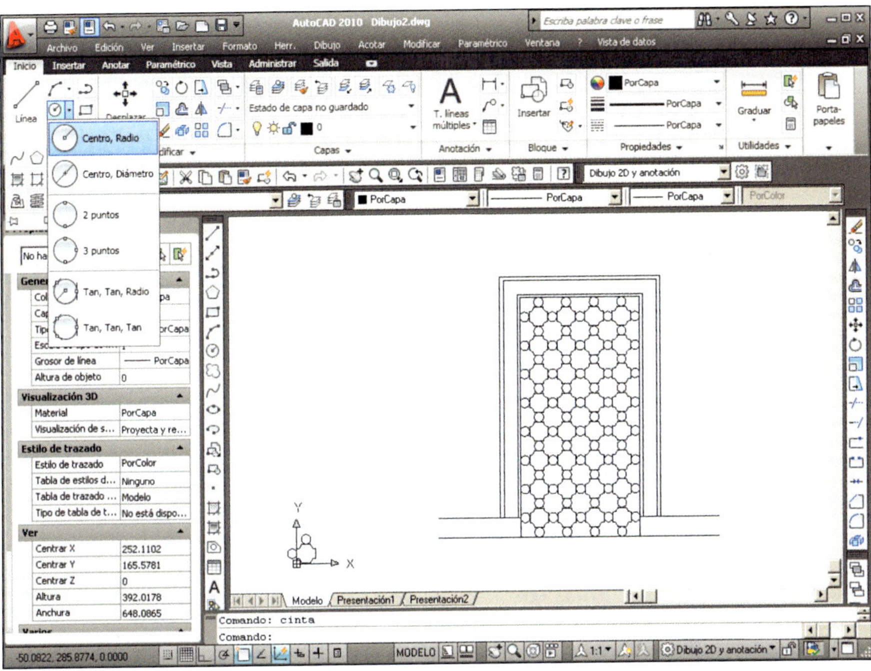

Puerta con reja creada con diferentes objetos geométricos en AutoCAD

Otros programas de diseño, como *CorelDraw* o *3DS,* permiten la creación de imágenes en 3D partiendo de elementos geométricos como cubos, poliedros, etc. En ellos, es posible establecer el número de caras de objetos, de forma que presenten un aspecto casi real. Pueden emplearse en presentaciones y, con ellos, pueden realizarse simulaciones del funcionamiento de los objetos creados (animaciones).

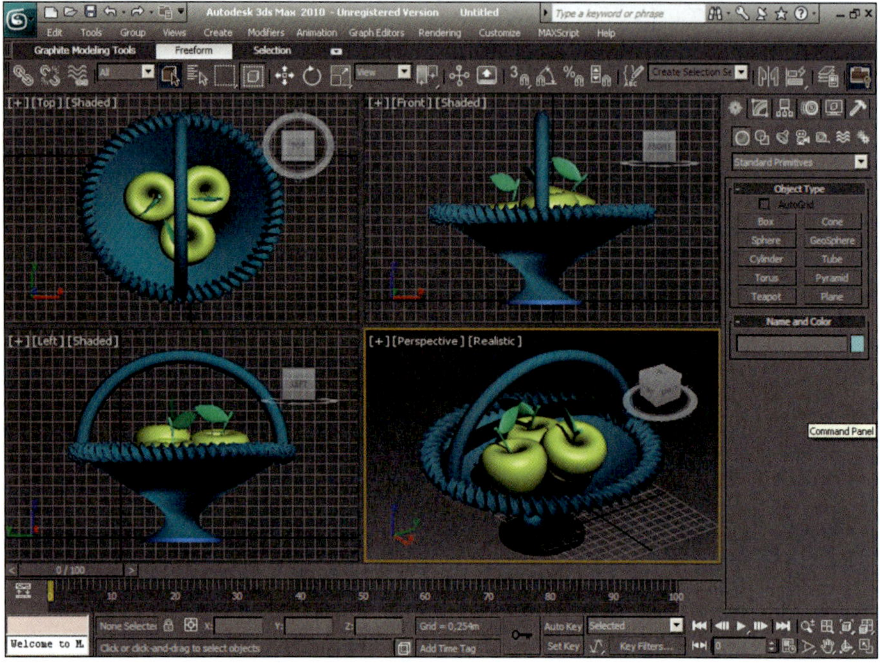

Imagen creada con los diferentes tipos de objetos del programa 3DS

En cuanto a las **máquinas herramientas,** cada una tiene su programa específico según su utilidad. Así, es posible emplear estas máquinas para obtener algo tan complicado como una pieza de ajedrez partiendo de una pieza cúbica de madera o metal. La máquina puede calcular las dimensiones del bloque y, a partir de las dimensiones de la pieza que tiene que tornear, establecer un sistema de coordenadas adecuado y calcular las trayectorias de los movimientos que tiene que realizar, el número de veces que tiene que hacerlo y la herramienta adecuada para ello, de forma que, al final, se obtenga una pieza de la calidad deseada. Todas estas acciones no serían posibles si no se hubiera programado la máquina de forma que identificara coordenadas, longitudes, etc.

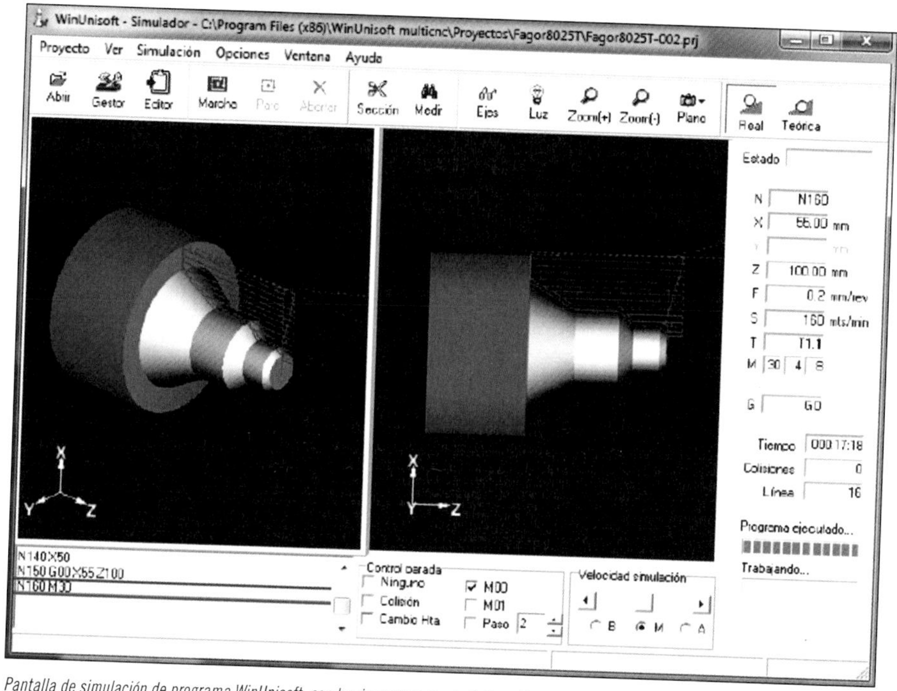

Pantalla de simulación de programa WinUnisoft, con la pieza como quedaría tras el mecanizado, mostrando las trayectorias seguidas por la herramienta. En la parte inferior izquierda, puede verse parte del código introducido y, en el encabezado, la máquina de CNC con la que se realizaría.

En cuanto al **GPS,** es un claro exponente de uso de coordenadas: hay que decirle dónde ir y él interpreta los datos de los que dispone para establecer cómo llegar. Para ello, establece una posición relativa y unas coordenadas de desplazamiento, que va reflejando en una pantalla en la que los diferentes elementos —como calles, plazas o rotondas— aparecen representadas como elementos geométricos sencillos: las calles, como líneas paralelas; las plazas, como polígonos; las rotondas, como círculos, etc., de manera que, cuando se cambia de dirección, lo que, geométricamente, corresponde a cambiar el punto de referencia, cambia la vista del objeto observado.

Mapa mostrado por GPS © Fotografía: ines s. Vía Web - CC BY 2.0

También los programas estadísticos emplean la geometría para el trazado, por ejemplo, de un gráfico de barras o de sectores: es necesario interpretar los datos y, a partir de ellos, determinar si debe aplicarse un color a la superficie, cuadrada o sector circular, correspondiente a esos datos. Para ello, deberá aplicarse la fórmula adecuada, que, convenientemente traducida al lenguaje informático, dé el resultado preciso.

Estas son solo algunas de las aplicaciones informáticas en las que la geometría está presente de manera práctica, pero existen muchas más, ya que, en todos los campos, hay que aplicar relaciones geométricas. Con ellos, pretende simplificarse y agilizarse el trabajo, o el ocio, ya que evita errores de cálculo y trazado, aunque la programación interna de estos sistemas sea complicada.

9. Resumen

La geometría es la parte de las matemáticas que trata del estudio de las propiedades y las medidas de las figuras en un plano o en el espacio.

El elemento básico en geometría es el punto. La línea recta es una sucesión continua e infinita de puntos que tienen la misma dirección. El trozo de línea comprendida entre dos puntos concretos es un segmento y se caracteriza por su longitud.

Dos semirrectas que tienen un punto en común forman un ángulo y limitan una porción del plano. La magnitud que caracteriza un ángulo es su amplitud y se mide en grados. En el sistema sexagesimal, un grado es 1/90 de un ángulo recto. Los grados tienen divisores: minutos y segundos.

Para poder localizar o situar objetos sobre un plano, se necesita un sistema de referencia. Los más habituales son los sistemas de coordenadas cartesianas y están formados por dos ejes que se cortan en un punto, llamados *ejes cartesianos* o *ejes de coordenadas.* Cada punto se designa por un par ordenado en la forma *(x, y),* que se denominan *coordenadas cartesianas.*

Un polígono es la porción de plano delimitada por una línea poligonal cerrada. Los diferentes polígonos también tienen propiedades concretas. Por el número de lados, los polígonos se clasifican en triángulo, cuadriláteros, etcétera.

Los triángulos son polígonos de tres lados. Para la resolución de problemas sobre los triángulos, se usan teoremas como el de semejanza de triángulos y el de Pitágoras.

Los cuadriláteros son polígonos de cuatro lados. Tipos de cuadriláteros son el rectángulo, el cuadrado, el romboide, el rombo, el trapecio, el trapezoide y el deltoide.

En los polígonos, puede calcularse el perímetro y el área.

La circunferencia es una línea curva cerrada y plana en la que todos los puntos que la forman se encuentran a la misma distancia de otro punto llamado *centro.* La superficie plana delimitada por una circunferencia se denomina *círculo.* La relación que existe entre la longitud de la circunferencia y su diámetro es el número pi, que se representa por π y se acota a dos decimales con un valor de 3,14.

La geometría espacial se encarga del estudio de los cuerpos de tres dimensiones (longitud, anchura y altura). Cualquier porción de espacio limitada por superficies se llama *cuerpo geométrico;* si las superficies son planas, el cuerpo geométrico se denomina *poliedro.* Existen cinco tipos de poliedros regulares: tetraedro, cubo o hexaedro, octaedro, dodecaedro e icosaedro.

El área de un cuerpo geométrico es la medida de la superficie que lo delimita. El volumen de un cuerpo geométrico es la medida del espacio que ocupa.

Los prismas y las pirámides son poliedros. Un prisma es un poliedro que tiene dos caras iguales paralelas y el resto de sus caras son paralelogramos.

Una pirámide es un poliedro cuya base es un polígono y sus caras laterales son triángulos que concurren en un vértice.

Si se corta una pirámide por un plano paralelo a su base, se obtiene un poliedro denominado *tronco de pirámide.*

El volumen de la pirámide es 1/3 del volumen del prisma de igual base y altura.

Establecer las relaciones correctas entre lo que corresponde a la realidad que quiere calcularse y los elementos geométricos teóricos ayuda a resolver numerosos problemas. Es de utilidad realizar un dibujo esquemático que represente lo que quiere calcularse y en el que se incluyan los datos correspondientes a los valores conocidos. Esto también ayudará a elegir los conceptos geométricos que tienen que aplicarse.

El tratamiento informático que se da a la geometría contribuye a la simplificación y precisión de numerosas ocupaciones, como el diseño por ordenador, el funcionamiento de máquinas herramientas o de sistemas de geolocalización.

Ejercicios de repaso y autoevaluación

1. Exprese los siguientes ángulos según se indica.

   a. Escriba en forma decimal los siguientes ángulos expresados en forma compleja:

   15° 20' 12"

   ____

   ____

   45° 2' 50"

   ____

   ____

   17° 40' 7"

   ____

   ____

   b. Pase a forma compleja los siguientes ángulos expresados en forma decimal:

   25,16°

   ____

   ____

   48,57°

   ____

   ____

   34,85°

   ____

   ____

2. Realice las siguientes operaciones con ángulos:

15º 25' 48" + 18º 42' 30"

45º 42' 50" + 25º 13' 45" + 16º 4' 50"

35º 15' 30" – 23º 40' 50"

5 × (15º 25' 20")

(45º 38' 26") : 4

3. Calcule los ángulos suplementario y complementario de 30º 40' 25".

4. Quiere medirse la altura de una torre. Se observa que, a determinada hora del día, su sombra tiene una longitud de 20 m y que la sombra de un palo de 1 m de alto clavado en el suelo verticalmente es de 40 cm. Determine la altura de la torre.

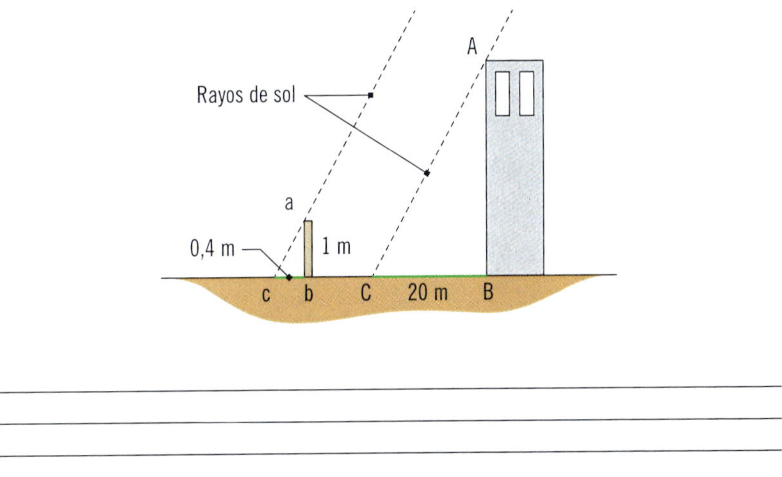

5. Halle el lado y el perímetro de un rombo cuyas diagonales miden 5 y 12 cm.

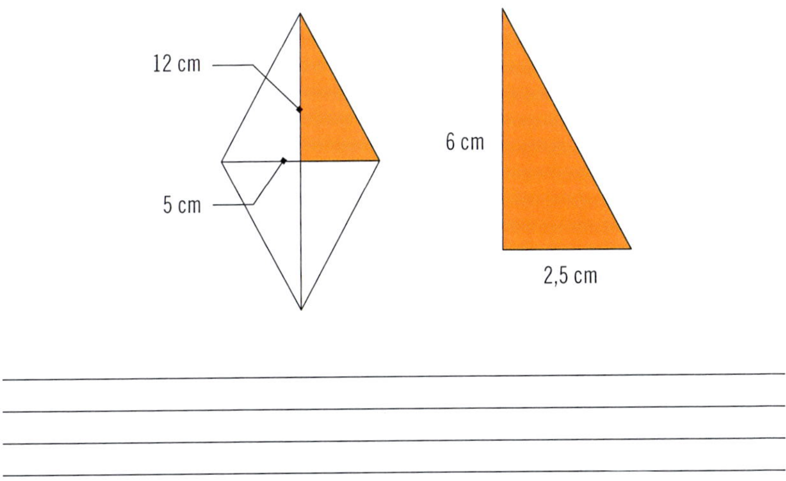

6. Averigüe el perímetro y el área de la siguiente figura ($\pi = 3{,}14$):

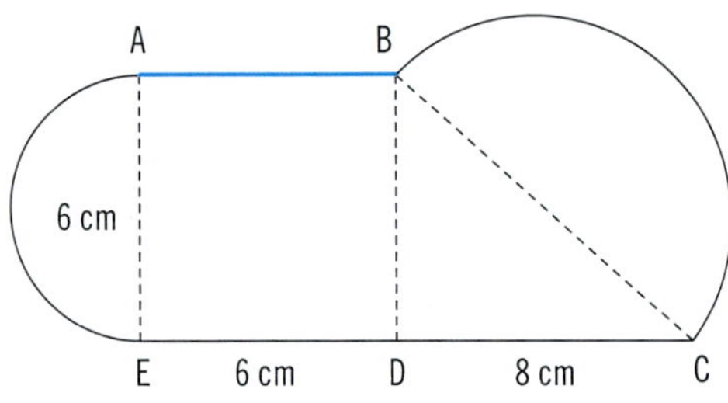

7. Quiere pintarse la fachada de la casa de la figura. Los huecos de la ventana y la puerta no hay que pintarlos. Nota: las medidas están en metros.

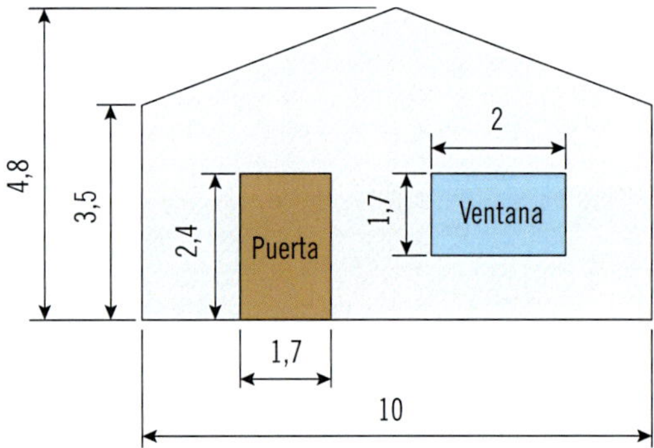

Teniendo en cuenta que las medidas están en metros, indique lo que se pide a continuación:

a. La superficie que hay que pintar.
b. Si la pintura tiene un rendimiento de 6 m² por cada kilogramo de pintura, ¿cuánta pintura se necesita?

8. Las bases de un trapecio rectángulo miden 15 y 10 cm respectivamente y su altura es de 6 cm.

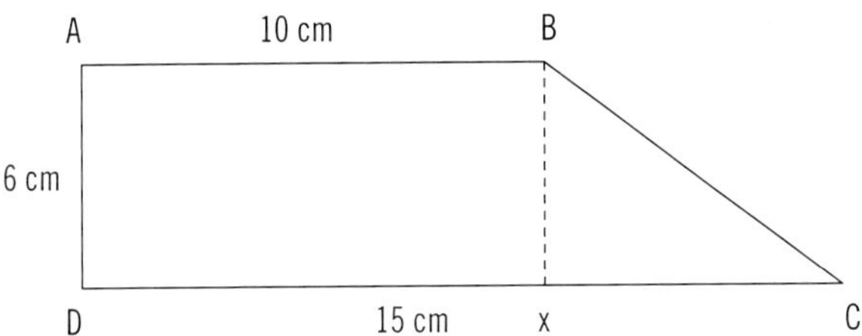

Obtenga:

a. El perímetro del trapecio.
b. El área del trapecio.

9. Descubra el área de un rombo si una de sus diagonales mide 40 cm y su perímetro es de 100 cm.

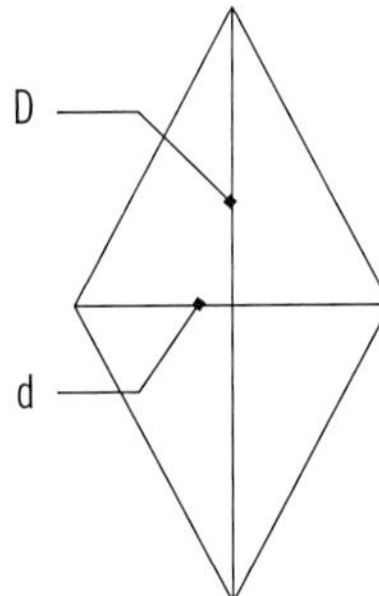

10. **Teniendo en cuenta que las medidas dadas están en centímetros, establezca el área de la figura adjunta.**

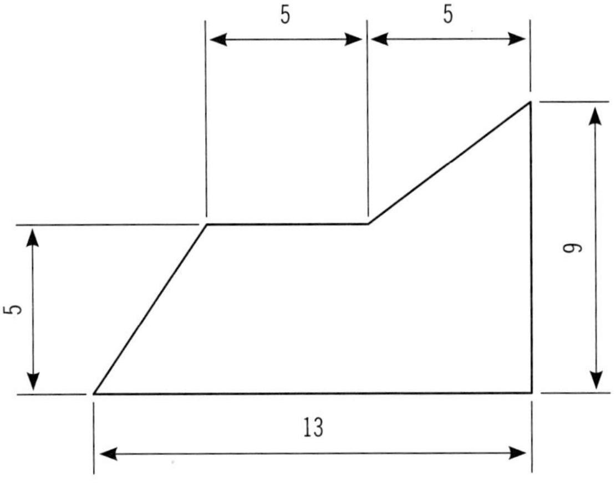

Capítulo 9

Aplicación del álgebra en la resolución de problemas

Contenido

1. Introducción

Para comenzar este capítulo, es necesario tener claro qué es el álgebra. Hasta ahora las operaciones matemáticas se habían planteado para ser realizadas con números concretos, si bien ya se había intuido la necesidad de emplear letras para referirse a cantidades que aún no se conocían, pero que intervenían en los cálculos, e incluso se han empleado en las fórmulas de los cálculos geométricos.

Cuando las operaciones matemáticas se plantean de manera que sean ciertas para todos los números y no solo para números concretos, están planteándose operaciones algebraicas. Por tanto, el álgebra realiza una abstracción de la realidad que, si bien es más complicada de asimilar, es más útil porque se cumple con cualquier valor.

Así pues, el álgebra es la parte de las matemáticas en la que las operaciones se plantean usando tanto números como letras y símbolos, pero donde las letras y los símbolos pueden emplearse para representar números o incógnitas y operaciones.

Por tanto, es necesario conocer los elementos que se emplean en el lenguaje algebraico para, a continuación, poder establecer diferentes expresiones y, finalmente, hacer uso de ellas en la resolución de problemas concretos.

2. Lenguaje algebraico para representar y comunicar situaciones de la vida cotidiana: situaciones de cambio

El álgebra emplea un lenguaje propio en el que, mediante números, letras y símbolos, convenientemente estructurados, se componen una serie de relaciones aritméticas que representan las situaciones que quieren resolverse.

Pero, para representar y saber interpretar lo que esas relaciones pretenden comunicar, es necesario conocer ese lenguaje algebraico. Por tanto, es imprescindible aprender este lenguaje. Y así, igual que, en el primer capítulo, comenzó explicándose los números como elemento básico para la realización de los cálculos aritméticos, en este apartado, se verá la necesidad del uso de los elementos algebraicos y se explicará cuáles son antes de empezar a operar con ellos.

2.1. Traducción de expresiones del lenguaje cotidiano al algebraico

Para poder utilizar el álgebra en la resolución de problemas cotidianos, es necesario saber realizar una interpretación algebraica de esos problemas, es decir, traducirlos al lenguaje algebraico. Por eso, es necesario saber traducir lo que está planteándose.

Por ejemplo, en una compra de dos productos, uno de los productos vale 3 € y el total gastado es de 5 €.

La expresión que puede representar esta acción es:

"un valor desconocido para el precio del otro producto" € + 3 € = 5 €.

Pero "un valor desconocido para el precio del otro producto" no es una expresión que resulte fácil ni cómoda introducir en las operaciones.

Además, si hubiera más de un valor desconocido, habría que emplear expresiones aún más complicadas que permitieran distinguir a cuál de esos valores desconocidos se hace referencia en cada momento. Por eso, para poder identificar los valores desconocidos, estas expresiones complicadas se sustituyen por letras. Así pues, la expresión anterior podría representarse como:

$$x \text{ €} + 3 \text{ €} = 5 \text{ €}$$

Y, como todos los términos se refieren al cálculo con euros, puede obviarse esta referencia en la igualdad anterior y dejar solamente:

$$x + 3 = 5$$

Con lo cual, se habría traducido una situación cotidiana al lenguaje algebraico.

La expresión anterior, que combina letras (parte literal) y números (parte numérica) mediante signos matemáticos, recibe el nombre de **expresión algebraica.** Cuando una expresión algebraica relaciona elementos situados a ambos lados de un signo **=** y, al menos, uno de esos elementos tiene un valor desconocido, recibe el nombre de *ecuación.*

Ejemplo

$$7x + y = 8$$
$$2 + xy - x = 4 + y$$
$$2x + 3y + 4 = 0$$
$$2ab + 3x = 0$$

Los elementos que forman parte de una ecuación son los siguientes:

- **Variable:** es el número introducido en una ecuación mediante un símbolo, ya que se desconoce su valor numérico.
- **Constante:** es cualquier número conocido que aparece en una ecuación.
- **Coeficiente:** es la constante que aparece multiplicando o dividiendo a una variable.
- **Operadores:** son los signos que representan las operaciones que se realizan con los valores.
- **Término:** es el valor o grupo de valores que aparecen entre operadores que no son (+) o (–).
- **Expresión:** cada uno de los grupos de términos.
- **Grado:** de un término en relación a una letra, es el valor numérico del exponente de dicha letra.

Ejemplo

En la ecuación:

$$8x + 2 = 10$$

- x es una variable.
- 2 y 10 son constantes.
- 8 es un coeficiente.
- + es un operador.
- 8x, 2 y 10 serían términos.
- 8x + 2 es una expresión.
- El grado del término 8x es 1, que es el exponente que corresponde a la x.

El grado de un término puede ser de dos clases:

- **Absoluto:** es la suma de los exponentes de cada una de las letras presentes en el término.
- **Relativo a una letra:** es el valor del exponente que acompaña a la letra en cuestión.

Cuando el valor del grado es 1, se dice que la expresión es de *primer grado;* si es dos, de *segundo grado;* si es tres, de *tercer grado,* y, así, sucesivamente.

Ejercicio resuelto 1

Halle el grado de la siguiente expresión algebraica $3ab^2$.

Solución

El exponente de *a* es 1 y el exponente de *b* es 2, luego el grado absoluto es 1 + 2 = 3, por lo que será de tercer grado.

Respecto a la letra *a,* será de primer grado y, respecto a la letra *b,* será de segundo grado.

Ejercicio resuelto 2

Calcule el grado absoluto del siguiente término x^2y^3.

Solución

Sumando los exponentes de cada una de las letras, se obtiene que el grado absoluto del término es:

$$2 + 3 = 5$$

Ejercicio resuelto 3

Encuentre el grado absoluto del siguiente término a^2b^2x.

Solución

Sumando los exponentes de cada una de las letras, se obtiene que el grado absoluto del término es:

$$2 + 2 + 1 = 5$$

Ejercicio resuelto 4

Escriba un término de dos factores literales que sea de tercer grado respecto a x y de quinto grado respecto a y.

Solución

Hay varias posibilidades, por ejemplo, $x^3 2y^5$, $2x^2y^5$, etc. En todas ellas, el exponente de la x es 3 y el de la y es 5.

Ejercicio resuelto 5

Señale cuáles de los siguientes términos son de segundo grado relativo a y: $3x^2y$, $4y^3x$ y $5x^2y^3$.

Solución

Ninguno, ya que, para ello, debería estar elevado al cuadrado (y^2) y no aparece en ninguno.

En una ecuación, se denominan *primer miembro* de la ecuación los términos o expresiones que aparecen a la izquierda del signo igual y se denominan *segundo miembro* los que aparecen a la derecha de dicho signo.

Ejemplo

En la ecuación:

$$4x + 3 = 3x + 4$$

- $4x + 3$ es el primer miembro.
- $3x + 4$ es el segundo miembro.

Pero el planteamiento de una expresión algebraica solo tiene sentido si ayuda a resolver un problema.

En el caso presentado al comienzo del apartado, se plantea la siguiente cuestión: ¿cuál será el precio del segundo producto?

Esta situación cotidiana se resuelve, de manera intuitiva, sin más que restar, al total gastado, el precio del primer producto, pero esto no sería una solución algebraica. La solución algebraica requiere un planteamiento razonado, que, partiendo de la igualdad $x + 3 = 5$, llegue a una igualdad en la que se obtenga el valor de x. Así pues, para obtener el valor de x, habrá que seguir el proceso que se muestra en la tabla siguiente.

El punto de partida es la igualdad.	$x + 3 = 5$
El término x está acompañado de +3, pero debe aparecer solo en su lado de la igualdad, para ello, habrá que restar 3 en este término, ya que $(3 - 3 = 0)$.	$x + 3 - 3 = 5$
Pero, entonces, se romperá la igualdad, así que también habrá que restar 3 al otro lado del signo igual.	$x + 3 - 3 = 5 - 3$ $x + 0 = 5 - 3$
Se realizarán las operaciones aritméticas correspondientes, recordando que, si se suma 0 a cualquier cantidad (aunque sea desconocida), esta no varía.	$x + 0 = x$ $5 - 3 = 2$
Finalmente, se obtiene el resultado	$x = 2$

Una expresión algebraica se dice que tiene términos semejantes cuando tiene la misma parte literal (es decir, que las letras son las mismas y están elevadas al mismo exponente).

Ejemplo

Son términos semejantes los siguientes:

- $3x^2$ y $9x^2$ (ya que, en ambos, la incógnita es x y el grado es 2).
- 2ab y ab (ya que, en ambos, la incógnita es ab y el grado es 1, tanto para a como para b).
- -x y 4x (ya que, en ambos, la incógnita es x y el grado es 1).

No son términos semejantes los siguientes:

- 3x y $3x^2$ (ya que, en ambos, la incógnita es x, pero el grado es 1 en el primer término y 2 en el segundo).
- 2ab y $2ab^2$ (ya que, en ambos, las incógnitas son a y b, pero el grado de b es 1 en el primer término y 2 en el segundo).
- 2x y ax^2 (ya que, en ambos, las incógnitas son diferentes, ya que el primero tiene solo una incógnita y el segundo, dos).

Nota

Para resolver un planteamiento algebraico, hay que efectuar las mismas operaciones a ambos lados del signo igual.

Actividades

1. Resuelva de manera algebraica la siguiente situación: un tren AVE entre Málaga y Madrid tarda 2h 35' en realizar su trayecto. Llega a Madrid a las 23h 55', deduzca a qué hora ha salido de Málaga.

2.2. Empleo de letras para simbolizar cantidades o números desconocidos

Las letras se emplean en el álgebra tanto para expresar cantidades conocidas como desconocidas.

Si bien el uso de letras para representar cantidades desconocidas puede adoptarse sin problemas, ya que es una forma fácil y cómoda de aludir a una incógnita, su uso para representar cantidades conocidas puede ser más difícil de asimilar. Sin embargo, es algo que también se ha visto ya, aunque no se haya sido consciente de ello. Así, cuando se han calculado áreas o volúmenes de cuerpos geométricos, se han empleado letras para representar los valores que correspondían a los lados de un polígono o poliedro cualquiera; valores que eran constantes en la fórmula, aunque cambiaban de una figura a otra.

Ejemplo

El perímetro de un rectángulo se calcula mediante la expresión:

$$P = 2a + 2b$$

En la que a y b son letras y siempre aparecen en esta fórmula representando de manera general los dos lados de esta figura. Los lados de una figura, si lo que quiere calcularse es el perímetro, son valores constantes.

Cuando haya que realizar la operación matemática que dé el perímetro de un rectángulo concreto, esas letras tomarán valores numéricos conocidos y constantes para el rectángulo que está calculándose, aunque puede que no para otro.

En principio, puede emplearse cualquier letra para simbolizar cantidades. Ahora bien, se ha establecido que las letras que aparecen al comienzo del alfabeto latino se empleen para simbolizar números conocidos y las letras que aparecen al final de este mismo alfabeto se empleen como incógnitas.

Aunque esta diferenciación es un convencionalismo, es conveniente respetarlo, ya que, así, cualquiera que se encuentre ante una ecuación distinguirá de manera inconfundible qué valor es un dato y cuál una incógnita.

Así pues, en una ecuación, *a, b, c, d,* etc., representan cantidades conocidas o determinadas, mientras que *u, v, w, x, y* y *z* representan cantidades desconocidas.

Una misma letra puede emplearse para representar valores distintos, pero incluyendo alguna modificación para poder diferenciarlas —que puede consistir en comillas o en subíndices—. Así, serían cantidades distintas a', a'' a''', etc., (que se leen “a prima, a segunda, a tercera, etc.”) y también lo serían a_1, a_2, a_3, etc., (que se leen “a subuno, a subdos, a subtres, etc.”).

Es importante tener en cuenta que, cuando, en una expresión algebraica, se elige una letra para simbolizar una cantidad, sea esta conocida o desconocida, debe mantenerse asignada la misma letra para ese valor a lo largo de todo el planteamiento, ya que, de lo contrario, conduciría a error.

Aplicación práctica

La edad de Marta es 3 años menos que la edad de Javier, pero la suma de sus edades es 47. ¿Cuáles son las edades de Marta y Javier?

SOLUCIÓN

En este planteamiento, hay dos incógnitas, las edades de Marta y de Javier. Por lo tanto, hay que elegir dos letras que simbolicen esos dos valores. Así, puede establecerse que:

- x va a simbolizar la edad de Marta
- z va a simbolizar la edad de Javier

Hay que plantear el enunciado de manera algebraica. Así, "La edad de Marta es 3 años menos que la de Javier" se expresará como:

$$z - 3 = x \qquad (1)$$

"La suma de ambas edades es 47" será:

$$x + z = 47 \qquad (2)$$

Si, en la ecuación anterior (2), se pone, en el lugar de la x, la ecuación (1), se obtiene:

$(z - 3) + z = 47$

En esta ecuación, solo hay una incógnita, la z, y puede resolverse con el siguiente planteamiento algebraico:

- Para que, en el lado izquierdo de la ecuación, aparezcan solo incógnitas, sobra el -3. Para que este valor desaparezca, habrá que sumar 3 en el primer miembro de la ecuación.
- Para que se mantenga la igualdad, también habrá que sumar 3 en el segundo miembro de la ecuación.

Continúa en página siguiente >>

<< Viene de página anterior

- Por lo tanto, se obtendrá:

$$(z - 3) + 3 + z = 47 + 3$$
$$z + z = 50$$

La incógnita z aparece dos veces en el primer miembro de la ecuación, y sumar dos veces un valor puede representarse como ese valor multiplicado por 2; así, el primer miembro de la ecuación quedará:

$$z + z = 2z$$

Y la ecuación completa será:

$$2z = 50$$

Ahora, para que la incógnita aparezca sola en el primer miembro de la ecuación, hay que hacer que desaparezca el coeficiente que la multiplica. Para ello, debe dividirse por 2 para obtener como resultado el número neutro de la multiplicación (ya que $2/2 = 1$, y $1 \times z = z$). Se dividirá también por 2 el segundo miembro de la ecuación para mantener la igualdad. Por tanto:

$$2/2\ z = 50/2$$
$$z = 25$$

Así, la edad de Javier es de **25 años.**

Si, en la ecuación (1), se sustituye z por el valor numérico que le corresponde, la ecuación quedará:

$$25 - 3 = x$$

En esta ecuación, la incógnita, x, ya aparece despejada y calcular su valor consistirá solo en realizar la operación aritmética planteada en el primer miembro; así, se obtendrá

$$x = 22$$

Con lo que la edad de Marta es de **22 años.**

Continúa en página siguiente >>

<< Viene de página anterior

Pero, ¿qué sucedería si, una vez establecido que la edad de Marta es x y la edad de Javier es z, no se mantuvieran las referencias en la ecuación (1)? Es decir, ahora, en la ecuación (1), donde pone x va a aparecer z y viceversa. Se obtendría, pues:

$$x - 3 = z$$
$$x + z = 47$$
$$x - (x - 3) = 47$$
$$x - x = 47 + 3$$

Lo cual es imposible, ya que $x - x = 0$ y no puede ser que $0 = 50$.

2.3. Utilización de los símbolos para representar relaciones numéricas

Si las letras se emplean en el álgebra para representar cantidades conocidas o desconocidas, los signos se emplean para representar las relaciones que se establecen entre esas cantidades. Cuando se han explicado los elementos que componen una ecuación, se han definido los operadores como "los signos que representan las operaciones que se realizan con los valores". Pero los signos de operación no son los únicos signos que se utilizan en el álgebra.

En álgebra, se emplean tres clases de signos: los signos de operación, los signos de relación y los signos de agrupación.

Las operaciones algebraicas son las mismas que las operaciones numéricas —suma, resta, multiplicación, división, elevación a potencias y extracción de raíces— y también lo son los signos de operación.

Signo	Operación
+	Suma
–	Resta
·, ×	Multiplicación

Continúa en página siguiente >>

<< Viene de página anterior

Signo	Operación
÷ , / , :	División
^{2}, ^{3}, n	Elevación a potencia
$\sqrt{}$, $\sqrt[3]{}$, $\sqrt[4]{}$	Extracción de raíces

Signos de operación

Los signos de relación se emplean para indicar las relaciones que existen entre dos cantidades.

Signo	Relación
$<$	Menor que
$>$	Mayor que
$=$	Igual a
$\neq$	Diferente de
$>$	Mayor o igual
$<$	Menor o igual

Signos de relación

Los signos de agrupación se emplean para indicar el orden en el que deben realizarse las operaciones, ya que las contenidas en ellos deben realizarse en primer lugar, de forma que se obtenga un único valor, para seguir operando.

Signo	Agrupación
( )	Paréntesis
[ ]	Corchetes
{ }	Llaves

Signos de agrupación

Cuando se usan varios de estos signos, también se establece un orden en su utilización, ya que los paréntesis están contenidos dentro de los corchetes, y estos dentro de las llaves. Dentro de este orden, debe respetarse también el orden en el que deben realizarse las operaciones.

Recuerde

El orden en el que deben realizarse las operaciones es:

Actividades

2. En un almacén de fruta, se preparan pedidos personalizados. Uno de ellos llega redactado de la siguiente forma:

   De 12 cestillas de 1/2 de kg de fresas más 6 cestillas de 1/2 kg de albaricoques, prepáreme 5 lotes, pero, al total, hay que quitarle tres cestillas (da igual si de fresas o de albaricoques) y añadirle tantos lotes de cestillas de uvas —en los que cada lote contenga el doble de la cantidad sustraída— como la cantidad de cestillas que se han restado.

Continúa en página siguiente >>

<< Viene de página anterior

Plantee, mediante el uso de los símbolos adecuados, la ecuación que representa esta situación con el fin de calcular el número de cestillas vacías que es necesario para preparar el pedido.

Ejercicio práctico

Indique el orden en el que habría que realizar las operaciones de la siguiente ecuación:

$$\{2[(2^2 + 4) : 4] + [(6 - 5) \cdot (4 - 2)]^2\} + 3x = 2(5x - 1)$$

SOLUCIÓN

El orden establece que lo primero que hay que realizar son las operaciones con exponentes. En la ecuación anterior, aparecen dos términos elevados a un exponente:

$$2^2 \text{ y } [(6 - 5) \cdot (4 - 1)]^2$$

El primero de ellos puede efectuarse directamente, $2^2 = 4$, pero el segundo corresponde a un término que incluye signos de agrupación, por lo tanto, habrá que efectuar primero las operaciones contenidas entre esos signos y respetando el orden (primero, los paréntesis y, después, los corchetes). Como, en las operaciones, no intervienen incógnitas, se realizan directamente:

$$[(6 - 5) \cdot (4 - 2)]^2 = [1 \times 2]^2 = [2]^2$$

Sustituyendo estos valores en la ecuación de partida, se obtiene:

$$\{2 \cdot [(4 + 4) : 4] + [2]^2\} + 3x = 2(5x - 1) \qquad (1)$$

El orden establece que deben realizarse primero las operaciones entre paréntesis. Los que aparecen son $(4 + 4)$ y $(5x - 1)$. El primero puede realizarse, pero, como el segundo incluye términos con incógnitas, no pueden realizarse las operaciones que contienen, por lo que continúan realizándose las operaciones exteriores al paréntesis y según indican los signos de agrupación; así:

$$(4 + 4) = 8$$
$$2(5x - 1) = 2 \cdot 5x - 2 \cdot 1 = 10x - 2$$

Continúa en página siguiente >>

<< Viene de página anterior

Sustituyendo estos valores en la ecuación (1), se obtiene:

$$\{2 \cdot [8 : 4] + [2]^2\} + 3x = 10x - 2 \qquad (2)$$

Continuando con el orden establecido, debe realizarse la operación para eliminar el corchete:

$$[8 : 4] = 2$$
$$[2]^2 = 4$$

Sustituyendo estos valores en la ecuación (2), se obtiene:

$$\{2 \cdot 2 + 4\} + 3x = 10x - 2 \qquad (3)$$

Continuando con el orden indicado, debe realizarse la operación para eliminar el paréntesis:

$$\{2 \cdot 2 + 4\} = 8$$

Sustituyendo estos valores en la ecuación (3), se obtiene:

$$8 + 3x = 10x - 2$$

Que es una ecuación que puede resolverse de manera algebraica.

Ejercicio práctico

Establezca cuál sería el orden en el que habría que realizar las operaciones que se indican en la siguiente ecuación:

$$\mathbf{4\,(3x - 2x) + [2x(3^2 + 4^2)] - 54 = 0}$$

SOLUCIÓN

El orden establece que lo primero que hay que realizar son las operaciones con exponentes. En la ecuación anterior, aparecen dos términos elevados a un exponente, 3^2 y 4^2, que pueden calcularse directamente y ser sustituidos dentro del paréntesis:

Continúa en página siguiente >>

<< Viene de página anterior

$$4(3x - 2x) + [2x\,(9 + 16)] - 54 = 0 \qquad (1)$$

El orden establece que deberían realizarse primero las operaciones entre paréntesis. Los que aparecen son $(3x - 2x)$ y $(9 + 16)$. Ambos pueden realizarse, aunque el primero incluye términos con incógnitas; así:

$$(3x - 2x) = x$$
$$(9 + 16) = 25$$

Sustituyendo estos valores en la ecuación (1), se obtiene:

$$4x + [2x \cdot (25)] - 54 = 0 \qquad (2)$$

Continuando con el orden establecido, debe realizarse la operación para eliminar el paréntesis:

$$[2x \cdot (25)] = 50x$$

Sustituyendo estos valores en la ecuación (2), se obtiene:

$$4x + 50x - 54 = 0$$

Que es una ecuación que puede resolverse de manera algebraica.

2.4. Representación gráfica

En las ecuaciones, pueden aparecer términos con variables en ambos miembros de la igualdad y, cuando esto sucede y son distintas, el valor de una de ellas va a depender del valor que se dé a la otra:

- La variable a la que van a asignarse los valores numéricos se denomina **variable independiente.**
- La variable cuyo valor va a depender del resultado obtenido al sustituir el valor de la anterior por un número y realizar las operaciones algebraicas correspondientes se denomina **variable dependiente.**

Ejemplo

1. Si un paseante recorre 3 km cada hora de marcha, recorrerá 3 km si marcha una hora, 6 km si marcha dos horas, 9 km si marcha tres horas, etc. La distancia y el tiempo varían, pero la distancia recorrida dependerá del tiempo de marcha: el tiempo será la variable independiente y la distancia recorrida será la variable dependiente.
2. Si un metro de tela de seda cuesta a 20 €, el precio total a abonar dependerá de los metros que se compren: si se compra 1 m, deberán abonarse 20 €; si se compran 2 m, 40 €; etc. El precio a abonar dependerá de los metros comprados: el número de metros será la variable independiente y el precio a abonar, la variable dependiente.

Cuando una variable depende del valor de otra, se dice que es una *función* de la otra variable.

Definición

Función

Se dice que una variable y es función de otra variable x, cuando, a cada valor de la variable x, le corresponde un único valor de la variable y.

La forma que se utiliza para expresar que *y* es función de *x* es ***y* = *f*(*x*)**.

Por ejemplo:

$$y = 3x + 1$$
$$y = 2x - 2$$
$$y = ax + 3$$

Una forma de representar la relación entre el valor que se da a la variable independiente y el resultado obtenido es una tabla de valores.

Ejemplo

Dada la función $y = 3x + 1$, puede obtenerse la siguiente tabla de valores:

x	f(x)	y
-2	$3 \cdot (-2) + 1$	-5
-1	$3 \cdot (-1) + 1$	-2
0	$3 \cdot 0 + 1$	1
1	$3 \cdot 1 + 1$	4
2	$3 \cdot 2 + 1$	7

Con los valores de las columnas *x* e *y,* se obtienen pares de valores. Estos pares de valores pueden representarse en unos ejes de coordenadas, es decir, las funciones admiten una representación gráfica.

En el capítulo anterior, se ha estudiado la representación en ejes de coordenadas de pares ordenados de valores ya conocidos. La representación de funciones seguirá las mismas reglas y, dado que la variable independiente se ha identificado con la letra *x,* se representará en el eje X y el eje Y corresponderá a la variable dependiente *y.*

Una vez marcados los puntos correspondientes a los pares de valores en los cuadrantes correspondientes, habrá que unirlos para obtener la gráfica representativa de cada función.

Ejemplo

La gráfica que representa la función $y = 3x + 1$ es:

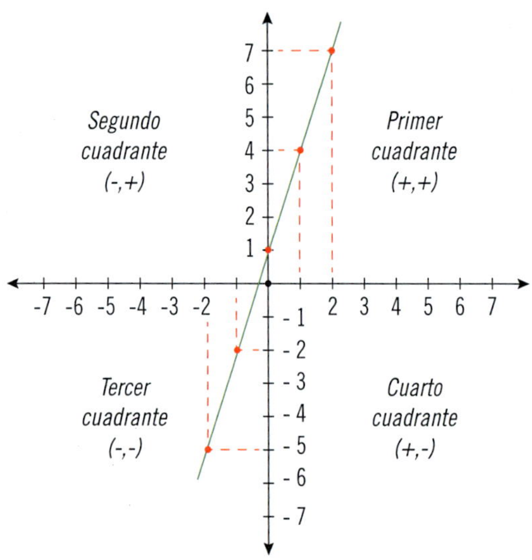

Cuando una función es de primer grado, recibe el nombre de *función lineal* y su representación gráfica es una recta.

En los ejemplos vistos hasta ahora, se han visto funciones del tipo $y = ax + b$, donde *a* y *b* correspondían a constantes: *a* es un coeficiente por acompañar a la variable, pero el término *b,* que no lleva variable, recibe el nombre de *término independiente.* Otro tipo de funciones son del tipo $y = ax$ y carecen de término independiente.

Como ya debe saberse, una recta queda determinada por dos de sus puntos. También la gráfica de la función lineal queda determinada por dos puntos:

- Si la función es del tipo $y = ax$, pasa por el origen de coordenadas **(0,0).**
- Si la función es del tipo $y = ax + b$, corta al eje Y en el punto *b*, **(0,*b*).**

Con lo cual, al conocer uno de los puntos, se simplifica el cálculo de la gráfica.

Actividades

3. Construya una gráfica que permita hallar en qué punto del trayecto se encuentra el AVE Málaga-Madrid de la actividad 1, suponiendo que viaja siempre a la misma velocidad y la distancia que recorre ahora son 508 km.

2.5. Operaciones con expresiones algebraicas sencillas

Las expresiones algebraicas reciben distintos nombres según el número de términos que las compongan:

- Si tienen un solo término, se denominan **monomios.**
- Si tienen dos términos, se denominan **binomios.**
- Si tienen tres términos, se denominan **trinomios.**

Ejemplo

- Son monomios: ax, $3x^2$, $4xy^3$, etcétera.
- Son binomios: $x + y$, $2x^2 - x$, $3ab - b^3$, etcétera.
- Son trinomios: $-x^2 + 4x - 5$, $ax^3 - bx^2 + c$, etcétera.

De forma general, las expresiones algebraicas que tienen dos o más términos se denominan *polinomios.*

Cuando se plantea una situación por medio de expresiones algebraicas y se tiene más de una de ellas, seguramente, habrá que realizar operaciones de suma, resta, multiplicación y división para que simplifiquen y ayuden a resolver dicha situación.

Recuerde

Términos semejantes son aquellos que tienen las mismas variables y, además, cada una de ellas tiene el mismo grado.

Suma

Cuando se suman expresiones algebraicas, se obtiene otra expresión algebraica. Si bien, cuando se suman números, siempre se obtiene un número mayor que los que se suman, cuando se suman expresiones algebraicas, no tiene por qué ser así, ya que lo que se hace es reunir en un único término los términos semejantes de cada una de las expresiones algebraicas sumadas.

De forma general, se colocan juntas las ecuaciones algebraicas respetando su propio signo y reduciendo los términos semejantes si los hay.

Ejemplo

Sumar los monomios 3x, 4x y 5x:

$$3x + 4x + 5x = 12x$$

Continúa en página siguiente >>

<< Viene de página anterior

Sumar los monomios 3x, 3y, 4x y 4y:

$$3x + 4x + 3y + 4y = 7x + 7y$$

Sumar los monomios $3x^2$, $5x^3$, $8x^2$ y -12x:

$$3x^2 + 5x^3 + 8x^2 - 12x = 5x^3 + 11x^2 - 12x$$

Cuando se suman polinomios, suelen diferenciarse unos de otros colocándolos ente paréntesis; luego, se eliminan los paréntesis y se opera con los diferentes términos.

Ejemplo

Sumar los polinomios (2x + y) y (2x – y):

$$(2x + y) + (2x - y) = 2x + y + 2x - y = 2x + 2x + y - y = 4x$$

En la práctica, los polinomios que se suman se colocan uno debajo de otro, de forma que los términos semejantes queden en la misma columna, y se opera cada columna por separado.

Ejercicio resuelto 1

Sume $(x^5 + 3x^3 + 2x^2 - 5)$ y $(4x^4 - x^3 - 2x^2 + 3)$.

Solución

Se colocan los términos semejantes unos debajo de otros, respetando el signo, y se realizan las operaciones en cada columna.

$$\begin{array}{rrrrrr} & x^5 & & +3x^3 & +2x^2 & -5 \\ + & & 4x^4 & -x^3 & -2x^2 & +3 \\ \hline & x^5 & +4x^4 & +2x^3 & 0 & -2 \end{array}$$

$$(x^5 + 3x^3 + 2x^2 - 5) + (4x^4 - x^3 - 2x^2 + 3) = \mathbf{x^5 + 4x^4 + 2x^3 - 2}$$

Ejercicio resuelto 2

Sume $(4xy^2 - 4x - 4y)$, $(2x^2y^2 + 4xy)$ y $(4x - 4y)$.

Solución

Se colocan los términos semejantes unos debajo de otros, respetando el signo, y se realizan las operaciones en cada columna.

$$\begin{array}{rrrrrr} & & 4xy^2 & & -4x & -4y \\ & 2x^2y^2 & & +4xy & & \\ + & & & & 4x & -4y \\ \hline & 2x^2y^2 & +4xy^2 & +4xy & 0 & -8y \end{array}$$

$$(4xy^2 - 4x - 4y) + (2x^2y^2 + 4xy) + (4x - 4y) = \mathbf{2x^2y^2 + 4xy^2 + 4xy - 8y}$$

Actividades

4. Sume los siguientes polinomios $(x^2 + 4x)$, $(x^2 - 4)$ y $(-4x^2y^2 - 6)$.

Resta

La resta de dos polinomios es una operación cuyo resultado es otro polinomio en el que la solución se obtiene operando término a término, sumando, a los términos del minuendo, los opuestos de los términos del sustraendo. Igual que con la suma, se reducen los términos semejantes si los hay.

Ejercicio resuelto 1

Reste $(x^5 + 3x^3 - 2x^2 - 5)$ y $(4x^4 - x^3 - 2x^2 + 3)$

Solución

Hay que sumar, al minuendo $(x^5 + 3x^3 - 2x^2 - 5)$, el opuesto del sustraendo, $(4x^4 - x^3 - 2x^2 + 3)$, que es $-(4x^4 - x^3 - 2x^2 + 3)$, es decir, $(-4x^4 + x^3 + 2x^2 - 3)$. Las operaciones se realizan término a término.

$$(x^5 + 3x^3 + 2x^2 - 5) - (4x^4 - x^3 - 2x^2 + 3) = \mathbf{x^5 - 4x^4 + 4x^3 - 8}$$

$$\begin{array}{cccccc}
 & x^5 & & +3x^3 & -2x^2 & -5 \\
+ & & -4x^4 & +\ x^3 & +2x^2 & -3 \\
\hline
 & x^5 & -4x^4 & +4x^3 & 0 & -8
\end{array}$$

Ejercicio resuelto 2

Reste $(4xy^2 - 4x^2 - 4y)$ y $(2xy^2 - 8x^2)$.

Solución

Sumando, al minuendo $((4xy^2 - 4x^2 - 4y)$, el opuesto del sustraendo, $(2xy^2 - 8x^2)$, que es $-(2xy^2 - 8x^2)$, es decir, $(-2xy^2 + 8x^2)$, se obtiene:

$$\begin{array}{rrrr} & 4xy^2 & -4x^2 & -4y \\ + & -2xy^2 & 8x^2 & \\ \hline & 2xy^2 & +4x^2 & -4y \end{array}$$

$$(4xy^2 - 4x^2 - 4y) - (2xy^2 - 8x^2) = \mathbf{2xy^2 + 4x^2 - 4y}$$

Obsérvese que, mientras que, en la resta aritmética, siempre se obtiene una disminución, en la resta algebraica, puede obtenerse una disminución o un aumento.

Ejemplo

En la segunda aplicación, el término del minuendo $-4x^2$ aumenta su valor tras la operación a $+4x^2$.

Como en las restas numéricas, sumando el sustraendo con la diferencia, se obtiene el minuendo.

Actividades

5. Si $(3x^3 - 10x^2 - 2x - 5)$ es el resultado de una resta de polinomios y el sustraendo es $(8x^2 - 2x - 5)$, halle el minuendo.

Multiplicación

En la multiplicación de expresiones algebraicas, hay que prestar especial atención a tres aspectos:

- Los signos.
- Los exponentes.
- Los coeficientes.

Respecto a los **signos,** hay que tener en cuenta las reglas de los signos estudiadas anteriormente:

$$(+) \cdot (+) = (+)$$
$$(+) \cdot (-) = (-)$$
$$(-) \cdot (+) = (-)$$
$$(-) \cdot (-) = (+)$$

Es decir:

- Si los signos de los dos términos que se multiplican son iguales, el signo del resultado es positivo.
- Si los signos de los dos términos que se multiplican son diferentes, el signo del resultado es negativo.

En cuanto a los **exponentes,** cuando se multiplican factores con la misma base, el resultado tiene la misma base que los factores que se multiplican y el exponente es la suma de los exponentes.

Cuando se multiplican factores con coeficientes numéricos, estos pueden operarse entre sí, lo que da como resultado un coeficiente cuyo valor es el producto de los coeficientes multiplicados.

Ejemplo

$$(4x^2) \cdot (-3x) = (-12x^3)$$

- En cuanto a los signos, como uno de los factores es (+) y el otro es (-), el resultado es negativo (-).
- La base, x, es la misma en los dos factores, luego el resultado será un término con la misma base y cuyo exponente es la suma de los exponentes $2 + 1 = 3$.
- El coeficiente del resultado de la multiplicación es el producto de los coeficientes de cada factor que se multiplica. Los coeficientes son 4 y 3 y su producto es $4 \cdot 3 = 12$.

Nota

En la multiplicación algebraica, en muchas ocasiones, es preferible la utilización del punto medio (·) en lugar del aspa (×) para evitar confundirlo con la incógnita x.

El caso más simple de multiplicación es la multiplicación de monomios, como los del ejemplo anterior. Aunque el orden en el que se multipliquen los elementos no va a influir en el resultado final de la operación, es conveniente acostumbrarse a realizar las operaciones siempre en un orden a fin de evitar dejarse operaciones sin realizar:

- Primero, se multiplican los coeficientes.
- Segundo, se escriben las letras que aparecen en cada factor en orden alfabético.

- Tercero, se escribe el exponente que corresponda a cada letra según la suma de los exponentes.
- Cuarto, se escribe el signo que corresponda según la ley de los signos.

Ejercicio resuelto 1

Determine el producto de multiplicar el monomio (x^5) por el monomio ($3x^3$).

Solución

Paso a paso, sería:

- Multiplicación de los coeficientes:

$$1 \cdot 3 = 3$$

- Factores que se multiplican, en orden: solo aparece la x.
- Exponente que corresponde a la x:

$$5 + 3 = 8$$

- Signo de la operación:

$$(+) \cdot (+) = (+)$$

Luego:

$$(x^5) \cdot (3x^3) = \mathbf{3x^8}$$

Ejercicio resuelto 2

Encuentre el producto de multiplicar el monomio ($-2x^2y$) por el monomio ($4x^4y$).

Solución

Paso a paso, sería:

- Multiplicación de los coeficientes:

$$2 \cdot 4 = 8$$

- Factores que se multiplican, en orden: xy.
- Exponente que corresponde a la x:

$$2 + 4 = 6$$

- Exponente que corresponde a la y:

$$1 + 1 = 2$$

- Signo de la operación:

$$(-) \cdot (+) = (-)$$

Luego:

$$(-2x^2y) \cdot (4x^4y) = \mathbf{-8x^6y^2}$$

Ejercicio resuelto 3

Multiplique el monomio $(-x^3)$ por el monomio $(-2x^2)$.

Solución

Paso a paso, sería:

- Multiplicación de los coeficientes:

$$1 \cdot 2 = 2$$

- Factores que se multiplican, en orden: solo aparece la *x*.
- Exponente que corresponde a la *x:*

$$3 + 5 = 5$$

- Signo de la operación:

$$(-) \cdot (-) = (+)$$

Luego:

$$(-x^3) \cdot (-2x^2) = \mathbf{2x^5}$$

La multiplicación de otros tipos de polinomios sigue las mismas reglas, solo que habrá que considerar cada término de los polinomios que se multiplican como si se tratara de la multiplicación de monomios.

Ejercicio resuelto 4

Averigüe el producto de multiplicar el monomio ($2x$) por el polinomio ($3x^2 + 4x - 2$).

Solución

Se multiplica el monomio por cada uno de los términos del polinomio:

$$(2x) \cdot (3x^2 + 4x - 2) =$$
$$= 2x \cdot 3x^2 + 2x \cdot 4x + 2x \cdot (-2) =$$
$$\mathbf{= 6x^3 + 8x^2 - 4x}$$

Ejercicio resuelto 5

Calcule el producto de multiplicar el binomio ($2x^2 - 3x$) por el polinomio ($3x^2 + 4x - 2$).

Solución

Primero, se multiplica cada término del binomio por cada uno de los términos del polinomio:

$(2x^2 - 3x) \cdot (3x^2 + 4x - 2) =$
$= 2x^2 \cdot (3x^2 + 4x - 2) - 3x \cdot (3x^2 + 4x - 2) =$
$= 2x^2 \cdot 3x^2 + 2x^2 \cdot 4x + 2x^2 \cdot (-2) - 3x \cdot 3x^2 - 3x \cdot 4x - 3x \cdot (-2) =$
$= 6x^4 + 8x^3 - 4x^2 - 9x^3 - 12x^2 + 6x$

Luego, se agrupan los términos semejantes y se reducen a un solo término:

$6x^4 + 8x^3 - 4x^2 - 9x^3 - 12x^2 + 6x =$
$= 6x^4 + 8x^3 - 9x^3 - 4x^2 - 12x^2 + 6x =$
$= \mathbf{6x^4 - x^3 - 16x^2 + 6x}$

Es recomendable realizar la multiplicación de polinomios también en columnas, de forma que se sitúen en la misma columna los términos con idénticos factores y teniendo en cuenta los signos, ya que influirán en la suma de las columnas. Los términos suelen ordenarse siguiendo el orden alfabético para los literales y por orden decreciente del exponente. Se comienza la multiplicación por el término que aparece más a la izquierda, aunque, al operarse cada columna individualmente, el resultado sería el mismo. Pero, así, los términos aparecerán ordenados de mayor a menor grado. Cuando se colocan los polinomios uno debajo del otro, no es necesario colocar los términos semejantes en la misma columna.

Ejercicio resuelto 1

Halle el producto de la multiplicación del polinomio $(2x^2 + 4x - y)$ por el polinomio $(3x^2 + 4y - 2)$.

Solución

Se multiplica cada término del polinomio que está arriba por cada uno de los términos del polinomio que se ha colocado debajo y se sitúa cada término en una columna con los términos semejantes. Luego, se opera con cada columna.

	$2x^2$	$+4x$	$-y$			
x	$3x^2$	$+4y$	$-2x$			
	$6x^4$	$12x^3$		$-3x^2y$		
				$8x^2y$	$16xy$	$-4y^2$
		$-4x^3$	$-8x^2$		$+2xy$	
	$6x^4$	$+8x^3$	$-8x^2$	$+5x^2y$	$+18xy$	$-4y^2$

$$(2x^2 + 4x - y) \times (3x^2 + 4y - 2) = \mathbf{6x^4 + 8x^3 - 8x^2 + 5x^2y + 18xy - 4y^2}$$

Actividades

6. Efectúe la siguiente multiplicación:

$$4x\,(2 - x)\,(2 + x)\,(x + 1)$$

División

En la división de polinomios, hay que tener en cuenta las mismas consideraciones respecto a signos, exponentes y coeficientes que en la multiplicación, con la diferencia de que, cuando se dividen factores con la misma base, el resultado tiene la misma base que los factores que se dividen y el exponente es la diferencia de los exponentes, y que, cuando se dividen factores con coeficientes numéricos, estos se operan entre sí, lo que da como resultado un coeficiente cuyo valor es el cociente de los coeficientes divididos.

El caso más simple es la división de monomios, que se realiza de la siguiente forma:

- Primero, se dividen los coeficientes.
- Segundo, se escriben las letras que aparecen en orden alfabético.
- Tercero, se escribe el exponente que corresponda a la resta de los exponentes de cada letra.
- Cuarto, se escribe el signo que corresponda según la ley de los signos.

Ejercicio resuelto 1

Indique el cociente de los monomios $(6x^3) \div (3x^2)$.

Solución

Paso a paso, sería:

- División de los coeficientes:

$$6 : 3 = 2$$

- Factores que se dividen, en orden: solo aparece la *x*.
- Exponente que corresponde a la *x:*

$$3 - 2 = 1$$

- Signo de la operación:

$$(+) : (+) = (+)$$

Luego:

$$(6x^3) \div (3x^3) = \mathbf{2x}$$

Ejercicio resuelto 2

Determine el cociente de los monomios $(-2x^2y) \div (4x^4y)$.

Solución

Paso a paso, sería:

- División de los coeficientes:

$$2 : 4 = 1/2$$

- Factores que se dividen, en orden: *xy.*
- Exponente que corresponde a la *x:*

$$2 - 4 = -2$$

- Exponente que corresponde a la *y:*

$$1 - 1 = 0$$

- Signo de la operación:

$$(-) : (+) = (-)$$

Luego:

$$(-2x^2y) \div (4x^4y) = \mathbf{-1/2x^{2}}$$

Esta operación resulta más fácil de realizar si se expresa en forma de fracción:

$$\frac{-2x^2y}{4x^4y} = -\frac{2}{4}\,\frac{x^2}{x^4}\,\frac{y}{y} = -\frac{1}{2}\,\frac{1}{x^2}1 = \mathbf{-\frac{1}{2}\,x^{-2}}$$

Para dividir polinomios entre monomios, se divide cada término del polinomio por el monomio siguiendo los pasos establecidos en cada división.

Ejercicio resuelto 1

Divide el polinomio ($4x^2 - 2x$) por el monomio ($2x$).

Solución

- División de los términos uno a uno entre el monomio:

Primer término: $4x^2 \div 2x$

- División de los coeficientes:

$$4 : 2 = 2$$

- Factores que se dividen, en orden: solo aparece la x.
- Exponente que corresponde a la *x:*

$$2 - 1 = 1$$

- Signo de la operación:

$$(+) : (+) = (+)$$

Luego:

$$4x^2 \div 2x = 2x$$

Segundo término: $-2x \div 2x$

- División de los coeficientes:

$$2 : 2 = 1$$

- Factores que se dividen, en orden: solo aparece la *x.*
- Exponente que corresponde a la *x:*

$$1 - 1 = 0$$

- Signo de la operación:

$$(-) : (+) = (-)$$

Luego:

$$-2x \div 2x = -1$$

- Se combinan los resultados obtenidos de cada división parcial:

$$(4x^2 - 2x) \div 2x = \mathbf{2x - 1}$$

Para la división de polinomios, se emplea la representación en la que el divisor se sitúa dentro de la caja de división.

Comienzan ordenándose los polinomios del dividendo y el divisor en relación a una misma letra.

A continuación, se divide el primer término del dividendo entre el primero del divisor. El resultado se coloca en el cociente.

Este resultado se multiplica por cada uno de los términos del divisor, de forma que los términos obtenidos se colocan debajo de los términos semejantes que haya en el dividendo. Si algunas de las multiplicaciones dan como resultado un término que no aparezca, se colocará en una columna propia.

Seguidamente, se cambia el signo de estos términos para obtener el resto.

Se baja otro término del dividendo al lado del resto obtenido y se repite la secuencia.

Se continúa hasta que no haya más términos en el dividendo.

Esta explicación resulta más fácil si se ve desarrollada, como se muestra en la siguiente imagen.

$$\begin{array}{lll|l} \overbrace{14x^2} & +22x & -12 & 7x \quad -3 \\ \hline & & & 2x \end{array}$$

La división del primer término del dividendo entre el primero del divisor es:

$14x^2 \div 7x = 2x$

Este valor se coloca en el cociente.

$$\begin{array}{lll|l} 14x^2 & +22x & -12 & 7x \quad -3 \\ \hline 14x^2 & -\ 6x & & 2x \end{array}$$

Se multiplica 2x por cada término del divisor y los resultados van colocándose debajo de los términos semejantes del dividendo.

$$\begin{array}{lll|l} 14x^2 & +22x & -12 & 7x \quad -3 \\ \hline -14x^2 & +\ 6x & & 2x \\ \hline 0 & +28x & & \end{array}$$

A estos valores, se les cambia el signo y se opera para poder obtener el primer resto parcial.

$$\begin{array}{lll|l} 14x^2 & +22x & -12 & 7x \quad -3 \\ \hline -14x^2 & +\ 6x & \downarrow & 2x \\ 0 & +28x & -12 & \end{array}$$

Se baja el término siguiente.

$$\begin{array}{lll|l} 14x^2 & +22x & -12 & 7x \quad -3 \\ \hline -14x^2 & +\ 6x & \downarrow & 2x \quad +4 \\ 0 & +28x & -12 & \end{array}$$

Ahora, se divide el primer término del resto entre el primer término del divisor. La siguiente división parcial es:

$28x \div 7x = 4$

Este valor se coloca en el cociente.

$$\begin{array}{lll|l} 14x^2 & +22x & -12 & 7x \quad -3 \\ \hline -14x^2 & +\ 6x & \downarrow & 2x \quad +4 \\ & +28x & -12 & \\ & 28x & -12 & \end{array}$$

Se multiplica 4 por cada término del divisor y los resultados se van colocándose debajo de los términos semejantes del dividendo.

$$\begin{array}{lll|l} 14x^2 & +22x & -12 & 7x \quad -3 \\ \hline -14x^2 & +\ 6x & \downarrow & 2x \quad +4 \\ & +28x & -12 & \\ & -28x & +12 & \\ \hline & 0 & 0 & \end{array}$$

A estos valores, se les cambia el signo para poder obtener el segundo resto parcial.
Como este resto es 0, la división ha concluido.

Nota

Para comprobar si el resultado de una división algebraica es correcto, se multiplica el polinomio que aparece en el divisor por el polinomio que se ha obtenido en el cociente y el resultado debe coincidir con el polinomio que aparece en el dividendo.

Actividades

7. Divida los siguientes polinomios y compruebe luego que el resultado es correcto:

$$(x^5 - 2x^4 + 5x^3 + 7x^2 - 16x + 30) \div (x^2 - 2x + 6)$$

3. Ecuaciones de primer grado con una incógnita

Una ecuación es una igualdad en la que participan números y letras. Cuando solo hay una letra, se dice que tiene solo una incógnita. Si, además, el grado de la incógnita es 1, se dice que es una **ecuación de primer grado.**

Ejemplo

Son ecuaciones de primer grado con una incógnita:

$$2a + 1 = a$$
$$3x - 3 = 0$$
$$3(x - 4) = -4x + 2$$

Continúa en página siguiente >>

<< Viene de página anterior

No son ecuaciones de primer grado con una incógnita:

$$xy - 5 = 0$$
$$x^2 - x = 1$$
$$3x + 2y = 25$$

Recuerde

En las expresiones algebraicas, solo pueden sumarse y restarse términos si son semejantes, ya que se consigue así simplificar la expresión. Sin embargo, pueden multiplicarse y dividirse todo tipo de términos sin necesidad de que sean semejantes.

3.1. Significado de las ecuaciones

Resolver una ecuación consiste en encontrar el valor de la o las incógnitas que hacen que la igualdad se verifique. Estos números que, al sustituir a las incógnitas, hacen que se verifique la igualdad se llaman *soluciones* de la ecuación. Cuando una ecuación tiene varias incógnitas, cada solución de la ecuación debe indicar el número que corresponde a cada incógnita.

Cuando una igualdad se cumple para cualquier valor de la incógnita, se dice que es una *identidad.*

Ejemplo

En la siguiente igualdad:

$$3(x + 2) = 3x + 6$$

Se cumple para cualquier valor que se dé a la incógnita x, por lo que es una identidad.

Sin embargo, en la siguiente igualdad:

$$2x + 1 = 7$$

Solo se cumple para $x = 3$, por lo que se trata de una ecuación.

Algunas ecuaciones son tan fáciles que pueden resolverse mentalmente, sin embargo, en otras, la solución no es tan obvia.

Ejemplo

En la siguiente ecuación:

$$x + 7 = 10$$

Es tan evidente que la solución es $x = 3$ que no es necesario ningún método.

En la siguiente ecuación:

$$2x - \frac{x + 3}{2} = x - \frac{5\,(x - 1)}{2} + 5$$

Sin embargo, la solución ya no es tan obvia.

Hay algunos métodos que permiten transformar estas ecuaciones en otras equivalentes, pero más sencillas de resolver.

Definición

Ecuaciones equivalentes
Son aquellas ecuaciones que tienen las mismas soluciones.

A continuación, se explican los métodos que permiten obtener ecuaciones equivalentes.

Sustituir uno o los dos miembros por expresiones equivalentes

Al sustituir los miembros de una ecuación por otras expresiones equivalentes, queda otra ecuación equivalente.

Por ejemplo, dada la ecuación:

$$2(x + 6) = 5x$$

Si se sustituye $2(x + 6)$ por la expresión $2x + 12$, que es equivalente (tan solo se ha multiplicado el 2 por el contenido del paréntesis), la ecuación que se obtiene es equivalente (~) a la primera:

$$2(x + 6) = 5x \sim 2x + 12 = 5x$$

Sumar o restar, a los dos miembros de la ecuación, una misma expresión

Al sumar o restar a los dos miembros de una ecuación una misma expresión algebraica, se obtiene una ecuación equivalente a la primera.

Por ejemplo, dada la ecuación:

$$2x + 12 = 5x$$

Si se resta, a los dos miembros, la expresión 2x, se obtiene:

$$2x + 12 = 5x$$
$$2x + 12 - 2x = 5x - 2x$$
$$12 = 3x$$

Pasar términos de un miembro a otro

Si se pasa un término que está sumando en un miembro al otro miembro, pero restando, se obtiene una ecuación equivalente.

Igualmente, si se pasa un miembro que está restando en un miembro al otro miembro, pero sumando, se obtiene una ecuación equivalente.

Por ejemplo, en la ecuación:

$$2x + 12 = 5x$$

Puede pasarse el término $2x$ del primer al segundo miembro, pero cambiándole el signo. La ecuación resultante es equivalente a la primera:

$$2x + 12 = 5x$$
$$12 = 5x - 2x$$
$$12 = 3x$$

Multiplicar o dividir los dos miembros de la ecuación por un mismo número diferente de 0

Multiplicando o dividiendo todos los términos de una ecuación (de ambos miembros) por un mismo número distinto de 0, se obtiene una expresión equivalente.

Por ejemplo, en la ecuación:

$$2x + 12 = 6x$$

Si se dividen los dos miembros por el número 2, se obtiene una expresión equivalente:

$$2x + 12 = 6x$$

$$\frac{2x + 12}{2} = \frac{6x}{2}$$

$$\frac{2x}{2} + \frac{12}{2} = \frac{6x}{2}$$

$$x + 6 = 3x$$

En algunos casos, puede resultar conveniente multiplicar todos los términos de la ecuación por el número -1 con objeto de cambiar el signo de todos los miembros de la ecuación.

Por ejemplo:

$$-\frac{1}{5} + x = -4 - 7x$$

$$(-1)\left(\frac{-1}{5} + x\right) = (-1)(-4 - 7x)$$

$$\frac{1}{5} - x = 4 + 7x$$

Paso de un factor o de un divisor de un miembro a otro

Si se pasa un número que está multiplicando (factor) a todo un miembro dividiendo al otro miembro, se obtiene una ecuación equivalente. Igualmente, si se pasa un número que está dividiendo (divisor) a todo un miembro multiplicando al otro miembro, también se obtiene una ecuación equivalente.

Por ejemplo, en la ecuación:

$$3\,(4x - 6) = x + 4$$

Puede pasarse el 3, que está multiplicando a todos los términos del primer miembro, dividiendo al segundo miembro (también debe dividir a todos los términos). La ecuación resultante es equivalente a la primera:

$$4x - 6 = \frac{x + 4}{3}$$

Nota

Hay que tener en cuenta que, cuando se cambia de un miembro a otro un número que está multiplicando o dividiendo, no se le cambia el signo, al contrario de lo que ocurría cuando se cambiaban de miembro términos que iban sumando o restando.

Eliminación de fracciones en una ecuación

Las ecuaciones con fracciones suelen ser incómodas de manejar. Para pasar de una ecuación con fracciones a otra equivalente que no las tenga, se multiplican todos los términos de los dos miembros por un múltiplo común de todos los denominadores, llamado **mínimo común múltiplo.**

Por ejemplo, en la ecuación:

$$3 + \frac{x}{4} = \frac{5}{3}$$

Se halla el m. c. m., en este caso:

$$\text{m. c. m.} (4, 3) = 4 \cdot 3 = 12$$

Se multiplican los dos miembros por 12, con lo que se obtiene:

$$\frac{3 \cdot 12}{12} + \frac{3 \cdot x}{12} = \frac{4 \cdot 5}{12}$$

$$3 \cdot 12 + 3 \cdot x = 4 \times 5$$

$$36 + 3x = 20$$

Cuando se tienen ecuaciones en las que cada miembro es una fracción, pueden eliminarse las fracciones muy fácilmente aplicando la siguiente propiedad: en una igualdad de fracciones, el producto de los medios es igual al de los extremos.

Ejemplo:

$$\frac{x + 3}{5} = \frac{2x - 1}{6}$$

$$\underbrace{6(x + 3)}_{\text{Extremos}} = \underbrace{5(2x - 1)}_{\text{Medios}}$$

Actividades

8. Solucione la siguiente ecuación:

$$x - (2x + 1) = (8x + 11) - (3 - 2x)$$

9. Resuelva la siguiente ecuación:

$$9x - (5x + 1) - [2 + 8x - (6 + x)] = -5$$

3.2. Resolución de problemas con ecuaciones de primer grado. Despejar la incógnita

Muchos problemas pueden solucionarse traduciendo su enunciado a una ecuación de primer grado con una incógnita y resolviéndola. Conviene seguir los siguientes pasos:

1. Comprender el enunciado del problema leyéndolo atentamente y anotar, si es preciso, los datos que se dan y las cantidades desconocidas que se solicitan.
2. Elegir una cantidad desconocida como incógnita. Normalmente, se elige la cantidad que se pide. Si se piden varias cantidades, se elige una de ellas, de forma que las otras puedan expresarse lo más fácilmente posible en función de la incógnita.
3. Traducir el enunciado del problema a una ecuación que contenga la incógnita. Conviene expresar cada una de las cantidades pedidas en función de la incógnita antes de plantear la ecuación.
4. Resolver la ecuación.
5. Calcular las cantidades solicitadas a partir de la solución de la ecuación y comprobar que se cumplen las condiciones del enunciado.

Actividades

10. Halle la solución del siguiente problema planteando ecuaciones de primer grado:

    Marta ha gastado 870 € en un vestido, unos zapatos y un tocado. Los zapatos han costado 50 € más que el tocado y 200 € menos que el vestido. ¿Cuánto ha pagado Marta por cada uno de los objetos que ha comprado?

Aplicación práctica

Un examen tiene 30 preguntas. Cada pregunta vale 3 puntos y, por cada pregunta incorrecta (no contestada se considera también incorrecta), se restan 2 puntos. Si el resultado del alumno ha sido de 30 puntos, ¿cuántas preguntas ha respondido correctamente y cuántas incorrectamente?

SOLUCIÓN

1. Datos:

- 30 preguntas.
- Pregunta correcta: +3 puntos.
- Pregunta incorrecta: –2 puntos.
- Nota: 30 puntos.

2. Elección de incógnita: se llamará x al número de preguntas correctas.
3. Traducción del enunciado:

- El número de preguntas incorrectas será: $30 - x$.
- Los puntos sumados serán: $3x$.
- Los puntos restados serán: $2(30 - x)$.
- La ecuación será: $3x - 2(30 - x) = 30$.

4. Resolución de la ecuación:

$$3x - 2(30 - x) = 30$$
$$3x - 60 + 2x = 30$$
$$3x + 2x - 30 = 60$$
$$5x = 90$$
$$x = \frac{90}{5} = 18$$

5. Determinar las cantidades pedidas:

- Preguntas correctas: 18.
- Preguntas incorrectas: $30 - 18 = 12$.

Continúa en página siguiente >>

<< Viene de página anterior

- Comprobar que se cumplen los resultados:

Si $x = 18$:

$$\begin{aligned} 3 \cdot 18 - 2\,(30 - 18) &= 30 \\ 54 - 2 \cdot 12 &= 30 \\ 54 - 24 &= 30 \end{aligned}$$

Luego es correcto.

Despejar la incógnita

Para resolver las ecuaciones de primer grado con una incógnita, van transformándose con sucesivos pasos en otras ecuaciones equivalentes más sencillas. La experiencia enseña que, aunque no sea obligatorio, conviene seguir los siguientes pasos en el orden que se indica:

1. Operar en ambos miembros eliminando los paréntesis que tengan.
2. Eliminar los denominadores.
3. Pasar a un miembro todos los términos que contengan la incógnita y al otro miembro todos los términos que no la llevan.
4. Simplificar términos semejantes en ambos miembros, con lo que se llega a una ecuación del tipo: $ax = b$.
5. Despejarla incógnita pasando el factor al otro miembro.

En el desarrollo de la siguiente ecuación, se ven reflejados los pasos explicados anteriormente.

Ejercicio resuelto

Resuelva la siguiente ecuación de primer grado:

$$2x - \frac{x + 3}{2} = x - \frac{5(x - 1)}{2} + 5$$

Solución

Se eliminan los paréntesis:

$$2x - \frac{x + 3}{2} = x - \frac{5x - 5}{2} + 5$$

1. Se eliminan los denominadores: para ello, se multiplican por 2 ambos miembros:

$$4x - x - 3 = 2x - 5x + 5 + 10$$

2. Se pasan los términos con incógnita a un miembro y sin incógnita al otro:

$$4x - x - 2x + 5x = 5 + 10 + 3$$

3. Se simplifican los términos semejantes:

$$6x = 18$$

4. Se despeja la *x* pasando el factor que la multiplica al otro miembro, pero dividiendo:

$$x = \frac{18}{6} = 3$$

4. Resumen

El álgebra es la parte de las matemáticas en la que las operaciones se plantean usando tanto números como letras y símbolos que, convenientemente estructurados, componen una serie de relaciones aritméticas que representan las situaciones que quieren resolverse.

La expresión algebraica combina letras (parte literal) y números (parte numérica) mediante signos matemáticos. Se llama *ecuación* a una expresión algebraica que relaciona elementos a ambos lados de un signo = y en la que, al menos, uno de ellos es desconocido. Se compone de: variable, constante, coeficiente, operadores, términos, expresión y grado.

Se emplean letras del abecedario (*a, b,* etc., para representar las cantidades conocidas y *x, y* y *z* para representar las incógnitas) y signos para representar relaciones numéricas: de operación, de relación y de agrupación.

Los términos que tienen las mismas variables y, además, cada una de ellas tiene el mismo grado se denominan *términos semejantes.*

Cuando una variable depende del valor de otra, se dice que es una *función* de la otra variable: $y = f(x)$. La relación entre *x* e *y* puede reflejarse en una tabla de valores y representarse en unos ejes de coordenadas.

Según el número de términos que tiene una expresión algebraica, se llama: *monomio* (1 término), *binomio* (2 términos) o *polinomino* (dos o más términos). Los polinomios pueden operarse. Las operaciones de suma y resta de polinomios se realizan entre términos semejantes. La multiplicación y la división se realizan operando todos los términos entre sí.

Cuando, en una ecuación, solo hay una letra, se dice que tiene solo una incógnita. Si, además, el grado de la incógnita es 1, se dice que es una *ecuación de primer grado.* En una ecuación de primer grado con una incógnita, solo habrá una solución. Muchos problemas de la vida cotidiana pueden solucionarse traduciendo su enunciado a una ecuación de primer grado con una incógnita y resolviéndola.

Ejercicios de repaso y autoevaluación

1. Halle el resultado de las siguientes ecuaciones:

   a. $5(3x + 2) = 8(9 - 2x)$

   b. $\frac{3x}{5} - \frac{7x}{10} + \frac{3x}{4} - \frac{7x}{8} + 18 = 0$

   c. $\frac{15}{x - 2} - \frac{12x + 6}{2x^2 - 8} = \frac{18}{x + 2}$

2. Resuelva las siguientes ecuaciones:

   a. $\frac{2x - 5}{5} - 2x = \frac{3x + 1}{4} - 3x + \frac{7}{10}$

   b. $2(x - 1) - \frac{3(x + 1)}{6} = 6(x + 2) + 9x - \frac{7}{2}$

   c. $\frac{1 + \frac{x + 1}{(x - 1)}}{1 - \frac{(x + 1)}{(x - 1)}} = x + 1$

3. Añadiendo 7 unidades al doble de un número más los 3/2 de este, da por resultado el séxtuplo de dicho número menos 23. Determine cuál es el número.

4. Reparta 360 € entre cuatro personas de modo que la 2.ª reciba el triple que la 1.ª; la 3.ª, el doble que la 2.ª, y la 4.ª, la mitad de lo que hayan recibido las otras tres juntas.

5. Dos trenes salen al mismo tiempo, uno de Sevilla hacia Almería y el otro en sentido inverso. Sabiendo que la distancia entre ambas ciudades es de 341 km y que el primer tren marcha a 80 km/h y el segundo a 145 km/h, establezca a qué distancia de Almería se encontrarán.

6. De los tres caños que afluyen a un estanque, uno puede llenarlo en 36 h; otro, en 30 h, y el tercero, en 20 h. Averigüe cuánto tardarán en llenarlo los tres juntos.

7. Trece lapiceros y siete bolígrafos se han vendido por 3,24 €. Calcule el precio de cada uno de los elementos sabiendo que el valor de un bolígrafo es el doble que el de un lapicero.

8. Juan tiene 18 años más que José y hace tres años tenía el doble. Deduzca las edades de cada uno.

9. Para elaborar una mezcla típica, se dispone de dos clases de vino de 12 y 14 €/l. Indique qué cantidad hay que mezclar de cada clase para obtener 25 l de mezcla al precio de 12,80 €/l.

10. Los largueros para la puerta de un jardín miden 74 cm de longitud. Si la parte aérea excede en 14 cm al doble de la parte clavada en el suelo, especifique cuánto mide cada parte.

Capítulo 10

Aplicación del análisis de datos, la estadística y la probabilidad en la resolución de problemas

Contenido

1. Introducción
2. Recogida de datos provenientes de diferentes fuentes de información en tablas de valores
3. Técnicas elementales de recogida de datos (encuesta, observación y medición)
4. Tablas de doble entrada y tablas de frecuencia
5. Representación gráfica de los datos. Formas de representar la información: tipos de gráficos estadísticos (diagrama de barras, pictogramas, polígono de frecuencias y diagrama de sectores)
6. Obtención y utilización de información para la realización de gráficos y tablas de datos relativos a objetos, fenómenos y situaciones del entorno
7. Medidas de centralización: media aritmética, moda, mediana y rango
8. Valoración de la importancia de analizar críticamente las informaciones que se presentan a través de gráficos estadísticos
9. Carácter aleatorio de algunas experiencias
10. Presencia del azar en la vida cotidiana. Estimación del grado de probabilidad de un suceso
11. Formulación y comprobación a nivel intuitivo de conjeturas sobre el comportamiento de fenómenos aleatorios sencillos
12. Resumen

1. Introducción

Numerosas situaciones que se plantean a diario necesitan ser analizadas antes de decidir cómo actuar: la ubicación de un negocio para obtener la máxima rentabilidad, las preferencias del sector de población al que se enfoca el lanzamiento de un nuevo producto, la construcción de centros de salud o de colegios en un área de expansión urbana, la campaña de vacunación contra la gripe estacional, etc. En todas ellas, el estudio de los datos sobre las preferencias y las necesidades de la población a la que van dirigidos pueden hacer que se decida si es conveniente seguir adelante o no con el proyecto tal y como está planteado o es recomendable realizar cambios que ayuden a cumplir los objetivos previstos.

Esos datos que van a ser estudiados han debido recabarse previamente de alguna manera, y debe tenerse la certeza de que ofrecen una información fiable.

Mientras más datos se conozcan sobre el problema en cuestión, más acertada será la decisión tomada. Pero el manejo de gran cantidad de datos requiere una disciplina que establezca cómo proceder. Por eso, existe una rama específica de las matemáticas que se encarga de ello: la estadística, que utiliza grandes conjuntos de datos numéricos para sacar conclusiones basadas en el cálculo de probabilidades.

En este capítulo, se verá cómo resolver problemas a partir del análisis de los datos, cómo obtener esos datos y cómo presentarlos de manera que sean entendibles por el sector de población al que van dirigidos.

2. Recogida de datos provenientes de diferentes fuentes de información en tablas de valores

Igual que, para resolver cualquier problema matemático, hay que comenzar estudiando el problema y planteando qué quiere averiguarse para, así, tras analizar los datos que se tienen, conseguir una solución, para realizar un estudio matemático-estadístico, hay que plantear la cuestión que quiere averiguarse de manera clara y definida y diseñar un modelo estadístico que se aproxime a la realidad y que, partiendo de los datos observados, permita obtener una conclusión.

Ejemplo

Las golosinas son un producto cuyos consumidores son principalmente niños. Por eso, antes de abrir una franquicia dedicada a la venta de golosinas, se realiza un estudio sobre el número de colegios, parques y otros lugares donde haya gran cantidad de niños que se concentran en la zona y el número de individuos que se reúnen, ya que son los clientes potenciales.

Pero, para aplicar ese modelo matemático, hay que disponer de los datos que más se aproximan a la realidad de la cuestión que se estudia.

Cuando se plantea la recogida de datos, hay que tener en cuenta una serie de conceptos:

- **Población o universo:** es el conjunto de elementos que quiere investigarse.
- **Muestra:** subconjunto de la población que se considera representativo de esta.
- **Sujeto, individuo o unidad estadística:** cada uno de los elementos de la población que se estudia cuando se busca información.
- **Variable:** es lo que pretende estudiarse, es decir, lo que va a observarse, a preguntarse o a medirse en cada individuo.
- **Valor:** es el dato que se obtiene para la variable en cada uno de los sujetos analizados.
- **Observación:** es cada una de las acciones en las que se obtiene el valor de la variable en cada uno de los sujetos.

La información, en forma de datos, puede obtenerse por diversos medios:

- **Muestreo:** se observa pasivamente una muestra y se anotan los valores de las variables.
- **Diseño de experimentos:** se fijan los valores de ciertas variables y se observan las respuestas de otras.

Ejemplo

Se realiza un muestreo si se elige una muestra de alumnos en los colegios de una localidad y se observa cuántos de ellos llevan zapatillas deportivas.

Se diseña un experimento si, para estudiar la iniciativa de un grupo de niños, se plantea un escenario en el que se les dice que, si no se comen las chucherías que hay en un recipiente, recibirán el doble de esa cantidad cuando hayan transcurrido un tiempo a solas con las golosinas. Luego, se comprueba y analiza qué ha hecho cada niño.

Los datos que se recogen suelen presentarse en forma de tablas en las que, en las filas y columnas, se organizan los sujetos y algunas de sus características.

Tabla general para la representación de los datos recogidos

Observaciones	Variables: Variable 1	Variable 2
Observación 1	Valores	Valores
Observación 2	Valores	Valores

Para cada uno de los sujetos, se insertará una fila en la tabla y cada variable se representará en una columna; a la variable principal, siempre le corresponde la primera columna. En la intersección de las filas y las columnas, se representarán los valores obtenidos para cada una de las observaciones.

Aunque haya una variable principal a la que se enfoque la recogida de datos, en la misma observación, pueden obtenerse valores para otras variables.

Aplicación práctica

Una encuesta realizada en la localidad de Aranda sobre el número de familias de la localidad en las que alguno de sus miembros ve el fútbol el sábado o el domingo arroja los resultados que se muestran en la tabla siguiente.

	Sábado	Domingo	N.º de miembros
Observación 1	3	0	4
Observación 2	3	3	3
Observación 3	0	2	2
Observación 4	4	5	5
Observación 5	2	0	4

Indique qué conceptos se conocen.

SOLUCIÓN

La población de estudio es el conjunto de familias de la localidad de Aranda.

La tabla muestra los datos de la encuesta realizada a cinco familias, luego la muestra es 5.

Cada familia encuestada es un sujeto de estudio.

Las principales variables son el número de miembros de la familia que ve el fútbol el sábado y el que lo ven el domingo. Otra variable es el número de miembros de la familia.

Los valores obtenidos para cada variable y observación son las cantidades que aparecen en la intersección de cada observación con las columnas de las variables. Por ejemplo, en la familia cuyos datos corresponden a la observación 1, tres de sus miembros ven el fútbol el sábado; ninguno, el domingo, y está compuesta por cuatro miembros.

Si manejan gran cantidad de datos que pueden ser consultados, se trata de bases de datos estadísticos.

Sabía que...

Las bases de datos o bancos de datos son conjuntos de datos con un denominador común que se almacenan para ser utilizados con posterioridad.

Posteriormente, se repasan los datos recogidos para detectar y corregir posibles errores que se hayan producido en la recogida o transcripción.

Con los datos recogidos, se comprueban los parámetros de estudio, se determina si pueden simplificarse y se investiga si la información obtenida responde al modelo estadístico planteado, ya que, de no ser así, habría que volver a definir las cuestiones que quieren averiguarse.

Recuerde

La comprobación de que las decisiones tomadas han sido las adecuadas requiere un estudio, por eso, el proceso de recogida de datos, análisis y toma de decisiones es un proceso continuo.

3. Técnicas elementales de recogida de datos (encuesta, observación y medición)

Cuando se tiene claro qué es lo que quiere investigarse, es necesario recabar los datos sobre las variables planteadas. Dependiendo del tipo de datos, las variables pueden ser:

- **Cualitativas:** corresponden a datos que no pueden expresarse con números. Aunque algunos de estos valores pueden ordenarse siguiendo una escala establecida con un orden jerárquico, que reciben el nombre de variables cualitativas *ordinales,* y otras no, que se denominan variables cualitativas *nominales.*

- **Cuantitativas:** son las que se expresan mediante números y representan cantidades. Si pueden tomar cualquier valor real, se denominan variables cuantitativas *continuas* y, si solo pueden tomar valores aislados y enteros, se llaman variables cuantitativas *discretas.*

Ejemplo

Son variables cualitativas: el color del pelo, el sexo, la calidad del servicio recibido en un hotel, el destino preferido en las vacaciones, la satisfacción con el nivel de ingresos, etcétera.

- Serían variables cualitativas nominales: el color del pelo, el sexo y el destino preferido en las vacaciones.
- Serían variables cualitativas ordinales: la calidad del servicio recibido en un hotel y la satisfacción con el nivel de ingresos, ya que, en ambos casos, puede establecerse una escala que muestre si la calidad o la satisfacción son muy bajas, bajas, medias, altas o muy altas.

Son variables cuantitativas: la edad, la altura de las personas, el peso de la cosecha de aceitunas, el número de hijos de las familias, el nivel de ingresos, etcétera.

- Serían variables cuantitativas ordinales: la altura de las personas, el peso de la cosecha de aceitunas y el nivel de ingresos.
- Serían variables cuantitativas discretas: la edad y el número de hijos de las familias.

Los datos para un estudio pueden obtenerse de diversas fuentes: de internet, de bibliotecas, de bases de datos de agencias (como el Instituto Nacional de Estadística), a través de entrevistas, de encuestas, de la observación y de la medición. Estos últimos serán los que se expliquen a continuación.

3.1. Encuesta

Es una técnica de recogida de datos que se refiere solo a una muestra de la población y es la técnica cuantitativa más empleada a la hora de obtener datos.

Nota

Cuando la investigación se realiza a toda la población, recibe el nombre de *censo.*

Para realizar una encuesta, debe disponerse de un cuestionario o conjunto de preguntas planteadas de forma que, al ser realizadas a la población que se toma como muestra, permita obtener información fiable del conjunto al que representa.

Por eso, las preguntas suelen ser, mayoritariamente, cerradas, de forma que solo pueda elegirse una repuesta entre determinadas opciones presentadas.

Este tipo de preguntas presenta la ventaja de facilitar la comparación y el análisis de los datos, pero tiene como desventaja la pérdida de matices.

Actividades

1. Investigue sobre las técnicas de realización de encuestas. Puede ser de utilidad la información que el Instituto Nacional de Estadística incluye en su página web:

   http://www.ine.es/explica/explica_pasos_primera_encuesta.htm

2. Plantee ejemplos relacionados con sus actividades, tanto profesionales como particulares, en los que podría aplicar las técnicas de realización de encuestas para ayudarse a mejorarlas.

3.2. Observación

En este procedimiento de obtención de datos, hay un observador que recoge información sobre el problema que se estudia y en el entorno en el que se produce el hecho observado, sin introducir ninguna modificación en este entorno, ya que lo que pretenden describirse son las conductas o los hechos cotidianos que tienen lugar en él.

Importante

La recogida de la información debe seguir un procedimiento establecido para que quede un registro exacto, inconfundible y estructurado de lo que se observa, de forma que, con los datos obtenidos, puedan realizarse informes que, comparados con otros realizados, permitan elaborar un análisis estadístico.

Primeramente, hay que preparar la observación determinando qué va a estudiarse, el tiempo de observación, etc. Cuando se tiene todo organizado, comienza a realizarse la observación en sí. El observador puede adoptar diferentes actitudes en ella:

- Puede realizar la observación sin que los individuos sepan que están siendo observados y sin ningún tipo de interacción.
- Puede que los individuos sepan que están siendo observados, pero no haya ninguna otra interacción con el observador.
- Puede que el observador, además de observar, interaccione con los individuos y les realice algún tipo de pregunta.

De cualquier forma, debe anotarse lo que se observa de la forma más específica posible, sin generalidades, y organizar y revisar las notas tomadas para calificar adecuadamente la información obtenida de manera que se produzca una correcta interpretación de los resultados.

Como ventaja, se obtiene la información de manera directa y, como desventaja, puede haber interferencias externas que afecten al desarrollo de la observación.

Ejemplo

En un estudio sobre los hábitos de higiene bucal de los alumnos que acuden a comedores escolares, se observa cuántos se cepillan los dientes después de comer, cuántos lo hacen de manera voluntaria o por indicación de los monitores de comedor, etcétera.

Nota

Es frecuente combinar varios métodos de recogida de datos, ya que pueden ofrecer informaciones complementarias.

3.3. Medición

En esta técnica de obtención de datos, se utilizan aparatos de medición para obtener la magnitud del indicador o variable que se estudia. Requiere la elección del aparato de medida apropiado para la magnitud a medir y del sistema de unidades adecuado. Las variables que se estudian por este método son de tipo cuantitativo y se recogen en forma de tablas. Tiene la ventaja de obtener directamente los valores de las variables estudiadas y la desventaja de la limitación de las variables a las que se aplica.

Ejemplo

Para realizar un estudio que indique el estado nutricional de los niños menores de dos años, se pesan y se les mide el contorno del brazo.

Para obtener el valor de la variable peso, se utiliza una báscula y, para medir el valor de la variable contorno del brazo, se utiliza una cinta braquial.

Se toma como referencia para las medidas el sistema métrico decimal. Para el peso, se toma como unidad el kilogramo y se estiman hasta los gramos.

El contorno del brazo se mide en centímetros, admitiendo valores enteros o divisiones de 0,5 cm y tomando siempre la medida menor (así, si la cinta indica un contorno de 12,48 cm, se estima que es de 12 cm).

4. Tablas de doble entrada y tablas de frecuencia

La distribución de los datos en forma de tablas permite una organización más rápida y eficiente de la información que se ha obtenido por alguno de los métodos anteriormente vistos.

Existen diversos tipos de tablas:

- **Tablas de doble entrada:** se representan los valores de una variable en filas y los de la otra variable en columnas. Los datos que se representan en las casillas cumplen las condiciones de las variables que representan las filas y las columnas.
- **Tablas de frecuencia:** ofrecen información sobre cuántas veces una variable toma un determinado valor.

Cuando una variable estadística puede tomar muchos valores distintos, es aconsejable clasificar estos valores en intervalos para que sea más fácil trabajar con ellos. Estos intervalos se denominan *intervalos de clase.*

El número y tamaño de los intervalos deben elegirse de forma que no se pierda mucha información. Normalmente, los intervalos suelen hacerse del mismo tamaño. Una vez elegido el número de intervalos, se divide el recorrido entre dicho número y se obtiene el tamaño de cada intervalo. El punto medio de cada intervalo de clase se denomina **marca de clase.**

Ejemplo

En un grupo de alumnos se ha medido su peso y se han obtenido los siguientes resultados en kilogramos:

54, 62, 64, 58, 49, 51, 54, 48, 60, 71, 50, 52, 46, 67 y 63

Se observa que los valores extremos son 46 y 71.
El recorrido es 25.
Pueden establecerse 5 intervalos.

Dividiendo el recorrido entre el número de intervalos, sale que el tamaño de cada intervalo es de 5 kg. Los intervalos quedarían así:

[46 a 51], [51 a 56], [56 a 61], [61 a 66] y [66 a 71]

Para hallar la marca de clase de un intervalo [a, b], se aplica la siguiente fórmula:

$$\frac{a + b}{2}$$

Por ejemplo, en el intervalo [46, 51], se hallaría de la siguiente forma:

$$\frac{46 + 51}{2} = \frac{97}{2} = 48{,}5$$

Las marcas de clase para todos los intervalos se calcularían de la misma forma y serían:

48,5; 53,5; 58,5; 63,5, y 68,5

Recuerde

Las variables cualitativas son las que no pueden expresarse con números y las variables cuantitativas son las que se expresan con números.

4.1. Frecuencias absolutas y relativas de los datos

Se denomina **frecuencia absoluta** al "número de veces que se presenta un valor al estudiar una variable estadística en una muestra". La suma de las frecuencias absolutas de todos los valores tiene que ser igual al tamaño de la muestra (número de individuos).

Se denomina **frecuencia relativa** a "la proporción de las veces que se ha dado un cierto valor respecto al número total de individuos que forman la muestra estudiada". La frecuencia relativa puede darse en tanto por uno (p. u.) o en tanto por ciento (%).

$$\text{Frecuencia relativa (p.u.)} = \frac{\text{Frecuencia absoluta}}{\text{Tamaño de la muestra}}$$

La frecuencia relativa en tanto por ciento se obtiene de multiplicar por 100 la frecuencia relativa expresada en tanto por uno:

$$\text{Frecuencia relativa (\%)} = \text{Frecuencia relativa (p. u.)} \times 100$$

La suma de todas las frecuencias relativas expresadas en tanto por uno debe ser 1 y, si están expresadas en tantos por ciento, la suma debe ser 100.

Aplicación práctica

Para realizar un estudio sobre la incidencia de las caries en los niños, se han recogido datos en un grupo de 32 alumnos sobre el número de golosinas que comen a lo largo del día y se han obtenido los siguientes resultados: 3, 4, 3, 5, 1, 4, 2, 4, 0, 3, 4, 1, 2, 6, 4, 3, 2, 3, 6, 4, 1, 0, 3, 2, 4, 3, 1, 0, 5, 3, 4 y 3. Averigüe cuáles son las frecuencias absoluta y relativa.

SOLUCIÓN

Se hace un recuento de los datos y se observa cuántas veces se repite cada valor.

Para el cálculo de la frecuencia relativa (p. u.) del valor 2, se divide su frecuencia absoluta, 4, por el tamaño de la muestra, 32, y se obtiene 0,125. La frecuencia relativa en tanto por ciento se obtiene multiplicando este resultado por 100, cuyo resultado es 12,5 (las celdas que corresponden a estos valores se han destacado dentro de la tabla).

El resto de valores se obtiene por el mismo método.

Todos los cálculos se recogen en la siguiente tabla.

Variable estadística	Frecuencia absoluta	Frecuencia relativa (p. u.)	Frecuencia relativa (%)
0	3	0,095	9,5
1	4	0,125	12,5
2	**4**	**0,125**	**12,5**
3	9	0,281	28,1
4	8	0,250	25
5	2	0,062	6,2
6	2	0,062	6,2
Total	**32**	**1**	**100**

Continúa en página siguiente >>

<< Viene de página anterior

También pueden representarse los datos por intervalos. Por ejemplo, definiendo los intervalos [0 a 2], [2 a 4] y [4 a 6], la tabla de frecuencias quedaría como se muestra a continuación.

Variable estadística	Frecuencia absoluta	Frecuencia relativa (p. u.)	Frecuencia relativa (%)
[0 a 2]	11	0,345	34,5
[2 a 4]	17	0,531	53,1
[4 a 6]	4	0,125	12,5
Total	**32**	**1**	**100**

5. Representación gráfica de los datos. Formas de representar la información: tipos de gráficos estadísticos (diagrama de barras, pictogramas, polígono de frecuencias y diagrama de sectores)

Normalmente, las informaciones estadísticas no se dan en forma de tablas, suele ser más habitual representarlas en forma de gráficos para que, de un solo vistazo, pueden apreciarse los datos fundamentales. A continuación, van a verse los tipos de gráficos más comunes.

5.1. Diagrama de barras

Es un gráfico en el que se representan las frecuencias correspondientes a cada valor de la variable estadística mediante líneas o barras (que pueden ser horizontales o verticales) cuya longitud es proporcional a la frecuencia.

Para realizar un diagrama de barras vertical, se colocan en el eje X los valores de la variable y, en el eje Y, se representa una escala graduada con los valores de las frecuencias. A continuación, se traza por cada valor del eje X una barra vertical cuya altura coincida con el valor de la frecuencia.

Para hacer un diagrama de barras horizontal, los valores de la variable se representan en el eje Y y los de la frecuencia, en el eje X.

Pueden expresarse frecuencias absolutas o relativas. El empleo de diferentes colores o patrones para cada barra puede hacer más fácil su comprensión.

Aplicación práctica

Represente en un diagrama de barras vertical el estudio sobre la incidencia de las caries dentales en los niños en función de las golosinas que comen de la aplicación práctica anterior.

Variable estadística	Frecuencia absoluta
0	3
1	4
2	4
3	9
4	8
5	2
6	2

Continúa en página siguiente >>

<< Viene de página anterior

SOLUCIÓN

Por tratarse de un diagrama de barras vertical, los valores de la variable se colocan en el eje X. En el eje Y, se coloca una escala graduada con los valores de las frecuencias.

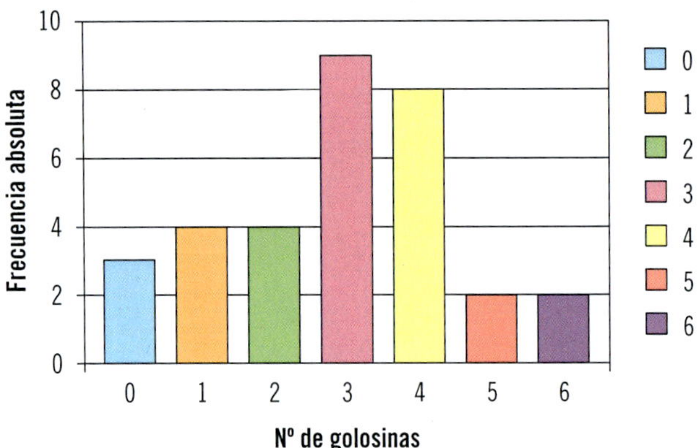

Histograma

Es similar al diagrama de barras, pero las barras o rectángulos no representan las frecuencias de valores concretos, sino de intervalos de valores. Cada rectángulo tendrá una base igual al intervalo que corresponde y una altura proporcional a la frecuencia de ese intervalo. Entre los rectángulos que corresponden a cada intervalo, no hay espacios.

Aplicación práctica

Se ha medido el peso de un grupo de cien personas y se ha obtenido la siguiente tabla de frecuencias. Realice la representación del estudio en un diagrama de barras vertical.

Peso (kg)	Frecuencia absoluta
[30 a 40]	5
[40 a 50]	10
[50 a 60]	15
[60 a 70]	20
[70 a 80]	25
[80 a 90]	15
[90 a 100]	6
[100 a 110]	4

SOLUCIÓN

Por tratarse de un histograma, los valores en el eje X se representarían en intervalos y sin dejar espacios entre ellos. En el eje Y, se coloca una escala graduada con los valores de las frecuencias.

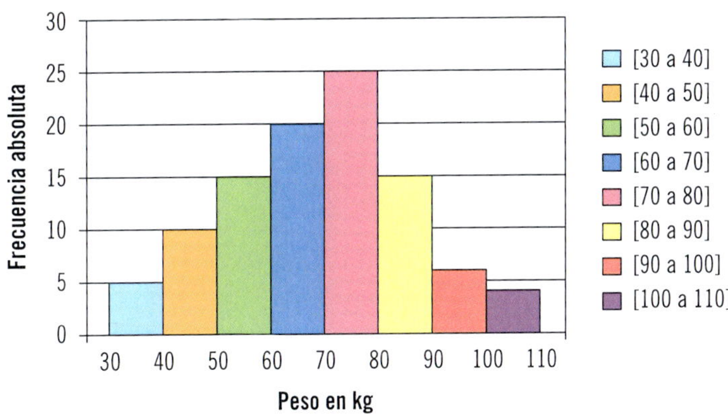

5.2. Pictogramas

Es igual que el diagrama de barras, pero con dibujos en vez de barras. Se emplea un dibujo de tamaño proporcional a la frecuencia de cada valor o intervalo: a mayor frecuencia, mayor tamaño tiene el dibujo.

Ejemplo

En la figura, aparece un pictograma en el que se representan los porcentajes de hombres y de mujeres que se dedican a una determinada profesión en distintos países.

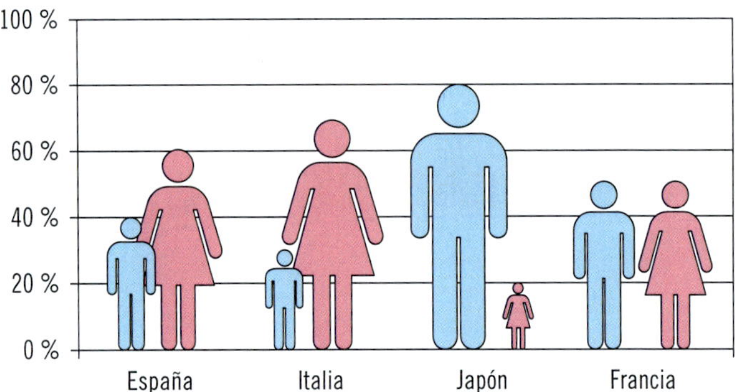

Otro tipo de pictograma emplea un dibujo que representa la variable estadística y que corresponde a determinadas unidades de la frecuencia absoluta; por eso, se repite tantas veces como sea necesario y en mayor cantidad cuanto mayor sea la frecuencia.

Aplicación práctica

El número total de habitantes de una localidad es de 70.000, de los cuales el 40 % tiene perro. Si el número de familias que tiene perro en los diferentes distritos de una localidad es el que indica el siguiente pictograma, ¿qué tanto por ciento del total representan?

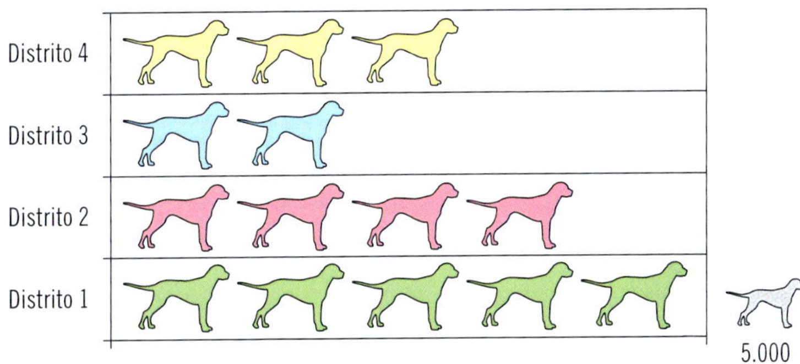

SOLUCIÓN

Cada dibujo que aparece en el pictograma corresponde a 5.000 unidades. El número de animales que hay en cada distrito puede calcularse multiplicando el número de dibujos que aparecen en la representación de la frecuencia absoluta por el valor asignado a cada dibujo. Una vez conocido el número de animales que hay en cada distrito, se calcula el tanto por ciento por alguno de los métodos ya conocidos. El resultado es:

- Distrito 1:

$$5 \cdot 5.000 = 25.000 \text{ perros}$$

$$\frac{70.000}{25.000} = \frac{40}{x} \Rightarrow x = \frac{25.000 \cdot 40}{70.000} = \mathbf{14{,}28\ \%}$$

- Distrito 2:

$$4 \cdot 5.000 = 20.000 \text{ perros}$$

$$\frac{70.000}{20.000} = \frac{40}{x} \Rightarrow x = \frac{20.000 \cdot 40}{70.000} = \mathbf{11{,}43\ \%}$$

Continúa en página siguiente >>

<< Viene de página anterior

- Distrito 3:

$$2 \cdot 5000 = 10.000 \text{ perros}$$

$$\frac{70.000}{10.000} = \frac{40}{x} \Rightarrow x = \frac{10.000 \cdot 40}{70.000} = \mathbf{5{,}72\ \%}$$

- Distrito 4:

$$3 \cdot 5000 = 15.000 \text{ perros}$$

$$\frac{70.000}{15.000} = \frac{40}{x} \Rightarrow x = \frac{15.000 \cdot 40}{70.000} = \mathbf{8{,}57\ \%}$$

El pictograma resulta muy llamativo, pero, como método para expresar datos concretos exactamente, puede ser poco preciso.

5.3. Polígono de frecuencias

Se obtiene a partir del diagrama de barras o del histograma y se unen con una línea poligonal los extremos de las barras o los puntos medios de las bases superiores de los rectángulos.

Ejemplo

En la figura, se representa el polígono de frecuencias, en azul, del histograma de una aplicación práctica anterior en la que se representaba el histograma de la tabla de frecuencias correspondiente al peso de un grupo de cien personas.

Continúa en página siguiente >>

<< Viene de página anterior

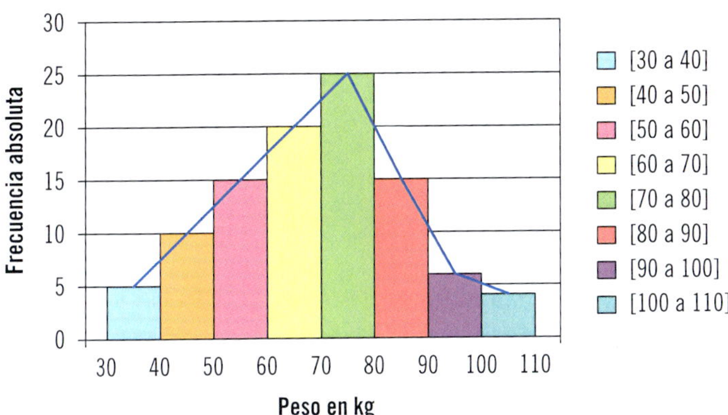

5.4. Diagrama de sectores

En un círculo, que representa la totalidad que quiere observarse, se asigna un sector circular a cada uno de los valores o intervalos de valores de la variable que quiere representarse, de tal manera que la amplitud del sector es proporcional a la frecuencia de dicho valor o intervalo. Suele expresarse en porcentajes.

Considerando que la circunferencia completa tiene 360º, para determinar los grados que corresponden a cada sector circular, debe multiplicarse la frecuencia absoluta por 360 y dividirla por el total de datos. Llamando α al ángulo que corresponde a un sector, se obtiene:

$$\alpha = f \cdot \frac{360}{N}$$

Donde *f* es el número de veces que se repite un valor (frecuencia absoluta) y N es el número total de elementos (tamaño de la muestra).

Pero, como la frecuencia absoluta dividida por el número total de datos es la frecuencia relativa, el ángulo que corresponde a cada sector se obtiene también multiplicando la frecuencia relativa por 360º.

Aplicación práctica

Reproduzca en un diagrama de sectores la tabla de frecuencias que representa la medida del peso de cien personas que aparece en una aplicación práctica anterior.

SOLUCIÓN

Como, en el diagrama de sectores, es necesario conocer los grados que abarca cada uno de los intervalos, hay que calcularlos.

Se completa la tabla anterior con los cálculos de la frecuencia relativa, el porcentaje y los grados.

Donde:

- El tamaño de la muestra es N = 100.
- Frecuencia relativa = frecuencia absoluta/tamaño de la muestra.
- Porcentaje = frecuencia relativa · 100.
- Grados = frecuencia relativa · 360.

Peso (kg)	Frecuencia absoluta	Frecuencia relativa	Porcentaje (%)	Grados (º)
[30 a 40]	5	0,05	5	18
[40 a 50]	10	0,1	10	36
[50 a 60]	15	0,15	15	54
[60 a 70]	20	0,2	20	72
[70 a 80]	25	0,25	25	90
[80 a 90]	15	0,15	15	54
[90 a 100]	6	0,06	6	21,6
[100 a 110]	4	0,04	4	14,4

Continúa en página siguiente >>

<< Viene de página anterior

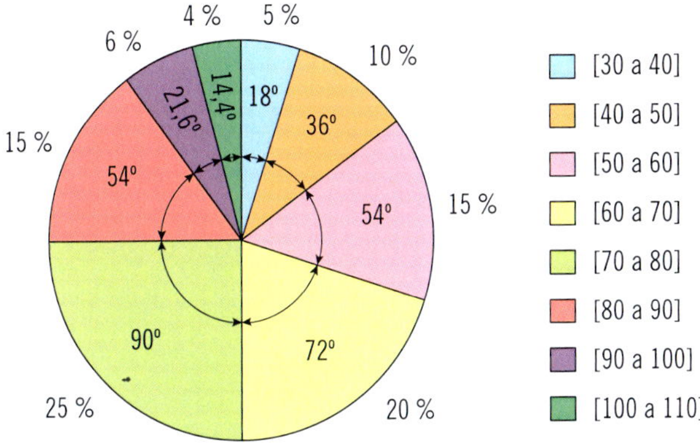

Nota

El diagrama de sectores recibe otros nombres, como *gráfico de tarta, diagrama circular,* etc.

Sabía que...

Existen otras formas de representar gráficamente los datos, por ejemplo:

- Pirámide de población: es un histograma horizontal en el que se representa la distribución de la población en función de las edades. En un lado, se refleja el número o el porcentaje de hombres y, en otros, los de mujeres. Las edades están distribuidas por intervalos.
- Climograma: es un caso particular del uso del histograma y del polígono de frecuencias, en el que se representan juntos (pero con un doble eje Y para las dos variables) las lluvias acumuladas en intervalos mensuales (histograma) y las temperaturas medias del mes (polígono de frecuencias).
- Cartograma: es un gráfico realizado sobre un mapa, en el que, en cada zona, se emplean diferentes colores o patrones para indicar el valor que toma la variable sobre la que trata.

Actividades

3. Elija un periódico cualquiera, observe los diferentes tipos de gráficos y diagramas que aparecen y determine cuál es el más usado.
4. Tomando como muestra el número total de gráficos de la actividad anterior, averigüe cuál es la frecuencia absoluta con la que aparece cada tipo y la frecuencia relativa que les corresponde.
5. Presente los resultados obtenidos en los estudios de las actividades anteriores en diferentes gráficos.

6. Obtención y utilización de información para la realización de gráficos y tablas de datos relativos a objetos, fenómenos y situaciones del entorno

La estadística es la parte de las matemáticas que se encarga de los métodos de obtención, organización, representación, análisis e interpretación de los conjuntos de datos. Actualmente, la estadística se utiliza ampliamente en los campos de la economía, la medicina, la sociología, etcétera.

Ejemplo

Se realizan estudios estadísticos sobre las preferencias de los consumidores antes de crear y lanzar productos al mercado. Así como si quiere analizarse la incidencia que una determinada epidemia tiene en la población o estudiarse la producción agrícola, ganadera o industrial de una determinada región o país.

Los medios de comunicación muestran a menudo estudios estadísticos sobre la intención de voto de los ciudadanos a los distintos partidos políticos o el nivel de alfabetización o de estudios conseguidos por los habitantes de un país, etcétera.

Hasta ahora, se ha explicado cómo recabar los datos por medio de encuestas, observación y medición y cómo representarlos mediante tablas, gráficos, dibujos, etc. Pero este es solo el punto de partida, ya que el verdadero sentido es el análisis e interpretación que se haga de ellos y la consiguiente toma de decisiones al respecto.

El caso que se trata a continuación constituye un resumen aplicado de cómo obtener información y realizar gráficos y tablas con los datos obtenidos sobre la situación planteada en él.

Ejemplo resuelto

Se recogen datos sobre las veces que los trabajadores de una empresa acuden al médico a lo largo de un año. Se realiza una encuesta a 20 de ellos, en la que se les pregunta el número de veces que van al médico a lo largo de un año. Los resultados son los siguientes:

0, 0, 3, 5, 20, 4, 1, 2, 3, 2, 10, 5, 4, 1, 1, 0, 3, 10, 15 y 2

Solución

- La población es el conjunto de todos los trabajadores de la empresa.
- La muestra es el subconjunto de 20 trabajadores elegidos para hacer el estudio.
- La variable es el "número de veces que va al médico".
- Los valores son los 20 datos obtenidos.

El recuento de los resultados se resume en la siguiente tabla.

N.º de veces que va al médico	N.º de veces observado
0	3
1	3
2	3

Continúa en página siguiente >>

<< Viene de página anterior

N.º de veces que va al médico	N.º de veces observado
3	3
4	2
5	2
10	2
15	1
20	1

A partir de estos datos, se hallan las frecuencias absoluta y relativa, que también se muestran en forma de tabla.

Variable estadística	Frecuencia absoluta	Frecuencia relativa (p. u.)	Frecuencia relativa (%)
0	3	3/20 = 0,15	15
1	3	3/20 = 0,15	15
2	3	3/20 = 0,15	15
3	3	3/20 = 0,15	15
4	2	2/20 = 0,1	10
5	2	2/20 = 0,1	10
10	2	2/20 = 0,1	10
15	1	1/20 = 0,05	5
20	1	1/20 = 0,05	5
Total	**20**	**1**	**100**

Esta información puede representarse en diferentes tipos de gráficos:

- Gráfico de barras:

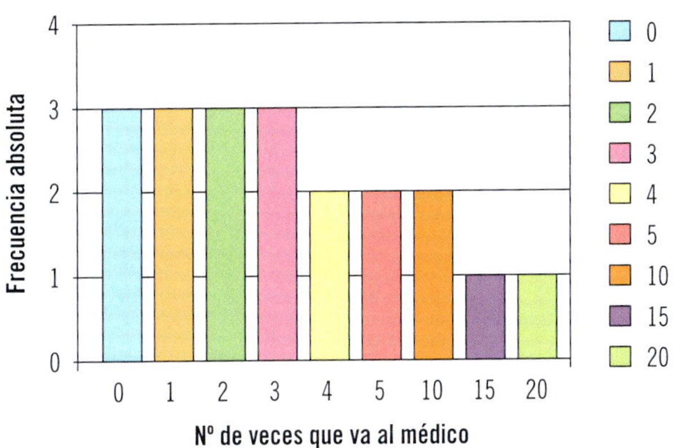

- Pictograma:

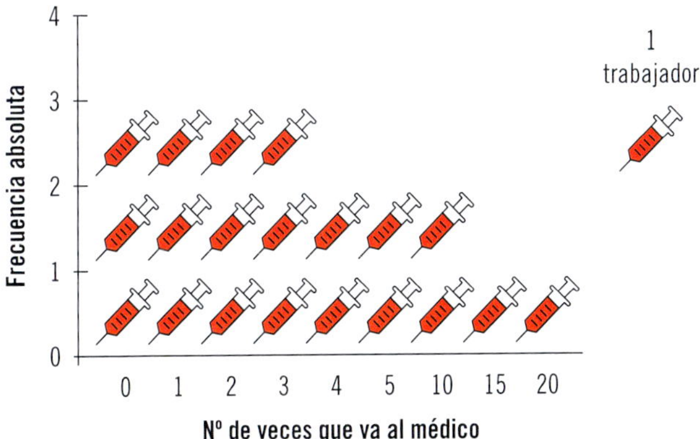

- Polígono de frecuencia:

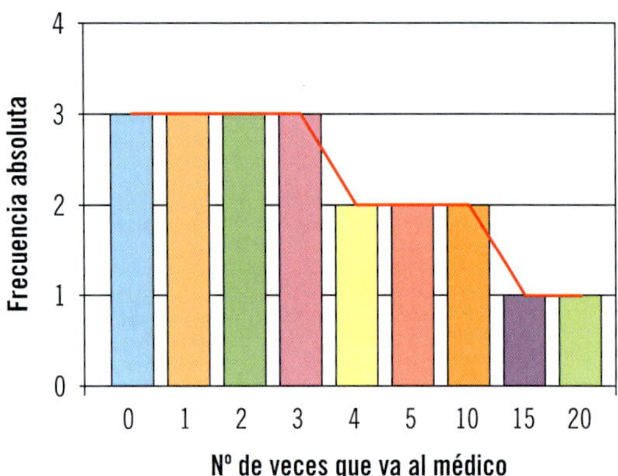

- Diagrama de sectores: es necesario calcular los grados que cubre cada sector, multiplicando la frecuencia relativa por 360º. Así, a una frecuencia relativa de 0,15, le corresponden 54º; a una frecuencia relativa de 0,1, le corresponden 36º, y, a una frecuencia relativa de 0,05, le corresponden 18º.

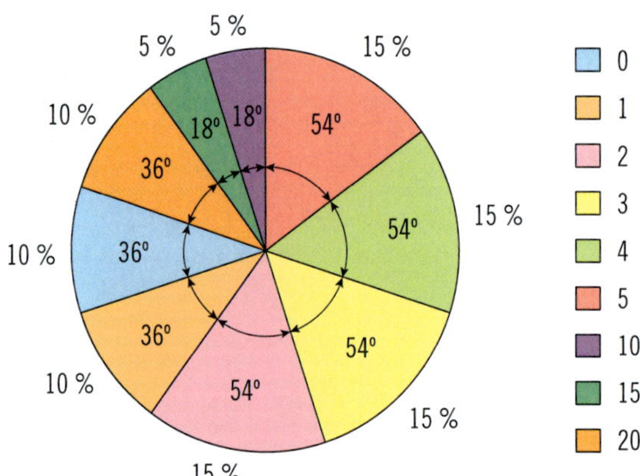

Actividades

6. Teniendo en cuenta las fechas de inicio y fin del periodo formativo de este curso, las temporalizaciones indicadas en la guía de estudio y los contenidos que deben verse en cada etapa, calcule el porcentaje de objetivos cubiertos en cada una y represente gráficamente dichos resultados.

7. Medidas de centralización: media aritmética, moda, mediana y rango

Estas medidas tratan de condensar en un solo valor el resultado de todos los datos. Existen diversas medidas de centralización, que se obtienen según diferentes criterios. En cada caso, debe emplearse la más adecuada al estudio que quiere realizarse. Las principales son la media aritmética, la moda y la mediana.

7.1. La media aritmética

Es el valor resultante de dividir la suma de todos los datos entre el número de ellos.

Ejemplo

Si las edades de los miembros de una familia son:

20, 15, 32, 45 y 18

La media aritmética de dichas edades es 26, ya que sería el resultado de dividir la suma de todos los datos:

$$20 + 15 + 32 + 45 + 18 = 130$$

Continúa en página siguiente >>

<< Viene de página anterior

Por el número de datos, que es 5:

$$130 : 5 = 26$$

Si se llama x a la variable estadística, la media aritmética se representa por x con una raya encima, o sea, el símbolo $\bar{x}$.

Los datos que se obtienen de la variable x se designan por x_1, x_2, x_3..., x_n, siempre que se hayan obtenido n datos. Para indicar uno cualquiera de ellos, se escribe x_i.

Para indicar la suma de todos los datos, se emplea el símbolo **Σ**, que se llama *sumatorio* y significa "suma", a la que corresponde la siguiente expresión simbólica:

$$\sum_{i=1}^{n} x_i$$

Esta expresión se lee "suma de x_i desde i igual a 1 hasta n".

Empleando esta expresión, la fórmula que da la media quedaría así:

$$\bar{x} = \frac{\sum_{i=1}^{n} x_i}{n}$$

Para facilitar los cálculos, puede multiplicarse cada valor de la variable por su frecuencia absoluta y, después, sumar los resultados. La suma se divide por el número de datos para obtener la media aritmética.

Llamando x_i a los distintos valores que toma la variable estadística y f_i a sus frecuencias correspondientes, la expresión general de la media aritmética es:

$$\bar{x} = \frac{\sum_{i=1}^{n} x_i \cdot f_i}{\sum_{i=1}^{n} f_i}$$

Aplicación práctica

Halle la media aritmética del número de golosinas que comen los niños según los datos que aparecen en la siguiente tabla.

N.º de golosinas	Frecuencia absoluta
0	3
1	4
2	4
3	9
4	8
5	2
6	2

SOLUCIÓN

Para calcular la media aritmética, se aplica la fórmula general del cálculo y se obtiene:

$$\bar{x} = \frac{0 \cdot 3 + 1 \cdot 4 + 2 \cdot 4 + 3 \cdot 9 + 4 \cdot 8 + 5 \cdot 2 + 6 \cdot 2}{3 + 4 + 4 + 9 + 8 + 2 + 2} = \frac{93}{32} = \mathbf{2{,}9}$$

Cuando los valores de la variable están agrupados en intervalos, la media se calcula a partir de la marca de clase o valor medio de cada intervalo. Llamando ci a las marcas de clase de los intervalos, la expresión de la media aritmética quedaría de la forma siguiente:

$$\bar{x} = \frac{\sum_{i=1}^{n} c_i \cdot f_i}{\sum_{i=1}^{n} f_i}$$

Aplicación práctica

Obtenga la media aritmética para el peso del grupo de cien personas de las aplicaciones prácticas anteriores.

SOLUCIÓN

Se ha indicado la marca de clase de cada intervalo, que es su punto medio.

Peso (kg)	Marca de clase	Frecuencia absoluta
[30 a 40]	35	5
[40 a 50]	45	10
[50 a 60]	55	15
[60 a 70]	65	20
[70 a 80]	75	25
[80 a 90]	85	15
[90 a 100]	95	6
[100 a 110]	105	4

Continúa en página siguiente >>

<< Viene de página anterior

Utilizando la expresión anterior, se calcula la media aritmética:

$$\bar{X} = \frac{35 \cdot 5 + 45 \cdot 10 + 55 \cdot 15 + 65 \cdot 20 + 75 \cdot 25 + 85 \cdot 15 + 95 \cdot 6 + 105 \cdot 4}{5 + 10 + 15 + 20 + 25 + 15 + 6 + 4} =$$

$$= \frac{6.890}{100} = \mathbf{68,9}$$

7.2. La moda

Es el valor de la variable estadística que tiene mayor frecuencia. La moda no tiene por qué ser un único valor. Si la frecuencia mayor aparece en dos valores, la variable se llama *bimodal;* si tiene tres, *trimodal,* etcétera.

Cuando la variable está agrupada en intervalos, aquel que tenga mayor frecuencia se denomina *intervalo modal* y, como moda, se toma la marca de clase de dicho intervalo.

Para determinar la moda de un conjunto de valores, no hay que hacer ningún cálculo, solo observar la tabla o representación gráfica de los datos.

Ejemplo

Se ha hecho un estudio en un grupo de alumnos del número de faltas de ortografía que cometen al redactar un texto. El resultado obtenido se da en la tabla adjunta.

Continúa en página siguiente >>

<< Viene de página anterior

N.º de faltas ortográficas	Frecuencia absoluta
0	5
1	7
2	5
3	4
4	2
5	1
6	1

El valor que mayor frecuencia tiene es 1, con una frecuencia de 7. Por tanto, una falta de ortografía es la moda de esta variable.

7.3. La mediana

Es el valor que ocupa la posición central al ordenar los datos. Si el número de datos es impar, no hay problema en determinarla, pues es el dato que está justo en medio. Si el número de datos es par, habrá dos valores centrales y, en tal caso, se toma como mediana el promedio de ambos.

Si el número de fines de semana que los auxiliares de enfermería de una clínica hacen guardia es:

23, 15, 18, 31, 26, 41 y 34

Continúa en página siguiente >>

<< Viene de página anterior

La mediana de estos valores se obtendría ordenando los datos:

15, 18, 23, 26, 31, 34 y 41

Y eligiendo el que ocupa el valor central. Como hay 7 datos, la mediana será el 4.º dato, que deja 3 datos a cada lado. O sea, la mediana de este conjunto de datos es 26.

Aplicación práctica

El número de mensajes que cada miembro de un grupo de alumnos manda durante su descanso entre clases es:

5, 12, 7, 11, 12 y 8

Determine la mediana de estos valores.

SOLUCIÓN

Los datos ordenados serían:

5, 7, 8, 11, 12 y 12

Como hay 6 datos, no hay uno que esté justo en el centro. Los valores centrales serían 8 y 11, que dejan dos datos a cada lado. La mediana es el valor promedio de 8 y 11, o sea:

$$\frac{(8+11)}{2} = \mathbf{9{,}5}$$

Cuando se tienen muchos valores y los datos vienen reflejados en una tabla de frecuencias, hay un método sencillo para determinar la mediana. Los pasos a seguir son los siguientes:

1. Se calcula la mitad de la cantidad de datos disponibles (*n*/2).
2. Se calcula, para cada valor de la variable, la frecuencia absoluta acumulada, que es el resultado de sumar, a la frecuencia absoluta de cada valor, la frecuencia absoluta de todos los valores anteriores o, lo que es lo mismo, sumar, a la frecuencia absoluta de cada valor, la frecuencia acumulada del valor anterior.
3. Se busca el primer valor cuya frecuencia acumulada sobrepase la mitad de la cantidad de datos disponibles. Este valor será la mediana.

Aplicación práctica

Calcule la mediana para las faltas de ortografía cometidas por el grupo de alumnos del ejemplo del apartado 7.2.

SOLUCIÓN

N.º de faltas ortográficas	Frecuencia absoluta	Frecuencia acumulada
0	5	5
1	7	12
2	5	17
3	4	21
4	2	23
5	1	24
6	1	25
	n = 25	

Los datos disponibles son n = 25. La mitad de 25 es 12,5.

Continúa en página siguiente >>

<< Viene de página anterior

La frecuencia acumulada se ha incluido en la misma tabla.

El primer valor de la frecuencia acumulada que sobrepasa 12,5 es 17. La mediana es el valor de la variable estadística al que corresponde esta frecuencia acumulada. Por tanto, la mediana es 2 faltas ortográficas.

Si la mitad del número de datos iguala a la frecuencia acumulada de algún valor de la variable estadística, la mediana será el promedio entre dicho valor y el siguiente.

Aplicación práctica

Se ha hecho un estudio entre un grupo de personas sobre el número de veces que acude al cine cada mes y se han obtenido los resultados que se reflejan en la tabla adjunta.

N.º de veces que va al cine	Frecuencia absoluta	Frecuencia acumulada
0	2	2
1	3	5
2	3	8
3	7	15
4	9	24
5	4	28
6	2	30
	n = 30	

Señale la mediana que corresponde a dichos datos.

Continúa en página siguiente >>

<< Viene de página anterior

SOLUCIÓN

El número de datos disponibles es 30. La mitad de su valor es 15.

Como coincide exactamente con la frecuencia acumulada que corresponde al valor 3 de la variable estadística, la mediana será el promedio de 3 y el siguiente, 4, o sea, 3,5.

Por tanto, la mediana de esta variable es ir 3,5 veces al cine cada mes.

Cuando la variable está agrupada en intervalos, aquel cuya frecuencia acumulada supere la mitad de los datos disponibles se denomina *intervalo mediano* y, como mediana, se toma la marca de clase de dicho intervalo. Igualmente, si el número de datos es par y su mitad coincide exactamente con la frecuencia acumulada de un intervalo, la mediana será el valor promedio de las marcas de clase de ese intervalo y el siguiente.

Aplicación práctica

Estime la mediana para el peso del grupo de cien personas que ya ha aparecido en las aplicaciones prácticas anteriores.

SOLUCIÓN

En tabla adjunta, se recogen los datos agrupados por intervalos. Se ha incluido en la tabla la marca de clase de cada intervalo, así como su frecuencia absoluta y acumulada.

Peso (kg)	Marca de clase	Frecuencia absoluta	Frecuencia acumulada
[30 a 40]	35	5	5
[40 a 50]	45	10	15

Continúa en página siguiente >>

<< Viene de página anterior

Peso (kg)	Marca de clase	Frecuencia absoluta	Frecuencia acumulada
[50 a 60]	55	15	30
[60 a 70]	65	20	50
[70 a 80]	75	25	75
[80 a 90]	85	15	90
[90 a 100]	95	6	96
[100 a 110]	105	4	100

El número de datos disponibles es 100. Su mitad es 50, que coincide exactamente con la frecuencia acumulada del intervalo [60 a 70].

La mediana será el valor promedio entre la marca de clase de este intervalo, 65, y la marca de clase del siguiente, [70 a 80], que es 75.

Por tanto, la mediana es:

$$\frac{65 + 75}{2} = \mathbf{70\ kg}$$

Actividades

7. Tomando como datos los obtenidos anteriormente sobre la frecuencia con la que aparecen distintos tipos de gráficos en un periódico, calcule la media.
8. Después, averigüe el tipo de gráfico al que corresponde el valor de la mediana.
9. Por último, identifique la moda de los datos obtenidos.

7.4. El rango

Si bien las medidas anteriores tratan de mostrar en qué punto se encuentra la parte central de un conjunto ordenado de datos de una variable cuantitativa, también es útil conocer si los valores de la variable estadística están cercanos o alejados de dichas medidas centrales, es decir, si los valores de la variable están muy concentrados sobre los valores centrales o, por el contrario, están dispersos, con el fin de conocer si las medidas centrales son realmente representativas de los datos obtenidos de la variable estadística. Es lo que hacen las denominadas **medidas de dispersión.**

Sabía que...

Las principales medidas de dispersión son el rango, la desviación media, la varianza y la desviación típica.

El **rango** es la diferencia entre el mayor y el menor valor de la variable estadística. También se lo conoce por **recorrido** o por **campo de variación.**

Cuanto mayor es el rango, más dispersos están los valores. Cuanto menor es este valor, más concentrados están los valores.

Ejemplo

Se ha hecho un estudio sobre las puntuaciones que obtienen en matemáticas dos grupos de 30 alumnos cada uno y se han obtenido los siguientes resultados:

Continúa en página siguiente >>

<< Viene de página anterior

GRUPO A	
Puntuación	**Frecuencia absoluta**
4	5
5	11
6	8
7	6

GRUPO B	
Puntuación	**Frecuencia absoluta**
2	3
3	5
4	5
5	6
6	2
7	2
8	4
9	3

En el grupo A, la máxima puntuación es 7 y la mínima, 4. El recorrido es $7 - 4 = 3$.

En el grupo B, la máxima es 9 y la mínima, 2, por lo que el recorrido es $9 - 2 = 7$.

El grupo A es más homogéneo, es decir, no hay tanta diferencia entre los que saben más y los que saben menos. Sin embargo, el grupo B es muy heterogéneo, hay desde alumnos que saben mucho hasta otros que saben muy poco.

8. Valoración de la importancia de analizar críticamente las informaciones que se presentan a través de gráficos estadísticos

Que los gráficos que se emplean en estadística son una forma de presentar datos numéricos es un hecho que hay que tener siempre en cuenta.

Ahora bien, la forma en la que esos datos son presentados en forma de gráficos va a permitir cambiar la forma en la que se realiza el análisis de la información que contienen, ya que pueden hacer evidentes datos que, de otra forma, serían difícilmente apreciables.

Ejemplo

La moda no es un valor que pueda detectarse fácilmente en un listado de datos. Sin embargo, si, con esos datos, se realiza un histograma, sí puede percibirse su valor.

Mucha de la información que se ofrece a diario, sobre todo, en los telediarios, se apoya en datos expresados en forma de gráficos.

Ejemplo

En una noticia, se informa de que el índice de precios al consumo (IPC) ha bajado un 2% en el trimestre anterior, lo que sitúa la tasa interanual en el 1%, y, para apoyar la información, se muestra un gráfico en el que se ve su evolución desde el trimestre correspondiente del año anterior.

Por eso, es tan importante saber interpretar y analizar de forma crítica la información estadística que muestran los gráficos y utilizarla para formular propuestas o responder coherentemente a preguntas planteadas al respecto.

Ejemplo

No sería acertado extrapolar los resultados de unas elecciones realizadas en un pueblo de cien habitantes, en el que la muestra puede ser toda la población que vota, a una capital donde votan tres millones de personas: son de grupos de población muy diferentes.

Interpretar un gráfico y encontrar el sentido real a lo que representa no es sencillo. Analizar correctamente un gráfico pasa por reconocer los elementos que se muestran en él: debe tener un título que, correctamente interpretado, lo sitúe en el contexto en el que aparece; hay que identificar y reconocer las variables y las escalas; saber interpretar los especificadores (barras, rectángulos o puntos) que indican cómo cambian los valores de las variables, y, lo más importante, ser capaz de traducir las relaciones mostradas por el gráfico a los datos que representan y viceversa.

Ejemplo

Si una noticia sobre la creación de empleo se apoya en un gráfico sobre la evolución del porcentaje de jóvenes menores de 25 años que han encontrado su primer empleo, hay que saber cómo interpretar ese dato tanto en relación con el total de jóvenes menores de 25 años que hay y los que son menores de 25 años que buscan empleo como con el resto de la población que busca empleo. También habría que analizar qué trabajos han encontrado, etc., para saber si se trata de un buen dato o no.

Interpretar un gráfico no es solo leer los datos, entendiendo por ello realizar una lectura literal del mismo sin interpretar la información que proporciona. Un nivel de lectura apropiado requiere, además de la interpretación de los datos, realizar deducciones y sacar conclusiones sobre informaciones que no aparecen directamente en el gráfico, así como valorar si es fiable o no.

Si, en un mismo gráfico, se representan varias variables, es importante analizarlas convenientemente —tanto por lo que cada variable representa en sí como en relación con la otra variable—, plantear hipótesis y sacar conclusiones que se apoyen en los gráficos.

Ejemplo

En una pirámide de población, se compara la esperanza de vida de hombres y mujeres. No solo deben analizarse los datos de hombres y mujeres por separado o comparar la esperanza de vida de hombres y mujeres intervalo a intervalo, sino que habría que deducir que la esperanza de vida de las mujeres es superior a la de los hombres y sacar conclusiones respecto a una hipótesis usando dicho gráfico como apoyo, por ejemplo, para refutar la idea de que la mujer es más débil que el hombre.

Recuerde

Para interpretar un gráfico, hay que situarlo en el contexto en el que se emplea e interpretar correctamente el significado de las variables utilizadas.

En la interpretación de los gráficos, hay que tener cuidado con los errores que puedan cometerse en su lectura, ya sea por interpretación incorrecta de los elementos, por considerar los datos de forma aislada y no como parte de una observación continuada o por comparar diferencias en las alturas de las barras sin tener en cuenta el total que cada una representa, etcétera.

10. Busque en un medio de comunicación una noticia apoyada con un gráfico. Estudie el gráfico, analice la información contenida en el texto y compruebe si ambas informaciones son coincidentes o existe alguna discrepancia.

9. Carácter aleatorio de algunas experiencias

Cuando, al comienzo de un partido, el árbitro lanza al aire la moneda que determinará el orden en el que los capitanes elegirán campo, se sabe de antemano que la moneda caerá, lo que no puede saberse en el momento del lanzamiento es por qué lado quedará sobre el césped.

En esta acción, tienen lugar dos fenómenos distintos: uno del que se sabe el resultado (se sabe que la moneda caerá) y otro de resultado desconocido (pero no se sabe si saldrá cara o cruz). La primera de estas experiencias, en la que se conoce el resultado, recibe el nombre de experiencia o fenómeno **determinista.** La segunda corresponde a una experiencia o fenómeno **aleatorio.**

Los **fenómenos aleatorios** son aquellos que, al repetirse varias veces partiendo de las mismas condiciones iniciales, pueden dar lugar a distintos resultados, sin que pueda predecirse con exactitud cuál de los resultados será el que se obtendrá.

Al tomar una carta de la baraja, el resultado de cada extracción puede ser distinto, ya que todas son diferentes.

Cuando se lanza un dado, el número que salga puede ser distinto según cuál de sus seis caras quede arriba.

El conjunto de todos los resultados posibles de un fenómeno se denomina **espacio muestral** y se designa por **E.** Cada uno de los resultados que constituyen el espacio muestral se llama *elemento* o *punto muestral.*

- El fenómeno consistente en lanzar un dado y anotar el número que sale en la cara superior tiene asociado un espacio muestral:

  $$E = \{1, 2, 3, 4, 5, 6\}$$

  Y los elementos muestrales son: 1, 2, 3, 4, 5 y 6.

- Si se trata de lanzar una moneda, el espacio muestral tiene dos elementos:

  $$E = \{C, X\}$$

  Y los sucesos elementales son C (cara) y X (cruz).

Aplicación práctica

Si se lanzan al aire dos monedas, establezca el espacio muestral.

SOLUCIÓN

Para el mismo fenómeno, pueden obtenerse dos espacios muestrales distintos, ya que pueden darse dos situaciones diferentes:

- Por un lado, ¿cuáles serán los posibles resultados del lanzamiento? En este caso, el espacio muestral estará formado por todas las combinaciones cara (C) y cruz (X) que puedan formarse:

$$E = \{CC, CX, XC, XX\}$$

- Por otro lado, ¿cuántas veces puede aparecer una misma figura? Ahora, el espacio muestral estará formado por el número de veces que pueden aparecer cara o cruz en cada lanzamiento, que son:

$$E = \{0, 1, 2\}$$

Cada uno de los distintos resultados que puede tener un fenómeno aleatorio se llama *suceso.*

Ejemplo

En el fenómeno aleatorio de lanzar un dado, un suceso podría consistir en:

- Obtener una puntuación superior a 4, que sería el formado por los elementos 5 y 6.
- Obtener un número primo, que estaría formado por los elementos 1, 2, 3 y 5.
- Obtener un número múltiplo de 2, que estaría formado por los elementos 2, 4 y 6.
- Obtener un número múltiplo de 2 y de 3, que tendría como único elemento el 6.

Pueden distinguirse distintos tipos de sucesos; así, un **suceso elemental** o **individual** es todo aquel que no puede descomponerse en otros más sencillos, es decir, cada uno de los elementos de E.

Por ejemplo, en el fenómeno aleatorio de lanzar un dado, son sucesos elementales:

- Obtener un 4.
- Obtener un 1.
- Obtener un 3.

Un **suceso imposible** es todo aquel que nunca puede presentarse como resultado de un fenómeno aleatorio y se representa por el símbolo **Ø.**

Por ejemplo, En el fenómeno aleatorio de lanzar un dado, el suceso que consiste en obtener una puntuación superior a 7 es un suceso imposible.

Un **suceso seguro** es aquel que ha de obtenerse forzosamente como resultado de un fenómeno aleatorio y se representa por **S.**

Por ejemplo, en el fenómeno aleatorio de lanzar un dado, obtener una puntuación inferior a 9 es un suceso seguro.

Un **suceso contrario** de uno dado S es el suceso consistente en que no se verifique aquel y se representa por **S'.**

Por ejemplo, si el suceso consiste en obtener una puntuación par en el fenómeno aleatorio de lanzar un dado, el suceso contrario consistirá en obtener una puntuación impar.

Cuando dos sucesos pueden darse a la vez, es decir, que existe, al menos, un suceso elemental que pertenece a ambos, son **compatibles.**

Ejemplo

En el fenómeno aleatorio tomar una carta de la baraja, los sucesos extraer un oro y extraer un siete pueden suceder a la vez, ya que existe un suceso elemental que pertenece a ambos: extraer el siete de oros.

Si dos sucesos no pueden verificarse simultáneamente, son **incompatibles.**

Ejemplo

En el fenómeno aleatorio de lanzar una moneda, los sucesos obtener cara y obtener cruz no pueden darse simultáneamente.

Nota

Todos los sucesos elementales son incompatibles entre sí.

Hay sucesos que pueden descomponerse en sucesos elementales. La descomposición de un suceso S en sucesos elementales consiste en obtener una colección de sucesos elementales S_1, S_2, S_3, etc., de modo que la unión de todos ellos sea S.

Ejemplo

Considerando que el suceso S consistente e

n obtener una puntuación superior a 3 en el fenómeno aleatorio de lanzar un dado. Su descomposición en sucesos elementales es:

- S1, obtener un 4.
- S2, obtener un 5.
- S3, obtener un 6.

Cuando el resultado de un suceso influye en el resultado del otro, son **dependientes.** En caso contrario, los sucesos son **independientes.**

Ejemplo

En el fenómeno aleatorio lanzar dos veces un dado, se consideran los sucesos:

- S1, que la puntuación del primer lanzamiento sea par.
- S2, que la puntuación del segundo lanzamiento sea 3.

Estos dos sucesos son independientes, puesto que el resultado del primer suceso no influye en el segundo.

En el fenómeno aleatorio de extraer cinco cartas de una baraja, se consideran dos sucesos:

- S1, que las dos primeras cartas extraídas sean oros.
- S2, que, de las cinco cartas, al menos, cuatro sean oros.

Estos dos sucesos son dependientes, puesto que lo que ocurre en el 2.º depende del 1.º (influye uno en el otro).

A partir de unos sucesos, pueden obtenerse otros nuevos mediante diferentes operaciones:

La **unión** de varios sucesos S_1, S_2, S_3, etc., es otro suceso S consistente en que se verifique, al menos, uno de ellos y se represente por $S = S_1 \cup S_2 \cup S_3$, etc.

Ejemplo

En el fenómeno aleatorio de lanzar un dado, se distinguen dos sucesos:

- S1, obtener una puntuación par.
- S2, obtener una puntuación superior a 4.

El suceso unión de ambos consistirá en que se verifique S1, para lo cual, la puntuación ha de ser 2, 4 o 6, o que se verifique S2, para lo cual, la puntuación debe ser 5 o 6.

De ahí que $S = S1 \cup S2$ consista en obtener una puntuación de 2, 4, 5 o 6.

La **intersección** de varios sucesos S_1, S_2, S_3, etc., es otro suceso S consistente en que se verifiquen todos ellos simultáneamente y se representa por $S = S_1 \cap S_2 \cap S_3$, etc.

Ejemplo

Dados los sucesos del ejemplo anterior, para que se cumplan los dos, es preciso obtener una puntuación de 6.

De ahí que $S = S1 \cap S2$ consista en obtener una puntuación de 6.

Actividades

11. Investigue en internet sobre el carácter aleatorio y las probabilidades que hay de ganar apostando a las diferentes loterías.

10. Presencia del azar en la vida cotidiana. Estimación del grado de probabilidad de un suceso

¿Es posible encontrar una plaza de aparcamiento en la puerta del trabajo cinco minutos antes de la hora de entrada? Hay dos posibles respuestas a esta pregunta: sí y no, aunque, si se planteara en una encuesta, casi todas las respuestas obtenidas serían no y encontrar dicho aparcamiento se considere una verdadera cuestión de azar. ¿Qué es lo que hace que una opción sea más probable que la otra? Que, aunque el hecho de encontrar aparcamiento dependa del azar, un estudio estadístico de los resultados arrojará como resultado que la mayoría de las respuestas son negativas.

Si se considera el hecho de encontrar aparcamiento como una experiencia aleatoria, repitiéndolo muchas veces (día a día) y analizando los resultados, podrá predecirse que el resultado siempre va a ser negativo.

Ahora bien, el resultado no puede considerarse un experimento aislado, sino que depende de otras muchas variables: día de la semana, mes, año, etc., pero, sobre todo, de que alguien deje libre esa plaza justo en el momento de llegar a ella.

Muchas veces, se atribuyen al azar o a la suerte fenómenos que, en realidad, son el resultado de muchas decisiones individuales, que pueden estudiarse como una combinación de fenómenos aleatorios y que, vistos así, pueden calcularse de manera matemática.

Sabía que...

La teoría de probabilidades se ocupa de asignar un cierto número a cada posible resultado que pueda ocurrir en un experimento aleatorio con el fin de cuantificar dichos resultados y saber si un suceso es más probable que otro.

10.1. Estimación del grado de probabilidad de un suceso

Al considerar un suceso correspondiente a un determinado fenómeno aleatorio, los casos favorables son los sucesos elementales en los que el suceso dado puede descomponerse y los casos posibles son los sucesos elementales en los que puede descomponerse el suceso seguro correspondiente.

Ejemplo

Se considera el suceso consistente en obtener puntuación par en el fenómeno aleatorio de lanzar un dado.

Los casos favorables, es decir, los sucesos elementales en los que el suceso puede descomponerse, son:

- Obtener un 2.
- Obtener un 4.
- Obtener un 6.

Y los casos posibles, es decir, la totalidad de sucesos elementales que pueden darse, son:

- Obtener un 1.
- Obtener un 2.
- Obtener un 3.
- Obtener un 4.
- Obtener un 5.
- Obtener un 6.

La **probabilidad** de un suceso es el cociente que resulta de dividir el número de casos favorables a su realización por el número total de casos posibles. Si *n* es el número de casos favorables y N es el número de casos posibles, la probabilidad, representada por *p:*

$$p = \frac{n}{N}$$

Esta definición también es conocida como *regla de Laplace.*

Ejemplo

Se considera el suceso consistente en que, al extraer una carta de la baraja española, se obtenga una figura (sota, caballo y rey).
Los casos favorables corresponden al total de las figuras de la baraja, n = 12.
Los casos posibles serán la totalidad de cartas, N = 40.

La probabilidad de este suceso es de:

$$p = \frac{n}{N} = \frac{12}{40} = \frac{3}{10}$$

Actividades

12. Analice su actividad profesional y reconozca en ella experiencias y fenómenos deterministas y aleatorios. Luego, para uno de ellos, establezca el espacio muestral y el grado de probabilidad de un suceso de su elección. Tenga en cuenta que deberá recabar los datos al respecto.

11. Formulación y comprobación a nivel intuitivo de conjeturas sobre el comportamiento de fenómenos aleatorios sencillos

En muchos experimentos aleatorios, la lista de las probabilidades de todos los sucesos es muy grande, por lo que no es conveniente describirla por completo. Pero, aplicando una serie de propiedades, consigue reducirse esa lista a las que verdaderamente interesan, con un conjunto de datos mucho más concreto.

La probabilidad de un suceso cualquiera está comprendida entre 0 y 1

Es evidente que $0 \leq n \leq N$. Si se divide todo por N:

$$\frac{0}{N} \leq \frac{n}{N} \leq \frac{N}{N} \Rightarrow 0 \leq p \leq 1$$

Ejemplo

En una bolsa que contiene una bola roja, otra azul y otra blanca, la probabilidad de sacar una bola roja será $p(R) = 1/3$, la de sacar una bola azul será $p(A) = 1/3$, la de sacar una bola blanca será $p(B) = 1/3$, la de sacar una bola blanca o azul juntas $p(B, A) = 2/3$, la de sacar una bola verde $p(V) = 0/3 = 0$, etc. Todos los valores siempre estarán comprendidos entre 0 y 1.

La probabilidad del suceso seguro es la unidad

En un suceso seguro, el número de casos favorables es igual al número de casos posibles, $n = N$. Por tanto:

$$p = \frac{n}{N} = \frac{N}{N} = 1$$

Ejemplo

En una bolsa que contiene una bola roja, otra azul y otra blanca, la probabilidad de sacar juntas la bola roja, la azul y la blanca será p(R, A, B) = 3/3= 1.

La probabilidad de un suceso más la probabilidad de su contrario es igual a la unidad

Sea A un suceso constituido por n_A sucesos elementales y B su suceso contrario. Es evidente que B estará constituido por todos los sucesos elementales que no figuren en A, $n_B = N - n_A$.

En consecuencia:

$$p(A) + p(B) = \frac{n_A}{N} + \frac{n_B}{N} = \frac{n_A}{N} + \frac{(N - n_A)}{N} = \frac{(n_A + N - n_A)}{N} = \frac{N}{N} = 1$$

Es decir:

$$p(A) + p(A') = 1$$

De lo expuesto, se deduce que, si la probabilidad de un suceso es *p*(S), la probabilidad de realización de su contrario, representada por *p*(S'), es:

$$p(S') = 1 - p(S)$$

Ejemplo

Se considera el suceso consistente en obtener puntuación par en el fenómeno aleatorio de lanzar un dado.

Los sucesos elementales en los que el suceso puede descomponerse son:

- Obtener un 2.
- Obtener un 4.
- Obtener un 6.

El suceso contrario consistirá en obtener puntuación impar, por lo que los sucesos elementales son:

- Obtener un 1.
- Obtener un 3.
- Obtener un 5.

La probabilidad de obtener una puntuación par es 3/6 = 1/2.

La probabilidad de obtener una puntuación impar también es 3/6 = 1/2.

Y la probabilidad de obtener una puntuación par o impar es 1.

La probabilidad del suceso unión de dos sucesos incompatibles es igual a la suma de las probabilidades de cada uno de ellos

Sean A y B dos sucesos incompatibles, n_A y n_B el número de sucesos elementales respectivos y N el número total de sucesos posibles.

Al ser A y B incompatibles, el número de sucesos elementales de la unión será:

$$n(A \cup B) = n_A + n_B$$

Y su probabilidad será:

$$p(A \cup B) = \frac{n_{\cup}}{N} = \left(\frac{n_A + n_B}{N}\right) = \frac{n_A}{N} + \frac{n_B}{N} = p(A) + p(B)$$

Aplicación práctica

En el fenómeno aleatorio de lanzar un dado, se consideran los sucesos incompatibles:

- **A, obtener una puntuación par.**
- **B, obtener un 3.**

Indique cuál es la probabilidad del suceso unión.

SOLUCIÓN

Para el suceso A:

- Casos favorables: 2, 4 y 6, luego n = 3.
- Casos posibles: 1, 2, 3, 4, 5 y 6, luego N = 6.
- Probabilidad:

$$p(A) = \frac{n}{N} = \frac{3}{6} = \frac{1}{2}$$

Y para el suceso B:

- Casos favorables: 3, luego n = 1.
- Casos posibles: 1, 2, 3, 4, 5 y 6, luego N = 6.
- Probabilidad:

$$p(B) = \frac{n}{N} = \frac{1}{6}$$

Continúa en página siguiente >>

<< Viene de página anterior

Por tanto, el suceso unión será:

$$p(A \cup B) = p(A) + p(B) = \frac{1}{2} + \frac{1}{6} = \frac{3}{6} + \frac{1}{6} = \frac{4}{6} = \frac{2}{3}$$

Esta forma de cálculo puede generalizarse al cálculo de la probabilidad del suceso unión de más de dos sucesos incompatibles.

Si A y B son dos sucesos compatibles, es decir, tales que $A \cap B \neq \emptyset$ (suceso imposible), entonces, se obtiene que:

$$p(A \cup B) = p(A) + p(B) - p(A \cap B)$$

Ejemplo

En el fenómeno aleatorio de extraer una carta de la baraja, se consideran los siguientes sucesos:

- A, extraer un rey.
- B, extraer un oro.

En este caso, los sucesos A y B son compatibles, pues pueden verificarse a la vez cuando sale el rey de oros.

Para el suceso A:

- Casos favorables: el total de reyes de la baraja, $n = 4$.
- Casos posibles: la totalidad de cartas, $N = 40$.

Continúa en página siguiente >>

<< Viene de página anterior

- Probabilidad:

$$p(A) = \frac{n}{N} = \frac{4}{40} = \frac{1}{10}$$

Para el suceso B:

- Casos favorables: el total de oros de la baraja, n = 10.
- Casos posibles: la totalidad de cartas, N = 40.
- Probabilidad:

$$p(B) = \frac{10}{40} = \frac{1}{4}$$

Y para el suceso $A \cap B$:

- Casos favorables: el rey de oros, n = 1.
- Casos posibles: la totalidad de cartas, N = 40.
- Probabilidad:

$$p(A \cap B) = \frac{n}{N} = \frac{1}{40}$$

Así, el suceso unión será:

$$p(A \cup B) = p(A) + p(B) - p(A \cap B) = \frac{1}{10} + \frac{1}{4} - \frac{1}{40} = \frac{4}{40} + \frac{10}{40} - \frac{1}{40} = \frac{13}{40}$$

Las experiencias aleatorias que se desarrollan en dos o más etapas se denominan *experiencias* o *pruebas compuestas.* Si se trata de dos sucesos compatibles e independientes, la probabilidad de que ambos se verifiquen simultáneamente es igual al producto de las probabilidades de cada uno de ellos:

$$p(A \cap B) = p(A) \times p(B)$$

Ejemplo

En el fenómeno aleatorio de lanzar un dado, se consideran dos sucesos compatibles e independientes:

- A, obtener una puntuación par.
- B, obtener una puntuación múltiplo de 3.

¿Cuál es la probabilidad de que se verifiquen simultáneamente?

Para el suceso A:

- Casos favorables: 2, 4 y 6, luego n = 3.
- Casos posibles: 1, 2, 3, 4, 5 y 6, luego N = 6.
- Probabilidad:

$$p(A) = \frac{n}{N} = \frac{3}{6} = \frac{1}{2}$$

Para el suceso B:

- Casos favorables: 3 y 6, luego n = 2.
- Casos posibles: 1, 2, 3, 4, 5 y 6, luego N = 6.
- Probabilidad:

$$p(B) = \frac{n}{N} = \frac{2}{6} = \frac{1}{3}$$

Verificación simultánea:

$$p(A \cap B) = p(A) \cdot p(B) = \left(\frac{1}{2}\right) \cdot \left(\frac{1}{3}\right) = \frac{(1 \cdot 1)}{(2 \cdot 3)} = \frac{1}{6}$$

La fórmula anterior puede generalizarse al caso en que se trate de calcular la probabilidad de realización simultánea de cualquier número de sucesos compatibles e independientes.

Existen casos que no responden exactamente a ninguno de los modelos explicados y han de solucionarse mediante una adecuada combinación de ellos.

Cuando dos sucesos son compatibles e independientes, también puede ser interesante calcular la probabilidad de que se verifique, al menos, uno de ellos.

Ejemplo

La probabilidad de que un alumno apruebe Matemáticas es:

$$p(M) = \frac{8}{10}$$

Y la probabilidad de que apruebe Lengua es:

$$p(L) = \frac{7}{10}$$

¿Cuál es la probabilidad de que apruebe, al menos, alguna de las dos asignaturas?
La posibilidad de aprobar una asignatura es el suceso contrario a no aprobarlas.

La probabilidad de que no apruebe Matemáticas es:

$$p(M') = 1 - p(M) = 1 - \frac{8}{10} = \frac{2}{10}$$

La probabilidad de que no apruebe Lengua es:

$$p(L') = 1 - p(L) = 1 - \frac{7}{10} = \frac{3}{10}$$

Continúa en página siguiente >>

<< Viene de página anterior

Los sucesos:

- M', que no apruebe Matemáticas.
- L', que no apruebe Lengua.

Son compatibles e independientes. Por tanto, la probabilidad de que no apruebe ninguna de las dos asignaturas será:

$$p(S') = p(M') \cdot p(L') = \left(\frac{2}{10}\right) \cdot \left(\frac{3}{10}\right) = \left(\frac{2 \cdot 3}{10 \cdot 10}\right) = \frac{6}{100} = \frac{3}{50}$$

El suceso consistente en que apruebe, al menos, una de las dos asignaturas es el contrario a este:

$p(S) = 1 - p(S')$

Luego su probabilidad es:

$$p(S) = 1 - \frac{3}{50} = \frac{(50-3)}{50} = \frac{47}{50}$$

Cuando comienza a calcularse la probabilidad de que se produzcan algunos sucesos, el resultado puede variar si se dispone de informaciones relativas a estos sucesos.

Se llama **probabilidad condicionada** del suceso B respecto del suceso A a “la probabilidad del suceso B una vez haya ocurrido el suceso A”.

$$p\left(\frac{B}{A}\right) = \frac{p(A \cap B)}{p(A)}$$

Del mismo modo, puede calcularse la probabilidad condicionada del suceso A una vez que se haya producido el suceso B, como:

$$p\left(\frac{A}{B}\right) = \frac{p(A \cap B)}{p(B)}$$

Aplicación práctica

En una clase de 40 alumnos, se ha realizado una clasificación en función del color del pelo (rubio y moreno) y del color de los ojos (claros y oscuros) y se han obtenido los resultados que se muestran en la siguiente tabla.

		Pelo		
		Rubios	**Morenos**	**Total**
Ojos	Claros	5	2	7
	Oscuros	10	23	33
	Total	15	25	40

Estime la probabilidad de que los alumnos que tienen el pelo rubio tengan también los ojos claros.

SOLUCIÓN

En este caso, pueden considerarse los siguientes sucesos:

- A, tener el pelo rubio.
- A', tener el pelo moreno.
- B, tener los ojos claros.
- B', tener los ojos oscuros.
- $A \cap B$, tener el pelo rubio y los ojos claros.

Continúa en página siguiente >>

<< Viene de página anterior

- Tener los ojos claros entre los que tienen pelo rubio: $\frac{B}{A}$

  Las probabilidades de cada uno de estos sucesos son, según los datos de la tabla:

- A, tener el pelo rubio. Los casos posibles serían el total de alumnos rubios, n = 15, y los casos posibles, N = 40.

  Luego:

$$p(A) = \frac{15}{40}$$

- A', tener el pelo moreno. Los casos posibles serían el total de alumnos morenos, n = 25, y los casos posibles, N = 40.

  Luego:

$$p(A') = \frac{25}{40}$$

- B, tener los ojos claros. Los casos posibles serían el total de alumnos con ojos claros, n = 7, y los casos posibles, N = 40.

  Luego:

$$p(B) = \frac{7}{40}$$

- B', tener los ojos oscuros. Los casos posibles serían el total de alumnos con ojos oscuros, n = 33, y los casos posibles, N = 40.

  Luego:

$$p(B') = \frac{33}{40}$$

Continúa en página siguiente >>

<< Viene de página anterior

- $A \cap B$, tener el pelo rubio y los ojos claros. Los casos posibles serían el total de alumnos que aparecen en la celda de la tabla en la que se cumplen ambas condiciones, $n = 5$, y los casos posibles, $N = 40$.

  Luego:

$$p(A \cap B) = \frac{5}{40}$$

- Tener los ojos claros entre los que tienen pelo rubio. Los casos posibles serían el total de alumnos que aparecen en la celda de la tabla en la que se cumplen ambas condiciones, $n = 5$, pero los casos posibles estarían limitados por el suceso tener el pelo rubio, $N = 15$.

$$p\left(\frac{B}{A}\right) = \frac{5}{15}$$

Se comprueba que:

$$p\left(\frac{B}{A}\right) = \frac{p(A \cap B)}{p(A)} = \frac{\frac{5}{40}}{\frac{15}{40}} = \frac{5}{40} : \frac{15}{40} = \frac{5 \cdot 40}{15 \cdot 40} = \frac{5}{15}$$

La noción de probabilidad condicionada permite dar las siguientes definiciones:

Dos sucesos A y B son independientes si la realización de A no condiciona la realización de B. Es decir:

$$p\left(\frac{B}{A}\right) = p(B)$$

Dos sucesos A y B son dependientes si la realización de A condiciona la realización de B. Es decir:

$$p\left(\frac{B}{A}\right) \neq p(B)$$

Si A y B son dependientes:

$$p(A \cap B) = p(A) \cdot p\left(\frac{B}{A}\right)$$

Ya que:

$$p\left(\frac{B}{A}\right) = \frac{p(A \cap B)}{p(A)} \Rightarrow p(A) \cdot p\left(\frac{B}{A}\right) = p(A \cap B)$$

12. Resumen

Los estudios estadísticos se realizan sobre datos recogidos por medio de encuestas, observación o medición y se representan en tablas de valores.

Los datos recabados sobre las distintas variables pueden ser cualitativos si no pueden expresarse con números y cuantitativos si sí pueden expresarse mediante números y representan cantidades.

En las tablas de valores, las variables se representan en columnas y, para cada una de las observaciones, se inserta una fila. En la intersección de las filas y las columnas, se representarán los valores obtenidos para cada una de las observaciones.

Las tablas de frecuencia ofrecen información sobre cuántas veces una variable toma un determinado valor. El número de veces que se representa un valor al estudiar una variable estadística en una muestra se denomina *frecuencia absoluta* y la proporción que se da de un cierto valor respecto al número total de individuos que forman la muestra estudiada, *frecuencia relativa.*

La forma en la que se presenten los datos recogidos puede influir en la forma en la que se transmita la información que contienen. Hay conceptos que no se aprecian correctamente si la forma en la que se presentan los datos es una tabla. Por eso, se elige otra forma de presentarlos, como los gráficos.

Los más usados son el diagrama de barras, el pictograma, el polígono de frecuencias y el diagrama de sectores.

Puede ser interesante concentrar la información contenida en los datos que se han recabado en un único valor. Las principales son la media aritmética, la moda y la mediana. También es útil conocer si los valores de la variable estadística están cercanos o alejados de dichas medidas centrales, es decir, si los valores de la variable están muy concentrados sobre los valores centrales o, por el contrario, están dispersos con el fin de conocer si las medidas centrales son realmente representativas de los datos obtenidos de la variable estadística. Este es el caso del rango, que es la diferencia entre el mayor y el menor valor de la variable estadística.

Hay que saber interpretar los gráficos, para lo cual es necesario conocer los elementos de que se componen: interpretar correctamente el título, las variables, las escalas, los especificadores (barras, rectángulos o puntos) que indican cómo cambian los valores de las variables y, lo más importante, ser capaz de traducir las relaciones mostradas por el gráfico a los datos que representan y viceversa. Si se representan varias variables, es importante analizarlas convenientemente, tanto por lo que cada variable representa en sí como en relación con la otra variable, plantear hipótesis y sacar conclusiones que se apoyen en los gráficos.

Hay sucesos que, al repetirse varias veces partiendo de las mismas condiciones iniciales, pueden dar lugar a distintos resultados sin que pueda predecirse con exactitud cuál de los resultados será el que se obtendrá. Estos son los fenómenos aleatorios. Cuando estos fenómenos se estudian y se anotan los resultados, puede llegarse a conclusiones sobre la probabilidad de que ocurra o no un suceso.

Ejercicios de repaso y autoevaluación

1. **Se ha hecho un estudio estadístico acerca del número de libros que leen al cabo del año los empleados de una empresa. Los resultados se expresan en la tabla adjunta.**

N.º de libros que lee al año	N.º de empleados
0 a 3	15
4 a 6	12
7 a 9	11
10 a 12	10
13 a 15	7
15 a 18	5
Total	60

   a. **Calcule las frecuencias relativas.**
   b. **Elabore un diagrama de barras de las frecuencias relativas.**
   c. **Realice un diagrama de sectores de las frecuencias relativas.**

2. **Las cantidades totales de las ventas efectuadas en un comercio durante algunos días son las siguientes: 150, 125, 130, 165, 145, 138 y 137 €. Estime la media aritmética y la mediana.**

3. Un comerciante mezcla varios tipos de arroz en las siguientes cantidades y precios: 80 kg de 0,90 €/kg; 25 kg de 1,15 €/kg; 50 kg de 1,05 €/kg, y 20 kg de 1 €/kg. Averigüe el precio al que saldría el kilogramo de la mezcla.

4. Una urna contiene 9 bolas rojas y 5 negras, se extraen sucesivamente dos bolas. Halle la probabilidad de los sucesos:

   a. Que las dos bolas sean negras.
   b. Que las dos bolas sean rojas.
   c. Que la primera sea roja y la segunda negra.
   d. Que una sea roja y la otra negra.

5. Indique la probabilidad de obtener un 6 doble al lanzar dos dados, uno rojo y otro azul, una sola vez.

6. De los 39 alumnos de una clase, 16 escogieron como idioma el francés; 27, el inglés; 9 alumnos eligieron ambos idiomas, y el resto no escogió ninguno de ellos. Si se elige al azar un alumno de dicha clase, determine las siguientes probabilidades:

   a. Escoger francés.
   b. Escoger inglés.
   c. Escoger ambos idiomas.
   d. Escoger francés o inglés.
   e. Escoger francés, pero no inglés.
   f. Escoger inglés, pero no francés.
   g. No escoger ni francés ni inglés.

7. En unas oposiciones con un temario de cien temas, se eligen al azar dos de ellos. Si un opositor ha preparado veinte temas, obtenga la probabilidad de que pueda contestar a los dos.

8. La probabilidad de que un alumno apruebe Informática es de $\frac{8}{10}$.

La probabilidad de que apruebe Estadística es de $\frac{9}{10}$. Descubra la probabilidad de que apruebe ambas asignaturas .

9. Determine la probabilidad de que la suma de los puntos de las caras visibles de un dado que se ha lanzado al azar sea múltiplo de 5.

10. La probabilidad de que un boleto de una tómbola sea premiado es de $\frac{1}{5}$.

Establezca la probabilidad de que, al comprar dos boletos, al menos, uno de ellos resulte premiado.

Glosario

Ángulo
Espacio entre dos líneas que se cruzan en un punto. Se mide en grados.

Área
Medida de la superficie de una figura. Se calcula multiplicando largo por ancho en un rectángulo.

Conjugar
Enunciar o utilizar un verbo en sus diferentes formas.

Consenso
Acuerdo por consentimiento entre todos los miembros de un grupo o entre varios grupos.

Contexto
Entorno lingüístico del que depende el sentido de una palabra, frase o fragmento determinados.

Cotidiano
Correspondiente a todos los días.

Decimal
Número que tiene una parte entera y una parte fraccionaria, separados por una coma o punto.

Decoro
Adecuación del lenguaje de una obra literaria a su género, a su tema y a la condición de los personajes.

Difamar
Desacreditar a alguien, de palabra o por escrito, publicando algo contra su buena opinión y fama.

Disertar
Razonar, discurrir detenida y metódicamente sobre alguna materia, bien para exponerla, bien para refutar opiniones ajenas.

División
Operación que consiste en repartir un número en partes iguales.

Emitir
Arrojar, exhalar o echar hacia fuera algo.

Entonación
Movimiento melódico con el que se pronuncian los enunciados, el cual implica variaciones en el tono, la duración y la intensidad del sonido, y refleja un significado determinado, una intensión o una emoción.

Esgrimir
Usar una cosa o un medio como arma para lograr algún intento.

Estimación
Cálculo aproximado de un resultado, útil cuando no se necesita una respuesta exacta.

Fisonomía
Aspecto particular del rostro de una persona o del exterior de las cosas.

Folleto
Obra impresa, no periódica, de reducido número de hojas.

Fracción
Forma de representar una parte de un todo.

Fraseología
Modos de expresión peculiares de una lengua, de un grupo, de una época, actividad o individuo.

Gráfica de barras
Representación visual de datos usando barras de diferentes alturas o longitudes.

Gramática
Parte de la lingüística que estudia los elementos de una lengua, así como la forma en que estos se organizan y se combinan.

Interlocutor
Cada una de las personas que forman parte de un diálogo.

Lexema
Unidad mínima con significado léxico que no presenta morfemas gramaticales.

Medición
Acción de determinar una cantidad usando una unidad (como metros, litros o kilogramos).

Métrica
Arte que trata de la medida o estructura de los versos, de sus clases y de las distintas combinaciones que con ellos pueden formarse.

Misiva
Dicho de un papel, un billete o una carta: que se envía a alguien.

Morfema
Unidad mínima aislable en el análisis morfológico.

Multiplicación
Operación matemática que consiste en sumar un número varias veces.

Nexo
En diverso géneros literarios, núcleo de la acción o de la tensión dramática que precede al desenlace.

Número natural
Número que usamos para contar que no incluyen decimales ni negativos.

Operación matemática
Acción que se realiza con números: sumar, restar, multiplicar o dividir.

Patrón
Secuencia que se repite siguiendo una regla.

Perímetro
Suma de todos los lados de una figura geométrica.

Persuasivo
Que tiene fuerza y eficacia para persuadir.

Pertinente
Perteneciente o correspondiente a algo.

Problema matemático
Situación que requiere pensar y aplicar operaciones matemáticas para encontrar una solución.

Prolijo
Largo, dilatado con exceso.

Prosa
Forma de expresión habitual, oral o escrita, no sujeta a las reglas del verso.

Recta numérica
Línea que muestra números en orden, generalmente del menor al mayor, útil para sumar o restar.

Redundante
Palabra o concepto repetitivo o usado excesivamente.

Simultáneo
Que se lleva a cabo u ocurre al mismo tiempo que otra.

Somero
Ligero, superficial, hecho con poca meditación y profundidad.

Supeditar
Condicionar algo al cumplimiento de otra cosa.

Tabú
Condición de las personas, instituciones y cosas a las que no es lícito censurar o mencionar.

Versar
Dicho de un libro, de un discurso o de una conversación: tratar de una materia determinada.

Bibliografía

Monografías

ALARCOS Llorach, E.: *Gramática de la Lengua Española.* Real Academia Española. Colección Nebrija y Bello. Madrid: Espasa Calpe, 2000.

ARMENDÁRIZ, J. J.: *Matemáticas fáciles para la ESO (Chuletas).* Madrid: Espasa, 2008.

ARMENDÁRIZ, J. J.: *Ejercicios de matemáticas 1.º Y 2.º ESO (Chuletas).* Madrid: Espasa, 2013.

CASERO Martín, I.: *Lengua Castellana. Grupo Lingüístico. 5º Trimestre.* Antequera (Málaga): Innovación y Cualificación, S.L., 2004.

CASERO Martín, I.: *Lengua Castellana. Grupo Lingüístico. 6º Trimestre.* Antequera (Málaga): Innovación y Cualificación, S.L., 2005.

DE LA FUENTE Martínez, J. M.: *Lengua Castellana. Grupo Lingüístico. 1er Trimestre.* Antequera (Málaga): Innovación y Cualificación, S.L., 2004.

DE LA FUENTE Martínez, J. M.: *Lengua Castellana. Grupo Lingüístico. 2º Trimestre.* Antequera (Málaga): Innovación y Cualificación, S.L., 2004.

DE LA FUENTE Martínez, J. M.: *Lengua Castellana. Grupo Lingüístico. 3er Trimestre.* Antequera (Málaga): Innovación y Cualificación, S.L., 2004.

- GIL Iriarte, M. L.: *Libro de estilo de ECOEM. Guía práctica para escribir mejor.* Sevilla: Fundación ECOEM, 2006.

- GUZMÁN, M.; CÓLERA, J., y SALVADOR, A.: *Matemáticas: bachillerato 1.* Madrid: Anaya, 1990.

- JIMENEZ, D., e HIDALGO, M.: *Matemáticas 1.er Trimestre.* Antequera: IC Editorial, 2004.

- JIMENEZ, D., e HIDALGO, M.: *Matemáticas 2.º Trimestre.* Antequera: IC Editorial, 2004.

- JIMENEZ, D., e HIDALGO, M.: *Matemáticas 3.º Trimestre.* Antequera: IC Editorial, 2004.

- JIMENEZ, D., e HIDALGO, M.: *Matemáticas 4.º Trimestre.* Antequera: IC Editorial, 2004.

- LAMÍQUIZ, Vidal: *Lengua española. Método y estructuras lingüísticas.* Barcelona: Editorial Ariel, 1998.

- MARTÍNEZ Agudo, J. D.: *Lingüística de la comunicación y enseñanza de lenguas.* Sevilla: Ediciones Alfar, 2007.

- MARTÍNEZ de Sousa, J.: *Diccionario de Lexicografía Práctica.* Barcelona: Vox Biblograf, 1995.

- MARTÍNEZ de Sousa, J.: *Manual de estilo de la lengua española.* Asturias: Ediciones Trea, 2001.

- MIRANDA Podadera, L.: *Ortografía práctica de la lengua española. Método progresivo para escribir correctamente.* Madrid: Editorial Hernando, 2006.

- *Nueva gramática de la lengua española. Manual.* Real Academia Española. Asociación de Academias de la Lengua Española. Madrid: Espasa Libros, 2010.

- *Ortografía de la lengua española.* Real Academia Española. Asociación de Academias de la Lengua Española. Madrid: Espasa Libros, 2010.

- RAE y ASALE: *Gramática y ortografía básicas de la lengua española.* Madrid: Espasa Calpe, 2019.

- RAE y ASALE: *Libro de estilo de la lengua española.* Madrid: Espasa Calpe, 2018.

- RAE y ASALE: *Nueva gramática de la lengua española.* Madrid: Espasa Calpe, 2010.

- RAE y ASALE: *Ortografía de la lengua española.* Madrid: Espasa Calpe, 2010.

- ULLMANN, S.: *Semántica. Introducción a la ciencia del significado.* Madrid: Taurus Humanidades, 1992.

- YULE, G.: *El lenguaje.* Madrid: Cambridge University Press, 1998.

- VV. AA.: *Manual de semántica de la lengua española.* Madrid: Editorial Universitaria Ramón Areces, 2021.

Textos electrónicos, bases de datos y programas informáticos

- Centro para la Innovación y el Desarrollo de la Educación a Distancia (CIDEAD), de: <http://recursostic.educacion.es/secundaria/edad/1esomatematicas>.

- CHAMIZO, J. L., y GORDO, C.: Libro interactivo 1.º ESO Matemáticas [en línea], de: <http://www.aprendermatematicas.com/libro_nuevo>.

- Columna periodística. Definición.de, de: <http://definicion.de/columna-periodistica/>.

- Concepto de aviso. DeConceptos.com, de: <http://deconceptos.com/general/aviso>.

- Corrector gramatical de IA gratuito, de: <https://ahrefs.com/es/writing-tools/grammar-checker>.

- DeConceptos.com, de: <https://deconceptos.com/>.
- Fuentes de información. Biblioteca Universidad de Alcalá, de: <http://www3.uah.es/bibliotecaformacion/BPOL/FUENTESDEINFORMACION/enciclopedias_y_diccionarios.html>.
- Fuentes de información en internet. BNE, de: <http://www.bne.es/es/Servicios/FuentesInformacion/>.
- Historia de los medios. Medios de comunicación y periodismo (I), de: <https://lahistoriadelosmedios.wordpress.com/2010/01/08/medios-de-comunicacion-y-periodismo-i/>.
- Instituto Nacional de Estadística, de: <http://www.ine.es>.
- Los mensajes publicitarios. Publiworld, de: <http://publiworld.buscamix.com/web/content/view/56/158/>.
- Módulo: Lengua castellana II, de: <http://web.educastur.princast.es/proyectos/formadultos/unidades/lengua_2/ud2/1_4_2_textos_prescriptivos.html>.
- Procesadores de texto. EcuRed, de: <http://www.ecured.cu/index.php/Procesadores_de_texto>.
- Significado de Currículum. Significados, de: <http://www.significados.com/curriculum/>.
- Vitutor, plataforma de teleformación, de: <http://www.vitutor.com/index.html>.
- Wolfram Alpha, plataforma computacional de matemáticas, de: <https://es.wolframalpha.com/examples/mathematics>.